世界史研究（第五辑）

晏绍祥　主编

世界知识出版社

图书在版编目（CIP）数据

世界史研究. 第 5 辑 / 晏绍祥主编. --北京：世界知识出版社，2019.4

ISBN 978-7-5012-6005-8

Ⅰ.①世… Ⅱ.①晏… Ⅲ.①世界史—文集 Ⅳ.①K107-53

中国版本图书馆 CIP 数据核字（2019）第 074921 号

责任编辑	汪 琴
特约编辑	罗庆行
责任出版	赵 玥
责任校对	马莉娜

书　　名	世界史研究（第五辑） Shijieshi Yanjiu
主　　编	晏绍祥
出版发行	世界知识出版社
地址邮编	北京市东城区干面胡同 51 号（100010）
网　　址	www.ishizhi.cn
电　　话	010-65265923（发行）　010-85119023（邮购）
经　　销	新华书店
印　　刷	北京虎彩文化传播有限公司
开本印张	720 毫米×1020 毫米　1/16　25¼印张
字　　数	440 千字
版次印次	2019 年 5 月第一版　2019 年 5 月第一次印刷
标准书号	ISBN 978-7-5012-6005-8
定　　价	48.00 元

目 录

世界古代中世纪史研究

全球史研究

世界近现代史研究

国际关系史研究

序　言

收入本文集的 22 篇文章，是首都师范大学世界史学系老师们共同的劳动成果，主要分布在四个领域：世界古代中世纪史、全球史、世界近现代史和国际关系史，大致代表了世界史学科近年来用力较多的几个方向。

世界古代中世纪史方面共 7 篇文章，涉及从古代两河流域的宗教到宗教改革时期对神职人员职责的认识等古代中世纪史的诸多领域。金寿福教授从公元前两千纪后期地中海东部的复杂局势中，条分缕析地讨论了埃及新王国与赫梯的战争及其与王室联姻的关系；蒋家瑜博士根据古代胡里人的文献，分析了埃阿神在不同时代不同地区形象的变迁；李永斌副教授指出，公元前 8—前 7 世纪，希腊文明的发展的确受到东方文明的重要影响，但从社会政治领域言之，东方化革命的提法不免夸大其词；陈志坚教授从《大宪章》第 18 条有关司法审判和财产关系的规定出发，探讨了 12—13 世纪英国封建关系的变革；李建军副研究员从中世纪教会和修会对妇女修道的态度中，探讨了中世纪西欧对待妇女的矛盾态度；刘城教授从路德的宗教改革出发，指出了宗教改革前后教会神职人员职责上的继承性，是对宗教改革后神职人员继续在信仰和崇拜中扮演重要角色最深刻的解读；晏绍祥教授讨论了 18 世纪英国思想家和学界有关古典民主与共和传统的观念，强调在传统与现实的关系中，现实的需要永远是第一位的。

全球史方面的 6 篇论文触及全球史理论和方法及其在个案研究中的应用。刘新成教授突出了"互动"在全球史研究中的核心地位，把互动定义为"人类社会组织的存在形式和世界历史发展的动力"，并列举了人类互动的十种途径，给后来的研究开辟了道路；夏继果教授分析了全球史研究中互动、比较和建构的含义与方法；施诚教授触及早期香料贸易与国际法诞生之间的有趣细节；刘文明教授分析了文明概念从基佐经福泽渝吉到梁启超的演变，注意到 19 世纪后期中日两国对文明这个西方概念本土化的努力；岳秀坤副教授介绍了高希的名作《在古老的土地上》，以及该书对 800 年前犹太商人本·伊朱命运的追索，从一个具体案例中勾勒出印度洋贸易圈的大致轮廓；孔源博士的兴趣是马可·波罗及其在俄罗斯的命运，认为俄罗斯人对东方和内亚的探索，在许多方面解构了马可·波罗的神奇记述。

世界近现代史方面的文章有 4 篇，如果按照年代先后，分别是倪玉珍副教授的《为法国大革命纠偏：基佐的宗教思想与实践初探》、乔瑜博士的《19 世纪中后期灌溉知识交流网络的形成与演变》、崔金柱博士的《甲午战争期间日本的军费筹支》和于展副教授的《小马丁·路德·金非暴力策略的演变》。倪文期望为基佐的宗教思想和实践正名，认为基佐的政治和宗教理想尽管并未实现，但对法国近代社会的构建，仍发挥了某种积极作用；乔文具有全球史眼光，敏锐地发现看似互不相干的印度、澳大利亚和美国灌溉农业的发展实际与殖民活动密切相关，并成功建构起灌溉知识在当时世界上的流动，用具体案例回应了夏继果教授前文就全球史研究提出的问题；崔文通过甲午战争期间日本政府的军费筹措和开支，揭示了影响战争结局的另一重要面相：日本财政系统已经初步完成现代化进程；于文认为，小马丁·路德·金的非暴力不合作策略实际有一个从指望白人良心到主张社会革命的过程，并探讨了金思想变化与政治斗争策略之间的复杂关系。

国际关系史领域的文章有 5 篇，分别出自徐蓝教授、梁占军教授、杜平博士、姚百慧教授和翟韬副教授之手，五人各有侧重。徐蓝教授视野宏阔，从第一次世界大战后国际联盟的具体个案中，触及近代以来西方国际关系的演变，充分肯定了国际联盟在维护国际和平方面的努力，但也指出了国际联盟作为维护和平的组织的严重不足及其被取代的必然命运；梁占军教授梳理了百年来国际关系理论对第一次世界大战爆发原因的探索，指出要发挥史学的鉴今功能，需要更多关注国际关系理论；杜平博士系统讨论了英国 17—19 世纪的商船护航政策，指出其经历了从商船自愿接受护航到强制护航政策的演变；姚百慧教授从中国和瑞士的档案中爬梳出新中国建立初年瑞士与中国建交的曲折历程，补上了中瑞关系史上有趣的一章；翟韬副教授从美国战后在香港地区的宣传活动入手，揭示了美国为自身利益操纵知识生产、进而影响舆论以达到其所谓遏制共产主义战略目标所采用的意识形态策略。

上述分类只是为了方便，并不完全合适，有时甚至不免随意，有些文章放在另一个领域也完全合适，尤其是徐蓝、刘新成和刘城三位教授的文章，是跨学科和跨时段的综合研究。它们表明，世界史学术正日益走向新的综合和交叉，许多传统问题的研究在深化。与此同时，时代的发展，还在不断给历史提出新的问题，要求我们运用新的理论和方法给予解读和回答。事实上，本文集不乏出自年轻一代学者的文章，也出现了中外不分、古今"穿越"的现象。但绝大多数文章出自对基本史料的深入研读，对新材料的发掘和对新领域的开拓，体现了作为历史学应当具有的严谨和开阔，以及首都师大世界史学科的优良传统。

首都师范大学世界史学科始创自知名史学家齐世荣教授和戚国淦教授。两位先生筚路蓝缕，艰辛创业，以"将相无种、事在人为"之精神，奠定了首都师范大学世界史学科的基业。21世纪以来，经徐蓝教授和刘新成教授等努力和苦心经营，在一所市属院校中，把世界史学科做到了全国一流水平，多年来无论是教学还是科研，始终居于全国前列。当今世界史学科的发展，无论是环境还是条件，都迥异于20世纪后期，甚至与21世纪初年也有很大不同，新理论、新方法和新资料带来的新成果，目不暇接。作为后学，我们唯有更加努力，或许才不致太负前辈所托。编辑这本文集，既是希望借此展示首都师范大学世界史学科当前的工作，更是向为世界史学科的发展做出贡献的前辈们致敬。

文集能够成书，首先感谢上一辈学科负责人开创的先例。在齐世荣先生等主持下，世界史文集已经出版4集，我们继承这一传统，编辑了第五集。正如罗马皇帝克劳狄在授予高卢人元老席位的演说中所言，我们今天的许多做法，都有先例可循，同时我们自己也在不断创造先例，所以以后或许还会有第六集、第七集、第N集，问题的主题，也会随着世界史学科的发展，不断变化。其次，文集是一项集体工作，成功与否，完全取决于学科诸位老师和同仁的配合。自8月初开始征集文章以来，各位老师都非常积极，拿出了自己最优秀的成果，其中部分论文还是首次在这里发表。没有他们的无私付出，这本文集不可能出现在读者面前，因此这里要特别感谢提交了论文的诸位作者。本书出版过程中，姚百慧教授为争取出版资助和联系出版社做了大量工作，特此致谢。出版社编辑勤勉敬业，提出了许多有价值的修改意见，为本书增色不少，在此一并致以谢意。

晏绍祥
2018年11月28日

世界古代中世纪史研究

战争、阴谋和爱情

——区域网络中的埃及与赫梯关系

（公元前 1350—前 1207 年）

金寿福　首都师范大学历史学院教授

相似的地理和气候条件以及人种和语言上的渊源关系为整个古代地中海区域在贸易、宗教理念和生活习俗等方面的互通有无和取长补短奠定了基础。地中海表面上看上去像是阻隔周边不同民族和国家往来的天然障碍，实际上构成了传输物资和理念的便捷和宽阔的水道。把地中海区域视为一个整体，我们有可能真正理解该地区众多国家和城邦处在此消彼长的关系网中，它们在政治上合纵连横，在宗教和文化等领域交流和交融。本文试图以宽镜头聚焦公元前1300 年至前 1250 年埃及与赫梯之间从战争走向和平的过程，揭示促使两国采取这一转向的内部和外部原因。精英阶层旨在确立身份、巩固地位和强化权利的动机和手段无疑是政治舞台上剧情演变和反转的原动力，看似孤立的人物和事件之间有着千丝万缕的联系。

一、卡迭什战役前后的埃及与赫梯关系

埃及真正与赫梯有接触是在图特摩斯三世统治时期。这位国王所属的埃及第十八王朝是在驱逐了喜克索斯人的基础上建立的，该王朝前几位国王都把征战西亚视为巩固政权和强化国势的必要措施。喜克索斯人统治埃及的尼罗河三角洲的时候，迦南基本上也处在喜克索斯人和与他们同宗的闪米特人的控制之

下。随着埃及第十八王朝初期的君主们消灭喜克索斯人建立的王朝，并且对迦南采取军事扩张的策略，地中海东岸原来依赖于喜克索斯王朝的众多小国面临何去何从的难题。因为它们所处的地理位置、历史传统和掌权的首领们的身世不同，有些城邦倒向埃及，也有一些城邦的君主试图把正在北部崛起的赫梯和米坦尼当作靠山。① 第十七王朝的末代国王卡莫斯称，他把埃及从喜克索斯人的奴役下解放，到了图特摩斯三世统治时期，西奈半岛、迦南和黎凡特大部已经被纳入埃及的势力范围。②

迦南的城邦首领们当然不愿意向任何一个大国称臣纳贡，他们见风使舵，在几个大国之间摇摆，尽最大可能从大国之间的矛盾和冲突中获益。图特摩斯三世独立掌权时间不超过二十年，在此期间，他率领埃及军队讨伐迦南和黎凡特的次数达十七次之多，可见一劳永逸地把这个地区纳入麾下完全不可能。征调数量很大的兵员是一项系统工程，军队的后勤供给更是棘手的问题。埃及军队所到之处，任命亲埃及的人为掌权者，并且留下一个小分队驻扎在那里，一方面是进行监督，另一方面也是为了应对来自外部的威胁。③

图特摩斯三世在位时期，赫梯这个名字首次出现在埃及文献当中，据称图特摩斯三世征战黎凡特时，赫梯国王派人给图特摩斯三世送来了贡品，可惜该文献没有明确赫梯国王的名字。④ 当时赫梯与米坦尼争夺黎凡特北部的主导权，赫梯视埃及出兵黎凡特南部为一次天赐良机，因为这无疑使得米坦尼两面受敌。赫梯国王送来的当然不是贡品，而只是具有象征意义的礼物，表示他希望与埃及保持和平关系。⑤ 在时间上稍晚一些的一位埃及官吏墓室墙壁上，可以

① A. J. Spalinger, "Military institutions and warfare: Pharaonic," in A. B. Lloyd, eds., *A Companion to Ancient Egypt*, Vol. I, Malden, USA and Oxford, UK: Wiley-Blackwell, 2010, pp. 439-440.

② L. D. Morenz and L. Popko, "The Second Intermediate Period and the New Kingdom," in A. B. Lloyd, eds., *A Companion to Ancient Egypt*, Vol. 1, p. 109. 这里所说的迦南指今以色列、巴勒斯坦地区，黎凡特则指今叙利亚、黎巴嫩一带。

③ 埃及从古王国时期就借助船只从今黎巴嫩一带进口木材。到了新王国时期，用于远航的船只不仅规模变大，质量也变得更好，从而为商业性航运和作战时输送供给奠定了基础。从图特摩斯三世开始，新王国时期的国王们经常把迦南首领们的长子强行带到埃及，让这些日后的继任人与埃及王子一起接受埃及式教育，一是促使他们了解和喜欢埃及，二是为埃及王子和这些未来的"诸侯"建立初步的私人关系提供基础。

④ L. Bell, "Conflict and Reconciliation in the Ancient Middle East: The Clash of Egyptian and Hittite Chariots in Syria, and the World's First Peace Treaty between 'Superpowers'," in K. A. Raaflaub, eds., *War and Peace in the Ancient World*, Malden and Oxford: Blackwell, 2007, p. 101.

⑤ H. Genz, "Foreign Contacts of the Hittites," in H. Genz and D. P. Mielke, eds., *Insights into Hittite History and Archaeology*, Leuven: Peeters, 2011, p. 317.

看到带着异域珍宝来拜见埃及国王的外族，其中一个被称为"赫梯首领"的人着装与来自黎凡特的居民没有太大的区别。① 以上例子说明，埃及人在第十八王朝初期已经知道赫梯这个族群和国家的存在，但是与远在小亚细亚的赫梯人还没有很多接触。

图特摩斯三世的儿子和继任者阿蒙荷太普二世登基以后，继续推行向黎凡特扩张的政策。在其登基后第九年的征战中，这位国王接见了赫梯使者，后者受其国王委托，请求阿蒙荷太普二世与赫梯建立和平关系。② 赫梯国王苏皮鲁流马一世（登基时间大约在阿蒙荷太普三世在位的晚期，约公元前 1380 年）登基以后不久就采取了向南扩张政策，促成了赫梯与埃及在黎凡特争夺势力范围的态势。从《阿玛那书信》判断，苏皮鲁流马一世与阿蒙荷太普三世签订了和平条约，它可能就是后来的赫梯君主们提到的"库鲁斯塔玛条约"，它涉及如何在黎凡特安置来自安纳托利亚东北部名叫库鲁斯塔玛的人群。这些库鲁斯塔玛人很可能是赫梯统治者征调的士兵，被编入驻扎在那里的埃及守军当中。③ 这意味着埃及和赫梯联合控制黎凡特并掠夺当地的人力和自然资源，同时也可以看出，从赫梯去黎凡特相对便捷，而且赫梯人更容易适应那里的地理和文化环境。

随着苏皮鲁流马一世进一步向南扩张，原来处在埃及势力范围内的小国意识到重新选择宗主国的可能性。④ 在他们写给埃及国王的信中，迦南和黎凡特的权贵们报告或抱怨他们处境的危险，请求埃及国王送去补给，派遣步兵尤其

① J. C. Darnell, "Supposed Depictions of Hittites in the Amarna Period," in *Studien zur altägyptischen Kultur*, Vol. 18, 1991, p. 113.

② 当时在位的赫梯国王是图塔里亚一世，见 W. Helck, *Die Beziehungen Ägyptens zu Vorderasien im 3. und 2. Jahrtausend v. Chr.*, Wiesbaden: Harrassowitz, 1971, pp. 166-167。

③ D. Sürenhagen, *Paritätische Staatsverträge aus hethitischer Sicht*, Pavia: Gianni Iuculano, 1985, pp. 26-27. 1887 年，一个埃及农民在阿玛那附近偶然发现了一块写着古怪文字的泥版，后来证明，这块泥版来自阿肯那顿建造的都城的档案馆遗址。学者们在发掘过程中发现了约 350 封信，被统称为"阿玛那书信"，其中有一封由苏皮鲁流马一世写的信。这些信件中很大一部分是由迦南的城邦首领们写给埃及国王阿蒙荷太普三世和阿肯那顿的。仅属于比布鲁斯首领的泥版就多达 67 块，属于西顿首领的泥版有 10 块。这些泥版不仅反映了首领们之间因为水源、草地和其他资源勾心斗角的情景，而且也透露了他们在埃及国王那里争风吃醋的事实，见 W. L. Moran, "Amarna Letters," in D. B. Redford, eds., *The Oxford Encyclopedia of Ancient Egypt*, Vol. I, Oxford: Oxford University Press, 2001, p. 65。

④ W. J. Murnane, *The Road to Kadesh. A historical Interpretation of the Battle Reliefs of King Sety I at Karnak*, Chicago: The Oriental Institute of the University of Chicago, 1990, p. 1.

是战车。① 驻扎在上述地区的少量守军无法控制变得越来越险恶的局势。阿穆鲁的首领阿奇鲁给阿肯那顿写信，不仅向埃及国王表忠心，而且承诺及早动身去埃及接受讯问。他的父亲曾经背弃埃及投靠赫梯，甚至试图攻占依然受埃及控制的比布鲁斯，后来被驻扎在比布鲁斯的埃及守军处死。② 这些信息都说明，阿肯那顿登基以后并非像多数学者认为的那样，沉迷于宗教冥想，完全放弃了埃及在西亚的利益。毋庸讳言，阿肯那顿把大部分人力和财力投入建设新的都城上，埃及在迦南和黎凡特的控制力自然受到了削弱。

阿肯那顿登基时，苏皮鲁流马一世写信表示祝贺，希望赫梯与埃及之间保持阿蒙荷太普三世在位时期的关系。③ 他在信中说："我向你父亲派去许多使者，你的父亲向我提议：'让我们之间除了友谊别无他物'，我当然欣然接受。所有你父亲向我提出的事，我无一不予以满足。我向你父亲提出的要求，他从未拒绝，他一一满足我。"④ 其他流传下来的文献告诉我们，阿肯那顿在位时期，埃及与赫梯之间的关系已经恶化。苏皮鲁流马一世寻找机会向埃及控制地区扩张，阿肯那顿无力保持埃及在黎凡特南部的霸主地位。⑤《阿玛那书信》多次提到驻扎在比布鲁斯、推罗、西顿等地埃及士兵。埃及军队在黎凡特内陆作战时，大部分供给是通过这些港口城市运送的。⑥ 米坦尼保持中立，卡送什脱离埃及，这两件事使得苏皮鲁流马一世有了进一步向南扩张的欲望，同时为他实现它提供了条件。⑦ 赫梯人具体的目标是占有今天属于黎巴嫩的贝卡谷地，

---

① 因为国家与国家之间的交往变得越来越密切，使用一种共同的语言也显得越来越有必要。阿卡德语充当了这一角色，不仅巴比伦国王给埃及国王的信使用阿卡德文，黎凡特地区众多小国的君主们也使用它，甚至埃及国王写给外国统治者的信也只好用阿卡德文。阿卡德语泥版最远传到了今天的塞浦路斯。与之相关联，双语甚至多语对照的文献应运而生，口译人才也找到了用武之地，参见 M. Liverani, *The Ancient Near East: History, Society and Economy*, London and New York: Routledge, 2014, p. 284。

② A. J. Spalinger, *War in Ancient Egypt: The New Kingdom*, Malden and Oxford: Blackwell Publishing, 2005, pp. 161-162.

③ W. L. Moran, *The Amarna Letters*, Baltimore: Johns Hopkins University Press, 1992, p. 114.

④ T. R. Bryce, "The Death of Niphururiya and its Aftermach," in *Journal of Egyptian Archaeology*, Vol. 76, 1990, pp. 100-102.

⑤ I. Singer, "The Immigration of the First Indo-Europeans into Anatolia Reconsidered," in *Journal of Indo-European Studies*, Vol. 18, 1990, pp. 180-181.

⑥ A. J. Spalinger, *War in Ancient Egypt: The New Kingdom*, pp. 162-164.

⑦ 在多封阿玛那书信中，写信人向埃及国王报告了阿姆卡被赫梯军队占领的事情："卡送什的首领埃塔卡玛协助赫梯军队烧毁了阿姆卡的许多城市。请我的主过问这事，愿国王我的主派来弓箭手，以便我们夺回属于国王我的主的城市，并且居住在属于国王我的主和我的太阳的城市里，参见 W. L. Moran, *The Amarna Letters*, Baltimore: Johns Hopkins University Press, 1992, p. 257。

这个位于卡迭什以南的区域当时被叫作阿姆卡，因为利塔尼河流经该地区，水源充足，土地肥沃。[1]

在《阿玛那书信》中，有一封是由卡迭什首领艾塔卡玛写给埃及国王的，他信誓旦旦地声称自己是埃及国王忠实的奴仆。从其他城邦首领写给埃及国王的信中可知，艾塔卡玛不仅是十足的机会主义者，而且还是麻烦制造者。他时而联合另一个城邦攻打第三个城邦，时而劝说其他效忠埃及的城邦首领倒向赫梯。图坦卡蒙统治时期，埃及军队——可能是在霍伦海布的率领下——先后两次试图征服和控制卡迭什，不仅没有达到目的，而且还导致赫梯人加强在黎凡特的军事存在。艾塔卡玛并不想完全投靠赫梯，有时又试图通过接近埃及的方式从赫梯得到更大的好处。[2] 艾塔卡玛最终被自己的亲生儿子谋杀。从一个角度看，这些城邦的首领们像墙头草一样左右摇摆，从另一个角度看，他们并没有掌控自身命运的能力。[3]

图坦卡蒙在位时，埃及军队将领霍伦海布被封为"王储"和"国王的代理人"两个非常重要的头衔，说明与图坦卡蒙没有血缘关系的霍伦海布获得了继承王位的权利。在霍伦海布建在孟菲斯的坟墓里，可以看到霍伦海布把他从努比亚和黎凡特带回来的战俘献给图坦卡蒙的画面，旁边的文字称，当霍伦海布帅军北上的时候，"他的名字在赫梯人的土地上广为流传"。[4] 图坦卡蒙去世以后，埃及王宫发生了一件奇案，它不仅改变了埃及的权力格局，而且对埃及与赫梯的双边关系产生了深远的影响。关于这件非同小可的事，埃及史官只字不提，我们只能从赫梯文献了解事情的大概。一个埃及王后——多数学者认为是图坦卡蒙的王后安赫莎蒙，也有少数人把她视为阿肯那顿的王后奈菲尔提

---

[1] L. Bell, "Conflict and Reconciliation in the Ancient Middle East: The Clash of Egyptian and Hittite Chariots in Syria, and the World's First Peace Treaty between 'Superpowers'," p. 103.

[2] W. J. Murnane, "Kadesh," in D. B. Redford, eds., *The Oxford Encyclopedia of Ancient Egypt*, Vol. 2, Oxford: Oxford University Press, 2001, p. 220.

[3] 阿穆鲁广义上指今叙利亚中部和南部，自从图特摩斯三世把叙利亚大部纳入埃及的势力范围之后，阿穆鲁逐渐特指奥龙特斯河与黎巴嫩海岸之间的土地。阿穆鲁南边是比布鲁斯，当埃及向外扩张之势强大时，阿穆鲁向埃及纳贡，一旦埃及疏于军事干预，阿穆鲁就设法脱离埃及的控制。阿穆鲁的君主非常清楚，夹在几个大国之间的小城邦完全获得独立不现实，所以要尽早看准风向调整小船的航向，以便在强国之间的竞争中赢得最大的利益。卡迭什和阿穆鲁的君主倒向赫梯一边以后借赫梯之名蚕食那些仍然效忠埃及的众多城邦的土地。从这个角度看，埃及与赫梯之间的决一死战不可避免，见 G. Beckman, *Hittite Diplomatic Texts*, 2nd ed., Atlanta: Scholars Press, 1999, pp. 40-41。

[4] H. D. Schneider, "Horemheb," in D. B. Redford, eds., *The Oxford Encyclopedia of Ancient Egypt*, Vol. 2, Oxford: Oxford University Press, 2001, p. 114.

提——给赫梯国王苏皮鲁流马一世写信，[①] 请求他派一个王子到埃及，以便他成为她的丈夫，从而获得继承埃及王位的权利。[②]

守寡的埃及王后向赫梯君主写信求助，我们可以从中窥探到埃及王室内部的权力斗争，从字里行间似乎看得出其激烈程度。我们原来只知道哈特舍普苏特与图特摩斯三世之间有过王位之争。[③] 赫梯文献让我们看到，在争夺王权过程中遭受失败的一方完全被埃及史官忽略掉，他们被强制性地遗忘了。安赫莎蒙给苏皮鲁流马一世的信一共在四种赫梯文献中被提及，记录苏皮鲁流马一世功绩的泥版上有如下的文字："埃及君主奈布胡鲁利亚（赫梯文对图坦卡蒙名字的音译）刚刚离世，埃及女王——去世国王的王后——派一个信使到赫梯，（信中）说'我的丈夫不在了，我没有儿子。听说你有许多儿子。假如你把其中的一个儿子给我，他就可以成为我的丈夫。我绝不会从我的仆人中进行挑选并让他做我的丈夫。我怕……'我父亲召集大臣们商议，（对他们说：）'我从未碰到过这种事情！'我父亲派宫廷总管哈图萨吉提去埃及，（对他说：）'去把真实的情况搞清楚。他们或许想欺骗我，他们或许有自己的儿子。去把真实的情况搞清楚。……'"[④]

安赫莎蒙试图与赫梯联姻，显然是因为她陷入了内外交困的状态。在国内，因为十多年的宗教改革，王室与原来强大的阿蒙和其他神的祭司集团之间有矛盾，在此期间，两个大臣手中的权力越来越大，其中一个是掌握朝廷大权的艾耶，另一个是军队将领霍伦海布。在外交方面，赫梯人趁机蚕食原来属于埃及的土地。在此过程中，起初与埃及争霸（图特摩斯三世和阿蒙荷太普二世在位时期），后来与埃及缔结友好条约并联姻（在图特摩斯四世统治时期）的

---

① 王后的名字为"达哈姆恩祖"，在象形文字中表示"国王的妻子"之意。多数学者认为奈菲尔提提先于阿肯那顿去世，安赫莎蒙长图坦卡蒙二至三岁，意味着她给赫梯国王写信时年约 20 岁，参见 V. Parker, "Zur Chronologie des Suppiluliumas I," in *Altorientalische Forschungen*, Vol. 29, 2002, pp. 48-52。

② 奈布胡鲁利亚（Nibhururiya）是图坦卡蒙的名字 Nebkheperure 的转写形式，参见 R. Krauss, *Das Ende der Amarnazeit*, Hildesheim: Gerstenberg, 1978, pp. 17-19。

③ 在古埃及修史传统中，关于什么可以载入史册，它们又以什么样的形式和详细程度被后人了解和回忆，有一套严格的原则。英国埃及学家贝恩斯采用中世纪史研究领域的术语"decorum"来形容古埃及的宣传模式，见 J. Baines, *Visual and Written Culture in Ancient Egypt*, Oxford: Oxford University Press, 2007, p. 3。

④ H. A. Hoffner Jr., "Deeds of Suppiluliuma," in W. H. Hallo and K. L. Younger Jr., eds., *The Context of Scripture*, Vol. I, Leiden: Brill, 1997, p. 190。

米坦尼王国被灭掉，在赫梯与埃及之间起到缓冲作用的大国从此不复存在。[①] 给赫梯国王写信的安赫莎蒙显然是主和派，她希望与赫梯王室联姻，希望借此缓和两个国家之间的紧张关系；从另一个角度看，埃及王后与赫梯联姻也有借此巩固和强化自身地位和权力的目的。[②]

经过很长时间的犹豫和多方了解，苏皮鲁流马一世终于派遣儿子吉南扎远赴埃及。赫梯国王担心的事到底发生了，吉南扎在去埃及的路上被暗杀，估计是驻在迦南的埃及守军所为，而幕后推手应当是霍伦海布。[③] 最终掌握王权的不是安赫莎蒙，也不是霍伦海布，而是艾耶。安赫莎蒙此后便销声匿迹。[④] 有一封苏皮鲁流马一世写给新登基的国王艾耶的信得以保存下来，虽然该泥版残缺不全，我们可以从留存的文字中推测，苏皮鲁流马一世谴责埃及人杀害赫梯王子的行为，艾耶完全否认他与此事有任何牵连。[⑤] 我们无法确认，艾耶只是说他自己与此事无关，还是想说赫梯王子并非死于埃及人之手。[⑥] 不管如何，苏皮鲁流马一世拒绝了艾耶和解的建议，决意为死去的儿子报仇。他命令长子率领军队越过了埃及与赫梯在黎凡特的界限，原来属于埃及的城池被攻破，不少埃及俘虏被带到了赫梯的核心区域。[⑦] 不料，埃及战俘把霍乱病菌带到了赫梯，这场霍乱肆虐了近二十年，苏皮鲁流马一世未能幸免，继位的长子阿尔努宛达二世掌权仅一年也被霍乱夺去了性命。[⑧] 苏皮鲁流马一世的另外一个儿子

①　M. Eaton-Krauss, "Tutankhamun," in D. B. Redford, eds., *The Oxford Encyclopedia of Ancient Egypt*, Vol. 3, Oxford: Oxford University Press, 2001, pp. 452–453.

②　J. Assmann, *Krieg und Frieden im alten Ägypten: Ramses II. und die Schlacht bei Kadesch*, Mannheim: Boehringer Mannheim GmbH, 1983, pp. 16–18.

③　E. H. Cline, "Hittites," in D. B. Redford, eds., *The Oxford Encyclopedia of Ancient Egypt*, Vol. 2, Oxford: Oxford University Press, 2001, p. 112.

④　H. Genz, "Foreign Contacts of the Hittites," p. 318.

⑤　W. J. Murnane, *The Road to Kadesh. A historical Interpretation of the Battle Reliefs of King Sety I at Karnak*, Chicago: The Oriental Institute of the University of Chicago, 1990, pp. 25–27.

⑥　法国学者加博尔德认为，赫梯王子顺利到达了埃及，并登上王位，他的埃及名就是斯蒙卡瑞，见 M. Gabolde, *D'Akhenaton à Toutânkhamon*, Lyon: Institut d'archéologie et d'histoire de l'antiquité, 1998, pp. 187–189。他的观点存在两个问题，一是斯蒙卡瑞的在位时间早于图坦卡蒙，因此有必要把奈菲尔提提视为写信的埃及王后；如果赫梯王子没有死，苏皮鲁流马一世的责难又从何而来？

⑦　T. R. Bryce, *The Kingdom of the Hittites*, Oxford and New York: Oxford University Press, 2005, p. 183.

⑧　B. J. Collins, *The Hittites and their World*, Atlanta: Society of Biblical Literature, 2007, p. 49. 埃及文献称此霍乱为"迦南疾病"，见 H. Klengel, "Problems in Hittite History, Solved and Unsolved," in K. Aslihan and H. A. Hoffner Jr., eds., *Recent Developments in Hittite Archaeology and History*, Winona Lake: Eisenbrauns, 2002, p. 106。

穆尔西里二世登上王位。① 穆尔西里二世在祈祷文中说：“埃及人惊恐不已（指赫梯向南扩张），便来人向我父亲求情，想让他的儿子去统治（埃及）。但是，当我父亲派一个儿子去埃及的时候，他们谋杀了他。我父亲愤怒至极，带领军队去攻打埃及，消灭了埃及军队和战车。”② 按照穆尔西里二世的解释，他的父亲完全是出于好心答应了埃及王后的请求，因为他有一颗善良的心，③ 不过赫梯军队占领属于埃及的土地显然是违背了神的意愿。④ 穆尔西里二世把赫梯人违约与他们遭受霍乱联系在一起，个人、群体或国家遭受的厄运在这里被解释为神的惩罚，已故的国王显然与后来国家遭受的灾难有关联。⑤ 询问神谕的结果是，苏皮鲁流马一世的罪过有三项，一是他谋杀了合法的王位继承人图塔里亚二世，并篡夺了王权；二是撕毁了与埃及签订的和平条约，三是未能按时向幼发拉底河进行祭奠。⑥ 穆尔西里二世统治赫梯后期，埃及虽然尚无派遣大规模军队征战黎凡特的能力，但是一直没有停止恢复原来势力范围的努力，常用的办法就是在黎凡特的君主们与赫梯之间制造隔阂，以便从中获利。尽管如此，穆尔西里二世还是巩固了赫梯在黎凡特的主宰地位，他先后与卡迭什、阿勒颇、乌加里特、阿穆鲁等城邦的君主签订了协议，意味着这些城邦成为赫梯的附属国。⑦

第十九王朝的塞提一世登基以后，摆在他面前的首要任务是恢复迦南的局势并夺回被赫梯占领的位于黎凡特的属地。与此相关，后来被称为“拉美西斯之屋”的一个位于尼罗河三角洲东部的地方被用作屯兵和练兵的场所。尼罗河一条支流经过此处流向地中海，为去往西亚的埃及军队走水路和走陆路均提供了方便。塞提一世把自己的治国纲领拟为“重生”，意思是消除阿肯那顿宗教

① O. Goelet, "Shuppululiumas," in D. B. Redford, eds., *The Oxford Encyclopedia of Ancient Egypt*, Vol. III, Oxford and New York: Oxford University Press, 2001, p. 286.

② I. Singer, *Hittite Prayers*, Atlanta: Society of Biblical Literature, 2002, p. 58.

③ T. R. Bryce, *The Kingdom of the Hittites*, p. 181.

④ H. Güterbock, "The Deeds of Suppiluliuma as told by his Son, Mursili II," in *Journal of Cuneiform Studies*, Vol. 10, 1956, p. 98.

⑤ I. Singer, *Hittite Prayers*, p. 10; I. Singer, *The Calm before the Storm*, Atlanta: Society of Biblical Literature, 2011, p. 472.

⑥ I. Singer, *Hittite Prayers*, p. 10.

⑦ M. Liverani, *The Ancient Near East: History, Society and Economy*, pp. 305-306.

改革造成的国内经济衰败、国外受到赫梯威胁之局面，① 进而恢复第十八王朝图特摩斯三世统治时期的辉煌。② 卡纳克神庙墙壁上的一段铭文称这位国王把卡迭什和阿穆鲁夷为平地。③ 考古人员从赫梯都城遗址哈图萨发现了一座花岗岩石碑的碎块，它曾经属于由塞提一世立在卡迭什或其他曾经属于埃及势力范围的地方，后来被赫梯人当作战利品带回他们的都城，④ 说明埃及军队至少暂时恢复了其对卡迭什的控制。埃及军队离开之后，卡迭什又一次倒向赫梯，从而迫使即位不久的拉美西斯二世再一次举兵讨伐。⑤ 登基后的第四年，拉美西斯二世率领军队沿着地中海海岸线向北进发，最远到达阿穆鲁所在的地中海东岸，⑥ 这次军事行动可以被视为第二年在卡迭什进行的大决战的序曲。⑦ 有关拉美西斯二世在位第四年征战巴勒斯坦和腓尼基的文字记录在比布鲁斯、

① O. Goelet and J. B. A. Levine, "Making Peace in Heaven and on Earth: Religious and Legal Aspects of the Treaty between Ramesses Ⅱ and Hattušili Ⅲ," in M. Lubetski et al., eds., *Boundaries of the Ancient Near Eastern World*, Sheffield: Sheffield Academic Press, 1998, p. 253.

② L. Bell, "Conflict and Reconciliation in the Ancient Middle East: The Clash of Egyptian and Hittite Chariots in Syria, and the World's First Peace Treaty between 'Superpowers'," p. 105.

③ 阿穆鲁的重要性在于，埃及建造船只和棺材必需的松木基本都源于此地。塞提一世统治末期，在赫梯军队的干预下，卡迭什重新落入赫梯的势力范围。位于叙利亚中部的卡迭什和阿穆鲁属于贸易中转站，具有重要的战略意义。靠近地中海的比布鲁斯、推罗、西顿等不仅拥有良港，而且手工艺发达，城里的织工、金匠、银匠和铜匠生产的各种器具和器皿远近闻名。荷马的《伊利亚特》（6. 289—92）提到了特洛伊王子帕里斯从西顿带回的一件精致的衣服。对埃及人来说，黎巴嫩生产的松木最为珍贵，因为制作棺材和木乃伊都少不了它。埃及新王国后期的一篇被现代学者们称为《文阿蒙的历险》的作品描写了埃及人赴比布鲁斯购置松木的经历，生动地反映了比布鲁斯君主如何把松木作为运作权力的资本。比布鲁斯人还从事纸草生意，开始时从埃及购买，然后在地中海沿岸出售，后来干脆在本地生产然后出口。《圣经》（Bible）一词源于比布鲁斯（Biblos），意思是用比布鲁斯的纸抄写的文本。《列王纪上》第五章第18节称，所罗门建造耶和华圣殿，许多能工巧匠便来自西顿，参见 T. R. Bryce, *The World of the Neo-Hittite Kingdoms. A Political and Military History*, Oxford and New York: Oxford University Press, 2012, p. 200.

④ G. D. Mumford, "Mediterranean Area," in Donald B. Redford, eds., *The Oxford Encyclopedia of Ancient Egypt*, Vol. Ⅱ, Oxford: Oxford University Press, 2001, p. 365.

⑤ L. Bell, "Conflict and Reconciliation in the Ancient Middle East: The Clash of Egyptian and Hittite Chariots in Syria, and the World's First Peace Treaty between 'Superpowers'," p. 105.

⑥ K. A. Kitchen, *Pharaoh Triumphant: The Life and Times of Ramesses Ⅱ*, Warminster Aris & Phillips, 1982, pp. 240-241.

⑦ A. J. Spalinger, *War in Ancient Egypt: The New Kingdom*, p. 209.

推罗等地出土。① 如果从当时东地中海地缘政治和权力格局的角度考察，我们应当把第十九王朝的君主们在尼罗河三角洲东部建造新的都城（拉美西斯之屋）与埃及向北扩张的需要联系起来。阿肯那顿去世以后，图坦卡蒙把王室迁到孟菲斯而不是之前充当首都几百年的底比斯，我们不能否认其中已经有适应新的"国际"局势的意味了。正当拉美西斯二世着手恢复埃及往日的辉煌之时，接替穆尔西里二世登基的穆瓦塔里二世做好了迎战埃及军队的各项准备，他甚至把都城迁到了离黎凡特更近的地方，一个名叫达尔浑塔萨但准确位置迄今不知的城市。②

第二年，准确地说是在公元前 1274 年夏季第二个月的第九天，拉美西斯二世率领浩浩荡荡的队伍向北进发，③ 目的是与赫梯军队在卡迭什进行决战。埃及远征军被分为四个军团，分别以埃及主神阿蒙、拉、普塔和塞特命名。④ 大约经历一个月的长途跋涉以后，埃及军队到达位于卡迭什以南的沙土那城。埃及人在这里俘获了两个自称是赫梯逃兵的贝都因人，他们向拉美西斯二世谎称，当地的贝都因人被赫梯人强迫充军，他们受贝都因首领的命令，特意赶来向埃及国王报告赫梯军队的虚实和他们的具体位置。根据他们的叙述，赫梯军队此时仍然在偏北的图尼普。⑤ 拉美西斯二世轻信了他们的话，率领阿蒙神军团走在整个军队的最前边。阿蒙神军团先过河，拉神军团随后，普塔神和塞特神军团仍然在距离卡迭什数十公里的地方。⑥ 阿蒙神军团之后在卡迭什西边扎

---

① K. A. Kitchen, "Ramesses Ⅱ," in D. B. Redford, eds., *The Oxford Encyclopedia of Ancient Egypt*, Vol. Ⅲ, Oxford and New York: Oxford University Press, 2001, p. 116. 在拉美西斯城——由拉美西斯二世在尼罗河三角洲东部建造的新都城，考古人员发现了大型制造战车和武器的作坊。学者们猜测，埃及人可能雇佣了来自赫梯的工匠，这些工匠原来的身份可能是战俘。双方长期处在交战状态，便利了互相学习对方的战术和武器制造技术，而且一定也促进了其他方面的交流，见 G. D. Mumford, "Mediterranean Area," p. 365。

② M. Van De Mieroop, *The Eastern Mediterranean in the Age of Ramesses Ⅱ*, Malden and Oxford: Blackwell, 2007, p. 38.

③ 卡迭什处在赫梯在叙利亚势力范围的最南端，这座城市沿着奥龙特斯河。

④ E. H. Cline, "Hittites," p. 113.

⑤ M. Van De Mieroop, *The Eastern Mediterranean in the Age of Ramesses Ⅱ*, p. 40. 根据埃及文献，赫梯军队包括 47500 人，其中有 3500 名骑兵，37000 名步兵和 3500 辆战车。赫梯联军由赫梯核心军队与黎凡特诸多小国的君主们提供的家丁拼凑而成。为了增强这些地方权贵们的忠诚，赫梯国王经常采用和亲策略。阿穆鲁和乌加里特的君主都曾先后娶赫梯公主为妻。拉美西斯二世和穆瓦塔里二世都把这场战役视为予以对方致命一击的机会，见 H. Genz, "Foreign Contacts of the Hittites," p. 311; R. Beal, *The Organisation of the Hittite Military*, Heidelberg: Universitätsverlag Winter, 1992, p. 296。

⑥ K. A. Kitchen, *Pharaoh Triumphant: The Life and Times of Ramesses Ⅱ*, pp. 54-56.

下营，直到此时，埃及人才从被俘获的赫梯密探那里得知，赫梯军队并不是远在图尼普，而是在卡迭什东北部集结待命。[1] 拉美西斯二世一边做战斗准备，一边派人通知仍在后面的军团火速赶来增援。如果我们相信埃及文献的说法，正当拉美西斯二世与指挥官们商量对策的时候，赫梯国王穆瓦塔里二世率领战车队和步兵发动了突袭。尽管占据天时地利，赫梯军队并没有乘胜追击，而是忙着缴获死伤埃及士兵的装备和个人物品。[2]

拉美西斯二世建在阿比多斯的祭殿、卡纳克阿蒙神庙和卢克索神庙、拉美西尤姆和阿布-辛贝勒神庙墙壁上都不同程度地保存了描写卡迭什战役的文字和图画，[3] 可以看到拉美西斯二世像巨人甚至超人一样一个人驾着战车并射杀敌人的场面。有些赫梯士兵被拉美西斯二世射中，有的被拉美西斯二世驾驭的战车和战马碾压和踩踏，还有更多的人争相逃跑，许多人慌乱之中落入河里被淹死。画面中甚至有一个表现阿勒颇城首领狼狈样子的细节，他被手下人从河水中捞起，然后被头朝下抬着，以便把喝进去的水吐出来并恢复知觉。墙壁上的文字称拉美西斯二世像"战神一样冲入敌群"，"用右手射箭，用左手捉拿敌人"，敌人则"像鳄鱼冲入水一样往河里逃命"。[4] 神庙墙壁上同时刻写了拉美西斯二世向阿蒙神发出的呼救。恰好在拉美西斯二世及其卫兵陷入绝境的时候，原来沿着地中海岸线完成其他任务的一只埃及精锐部队提前赶到卡迭什与阿蒙神军团会合。这支军队的突然出现一方面让赫梯人两面受敌，另一方面让阿蒙神军团得到了喘息的机会，而且使得拉美西斯二世对阿蒙神的求救看上去似乎得到了回应。埃及军队由败转胜是阿蒙神干预的结果，至少对拉美西斯二世来说，他在阿蒙神的帮助和保佑下取得了辉煌的胜利。[5]

战斗的结果是双方都遭受了重大的人员伤亡，谁也无法彻底战胜对方。对拉美西斯二世来说，与赫梯军队再进行一次较量或者夺回卡迭什已经不可能。第二天，埃及与赫梯进行了停战谈判。按照埃及文献的解释，穆瓦塔里二世向

---

[1] A. J. Spalinger, *War in Ancient Egypt: The New Kingdom*, pp. 210-211.

[2] E. H. Cline, "Hittites," p. 113.

[3] B. G. Ockinga, "On the Interpretation of the Kedesah Record," in *Chronique d'Égypte*, Vol. 62, 1987, p. 38.

[4] T. R. Bryce, *The Kingdom of the Hittites*, p. 238.

[5] 拉美西斯二世一面组织身边的精锐部队反击，一边向阿蒙神求救，他称他只身一人被无数并不认识的外族人包围。阿蒙神回应了拉美西斯二世的呼救，在他陷入绝境时伸出手挽救了他。埃及此时正经历学者们所说的"个人虔诚"，美索不达米亚在同一时期出现了"个人宗教"，见 T. Jacobsen, *The Treasures of Darkness*, New Haven: Yale University Press, 1976, pp. 147-151。

拉美西斯二世求饶，他说"和平要好于战争。请你赐我生命的气息"，拉美西斯二世得以凯旋而归。① 事实上，卡迭什战役之后，不仅卡迭什这座极具战略意义的城市归赫梯控制，阿穆鲁也投进赫梯怀中，埃及和赫梯在黎凡特的势力范围基本上回到了苏皮鲁流马一世掌权时的状态，甚至埃及与赫梯之间曾经有争议的许多地方也落入赫梯人的手中。

埃及军队在卡迭什被赫梯军队打败，这一点毫无异议，但并没有全军覆没。在位的第八年和第九年，拉美西斯二世率领军队到达黎凡特南部，对阿穆鲁和卡迭什构成了威胁，说明埃及军队元气尚在，赫梯未能完全控制黎凡特。② 埃及与赫梯之间再次爆发大规模冲突的可能性一直存在。③ 绝大多数学者从前以为，拉美西斯二世在埃及许多神庙墙壁上描写卡迭什战役完全是为了粉饰埃及军队遭受的失败。需要考虑的是，如果这位国王的目的就是为自己歌功颂德，那么他应当而且可以只字不提出师不利的情节。实际上，他让人用文字和图画展现了埃及军队存在的问题：没有做好战前准备，几个军团之间缺少相互联系，快速反应的能力很差，士兵们遇到突发情况便不知所措。根据阿斯曼的解释，拉美西斯二世此举的直接目的是抨击将领们的失职和无能，更加深远的意义在于打消主战派的气势，为推行对赫梯和平政策打下舆论基础。④ 这个观点应当说很有说服力，我们可以由此推测，至少从安赫莎蒙给苏皮鲁流马一世写信开始，关于如何对待赫梯的崛起和扩张，埃及内部有两个意见相左的派别。阿斯曼用比较时髦的"鹰派"和"鸽派"形容这两个派系，确实很形象和贴切。⑤

二、和平条约的签订

卡迭什战役之前和之后，穆瓦塔里二世在国内遇到了许多困难和危机，主

① T. R. Bryce, *The Kingdom of the Hittites*, p. 238.

② D. Sürenhagen, "Forerunners of the Hattusili-Ramesses treaty," in BMSAES 6, 2006, http://www.thebritishmuseum. ac. uk/BMSAES/issue6/sürenhagen. html, p. 59.

③ T. R. Bryce, *The Kingdom of the Hittites*, p. 241.

④ J. Assmann, *Krieg und Frieden im alten Ägypten: Ramses II. und die Schlacht bei Kadesch*, Mannheim: Boehringer Mannheim GmbH, 1983, p. 18.

⑤ Ibid. , p. 7.

要由他的继母即其先王的最后一个王后达努哈帕造成。这位王后拥有的权力可从她的名字在王玺上与穆瓦塔里二世的名字并列一事中可见一斑，他们之间的矛盾激化到什么程度，又可以从穆瓦塔里二世以渎神罪起诉其继母略知一二。穆瓦塔里二世的儿子乌尔西-泰舒普坚称，他的父亲指控并审判达努哈帕完全是出于他自己的目的，属于他的个人行为。他说："我多么希望我的父亲与王太后没有成为对手。但愿不会有任何不幸的事落在我头上。我为什么要对这些诉讼做出判断呢？它们毕竟与神灵有关！假如我的父亲——不是那位王太后——在这场诉讼中被证明有罪，难道我有义务宣布他在这场针对达努哈帕的诉讼案中败诉吗？看在我的命的分上，我不停地说：'但愿不会有任何不幸的事落在我头上。'"[①] 被判有罪的达努哈帕丧失了所有的职位和头衔，而且被驱逐出王宫和都城，她的子女和仆人都受到了牵连。[②]

穆瓦塔里二世的王后没有生育子嗣，乌尔西-泰舒普由穆瓦塔里二世与一个王妃所生。根据赫梯王位继承法，乌尔西-泰舒普是合法的王位继承人，而且穆瓦塔里二世在去世前也明确规定了他这个儿子应当成为国王。[③] 乌尔西-泰舒普如愿继承了王位，他的登基名是穆尔西里三世。乌尔西-泰舒普把都城迁回哈图萨，原来搬到达尔浑塔萨的神像也都悉数被请回哈图萨。乌尔西-泰舒普采取这一措施一方面可能是因为受到了来自朝中老臣的压力，另一方面，卡迭什战役之后，无论是埃及还是赫梯都没有继续武力冲突的原因和能力了。哈图西里三世是乌尔西-泰舒普的叔叔，无论在卡迭什战役中还是在治国方面，他曾经是其兄长穆尔西里二世的得力助手。可能是认为时机尚未成熟，或者起初没有篡位的念头，乌尔西-泰舒普登基初期，哈图西里三世似乎没有设置障碍。[④] 不久之后，哈图西里三世在原部下和若干赫梯附属国君主们的支持下向乌尔西-泰舒普发难，借口是乌尔西-泰舒普为王妃所生，[⑤] 而且出于嫉妒夺走了原来属于自己的臣仆和土地。[⑥] 哈图西里三世不仅没有把自己的篡权视为一

---

① I. Singer, *Hittite Prayers*, pp. 98–99.

② P. H. J. H. ten Cate, "Urhi-Teshub Revisited," in *Bibliotheca Orientalis*, Vol. 51, 1994, p. 243.

③ 穆瓦塔里二世可能生前就意识到正室没有子嗣的危害，他曾经从巴比伦请来一个医生，估计主要目的是帮助他的王后怀上急需的王子，见 T. R. Bryce, *Life and Society in the Hittite World*, Oxford and New York: Oxford University Press, 2002, p. 172。

④ B. J. Collins, *The Hittites and their World*, pp. 56–57.

⑤ M. Liverani, *The Ancient Near East: History, Society and Economy*, London and New York: Routledge, 2014, p. 307.

⑥ T. R. Bryce, *The Kingdom of the Hittites*, p. 259.

种犯上行为，而是把王位之争解释为正义与非正义的较量。他向赫梯风暴神呈诉状，希望这位神决定是非。① 在接下来的权力斗争中，乌尔西-泰舒普成为阶下囚。按照赫梯法律，有罪的王室成员应当被驱逐出都城，不过，如果流放地距离都城太近，被流放者有可能卷土重来，所以流放地一般都在离都城很远的偏僻地方，如果流放地太远，会出现被流放者摆脱控制的情况。乌尔西-泰舒普的流放地是位于今叙利亚的一个叫努哈西西的地方。乌尔西-泰舒普到了流放地不久便开始与巴比伦和亚述的君主进行联络，② 不久之后试图逃亡巴比伦，不料被抓获。哈图西里三世把这个不愿善罢甘休的侄子流放到地中海沿岸一个由赫梯军队把守严密的地方。事实证明这个地方把守得还不够严密，因为乌尔西-泰舒普又一次脱身，最后出现在埃及王宫里，并且获得了拉美西斯二世的庇护。③ 拉美西斯二世曾经是乌尔西-泰舒普的父亲穆瓦塔里二世的死敌。不要说穆瓦塔里二世未曾料到会有这一结局，乌尔西-泰舒普本人之前也一定没有想过有一天会跑到埃及避难。④ 由于乌尔西-泰舒普的缘故，埃及与赫梯之间的关系又一次趋于紧张，迦南和黎凡特许多城邦的首领们又面临站到哪一边的严峻问题。⑤

哈图西里三世要求拉美西斯二世把乌尔西-泰舒普引渡给赫梯，但是后者却称乌尔西-泰舒普很有可能身在卡迭什、阿勒颇，或者逃亡到爱琴海的某个岛屿，一句话，他并没有在埃及。拉美西斯二世之所以为乌尔西-泰舒普提供保护，因为他是合法的继承人，因为这个被罢黜的国王有利可图，或者两个因素均存在。⑥ 哈图西里三世给拉美西斯二世写信，抱怨后者傲慢的态度。拉美西斯二世的回信中仍然看不到他对赫梯国王应有的尊重："我给你写信犹如我

　　① M. Liverani, *International Relations in the Ancient Near East*, *1600 - 1100 BC*, New York and Basingstoke, 2001, p. 105. 乌尔西-泰舒普没有留下有关哈图西里三世如何篡位的文献，历史从来都是由胜者和强者书写的。

　　② T. R. Bryce, *The Kingdom of the Hittites*, p. 264.

　　③ G. D. Mumford, "Mediterranean Area," p. 365.

　　④ T. R. Bryce, "The 'Eternal Treaty' from the Hittite perspective," in BMSAES 6, 2006, http://www.thebritishmuseum.ac.uk/BMSAES/issue6/bryce.html, p. 5.

　　⑤ 黎凡特地区的君主们以及赫梯和米坦尼国王在写信时非常注重收信人与自己的地位差别，假如收信人地位比自己高，信以问候对方开始，反之，信以介绍自己的身体状况开头。黎凡特地区的小国君主在信中称埃及国王为太阳神，同时以自谦的方式称呼自己。这些君主从未以这样的方式给赫梯或米坦尼国王写信，说明埃及国王在当时确实具有不同凡响的地位，参见 M. Liverani, *The Ancient Near East*: *History*, *Society and Economy*, p. 284。

　　⑥ 拉美西斯二世拒绝把乌尔西-泰舒普引渡给赫梯，主要原因并不在于哈图西里三世以非法手段登上王位。布赖斯在两本著作中做出了前后不一的解释，见 T. R. Bryce, *Letters of the Great Kings of the Ancient Near East*, London: Routledge, 2003, pp. 220-222; T. R. Bryce, *The Kingdom of the Hittites*, p. 265。

写信给一个仆人？这是完全没有的事情。你难道没有掌握王权吗？难道我不知道这件事？这件事难道没有深入我心吗？"① 从有限的资料判断，乌尔西-泰舒普到达埃及之后不久便离开，他为何离开，是否是拉美西斯二世促使他离开，我们不得而知。②

或许是因为乌尔西-泰舒普滞留埃及，哈图西里三世与巴比伦国王卡达什曼-图尔古签订了友好条约。令哈图西里三世始料未及的是，卡达什曼-图尔古不久便去世，继位的卡达什曼-恩里尔二世向拉美西斯二世示好，使得哈图西里三世联合巴比伦逼迫拉美西斯二世引渡乌尔西-泰舒普的计划落空。学者们认为，刚继位的巴比伦国王做出与其父王截然不同的决定，根本原因在于，巴比伦王宫里有许多人主张反赫梯并与亚述和好，代表人物是宰相伊提-马尔杜克。③ 哈图西里三世写信给卡达什曼-恩里尔二世，叙述了他如何有恩于这位巴比伦新国王："我因你父亲去世而悲伤，擦干眼泪以后，我派人给巴比伦贵族们送去一封信，内容是：'如果你们无法保证我的兄弟的儿子继承王位，我就会变成你们的敌人。我会带兵来征服巴比伦。假如哪个敌人举兵侵犯巴比伦，或者你们的国家发生内乱，写信给我，我会帮助你们。'曾经的书吏难道都死了吗？那些泥版没有被存入档案库吗？让人把当时的泥版读给你听！"④ 哈图西里三世又说："我的敌人逃到了埃及。当我写信对他（指拉美西斯二世）说'把我的敌人交给我'时，他没有这样做。我和埃及国王此后便相互成为敌人。我给你的父亲（指卡达什曼-图尔古）写信说'埃及国王站在我的敌人的一边'。你的父亲因此不让埃及国王的信使进入宫殿。"⑤

卡迭什战役之后，西亚和北非由四个大国主宰，它们分别是巴比伦、亚述、赫梯和埃及。这四个国家的君主互相以"兄弟"称呼，⑥ 时常给对方写

---

① T. R. Bryce, *The Kingdom of the Hittites*, p. 276.

② T. R. Bryce, "The 'Eternal Treaty' from the Hittite perspective," p. 7.

③ S. W. Manning, *A Test of Time and a Test of Time Revisited*, Oxford: Oxbow Books, 1999, p. 380.

④ T. R. Bryce, *The Kingdom of the Hittites*, p. 267.

⑤ W. Wouters, "Urhi-Tešub and the Ramses-Letters from Boghazköy," in *Journal of Cuneiform Studies*, Vol. 41, 1989, p. 230; G. Beckman, *Hittite Diplomatic Texts: Society of Biblical Literature Writings from the Ancient World Series*, Atlanta, Scholars Press, 1999, pp. 138–143.

⑥ 兄弟一词具有的最重要含义是"平等"，而不是"友好"，因为兄弟之间也会起纷争。在平等的基础上设法达成双方均满意的协议，才是关键，见 M. Liverani, *International Relations in the Ancient Near East, 1600–1100 BC*, p. 136。

信,并且交换礼物,① 俨然像一个具有排他性的俱乐部。在年代大约为公元前1230 年的一封信里,赫梯国王图塔里亚四世阐明了西亚、北非君主中哪些有资格与他称兄道弟。② 大国之间如此,小国之间当然也不例外,比布鲁斯的君主里布-哈达在写给埃及国王的信里指责阿穆鲁的君主肆意扩大其势力:"他们如此占据属于阁下(指埃及国王)的土地,他们以为自己是谁啊!难道他们是米坦尼国王、巴比伦国王或者赫梯国王吗?"③

到了拉美西斯二世统治后期,原来生活在尼罗河谷地和尼罗河三角洲以西的游牧民族经常入侵埃及,不仅严重影响了埃及边境地区平民的日常生活,而且曾经的都城底比斯也时常受到骚扰。④ 第十九王朝初期,军人尤其是战车手的地位变得异常重要。一方面,因为他们都是富有的人(饲养马匹和置办战车的费用非普通人所能承担),另一方面,战车在作战时发挥的作用非步兵所能及,这些战车手或战车拥有者构成了社会的上层。他们对传统上由书吏构成的官吏阶层构成了挑战和威胁。第十九王朝出现了歌颂书吏,用各种修辞手法描写士兵们尤其是远赴西亚作战的士兵们所处的艰苦和危险环境的文学作品。⑤ 图坦卡蒙去世以后,埃及统治阶层内部出现的主战派与主和派之间的矛盾显然波及了社会的各个方面。

与埃及相比,赫梯面临的外来威胁更加严重。在西部,地中海沿岸的众多城邦只是在武力高压下臣服于赫梯,而且经常有来自爱琴海岛屿的海盗到沿海地带劫掠,有时甚至与当地的居民建立反抗赫梯统治的联盟。在北部,生活在庞廷山区的卡斯坎部落从没有完全被征服。最为关键的是,位于赫梯东部的亚述已经显示出崛起的迹象。在此之前,位于赫梯东南部的米坦尼曾经很长时间控制亚述,但是苏皮鲁流马一世消灭米坦尼以后,等于松开了原来束缚亚述的枷锁。亚述人一直想打通并保持通往地中海的通道,想达到这个目的,他们就需要控制位于幼发拉底河与地中海东岸之间的大片土地,属于赫梯势力范围的

---

① 西亚君主希望从埃及得到黄金、乌木、象牙等物品,埃及国王从巴比伦获得青金石,赫梯拥有丰富的白银,米坦尼和叙利亚盛产优良马匹、武器、玻璃以及羊毛和颜料。在当时的情况下,很难对商品和贡品进行严格的界定,许多由西亚君主送给埃及国王的物品是基于礼尚往来的原则,不过埃及国王宁愿把它们视为贡品,参见 M. Liverani, *The Ancient Near East: History, Society and Economy*, p. 286。

② M. Van De Mieroop, *The Eastern Mediterranean in the Age of Ramesses* Ⅱ, p. 105.

③ W. L. Moran, *The Amarna Letters*, Baltimore: Johns Hopkins University Press, 1992, p. 192.

④ T. R. Bryce, "The 'Eternal Treaty' from the Hittite perspective," p. 3.

⑤ A. J. Spalinger, "Military institutions and warfare: Pharaonic," in A. B. Lloyd, eds., *A Companion to Ancient Egypt*, Vol. Ⅰ, Malden, USA and Oxford, UK: Wiley-Blackwell, 2010, pp. 441-442.

阿勒颇就位于其中，意味着亚述的扩展势必与赫梯的地缘政治和经济需求相冲突。① 赫梯国王（可能是乌尔西-泰舒普）起初并不认为亚述国王可以与自己平起平坐，所以很不客气地给试图拉近关系的对方泼了冷水："我为什么要以兄弟的口吻给你写信呢？难道我们是同一个母亲生的儿子吗？我的父亲和我的祖父未曾以兄弟的口吻给亚述国王写过信，所以你也不要以兄弟的口吻给我写信。"② 亚述国王阿达德-尼拉里对哈图西里三世也充满了敌意："我登基的时候，你竟然没有派遣使者来我这里。当一个国王继位的时候，与他势力相当的其他国王为他送去见面礼表示祝贺，为他送去上乘的衣服和膏油，这难道不是约定俗成的吗？你却无动于衷。"③ 亚述国王很不客气地说哈图西里三世不过是国王的替身而已，显然没有把他视为合法的君主。④ 哈图西里三世设法改善赫梯与埃及之间的关系，与来自亚述的威胁不无关系。⑤

米拉是位于地中海岸的小国，它在穆尔西里二世掌握赫梯王权时成为赫梯的附属国。该国的君主库潘塔-库伦达曾经向穆尔西里二世宣誓效忠，承诺自己有义务帮助穆尔西里二世的子孙们顺利继承赫梯王位。库潘塔-库伦达此时一定陷入了是信守诺言还是采取务实政策的两难境地。乌尔西-泰舒普逃亡埃及以后，库潘塔-库伦达甚至给拉美西斯二世写信，目的是想探问埃及国王对赫梯王位之争的态度和立场。作为赫梯附属国的君主，他要把所有可能会影响自身利益的因素都考虑进去。⑥ 拉美西斯二世在回信中说："你要记住伟大的埃及国王与其兄弟、伟大的赫梯国王之间建立的同盟关系。它受到了（埃及的）太阳神和（赫梯的）风暴神的准许。"⑦

面对国内的危机和来自国外的威胁，埃及和赫梯君主都意识到有必要建立

---

① T. R. Bryce, "The 'Eternal Treaty' from the Hittite perspective," p. 3.

② A. Hagenbuchner, *Die Korrespondenz der Hethiter*, Heidelberg: Universitätsverlag Winter, 1989, pp. 191–192.

③ T. R. Bryce, "The 'Eternal Treaty' from the Hittite perspective," p. 6.

④ T. R. Bryce, *The Kingdom of the Hittites*, p. 276.

⑤ H. Klengel, *Geschichte des hethitischen Reiches*, Leiden and Boston: Brill, 1998, p. 217.

⑥ 赫梯作为当时的大国拥有数量不小的附属国，其中之一是阿穆鲁。赫梯国王图塔里亚四世写给阿穆鲁君主沙乌什加穆瓦的信展现了宗主国与附属国之间的相互关系："如果埃及国王与我友好，他也会与你友好，如果他与我交战，他也会与你交战。如果巴比伦国王与我友好，他也会与你友好，如果他仇视我，他也会仇视你。亚述国王正在与我交战，让他与你交战吧！"见 G. Beckman, *Hittite Diplomatic Texts*, 2nd ed., Atlanta: Scholars Press, 1999, p. 106。

⑦ G. Beckman, *Hittite Diplomatic Texts: Society of Biblical Literature Writings from the Ancient World Series*, pp. 130–131.

长久的和平关系。① 两个列强不愿正面交锋，但是又不能丢面子，让双方都保全面子的最好办法是谈判。进行谈判意味着双方保持和平，所以在古代西亚，前一个谈判结束之后，后一个马上又开始。② 哈图西里三世的如意算盘是，签订友好关系之后，埃及应当遣送乌尔西–泰舒普，至少无法支持他夺回赫梯王位的诉求。乌尔西–泰舒普只不过是拉美西斯二世向赫梯进行要挟的工具而已，等到他的价值被用尽，拉美西斯二世可能考虑把他引渡给赫梯。或许是听到风声以后，乌尔西–泰舒普才离开了埃及，也正因为如此，拉美西斯二世在给哈图西里三世的信中称乌尔西–泰舒普不在埃及。③ 不过，哈图西里三世及其王后均深信，乌尔西–泰舒普仍然在埃及逗留。④

　　公元前 1259 年，即拉美西斯二世在位的第 20 年和卡迭什战役后的第 15 年，⑤ 埃及和赫梯终于搁置矛盾，签订了和平条约。和平条约重新确认了赫梯与埃及之前签订的条约，规定了两国应当为对方履行的义务，这些条款包括不使用武力，为对方提供保护，向对方引渡逃犯，双方承认领土的现状（卡迭什和阿穆鲁成为赫梯的属地）等。⑥ 换句话说，双方的边界基本上与苏皮鲁流马一世在位时期一致，两个大国的势力范围回到了最初的状态，等于说多年的冲突和战争完全是无益和无谓的。⑦ 条约的末尾列出了神的名字，还有若干祝福守约方和诅咒毁约方的字句。⑧ 诸神充当和平条约的见证者，同时为条款得以实施和遵守提供保障。⑨

　　条约由两个国家的使者共同商议后起草，经过两国君主的同意，最终的文

①　A. Spalinger, "Considerations of the Hittite Treaty between Egypt and Hatti," in *Studien zur altägyptischen Kultur*, Vol. 9, 1981, p. 357.

②　M. Liverani, *The Ancient Near East: History, Society and Economy*, p. 281. 从赫梯都城遗址出土了大量泥版，学者们从中整理了大约三十多份由赫梯与其他国家签订的平等或不平等条约，见 G. Beckman, "International Law in the Second Millennium: Late Bronze Age," in R. Westbrook, eds., *A History of Ancient Near Eastern Law*, Leiden: Brill, 2003, pp. 753; G. Beckman, *Hittite Diplomatic Texts*, p. 130.

③　B. J. Collins, *The Hittites and their World*, p. 61.

④　B. J. Collins, *The Hittites and their World*, p. 62.

⑤　H. Genz, "Foreign Contacts of the Hittites," p. 318.

⑥　B. J. Collins, *The Hittites and their World*, p. 61.

⑦　G. Beckman, *Hittite Diplomatic Texts*, pp. 2–4.

⑧　E. Edel, "Der ägyptisch-hethitische Friedensvertrag zwischen Ramses Ⅱ. und Hattusilis Ⅲ," in R. Borger et al., eds., *Texte aus dem Umwelt des Alten Testaments. Band Ⅰ*, Gütersloh: Gerd Mohn, 1983, 135–53.

⑨　G. D. Mumford, "Mediterranean Area," p. 365.

本才得以形成。① 一般认为，埃及和赫梯的书吏先是用各自的语言撰写内容相同的条约，然后把它分别翻译成阿卡德语和埃及语并刻写在银版上。最后，双发把银版送到对方的王宫，两国的宫廷书吏把阿卡德语条约翻译成各自的语言，抄写在泥版或者神庙墙壁上。② 阿卡德语在当时扮演的角色犹如中世纪的拉丁语和现今的英语。在赫梯都城遗址发现了三块刻写着"赫梯—埃及和平条约"的泥版，学者们认为条约是从埃及人送到赫梯的银版抄写上去的。③ 研究结果证明，这些泥版上使用的阿卡德语具有埃及宫廷书吏们特有的语法风格。④ 刻写在卡纳克神庙上的赫梯—埃及和平条约则可能是从赫梯人送到埃及的银版抄写上去的，不过似乎是经过了埃及书吏的修改，⑤ 它如下的文字开头："拉美西斯二世在位的第二十一年，冬天第一个月的第二十一天，国王正在位于拉美西斯城的宫殿里做着让他的父亲阿蒙-拉-哈拉赫特-阿吞开心的事情，此时三个埃及信使陪伴赫梯信使来到宫殿，他们受赫梯国王命令带来了银版……目的是向埃及国王请求和平。"⑥ 拉美西斯二世在和平条约中承认哈图西里三世是赫梯的合法君主："你当然是赫梯的伟大国王。（埃及）太阳神和（赫梯）风暴神赐予你王权。"⑦ 签订和平条约以后，拉美西斯二世邀请哈图西里三世访问埃及，并且许诺他会远赴迦南迎接原道而来的赫梯国王。哈图西里三世以患脚病无法远行为借口婉言谢绝了拉美西斯二世的邀请，他可能也没有多大兴趣长途跋涉，同时也担心在此期间国内出现无法预料的事情。⑧ 令人惊讶的是，拉美西斯二世在信中始终称哈图西里三世为兄弟。⑨

---

① 在赫梯一边，和平条约由哈图西里二世及其王后普杜哈帕签署，可以看出赫梯女性——至少是王室女性——很高的地位，见 B. J. Collins, *The Hittites and their World*, p. 216.
② 在联合国安理会会议厅的入口上方，可以看到写着这个条约部分条款的牌匾，它是根据发现于赫梯都城遗址的银版复制的，这块用阿卡德语书写的银版可能是由埃及送给赫梯的，见 T. R. Bryce, "The 'Eternal Treaty' from the Hittite perspective," p. 1.
③ L. Bell, "Conflict and Reconciliation in the Ancient Middle East: The Clash of Egyptian and Hittite Chariots in Syria, and the World's First Peace Treaty between 'Superpowers'," p. 109.
④ E. H. Cline, "Hittites," p. 113; I. Singer, *The Calm before the Storm*, pp. 499-500.
⑤ D. Sürenhagen, "Forerunners of the Hattusili-Ramesses treaty," p. 59.
⑥ K. A. Kitchen, *Pharaoh Triumphant: The Life and Times of Ramesses II*, p. 75.
⑦ T. R. Bryce, *Letters of the Great Kings of the Ancient Near East*, pp. 89-90.
⑧ K. A. Kitchen, *Pharaoh Triumphant: The Life and Times of Ramesses II*, p. 90.
⑨ E. Edel, "Der geplante Besuch Hattusilis III in Ägypten," in *Mitteilungen der deutschen Orient-Gesellschaft*, Vol. 92, 1960, p. 20.

三、政治婚姻和双边友好关系

拉美西斯二世在位的第 33 年（公元前 1246 年），哈图西里三世的女儿嫁到埃及。对埃及国王来说，尽管埃及公主未曾嫁到外国，进入埃及王宫的外国公主多多益善。① 巴比伦国王卡达什曼-恩里尔二世曾经给阿蒙荷太普三世写信，抱怨两个国家在实行外交婚姻时的不平等地位："瞧，我的兄弟，你不让你的女儿嫁给我，并且写信对我说：'自古以来，没有埃及国王的女儿嫁给任何（外国）人'。你为什么要这么说？你是国王，你可以依着意愿行事。如果你把女儿许配（给我），谁会说什么？……（你手下）有许多成年的女儿和漂亮的女人。请你送来任何漂亮的女人，权当她是你的女儿。谁又会说她不是国王的女儿呢？但是你迄今一个也没有送来，难道你不讲兄弟情和友谊吗？正如你给我写信（向我女儿）求婚是为了增进我们之间的兄弟情和友谊，我给你写信是为了同样的目的，是为了兄弟情和友谊，以便我们通过婚姻变得更加亲近。我的兄弟，你为什么不给我送来一个女人？因为你迄今未曾给我送来一个女人，难道我应当像你一样不再把女人许配给你？当然不！我有女儿，我也不会拒绝把她们许配给你。"②

关于婚期和赫梯公主的嫁妆，埃及和赫梯王室成员进行了密切和详细的沟通，甚至对赫梯公主嫁到埃及以后她的亲人如何拜访她的事宜都进行了讨论。③ 在出土于哈图萨的约两万块泥版文书中，有约 100 封来自埃及的信件，哈图西里三世的王后普杜哈帕给包括拉美西斯二世在内的埃及王室成员也写了许多信，保存下来的大约有 15 封。④ 我们不仅可以从中看到两国君主为了各自的利

---

① 有一个埃及国王给安米亚的君主写了一封含有如下内容的信："把你的女儿送到你的主子我这里来，外加礼物：20 个能干的仆人，还有白银、马车和上等的马。"见 M. Liverani, *International Relations in the Ancient Near East, 1600–1100 BC*, p. 190。

② M. Liverani, *The Ancient Near East: History, Society and Economy*, p. 285.

③ T. R. Bryce, *The Kingdom of the Hittites*, p. 282. 哈图西里三世可谓把外交婚姻这一手段利用到了极致，除了他的两个女儿先后嫁给拉美西斯二世以外，伊苏瓦、阿穆鲁和巴比伦王宫里都有赫梯公主的身影，而伊苏瓦和阿穆鲁不过是赫梯的附属国而已，见 I. Singer, "The title 'Great Princess' in the Hittite Empire," in *Ugarit-Forschungen*, Vol. 23, 1991, pp. 327–328。

④ 信使们驾车或者与使用骡子的商队同行，传送紧急信件的信使一天大约完成 35 千米的路程，这意味着从当时的埃及都城阿玛那启程的信使一个月以后到达米坦尼首都，去往巴比伦或赫梯的信使还要再行进半个月，参见 M. Van De Mieroop, *The Eastern Mediterranean in the Age of Ramesses* II, p. 108。

益勾心斗角，也可以体会到操不同语言和信仰不同宗教的人在涉及婚姻等问题时相同的心理和诉求。① 拉美西斯二世写信给普杜哈帕，抱怨赫梯方面迟迟不把公主送到埃及。普杜哈帕给拉美西斯二世的回信用阿卡德语写成，考古人员在哈图萨发现了赫梯文草稿。② 这位准岳母在信中以"兄弟"称呼未来的女婿，她在信中复述了拉美西斯二世说过的话："我的妹妹（指赫梯王后）写信对我说：'我要送给你我的女儿。'但是你却至今没有把她送来，而且对我不怀好意。你为什么不把她送给我？"普杜哈帕接着讲述了她在准备嫁妆时遇到的困难，她称赫梯王宫之前遭遇了火灾，因此她无法按时备齐公主的嫁妆，婚期只好推迟。关于赫梯物资缺乏的原因，普杜哈帕还提到了一个有趣的细节，她说前任国王乌尔西–泰舒普把仅剩的财宝悉数献给了神。可能是担心对方不相信，普杜哈帕让拉美西斯二世亲口讯问乌尔西–泰舒普，因为这位被哈图西里二世罢黜的国王正好在埃及王宫避难。③ 另外，普杜哈帕认为拉美西斯二世已经足够富有，所以不应当再无限制地向赫梯索要嫁妆。④ 通常，赫梯公主的嫁妆中除了首饰、黄金、白银和金属器皿、衣物，还有马、牛、羊。⑤ 赫梯公主嫁到埃及时还带来了 500 个卡斯坎仆人。⑥ 许多迹象说明，等到赫梯王后把嫁妆都准备好了，冬季到来，严寒和积雪阻挡了护送公主的队伍。⑦

拉美西斯二世终于收到了普杜哈帕通告赫梯公主已经启程的信，得知这一喜讯，拉美西斯二世随即写了一封充满恭敬之词的信："我看到了我的妹妹派人带来的泥版（指信），并且了解了我的妹妹赫梯女王如此亲切地写给我的内容。赫梯国王、我的兄弟在信中说：'让参加婚庆的人往我的女儿的头上洒精

---

① I. Singer, *The Calm before the Storm*, p. 487.

② M. Van De Mieroop, *The Eastern Mediterranean in the Age of Ramesses* Ⅱ, p. 223.

③ G. Beckman, *Hittite Diplomatic Texts*, p. 132.

④ M. Van De Mieroop, *The Eastern Mediterranean in the Age of Ramesses* Ⅱ, p. 225.

⑤ 埃及送给赫梯王室成员的礼物有黄金项链、金杯、上等亚麻布衣物、床上用品、家具、镶嵌黄金和青金石的珠宝盒等，见 T. R. Bryce, *The Kingdom of the Hittites*, p. 286.

⑥ H. Klengel, *Hattuschili und Ramses: Hethiter und Ägypter-ihr langer Weg zum Frieden*, Mainz: Phillip von Zabern, 2002, p. 104; G. D. Mumford, "Mediterranean Area," p. 365. 赫梯国王派遣训练有素的男仆到埃及，这些仆人在信中被称为"卡斯坎人"，他们很可能来自赫梯特定地区或者族群。赫梯公主嫁到埃及的时候，她的嫁妆当中包括 500 个卡斯坎人，见 I. Singer, *The Calm before the Storm*, p. 480。

⑦ M. Van De Mieroop, *The Eastern Mediterranean in the Age of Ramesses* Ⅱ, p. 225. 根据布罗代尔的研究，一直到 18 世纪末，黎凡特地区的水手只在每年的 5 月初至 10 月底下海，因为这段时间地中海相对风平浪静；至于陆路贸易，进入安纳托利亚的山路一到冬季就被雪封死，此时赫梯王国所在的地方几乎与外界隔绝，见 F. Braudel, *The Mediterranean and the Mediterranean World in the Age of Philip* Ⅱ, New York: Harper and Row, 1972, p. 248。

油，让他们把她引入埃及国王的寝宫！'我的兄弟做出的决定太英明，太英明了！……我们两个伟大的国家从此以后永远成为一个国家！"① 尽管如此，拉美西斯二世把赫梯公主嫁入埃及王宫依然视为赫梯向埃及纳贡。埃及书吏用如下的笔触描写了赫梯公主到达埃及的情景："这时有人向拉美西斯二世通报：'您看，赫梯国王送来他的长女，她带来了各种贡品，它们几乎铺满了他们走过的路。赫梯公主在众多显贵的陪伴下到来了。'"② 这位公主的赫梯名字不得而知，她的埃及名字则得以流传下来，叫作玛特-荷尔-奈非茹拉（Maat-Hor-Neferure），意思是"她看到了拉神的美好化身荷鲁斯"。普杜哈帕在写给拉美西斯二世的信里强烈要求她的女儿要成为埃及国王的王后而不是王妃。这显然是拉美西斯二世能够答应却无法满足的要求。事实证明，这位从异国他乡远道而来的公主不久之后便被送到位于法尤姆的后宫里。③

拉美西斯二世在位于尼罗河三角洲东部的都城竖立了巨大的雕像，上面刻画了陪伴女儿的哈图西里三世，在阿布-辛贝勒神庙墙壁上表现拉美西斯二世与赫梯公主婚礼的浮雕上，同样可以看到哈图西里三世陪同其女儿，似乎他伴随女儿远道来到了埃及。④ 两个王室之间此后的交往变得更为频繁，哈图西里三世写信向拉美西斯二世求助，原因是他的妹妹玛萨娜吉婚后一直无法生育。拉美西斯二世答应了哈图西里三世的请求，不过他知道玛萨娜吉已经年近六十。拉美西斯二世把自己的顾虑毫不保留地告诉了岳父："玛萨娜吉——我的兄弟的妹妹——据说已经 50 岁，甚至到了 60 岁，你知道得更清楚。你瞧，一个 50 岁的女人已经老了，更不要说 60 岁的女人！谁能配制出让她怀孕的药呢！好吧，太阳神和风暴神会发出命令，我们始终遵照他们的旨意吧。我——你的兄弟——会派去一个专门念诵符咒的祭司和一个名医，他们会一同配制促使她怀孕的药方。"⑤ 普通的医生已经无能为力，只能希望念经祭司向埃及的太

① K. A. Kitchen, *Pharaoh Triumphant: The Life and Times of Ramesses* II, p. 85.

② T. R. Bryce, *The Kingdom of the Hittites*, p. 283.

③ H. Genz, "Foreign Contacts of the Hittites," p. 320; T. R. Bryce, *The Kingdom of the Hittites*, p. 283.

④ 根据埃德尔的解读，拉美西斯二世提议赫梯国王与他在属于埃及势力范围的迦南某个地方会面，这样可能既保全了埃及国王的面子，也避免了哈图西里三世千里迢迢赶往埃及，见 E. Edel, *Die ägyptisch-hethitische Korrespondenz aus Boghazkoi*, Opladen: Westdeutscher Verlag, 1994, pp. 22–23。假如他真的接受邀请到埃及以后，看到神庙墙壁上拉美西斯二世在卡迭什战役中如同战神一样击杀赫梯人的画面会做何感想。哈图西里三世曾经写信给拉美西斯二世，对埃及人在展现卡迭什战役时过分丑化赫梯人的做法提出了抗议，见 M. Liverani, *International Relations in the Ancient Near East, 1600–1100 BC*, p. 82。

⑤ E. Edel, *Ägyptische Ärzte und ägyptische Medizin am hethitischen Königshof*, pp. 31–32, 67–70.

阳神和赫梯的风暴神祈祷，求神通广大的神行奇迹。① 我们从其他史料中知道，玛萨娜吉最终未能如愿。②

西亚许多国家的统治者都认为埃及医生医术高，比如乌加里特的君主曾经写信给阿肯那顿（阿玛那书信第 49 号），求他派遣一个医生长期在乌加里特宫廷里充当御医。荷马在《奥德赛》中称赞埃及人高超的医学，根据他的说法，埃及到处是药草，埃及人个个是医生，其他地方的人无法与埃及人相比。③ 希罗多德说："在他们（埃及人）那里，医术的分工是很细的，每一个医生只治一种病，不治更多种的病。国内的医生是非常多的，有治眼的，有治头的，有治牙的，有治肚子的，还有治各种隐疾的。"④ 根据亚历山大的克雷芒的记述，埃及人编纂的 42 卷本的注疏类著作当中，6 卷涉及医术和医药。⑤ 从古埃及流传下来许多抄写医学内容的纸草，其中两份篇幅非常大，《史密斯纸草》长达4.7 米，《埃贝斯纸草》的长度达 20 米。《史密斯纸草》规定了医生应当如何诊断并向病人通报其病情，他应当根据疾病的复杂和严重程度做出三种结论：如果治愈的可能性很大，就说"这是一种我能够治疗的疾病"；如果有治愈的可能性，就说"这是一种我要尽力对付的疾病"；如果不存在治愈的可能性，就说"这是一种无法对付的疾病"。⑥

哈图西里三世本人到了晚年疾病缠身，他早就患有足疾，此时又遭受眼疾的痛苦。⑦ 拉美西斯二世派人给哈图西里三世送去了一种药膏，估计是一种起

---

① E. Edel, *Ägyptische Ärzte und ägyptische Medizin am hethitischen Königshof*, pp. 53–54.

② B. J. Collins, *The Hittites and their World*, pp. 61–62.

③ Odyssey 4. 231–2, 参见 T. R. Bryce, *Life and Society in the Hittite World*, pp. 171–172。

④ E. Edel, *Ägyptische Ärzte und ägyptische Medizin am hethitischen Königshof*, p. 39.

⑤ Ibid., p. 40.

⑥ E. Edel, *Ägyptische Ärzte und ägyptische Medizin am hethitischen Königshof*, pp. 39–40; J. H. Breasted, *The Edwin Smith surgical Papyrus*, Chicago：The Oriental Institute of the University of Chicago, 1930, pp. 46–47.

⑦ 哈图西里三世的儿子图特哈里四世在位时期，这位国君的表兄（弟）患上奇怪的疾病，赫梯御医对这种病无计可施，图特哈里四世便写信给拉美西斯二世求助，后者在信中说了如下的话：我已经派遣 Pareamahu，他是医生同时也是书吏。他会为库伦塔（Kurunta）——塔胡恩塔萨（Tarhuntassa）的封王——开出药方，他会配制所有针对你所说的那些疾病的药，参见 T. R. Bryce, *Life and Society in the Hittite World*, p. 171。

到消炎或镇痛作用的药物。① 拉美西斯二世之所以没有派遣任何医生，可能是因为此时已经有埃及医生常驻赫梯王宫，经他诊断以后，埃及这边只需把药膏送去就可以了。② 希罗多德讲述了一个很有意思的故事，称波斯国王居鲁士曾经向埃及第二十六王朝国王阿玛西斯写信，要求后者派遣埃及最好的眼科医生。被选中以后派遣到波斯的医生对阿玛西斯怀恨在心，因为他被迫离开妻女长年滞留在异国。冈比西斯上台以后，这个埃及医生花言巧语让冈比西斯向阿玛西斯的女儿求婚。埃及国王自古不愿让女儿远嫁到国外，所以阿玛西斯把前任的女儿当作自己的亲生女儿送到波斯，不料他的计谋败露，冈比西斯为了报复举兵攻打埃及。③

编号为卢浮宫 C284 的藏品被称作"本特拉斯石碑"，上面刻写了一篇有关来自埃及卡纳克阿蒙神庙的念经祭司被派遣到遥远的国外为一位公主治病的文学作品。这个故事的成文时间为托勒密时期，学者们认为，它是由卡纳克神庙的祭司们虚构的，目的是宣传卡纳克神庙曾经的辉煌和阿蒙神往日的神通。令人惊讶的是，故事以拉美西斯二世与赫梯公主结婚的情节开头。④ 更加不可思议的是，故事不仅给出了念经祭司的名字（图特姆哈布），而且称嫁给拉美西斯二世的那位公主的名字是奈非茹拉（Nefru-Re），不难看出它就是玛特–荷尔–奈非茹拉（Maat-Hor-Neferure）的简写，即上文提到的《赫梯—埃及和平条约》签订以后嫁给拉美西斯二世的赫梯公主的名字。不过，石碑上提到的那位嫁给拉美西斯二世的公主并非来自赫梯，而是来自一个名叫巴赫坦（Bachtan）的地方，因为赫梯这个国家早在几百年前的民族大迁徙中灭亡。巴赫坦实际上是巴比伦人对巴克特里亚即大夏（Bactria）的称呼。故事的主人公是巴赫坦国王的次女本特拉斯（Bntrs），即远嫁到埃及的那位公主的妹妹。因为她患了一种

① E. Edel, *Ägyptische Ärzte und ägyptische Medizin am hethitischen Königshof*, p. 82. 在拉美西斯二世在位的第 5 年，哈图西里作为赫梯军队的统帅参与了卡迭什战役，当时他的年龄大约为 20 岁。拉美西斯二世在位第 34 年，赫梯公主与他第一次结婚，此时哈图西里估计 49 岁，见 E. Edel, *Ägyptische Ärzte und ägyptische Medizin am hethitischen Königshof*, p. 35。

② 赫梯附属国的君主不被允许与埃及建立直接的联系，而是要通过赫梯国王间接进行联系和交往。因为存在这样一个宗主国与附属国之间的关系，依附于赫梯国王的库伦塔先是请赫梯国王向埃及国王求助，而且埃及御医也不许直接去库伦塔那里，而是绕道赫梯王宫转道，可见当时的外交理解和礼仪相当复杂和微妙，参见 E. Edel, *Ägyptische Ärzte und ägyptische Medizin am hethitischen Königshof*, pp. 47-50。

③ E. Edel, *Ägyptische Ärzte und ägyptische Medizin am hethitischen Königshof*, p. 44.

④ J. Wilson, "The Legend of the possessed Princess," in J. B. Pritchard, *Ancient Near Eastern Texts*, Princeton: Princeton University Press, 1969, pp. 29-31.

令巴赫坦的医生无计可施的重病，她的父亲只好求助于女婿。被派到巴赫坦的埃及念经祭司发现，本特拉斯被魔鬼缠身，他把她的病诊断为"一种他要尽力对付的疾病"。按照《埃贝斯纸草》的说法，他有可能治愈公主患的病。不料，这个魔鬼非凡人所能对付。在这位念经祭司的建议下，巴赫坦国王请求拉美西斯二世派人把孔斯（古埃及医药神）的神像送到巴赫坦。① 很明显，拉美西斯二世与赫梯公主的婚姻在埃及流传很广，并且经历了漫长和不断的编辑过程。人的记忆竟然具有如此强大的韧性，随着时间的流逝，记忆的多重线条有时会重叠或交织在一起，讲述人和编纂者为了自身的目的进行加工当然是最自然不过的事。

公元前 1246 年，拉美西斯二世与另外一个赫梯公主结婚。此时哈图西里三世已经去世，婚姻似乎是由赫梯新国王图塔里亚四世极力促成，目的是两国之间原有的友好关系得以存续下去，或者是面对亚述人蠢蠢欲动，两国君主有一次感到强化双边关系的必要性。此前，亚述国王图库尔提-尼努尔塔在底格里斯河流域大胜图塔里亚四世率领的赫梯军队。不久之后，亚述军队又入侵了巴比伦。黎凡特地区得以平安无事，原因可能在于，亚述人不愿意受到赫梯和埃及的两面夹击。② 在拉美西斯二世留下来的石碑上，可以看到描写埃及和赫梯士兵由原来的兵戎相见到亲如手足大转变的文字。在一块出土于埃及科普特斯的石碑上，拉美西斯二世令人记述了第二位赫梯公主嫁入埃及王宫时的情景："赫梯君主为上下埃及的国王、拉神之子拉美西斯二世送来了产自赫梯各地的贵重物品，还有许多马、牛、山羊和野兽。赫梯公主走在队伍的后面，她是被送给埃及国王的第二个赫梯公主。"③ 公主在赫梯和埃及军队共同护卫下进入埃及边界，在途中，赫梯士兵和埃及士兵一起吃饭和喝酒："两个大国成为了一个，两个大国合二为一，两个伟大的国王成为亲兄弟。"④

---

① E. Edel, *Ägyptische Ärzte und ägyptische Medizin am hethitischen Königshof*, pp. 60-62.

② I. Singer, "The Battle of Nihriya and the End of the Hittite Empire," in *Zeitschrift für Assyriologie und vorderasiatische Archaeologie*, Vol. 75, 1985, pp. 120-123.

③ K. A. Kitchen, *Ramesside Inscriptions*, Vol. 2, Oxford: Blackwell, 1979, pp. 110-112.

④ M. Liverani, *International Relations in the Ancient Near East, 1600-1100 BC*, p. 195. 埃及与赫梯以及黎凡特等地的贸易采取海路和陆路两种，海路沿着地中海东岸，并且停靠在沿线的港口，陆路则基本沿着埃及在迦南建立起来的一系列据点。处于埃及与赫梯之间的迦南和黎凡特众多小国也从中获益，因为不仅来自双方的使者、官员和商人经常途径他们的城镇，日益完善的贸易线路为这些起到驿站和中转站作用的城镇带来了商机和财富。伴随这种看得见的商品流通的是看不见的文化和宗教观念的传播，见 B. J. Collins, *The Hittites and their World*, p. 62。

在法尤姆地区尼罗河支流约瑟夫河注入莫里斯湖的地方，考古人员发现了拉美西斯二世统治时期的后宫遗址。在出土的纸草当中，有一碎片上记录着属于赫梯公主的各种衣服的清单，可能是由国库提供给这位远道而来的女子。① 随着埃及与西亚交往的日益频，许多西亚神被引入埃及，阿斯塔特女神早在阿蒙荷太普二世统治时期就占据了埃及众神殿中的一席，赫梯公主及其随从人员长期居住在埃及无疑促进了西亚宗教观念在埃及的传播。② 恰好是在位于法尤姆的年代为第十九王朝的坟墓里，考古人员发现了明显有别于埃及人的墓葬习俗。举行葬礼的人在墓室地面挖一个洞，把死者生前使用过的首饰和器皿如项链、化妆盒、化妆墨筒、镜子、小凳、衣服等放进去后焚烧，然后把洞填充；死者的尸体则按照埃及习俗得到了处理，不过这些尸体的毛发颜色比较浅，而且墓葬品中包括爱琴海风格的陶器。把死者生前的私人物品焚烧的习俗与赫梯法律中如何处理死去的女子的嫁妆和个人物品的条款惊人地吻合："如果一个男人娶一个女人到自己的房子里，他应当把她的嫁妆一同带走。如果她去世，那么，作为丈夫他要焚烧她的个人拥有物，她的嫁妆则归他所有。"③ 综合这些因素，参加发掘的考古学家相信，这些坟墓的主人很可能就是赫梯公主的随从人员。④ 法国考古队若干年前在在萨卡拉发现了拉美西斯二世统治时期担任过司库的奈提尔维迈斯的坟墓。根据发掘人员的研究，这位司库很有可能曾经多次出使赫梯，为哈图西里三世与拉美西斯二世签订和平条约立下汗马功劳。进一步的发掘可能会披露更多埃及与赫梯之间战争与和平的细节。⑤ 在麦吉多，考古学家发现了许多象牙制品，象牙可能是经过埃及从非洲引入。其中一块象牙雕版上雕刻赫梯神灵和符号，而且雕刻技艺和艺术风格具有赫梯特征，学者们猜测，这块象牙雕版原来归驻扎在麦吉多的埃及官吏所有，麦吉多充当了埃

---

① B. J. Kemp, "The Harim-Palace at Medinet el-Ghurab," in *Zeitschrift für Ägyptische Sprache*, Vol. 105, 1978, pp. 122-124.

② B. M. Bryan, "The 18th Dynasty before the Amarna Period," in I. Shaw, eds., *The Oxford History of ancient Egypt*, Oxford and New York: Oxford University Press, 2000, p. 240.

③ G. Beckman, "Inheritance and Royal Succession among the Hittites," in H. A. Hoffner, Jr. and G. M. Beckman, eds., *Kaniššuwar. A Tribute to Hans G. Güterbock on his seventy-fifth Birthday*, Chicago, 1986, pp. 15-18.

④ J. Politi, "Gurob, The Papyri and the "Burnt Groups," in *Göttinger Miszellen*, Vol. 182, 2001, pp. 108-110.

⑤ E. Edel, *Ägyptische Ärzte und ägyptische Medizin am hethitischen Königshof*, p. 79.

及与赫梯贸易线上的中转站。① 我们可以由此想象，西亚地区的精英阶层欣赏相似的艺术题材和雕刻技艺。

赫梯与埃及之间的友好关系在拉美西斯二世去世以后仍然持续。在梅内普塔在位时期，赫梯遭受了严重的自然灾害，埃及派遣船只为赫梯运送粮食。② 如果使用埃及人的表达法，那就是埃及国王"使得可怜的赫梯存活"。③ 早在哈图西里三世在位时期，一个名叫赫司米-沙鲁玛的王子长途跋涉到埃及，目的是组织船队把埃及提供的粮食运回赫梯，这可能是此后赫梯经常性地从埃及进口粮食的开端而已。在赫梯都城遗址进行的发掘过程中，考古学家发现了许多粮仓的痕迹，从规模上看，里面储存的粮食足以满足两万至三万人的年需求量，这些粮仓显然是为了防备灾年粮食歉收而准备的。④ 虽然赫梯勉强渡过了饥荒，不久之后发生了大规模的"民族迁徙"浪潮，这些在史书上被称为"海上民族"的迁徙人群席卷了包括赫梯在内的爱琴海和近东地区，本来就因王位之争和自然灾害岌岌可危的赫梯王国受到移民潮的冲击。⑤ 值得玩味的是，埃及文献提到了赫梯在"海上民族"大迁徙的浪潮中灭亡。⑥ 最后一次提到赫梯的文献同样来自埃及，时间是拉美西斯三世统治时期。在这位国王抗击"海上民族"入侵的壁画上，赫梯人构成这些迁徙民的一部分。这说明，因为天灾人祸，有些赫梯人随着迁徙浪潮由北向南试图到埃及寻找活路。⑦

结　语

埃及与赫梯的关系由武装冲突到和平相处，促成这一转变的原因不局限于

---

① 阿弗克曾经是埃及驻迦南总督的官邸所在地，考古学家在这里发掘出赫梯王室印章的残片，见 B. J. Collins, *The Hittites and their World*, pp. 216–217。

② T. R. Bryce, *The Kingdom of the Hittites*, p. 365.

③ M. Liverani, *The Ancient Near East: History, Society and Economy*, p. 318.

④ T. R. Bryce, "The 'Eternal Treaty' from the Hittite perspective," p. 8. 在尼罗河三角洲第十九王朝都城所在地，考古人员发现了制造盾牌用的赫梯风格的石头模子以及可容纳 700 多匹马的大型马厩的遗址，其中许多马可能是从赫梯进口或者由赫梯国王赠送，见 E. B. Pusch and S. Jakob, "Der Zipfel des diplomatischen Archivs Ramses Ⅱ," in *Ägypten und Levante*, Vol. 13, 2003, pp. 148–153。

⑤ E. H. Cline, "Hittites," p. 113.

⑥ H. Genz, "Foreign Contacts of the Hittites," p. 318.

⑦ E. H. Cline, "Hittites," p. 113.

统治者个人的喜好和志向，应当更多的在当时整个西亚和北非的地缘政治和大国之间的力量对比和利益关联网中去寻找，夹在几个大国中间的小国和城邦经常起到了举足轻重的作用。许多看似偶然的事件实际上是多种诱因长期纠缠和积累的必然结果。对于赫梯统治者来说，战争和和平条约是扩大领土和保住江山的两个最重要手段。穆瓦塔里二世和哈图西里三世分别使用不同的手段达到了同样的目的。对于古埃及人来说，他们在与赫梯人交战和交往中学会了和平共处。在新王国之前，埃及人认为埃及处在世界的中心，构成了唯一文明和开化的区域，周围则由不毛之地环绕，由野蛮人居住。[①] 他们的观念随着新王国向外开放逐渐变化，到了拉美西斯二世统治时期，埃及人与赫梯人以兄弟相称，并且把埃及和赫梯视为两个性质相同和地位平等的国家，确实是难能可贵。[②] 哈图西里三世和拉美西斯二世审时度势，用信件和礼物替代弓箭和战车，并且用比较完善的和平条约规范和限制双方的义务和行为，开创了历史上以和平方式解决争端并达到共赢的先例。爱情和婚姻在此过程中起到了润滑剂和防冻液的作用，不应当仅仅令三千多年后的我们惊讶，也应当有所启示。

---

① 有一篇说教文论述了西亚地区 "穷山恶水出刁民" 的观点："他们的邪恶源自他们所居住地区恶劣的环境：那里没有足够的水，木材少得可怜，那里崇山峻岭，山道布满了岔路。那里的人从不定居在一个地方，而是被饥饿驱使着不停地游动。" 见 M. Lichtheim, *Ancient Egyptian literature: A book of readings*, Vol. I, Berkeley, Los Angeles, and London: University of California Press, 1973, pp. 103–104。

② M. Liverani, *International Relations in the Ancient Near East*, *1600–1100 BC*, pp. 137–138.

附录

埃及和赫梯年表对照

埃及年表

公元前 1352 年　阿肯那顿

公元前 1336 年　图坦卡蒙

公元前 1327 年　艾耶

公元前 1323 年　霍伦海布

公元前 1295 年　拉美西斯一世

公元前 1294 年　塞提一世

公元前 1279 年　拉美西斯二世

公元前 1212 年　梅内普塔

赫梯年表

公元前 1350 年　苏皮鲁流马一世

公元前 1322 年　阿尔努宛达二世

公元前 1321 年　穆尔西里二世

公元前 1295 年　穆瓦塔里二世

公元前 1272 年　穆尔西里三世

公元前 1267 年　哈图西里三世

公元前 1237 年　图塔里亚四世

公元前 1209 年　阿尔努宛达三世

公元前 1207 年　苏皮鲁流马二世

（原载《全球史评论》第 13 辑）

形象与特性之别

——古代胡里人与古代两河流域居民神话作品中的埃阿神

蒋家瑜　首都师范大学历史学院讲师

摘要　在古代胡里人信仰的神灵中，有不少源自于古代两河流域地区的神灵，而埃阿神是其中比较重要的一位。本文从胡里人的神话作品和古代两河流域居民的神话作品出发，通过对两组神话作品的考察和研究，发现这两组神话作品中埃阿神的形象和特性有着明显的差异。

关键词　古代胡里人　古代两河流域　神话　埃阿神

胡里人是公元前三千纪到公元前两千纪之间古代近东地区一个重要的民族。他们生活在古代两河流域北部、叙利亚北部以及安纳托利亚半岛的东南部地区。胡里人使用的语言是胡里语，他们创造了属于自己的胡里文化，有着自己的历史发展进程。[①]

在古代两河流域的苏美尔文明、阿卡德文明以及古代赫梯文明的文献中，都曾提及胡里人。在古代两河流域文明与古代赫梯文明之间的交往中，胡里人发挥了重要的作用，赫梯王国甚至一度曾出现了胡里化时代。波兰学者马塞

---

①　古代胡里人的政治历史文化等状况详细参见 Gerbot Wilhelm, *The Hurrians*, England：Aris & Phillips Ltd. , 1989, pp. 7-41。此外，胡里人的文化对古代赫梯文明有着重要影响，它们都是古代安纳托利亚文明文化圈的重要组成部分。胡里文化对赫梯文明的影响参见李政：《赫梯文明与外来文化》，南昌：江西人民出版社，1996年，第69—96页。

吉·鲍普克（Macieej Popko）认为，胡里人的宗教有着自己独特的系统，它吸收了诸多来自古代两河流域地区和叙利亚地区的因素。在它吸收诸多外来因素的过程中，许多源自两河流域和叙利亚地区的神灵也融入胡里人的神灵体系之中。①

　　埃阿神（Ea）是苏美尔语恩基神（Enki）的阿卡德语写法。在古代两河流域的神灵体系中，埃阿神是淡水之神，与安神、恩利勒神同为三大主神。埃阿神作为智慧之神而引入安纳托利亚半岛文化圈是通过胡里人而完成的。② 因此古代两河流域神话中的埃阿神形象对胡里人的神话作品中的埃阿神形象有着重要的影响。

一、埃阿神在胡里人的神话作品中的形象及其特点

　　胡里人留下的神话作品主要发现于赫梯王国的都城哈图沙（今土耳其博阿兹柯伊），其中有些是由胡里—赫梯双语写成，有些则是胡里语或者是从胡里语翻译而来的赫梯语版本。美国学者哈利·A·霍夫内尔（Harry A. Hoffner）将目前已知的胡里人的神话作品收录在《赫梯神话集》③ 中。在这部神话集里，提及埃阿神的作品主要是《库马尔比之歌全集》，而其余的胡里神话作品并没有埃阿神的出现。《库马尔比之歌全集》由五篇神话故事构成——库马尔比之歌、拉玛神之歌、银之歌④、赫达穆之歌和乌里库米之歌。其中的库马尔比之歌和乌里库米之歌已经有了其各自的中文译本。⑤ 《库马尔比之歌全集》的主题是众神之间对神王权力的斗争，其中形成了分别以库马尔比神和泰舒卜神为首的两大斗争派系。在这两大派系之外还存在着一个中立的阵营，而埃阿神就属于这个"不结盟"的阵营。⑥

　　库马尔比之歌以诸神之间争夺天国的王权开篇：阿拉鲁神被阿努神击败而

---

① Macieej Popko, *Religions of Asia Minor*, Warsaw: Academic Publications Dialog, 1995, p. 95.

② Alfonso Archi, "The God Ea in Anatolia," in M. J. Mellink, E. Porada and T. Özgüç, eds., *Nimet Özgüç'e armağan: Aspects of Art and Iconography: Anatolia and its Neighbors*, Ankara: Türk Tarih Kurumu Basimevi, 1993, pp. 27-33.

③ Harry A. Hoffner, *Hittite Myths*, second edition, Atlanta: Scholars Press, 1998.

④ 《银之歌》中并未提及埃阿神，详见 Harry A. Hoffner, *Hittite Myths*, pp. 48-50。

⑤ 李政：《库马尔比神话》，《国外文学》1997 年第 4 期，第 122—125 页。

⑥ Harry A. Hoffner, *Hittite Myths*, p. 41.

失去天国的王权，并逃到冥世；九年之后，库马尔比神又战胜了阿努神而夺取了天国的王权，但是阿努神在战败失去王权之际却在库马尔比神体内埋下了隐患：暴风雨神泰舒卜、阿然扎赫河神、塔米苏神，以及阿吉林神和卡扎勒神。埃阿神在故事中因为身在库马尔比神体内的阿吉林神的求助而出现，阿吉林神如此说道："愿您万寿无疆！智慧源泉的主人！倘若我能获得自由……大地将赐予我力量，天空将赋予我勇气。阿努神将赠予我刚毅。库马尔比神也将送我以智慧……"

由于泥版的破损，我们无法看到埃阿神对阿吉林神的回应。但是通过埃阿神对卡扎勒神的回应可以看出：埃阿神可能将阿吉林神和卡扎勒神分别从库马尔比神的体内释放而出。然而，库马尔比神因为体内隐患的释放也开始寻求对策，他同样也求助于埃阿神。从泰舒卜神与其神牛塞瑞的对话中可以看出，埃阿神也同样帮助了库马尔比神，泰舒卜神为此还对埃阿神有所抱怨。但神牛塞瑞劝诫泰舒卜神不要抱怨和咒骂埃阿神。当埃阿神听到泰舒卜神的怨言后，他内心忧愁，并对塔乌瑞说道："不要咒骂我！无论过去还是现在，咒我之人将自食其果。你复述对我的谩骂之词也就形同于你自己对我的咒骂！拥有烈火的锅炉才能沸腾……"

根据整个故事的大致情节来看，埃阿神可能首先是听了阿吉林神和卡扎勒神的求助并将二者从库马尔比神体内释放，后来在库马尔比神的哀求下可能又帮助了库马尔比神，由此招致了泰舒卜神对他的怨言和咒骂。

因此在库马尔比之歌中，埃阿神是以救助者的形象出现的，但凡遇到困难都可以向埃阿神求助。埃阿神一开始帮助泰舒卜神派系的阿吉林神和卡扎勒神，后来又帮助了库马尔比神，由此可以判定，埃阿神作为救助者的形象并不因为求助者的派系分别而有所偏袒，他始终是一个保持中立的救助者形象。

拉玛神之歌开篇讲述了拉玛神击败泰舒卜神，夺取了天国的王权。此后埃阿神任命拉玛神为众神之王。在拉玛神的统治之下，万物繁荣。于是拉玛神开始自高自大起来，甚至大放厥词对诸多大神（太古神）不敬。而这些话传到了埃阿神的耳中，埃阿神对此非常生气，他对库马尔比神说："来吧！让我们回去！我们封拉玛为天国之王，他却骄傲自满。如此一来，诸国也必骄傲自满。长此以往，诸神将不会再有面包和酒水的供奉。"

当埃阿神和库马尔比神回到各自的驻地后，埃阿神对自己的侍从伊朱米说："你速去冥府，将这些话转达给我的兄弟那腊那坡萨腊——请您倾听我的话，拉玛神使我生气，所以我要将他从天国的王位上罢免。我们封拉玛为天国之王，他却骄傲自满。如此一来，诸国也必骄傲自满。长此以往，诸神将不会再有面包和酒水的供奉。现在，兄弟，你要听我的话。移走大地上所有的动物……"

故事以拉玛神受到了应有的惩罚而结尾。在此可以看出，埃阿神一开始将战胜泰舒卜神的拉玛神封为神王，但却因拉玛神的骄傲自满以及其对大神（太古神）的不敬而惩罚了他。埃阿神在其中扮演了大神（太古神）权益捍卫者的角色。

赫达穆之歌主要讲述了库马尔比神与海神的女儿塞尔塔坡苏如希相结合而生下了怪物赫达穆。赫达穆有着蛇一般的身体，而且能够吞噬一切。赫达穆的出现给以泰舒卜神为首的神灵造成了很大的麻烦，于是二者之间发生了剧烈的斗争，这场斗争造成了生灵涂炭，人类的伤亡。于是在第六块泥版上如此写道："埃阿，智慧之王，在诸神（以泰舒卜神为首）中说道：'你们为何要伤及（人类）？如此一来，他们将不会再供奉诸神。他们将不会燃烧雪松以作诸神的香料。如果你们毁灭人类，将不会有人祭拜诸神。也再不会有人为你们供奉面包和酒水。即使如泰舒卜神和库马尔比神一般的英勇神王，不免也要亲自持犁耕地；即使如萨乌斯卡神和黑巴特神一般，不免也要自己拉磨磨粉。'埃阿，智慧之王，对库马尔比神说道：'哦！库马尔比神，你为何要伤及人类？库马尔比神，难道不是人类用谷物来供奉与你？他是单单给你一人供奉吗？难道他们没有给泰舒卜神也供奉？难道他们没有呼喊我埃阿神之名？'……"

埃阿神的指责可能引起了库马尔比神的不悦，于是库马尔比神与埃阿神的关系可能渐渐疏远。故事的结尾则是讲述了泰舒卜神的妹妹萨乌斯卡神利用美色诱惑赫达穆，其最终结果可能是以泰舒卜神为首的诸神战胜了库马尔比神的儿子赫达穆。

从第六块泥版上的记录中可以看出，埃阿神对战争的双方——泰舒卜神和库马尔比神——都进行了责备，其责备的理由是双方的战斗伤及人类，而一旦人类受到伤亡则也会影响到诸神的生存。因此，埃阿神此处的考虑一是出于对人类的保护，但同时也是归结于对诸神利益的维护。

乌里库米之歌的主题仍然是围绕着库马尔比神与泰舒卜神两个派系的斗争而展开。库马尔比神为了对付泰舒卜神而远赴一个叫"寒泉"的地方，在那儿与一个巨石相结合而生下了乌里库米。为了防止泰舒卜神谋害幼小的乌里库米，库马尔比神让伊尔席腊神将乌里库米带到冥世，并将其放在双肩神乌贝鲁瑞的右肩上。于是乌里库米迅速成长，不久便头顶天国，而且强大无比。太阳神首先发现了乌里库米，他立马将此事汇报给了泰舒卜神。泰舒卜神联合塔斯米苏神和萨乌斯卡神一起来到哈兹山上，从远处观察乌里库米。当他们发现乌里库米强大无比之后，都感觉到悲愤和绝望。于是萨乌斯卡神首先试图用美色来诱惑乌里库米，但乌里库米却是个既聋又盲的石怪，因此萨乌斯卡神只有败下阵来。而后泰舒卜神召集众神共同向乌里库米开战，但乌里库米却愈战愈勇，变得更加强大，最终泰舒卜神领导下的诸神都铩羽而归。这时塔斯米苏神向泰舒卜神建议去寻求埃阿神的帮助。埃阿神在聆听完泰舒卜神和塔斯米苏神的请求之后，告诉他们乌里库米之所以强大的原因——他生长在乌贝鲁瑞的右肩之上，从而汲取了大地之精华。为了帮助泰舒卜神解决乌里库米问题，埃阿神先后找到了恩利勒神和乌贝鲁瑞特神，并告诉他们乌里库米的情况。埃阿神又找到了太古诸神，并向他们借到了开天辟地的青铜砍斧。此后他又教给塔斯米苏神如何战胜乌里库米的方法。于是泰舒卜神又率领诸神一起向乌里库米发起了战斗。石怪乌里库米因双脚被神斧所砍断而失去神力，最终被泰舒卜神所战胜。但乌里库米是不服气的，他对泰舒卜神说道："泰舒卜，我能说你什么呢？来吧，杀了我吧！智慧之王埃阿神的内心是站在你一边的！我还能说你什么呢？我原打算到天国争夺王权。我原打算占领库米亚，夺取诸神的庙宇和'昆塔腊'神坛。我原打算将诸神像谷物一样地从天空撒落。来吧！泰舒卜……智慧之王埃阿神是站在你那边的……"

这篇神话中，埃阿神在泰舒卜神和塔斯米苏神的请求之下挺身而出。他透露了石怪乌里库米强大的原因，并协助泰舒卜神设计打败了石怪乌里库米。他的这一做法无非是排解诸神之间的纷争，使库马尔比神与泰舒卜神之间的争斗趋于缓和。但他的调解员身份又在某种程度上是偏向于泰舒卜神一派的。

二、古代两河流域居民的神话中的埃阿神形象及其特点

从公元前三千纪起，古代两河流域地区就开始出现了神话作品，到新苏美尔时代其创作尤为兴盛，至今为止流传下来的作品大多为古巴比伦时代的抄本。古代两河流域的神话作品主要收录在英国学者斯泰芬尼·达雷的《美索不达米亚神话集》① 中。在这些神话作品中，提及埃阿神的主要有七部：伊施塔

---

① Stephanie Dalley, *Myths from Mesopotamia*, New York：Oxford University Press, 1989.

尔女神下冥府、内尔伽勒神和埃瑞什基伽勒神、创世史诗、安祖鸟史诗、吉尔伽美什史诗、阿特腊哈西斯、阿达帕。下面将根据各个作品的大概内容来详细考察埃阿神在两河流域神话中的形象以及其特点。

伊施塔尔女神下冥府讲述了伊施塔尔女神经过七道大门而进入冥府，但却被其姐姐埃瑞什基伽勒女神用计谋陷害而不能重返人间，于是人间的秩序陷入了混乱：牛羊不能生育、驴马不能受孕、男人和女人也都不再相爱。在这种情况下，诸神的使者帕坡苏卡勒神只好哭诉着去求助于埃阿神。当埃阿神得知事情的详情后，他为解救伊施塔尔女神而创造了一个美男子，并将其送入冥府。于是埃瑞什基伽勒女神为这个美男所吸引，释放了伊施塔尔女神。

在这篇作品中，埃阿神是在帕坡苏卡勒神的哀求之下，以计谋救出了困在冥府的伊施塔尔女神。在其中，埃阿神的出现并没有冠以"智慧之王"等之类的称号。但总的来说，出于恢复世间秩序的需要，埃阿神扮演着拯救人间、解救落难神灵的角色。

内尔伽勒神和埃瑞什基伽勒女神所述的故事情节和伊施塔尔女神下冥府的情节有点类似。它开篇以阿努神派卡卡神到冥府去告诉埃瑞什基伽勒女神，让其派人到天国领取酒宴上应得的份额。卡卡也是一路经过七道大门才见到埃瑞什基伽勒女神。然而由于泥版破损，故事情节就中断了。可能由于某种原因，内尔伽勒神也要去冥府，于是便出现了埃阿神对他说的话："我的孩子，你即将踏上你想走的道路……我的孩子，关于你的旅行，从你到达的那一刻起，遵循我给你的建议。不要去，不要坐在上面。当他们给你面包，你不要吃。当他们给你肉，你不要吃。当他们给你啤酒，你不要喝……你不能做男女之间做的事情……"

内尔伽勒神随后经过七道大门进入了冥府。他一开始确实遵循着埃阿神的嘱咐，但当埃瑞什基伽勒女神沐浴更衣之后，他却没有经受住女神的美色诱惑，最终忘记了埃阿神的警告。他和埃瑞什基伽勒女神一起欢愉了七天七夜。故事的最后结局是内尔伽勒神可能作为埃瑞什基伽勒女神的丈夫而留在了冥府。

这篇作品中，埃阿神的出现并不像以往一样，他不是受到求助而出现，反而是主动地出现并给内尔伽勒神提出建议的。对于埃阿神的建议，内尔伽勒神也只是听从了一部分而没有完全采纳。

创世史诗从天地开始时最初的两个神灵说起。阿普苏神和提阿马特神共同繁衍了最早的诸多神灵。随着神灵数量的日益增多，他们同时带来了许多的噪声。阿普苏神再也无法忍受这些噪声，决定与提阿马特神共同商讨如何消灭这些子孙后代，但后者大发雷霆，不同意消灭诸神。于是阿普苏神和自己的侍从穆木再次密谋消灭诸神的方法。此时，具有"超常理解力、智慧和才能出众、能知万事"[①] 的埃阿神出现了。他设计先使阿普苏神以及侍从穆木陷入沉睡，然后将二者给杀死了。他又取得了代表王权的腰带、王冠和披风，并接管了阿普苏神的住处。此后埃阿神与其妻子旦基那创造了马尔杜克神来试图取代阿普苏神。当提阿马特神得知阿普苏神的死讯之后，决定为其复仇，于是创造了怪物秦古。怪物秦古神力十分强大，以至于埃阿神得知后便"哑然失声、陷入了沉思"[②]。提阿马特神带领着秦古，联合了其他神灵对埃阿神为首的诸神发动了战争。由于秦古的英勇无敌，埃阿神和阿努神先后败下阵来。无奈之下，埃阿神和阿努神的父亲安沙尔神只好召集诸神开会讨论如何对抗提阿马特神。这时埃阿神悄悄地告诉马尔杜克神："哦！马尔杜克，听从我的忠告，听你父亲之言！你是可让人安心者的儿子！靠近安沙尔，使他听到你的声音，你稳如泰山般的站立，他看到你就会平静下来！"

在埃阿神的指点之下，马尔杜克神获得安沙尔神的青睐，最终将出战提阿马特神。但马尔杜克神提了一个条件，即如果战胜了提阿马特神，诸神必须奉他为众神之王。经过激烈的战斗之后，马尔杜克神战胜了提阿马特神，打败了怪物秦古，成为众神之王，并且安排了宇宙星辰的秩序。此外，为了使众神能够享受安逸的生活，马尔杜克神决定创造人类，于是他找到埃阿神，将自己的计划与之进行交流。埃阿神也同意马尔杜克神的计划，并且说出了自己的意见。后来埃阿神用怪物秦古的血创造了人类，于是人类承担了繁重的工作而诸神则充分享受安逸的生活。

因此，在创世史诗中，埃阿神一开始是识破了阿普苏神的阴谋而杀死了后者，然后建议马尔杜克神出战提阿马特神，最后他创造了人类以减轻诸神的劳动负担。在整个过程中，埃阿神更像是一个阴谋家，他设计使马尔杜克神登上了众神之王的宝座。在故事的细节上，埃阿神并不是无敌的，在战场上他输给了提阿马特神；此外创造人类的计划也不是由他率先提出而是马尔杜克神主动与之交流的，他只是这一计划的执行者。这一系列细节在某种程度上降低了埃阿神的形象。但这也可能与该神话的主题有关，即马尔杜克神才是神话里歌颂

---

① Stephanie Dalley, *Myths from Mesopotamia*, p. 234.

② Stephanie Dalley, *Myths from Mesopotamia*, p. 239.

的主要角色。

安祖鸟史诗的部分故事情节与创世史诗也有类似之处。安祖鸟是一个强大而且易怒的怪物。安祖鸟出生之后，埃阿神建议阿努神将其收服作为侍从。于是阿努神就安排安祖鸟守卫自己的房间，自己则常常在圣水中沐浴。不久之后，安祖鸟出于羡慕和嫉妒的心理，趁阿努神沐浴之际偷走了他的王冠，逃到了深山之中。阿努神为了夺回王冠，惩戒安祖鸟，他先后召唤了阿达德神、格腊神和沙腊神，希望他们去捉拿安祖鸟，但三位神灵以各种借口回绝了阿努神的请求。正当诸神陷入沉默和绝望之际，埃阿神——"智慧之主"想了一个办法：他让母神贝勒特伊里创造了胸襟广阔的宁乌尔塔神。宁乌尔塔神召集了七种风，展开了对安祖鸟的战斗。安祖鸟在战斗中异常强大，一时间宁乌尔塔神与其陷入了僵持的局面。宁乌尔塔神只好派人求助于埃阿神，埃阿神则教给宁乌尔塔神如何战胜安祖鸟的方法。最终安祖鸟战败，故事以对宁乌尔塔神的赞美结尾。

在此可以看出，埃阿神第一次出现是建议阿努神收服安祖鸟，而后分别是在诸神束手无策以及宁乌尔塔神求助的情况下出现。那么，埃阿神劝阿努神收服安祖鸟是否是他自己的一种精心设计，为的是让宁乌尔塔神有机会彰显威力？倘若如此，埃阿神的形象就可能跟创世史诗中有着类似，即他是一个阴谋家。但是与此同时，他在诸神束手无策和宁乌尔塔神求助时又分别为他们出谋划策，因此他也同样扮演着救助者的形象。

吉尔伽美什史诗是一部苏美尔人的英雄史诗，其主题是围绕着人与神之间的故事而展开。在吉尔伽美什史诗中，提及埃阿神的部分主要是在乌特那皮施提姆给吉尔伽美什所讲的洪水故事之中。洪水的故事以众神决定给人类降临一场洪水灾难开篇。埃阿神却向乌特那皮施提姆透露了洪水的消息，让他拆掉房屋、建造大船。当乌特那皮施提姆询问如何向人们解释时，埃阿神进一步说道："你可以告诉他们：我觉得恩利勒神抛弃我了，我不能再待在这个城市，我也不能再踏足恩利勒神的土地。我必须去阿普苏城，与我的主埃阿神在一起……"

于是乌特那皮施提姆造好了大船，一切按照埃阿神的吩咐，最终躲过了大洪水的灾难。当恩利勒神得知乌特那皮施提姆躲过了大洪水后便非常生气。此时，埃阿神对恩利勒说："你是诸神中的贤者和勇士，那你怎能不经商议而发动洪水呢？恶有恶报，戴罪之人确实该有报应……你可以让雄狮而不是洪水来消灭罪人；你可以让饿狼而不是洪水来消灭恶人；你可以让饥饿而不是洪水来惩戒世人；你可以让埃腊而不是洪水来击杀坏人。我并没有将诸神的秘密泄露。我只是给了人类一个梦，而他则得知了诸神的秘密"。

故事的结局是乌特那皮施提姆及其妻子像神一样拥有了长生不老的生命。在吉尔伽美什史诗中的这个小故事里，埃阿神扮演着人类保护神的形象。他的帮助使人类在大洪水的灾难中得以幸存并延续下来。

阿特腊哈西斯是一则阿卡德人版本的洪水神话故事。① 它开篇说道，很久以前诸多地位较低的神灵需要干各种各样的体力活。大约过了 3600 年，他们再也无法忍受这种艰辛的劳动而决定开始反抗以恩利勒神为首的大神们。在双方争执不下之际，埃阿神出现了："我们为什么要责备他们呢？他们的工作确实太繁重了，他们的困难也太多了……母神贝勒特伊里正好在此，让她创造一个凡人，从而让这个凡人扶犁耕地，让他肩负起诸神的工作！"

后来众神选择宁图神来实施埃阿神提出的造人建议。在此期间，埃阿神协助宁图神一起完成了计划。从此人类承担了繁重的劳作，在大地上繁衍生息。随着时间的推移，人类繁衍的越来越多，也制造了越来越多的噪声。这使得恩利勒神无法忍受，他用瘟疫、干旱和饥荒等各种方式来削减人类的数量。在神对人类的处罚之下，人类度日艰难，智者阿特腊哈西斯便向他的主人埃阿神发出了求助。埃阿神也数次指引着人类渡过劫难。最终恩利勒神决定用大洪水来消灭人类。这时埃阿神便又将大洪水的消息透露给阿特腊哈西斯，让他修建大船。而故事的结尾也是以阿特腊哈西斯渡过大洪水的灾难，延续了人类而告终。

这则神话中主要是体现了埃阿神在神与人类之间关系中的作用。他首先是提出并帮助实施了创造人类的计划，从而使诸神不再深受劳役之苦。此后在神对人类的处罚之中，又扮演了救世主的角色。他帮助人类度过了瘟疫、干旱和饥荒，尤其是使得阿特腊哈西斯渡过了大洪水的灾难，因而人类从此得到延续。

阿达帕神话讲述的是埃阿神的一名祭司的故事。祭司阿达帕每天从事着烘烤面包和摆放供桌的工作。作为神庙里的渔夫，他也经常外出捕鱼。有一次他捕鱼时遭遇了南风，情急之下，他把南风的翅膀给折断了。这导致南风再也没有刮到大地之上。阿努神得知此事之后便大发雷霆，并且派人去传唤阿达帕。阿达帕启程去往天国之前，埃阿神出现了并指点他如何先讨好阿努神的两个门

---

① Henrietta McCall, *Mesopotamian Myths*, London：British Museum Press, 1990, p. 50.

神——杜穆兹神和吉兹达神，同时他又说："当你站在阿努神面前时，他们会给你吃导致死亡的面包，那你一定不能吃；他们会给你喝导致死亡的水，那你一定不能喝。他们会给你衣服，你可以穿上；他们会给你香油，你可以涂抹。你一定不要忘了我对你说的这忠告，记住我告诉你的这些话。"

听完埃阿神的话之后，阿达帕启程去往天国，按照埃阿神的指点最终来到了阿努神的面前，并将事情的来龙去脉都细说了一遍。因为阿达帕事先已经讨好了杜穆兹神和吉兹达神，这两位神灵便开始在阿努神面前为阿达帕说好话，这样使得阿努神不仅不再追究此事，反而还决定将可以长生的美食和酒水赐予阿达帕。可是阿达帕一直谨记着埃阿神的忠告，谢绝了美食和酒水，失去了可以长生不老的机会。

这个故事中的埃阿神显然不是阿达帕呼唤求助而出现的。作为智慧之主并且通晓一切，他更像是预先已经知道了后果而出来给阿达帕忠告和建议。但正是由于他的忠告和建议，阿达帕恰恰失去了长生不老的机会。因此，这里的埃阿神既有保护和帮助人类的特征，也还有欺骗人类的阴谋家一面。

三、古代胡里人与古代两河流域神话作品中 埃阿神的类型和形象分析

通过对胡里人神话作品的考察，可以看出埃阿神在胡里人神话作品中的一些特点。首先，在胡里人神话作品中埃阿神出现的故事主要有神灵落难、诸神纷争、神王权力争夺这三种母题原型，而埃阿神的称号则有两个——"智慧源泉的主人"和"智慧之王"。此外，埃阿神在故事中所处理的双方关系主要是神灵与神灵之间的关系，但在处理神灵与人类关系时，只有一篇神话提及埃阿神责备了神灵的战争损害了人类的权益，而其他以神人关系为主题的胡里人的神话却并没有埃阿神的出现，例如《库马尔比之歌全集》中的银之歌和另一则胡里人的神话——《猎人凯斯及其美丽的妻子》。[①] 在处理神灵与神灵关系时，埃阿神的形象主要有三种：救助者、调解员和诸神权益的捍卫者。作为救助者，他常常是受到别人的召唤和求助后方才出现。在调节和处理神灵纠纷时，他既有公正中立的一面，同时又有徇私偏袒的一面。

---

① Harry A. Hoffner, *Hittite Myths*, pp. 87–89.

表 1　古代胡里人神话作品中埃阿神的形象和特征分析

作品名称	埃阿神形象和特征	出现原因	处理的关系
库马尔比之歌	中立的救助者形象：并不因为求助者的派系分别而有所偏袒。拥有"智慧源泉的主人"的称号	分别收到阿吉林神和库马尔比神的求助而出现	神神关系
乌里库米之歌	调解员：排解诸神之间的纷争，但又在某种程度上具有偏袒性。拥有"智慧之王"的称号	在泰舒卜神和塔斯米苏神的请求之下出现	神神关系
拉玛神之歌	任命拉玛神为王，后又惩罚了拉玛神，扮演了大神（太古神）权益捍卫者的角色	因任命、惩罚神王而出现	神神关系
赫达穆之歌	责备战争双方的神灵，一是出于对人类的保护，另外也是对诸神利益的维护。拥有"智慧之王"的称号	神灵间的战争给人类带来灾难，埃阿神主动现身	神神关系（兼顾人类利益）
银之歌、猎人凯斯及其美丽妻子等神话	并没有提及埃阿神		

与胡里人的神话作品相比较，古代两河流域作品中的埃阿神明显也有着自己的特点。首先是其神话故事的母题更为丰富，它不仅包含了神灵落难、诸神纷争、神权斗争的主题，还包括创世造人、大洪水以及人类的延续等诸多母题。其"智慧之主"的称号也只出现了一次，反而是在埃阿神之前有着修饰溢美之词——"超常理解力、智慧和才能出众、能知万事"。在处理神灵与神灵关系上，埃阿神仍然扮演着救助者的角色。但他两次都是自己主动出现去解决诸神所遇到的问题和困难，真正因别人的求助而出现的情形只有一次。而在这个过程中他又显现出了阴谋者的一个形象特点。他帮助诸神解决问题的方式和结果在很大程度上更像是他预先设计好的程序。除此之外，埃阿神在处理神灵和人类关系的神话作品则明显较多，而在此类作品中，埃阿神是主动的出现并给予人类建议。他在帮助人类渡过灾难的同时也兼顾维护着诸神的利益。在神人关系的神话中，他还显示了一个阴谋家的形象和特性。

表2　古代两河流域神话作品中埃阿神的形象和特征分析

作品名称	埃阿神形象和特征	出现原因	处理的关系
内尔伽勒神和埃瑞什基伽勒神	作为建议者，为内尔伽勒神提供参考意见，但后者并没有完全采纳	主动出现并给出建议	神神关系
安祖鸟史诗	建议阿努神收服安祖鸟，既是阴谋家，又在诸神束手无策和宁乌尔塔神求助时出谋划策，是救助者的形象。拥有"智慧之主"的称号	主动出现献策；此后在宁乌尔塔神求助时出现	神神关系
伊施塔尔女神下冥府	拯救人类和落难神灵的救助者：救出伊施塔尔女神	帕坡苏卡勒神求助时出现	神神关系（涉及人类利益）
创世史诗	阴谋家：杀神夺权，扶持马尔杜克神为王，战争中输给了秦古。执行者：只是创造人类的计划的执行者。埃阿神形象有所降低。具有"超常理解力、智慧和才能出众、能知万事"的特性	作为马尔杜克神形象的衬托者而出现	神神关系（涉及人类利益）
吉尔伽美什史诗	人类的保护神形象，帮助人类在大洪水的灾难中得以幸存并延续下来	主动向乌特那皮施提姆透露洪水的消息	神人关系
阿特腊哈西斯	提出并帮助实施了创造人类的计划，从而使诸神不再深受劳役之苦。在神对人类的处罚之中，又扮演了救世主的角色。尤其是使得阿特腊哈西斯度过了大洪水的灾难，因而人类从此得到延续	埃阿神主动出现献策造人；人类面临危难之际，在智者阿特腊哈西斯向其发出了求助时出现	神人关系
阿达帕	既是保护和帮助人类的神，也是欺骗人类的阴谋家	主动现身并给阿达帕建议	神人关系

四、结 论

虽然古代胡里人的埃阿神是直接地源自于巴比伦,[①] 但是通过对古代胡里人与古代两河流域神话作品中埃阿神的对比分析和研究可以看出, 埃阿神的形象和特征从古代两河流域神话作品到胡里神话作品之间仍然有着一个明显的变化过程。

在胡里人的神话作品中, 埃阿神的形象和特性更趋向于单一化, 其功能有所减弱, 有的特性甚至有所丢失。首先是古代胡里人有关埃阿神的神话母题有所减少, 这导致了胡里人的埃阿神的形象也随之趋向单一化。例如, 埃阿神在两河流域作品中阴谋者的形象和特性在胡里人的作品中几乎没有体现, 因此这一形象和特性可能是在文化的传播过程中丢失了。在埃阿神的功能和作用方面, 胡里人的埃阿神更加侧重于处理神灵和神灵之间的关系和事务, 而对于处理神灵和人类的关系则出现较少, 尤其是几乎没有直接出面干预过神人关系的神话主题。而埃阿神的救助者形象也大多是因受到求助呼唤而出现, 其主动出现并给予帮助的场景和概率都有所减少和降低。因此胡里人对两河流域的埃阿神的借用是有选择的, 他们神话作品中埃阿神的形象和特性较为单一, 而其功能和作用都有所减弱。

除了对古代两河流域神话作品中埃阿神的形象和特征的"选择性"继承, 古代胡里人神话作品中埃阿神还有着自己的特点。例如, 胡里人多次使用了埃阿神的称号"智慧源泉的主人"和"智慧之王"; 相反, 在两河流域的神话作品中却只出现了一次埃阿神的称号和一次对埃阿神特性的溢美之词, 这应该是两个文化背景下对埃阿神认识层次不同所导致的结果。胡里人借用了两河流域的埃阿神形象, 但仍需要通过称号来将其特性进一步形象化; 相反, 熟知埃阿神的两河流域居民则可能不需要依靠称号来认知埃阿神的形象和特性。

总而言之, 古代胡里人神话作品中的埃阿神虽然源自于古代两河流域, 但是它又有着自己独特的形象和特点。较之两河流域的埃阿神, 它的形象和特性

[①] Alfonso Archi, "The West Hurrian Patheon and its Background," in Billie Jean Collins and Piotr Michalowski, eds., *Beyond Hatti A Tribute to Gary Beckman*, Altlanta: Lockwood Press, 2013, p. 10.

更趋向于单一化，其功能有所减弱，有的特性甚至有所丢失，但因胡里人自身的文化背景，又保留了他们自己对埃阿神形象以及称号等特点的认识。

（原载张玉安主编：《东方研究 2012—2014》，银川：阳光出版社，2016 年，第 253—266 页）

古典学与东方学的碰撞：
古希腊"东方化革命"的现代想象[*]

李永斌　首都师范大学历史学院副教授

摘要　希腊"东方化革命"的概念最早于 1990 年由博德曼提出，伯克特的《东方化革命》一书使其广为人知。"东方化革命"的提出和影响的扩大，其实是"东方化"和"东方化时代"这两个话题的延续和扩展。"东方化革命"本身不是一个纯粹历史性的概念，而是在历史的研究中混合了诸多想象的成分，实际上是对艺术史上"东方化时代"的扩大化理解，也是古典学与东方学、古典主义与东方主义在现代政治语境中碰撞的结果。

关键词　东方化时代　东方化革命　古典主义　东方主义　古希腊

20 世纪 70 年代以来，学术界掀起了一股东方研究热潮。这股热潮在世界古代史研究领域中也有较为迅速的反应。有学者提出古希腊"东方化革命"的命题，认为公元前 750 年—前 650 年这一时期，埃及、黎凡特、美索不达米亚等东方文明给予希腊文明革命性的影响，根本上改变并决定了希腊文明的基本面貌。本文通过对具体史料的分析和对"东方""东方化""东方化时代"以及"东方化革命"等一系列概念的考量，得出的基本结论是：

---

　　* 本文为北京市教委人文社科重点项目暨北京市哲学社会科学规划项目"古代希腊与东方文明的交流及互动研究"（SZ201310028015）、国家社科基金一般项目"希腊'东方化时代'研究"（14BSS035）的阶段性成果。

希腊历史上的"东方化"，是确实发生过的历史现象，但是其范围主要局限在艺术领域；文学、宗教、文字、语言等领域有一定程度的"东方化"。但艺术上的"东方化"并没有引起希腊社会的结构性变化，因而"革命"无从谈起。"东方化革命"是对艺术史上"东方化时代"的扩大化理解，更深层次的背景则是古典学与东方学、古典主义与东方主义在现代政治语境中碰撞的结果。

一、"东方化革命"的提出

希腊"东方化革命"这一概念最早见于 1990 年，英国古代艺术史学家和考古学家约翰·博德曼（John Boardman）在《阿尔明那与历史》一文中使用了"东方化革命"（Orientalizing Revolution）这一术语。他在该文中指出："希腊物质文化的东方化始于公元前 900 年左右，开始是零星的工匠移民和物件的引入。希腊大陆上真正的东方化革命，是公元前 8 世纪的一种现象，由北叙利亚及其他地方——而非（通常认为的）腓尼基——之技术和产物的出现而产生，东方化革命影响广泛而深远。"[①] 博德曼此文的主要目的是介绍关于阿尔明那考古发现的新成果，以此说明阿尔明那在东西交通中的地位高于腓尼基，顺便探讨阿尔明那这一交通要道在希腊物质文化的东方化革命中所起的巨大作用。但他没有意识到"东方化革命"这一概念会在此后的学术界引起如此强烈的反响和争论，因此也没有对"东方化革命"的内涵和外延进行阐释。

真正使这一概念广为人知的是古典学家沃尔特·伯克特（Walter Burkert），他于 1992 修订自己的德文著作《希腊宗教与文学中的东方化时期》[②]，并与玛格丽特·E·品德尔（Margaret E. Pinder）合作将该书译为英文时，直接采用了这一术语并将其作为英译本的书名，即《东方化革命：古风时代早期近东对

---

① John Boardman, "Al Mina and History," *Oxford Journal of Archaeology*, Vol. 9, July, 1990, pp. 169-190.

② *Die orientalisierende Epoche in der griechischen Religion und Literatur*，最初发表于《海德堡科学院会刊》（*Sitzungsberichte der Heidelberger Akademie der Wissenschaften, Philosophisch-historische Klasse*）1984 年第 1 期。

古希腊文化的影响》①。实际上，英译本《东方化革命》是一部标题大胆、行文谨慎的作品，伯克特并没有在"东方化革命"这个概念上过多纠缠，主要还是以翔实的史料对具体文化事项加以细致考证——如迁移的工匠、东方传往西方的巫术和医学、阿卡德文学和早期希腊文学的关系等。在全书正文中，并没有提到"东方化革命"这一术语，只在导论与结语中简单地提了几句。导论最后一句介绍性地说："希腊文明的形成期正是它经历东方化革命的时代"②；结语则总结式地说："随着青铜浮雕、纺织品、印章和其他产品的输入，一幅完整的东方画卷展现在希腊人面前，希腊人在一个'东方化革命'的过程中如饥似渴地对其加以吸收和改造。"③ 对于"东方化革命"本身的含义，伯克特也没有进行定义式的阐释，只在一般意义上说明了这样一个时期的变革在文化发展方面的意义，"文化不是一株孤立的从种子里长出的植物，而是一个伴随着实际需求和利益、在好奇心驱使下不断学习的过程。愿意从'他者'、从奇异的和外来的事物中获取养分，尤能促进文化发展；像东方化革命时期这样的变革阶段恰恰为文化发展提供了机遇，'希腊奇迹'不仅是独特天赋所产生的结果，还在于希腊人在西方民族中最靠近东方这一简单的事实。"④

尽管伯克特没有对"东方化革命"这一概念进行详细论述，但还是引起了巨大反响。⑤ 1994 年，卡罗尔·G·托马斯（Carol G. Thomas）在《美国历史评论》发表关于《东方化革命》的书评。她充分肯定了伯克特严谨、出色的研究，认为伯克特"在没有否认自身天赋作用的同时，展示了这样一种希腊奇迹是在其他文明广泛的影响下成长起来的事实。尽管我们对他所认为是从其他文

① Walter Burkert, *The Orientalizing Revolution: Near Eastern Influence on Greek Culture in the Early Archaic Age*, translated by Margaret E. Pinder and Walter Burkert, Cambridge, Massachusetts: Harvard University Press, 1992. 伯克特在其英译本导论的注释中特别指出，Orientalizing Revolution 这一术语最早出自博德曼 1990 年的著作。

② Walter Burkert, *The Orientalizing Revolution: Near Eastern Influence on Greek Culture in the Early Archaic Age*, p. 8.

③ Ibid., p. 128.

④ Ibid., p. 129.

⑤ 实际上，该书的德文版就已经引起了学术界的关注和讨论，见 Günter Neumann, "Die orientalisierende Epoche in der griechischen Religion und Literatur by Walter Burkert," (Review) *Zeitschrift für vergleichende Sprachforschung*, 98. Bd., 2. H. (1985), pp. 304-306; P. Walcot, "Die orientalisierende Epoche in der griechischen Religion und Literatur by Walter Burkert," (Review) *The Classical Review*, New Series, Vol. 36, No. 1 (1986), p. 151; M. L. West, "Die orientalisierende Epoche in der griechischen Religion und Literatur by W. Burkert," (Review) *The Journal of Hellenic Studies*, Vol. 106, (1986), pp. 233-234。

化借用来的某些特定实例仍然存疑，但是在伯克特修订自己德文版作品的严谨学术活动中，他已经在自己创建的体系中为我们建构了一座桥梁，使我们得以从不同角度去理解这一问题。"① 尤其值得注意的是，托马斯看到了伯克特刻意强调希腊文明的东方背景，突出了希腊文明对"东方"文明的全面吸收与改造，意欲凸显希腊文明自身的优越性与包容力。同年 7 月，萨拉·门德尔（Sara Mandell）也发表了一篇书评，认为《东方化革命》是论述希波战争之前东方世界和西方希腊文化交互作用的作品之一，这些作品还限于较小范围，但是正在迅速增长。② 她同样着眼于伯克特对不同文化间相互影响的研究，而没有强调"东方化革命"这一概念。

1996 年，马丁·伯纳尔（Martin Bernal）写了关于《东方化革命》的长篇书评，他认为这部作品的内容"比其中庸的标题所展示的要更为激进"③。伯纳尔认为，伯克特极力主张东方对希腊的影响主要来自黎凡特和美索不达亚，而非安纳托利亚，并且这种影响不仅仅像一些保守正统的学者所认为的那样限于艺术风格和字母。伯纳尔以其《黑色雅典娜：古典文明的亚非之根》④中的激进观点而著名，他自己的风格本身就是"标题新奇、观点激进"。在《黑色雅典娜》招致尖锐批评，自己与学术界同行进行激烈辩论之时，他不免有在伯克特这里找到知音之感。因为实际上，伯纳尔是以自己的后殖民主义话语体系来考量伯克特的论述，他博大精深的《黑色雅典娜》在古典文明研究领域确有创新之功，其基本观点与伯克特的"革"是同气相求。

当然，伯克特与伯纳尔的看法并非完全一致。他认为文明的发展并非遵循简单线性的因果论路线，多种文明间的交往是一种互动推进式的开放演进，单纯考察文明的影响是远远不够的，必须关注其内部与外部的互动与交流，因此他倾向于强调希腊文明产生时期的希腊社会本身，而将东方的影响作为背景来

---

① Carol G. Thomas, "The Orientalizing Revolution: Near Eastern Influence on Greek Culture in the Early Archaic Age by Walter Burkert; Margaret E. Pinder," (Review) *The American Historical Review*, Vol. 99, No. 1 (Feb., 1994), pp. 202-203.

② Sara Mandell, "The Orientalizing Revolution: Near Eastern Influence on Greek Culture in the Early Archaic Age by Walter Burkert," (Review) *The Classical World*, Vol. 87, No. 6 (Jul. -Aug., 1994), p. 517.

③ Martin Bernal, "Burkert's Orientalizing Revolution The Orientalizing Revolution: Near Eastern Influence on Greek Culture in the Early Archaic Age by Walter Burkert; Margaret E. Pinder," (Review) *Arion*, Third Series, Vol. 4, No. 2 (Fall, 1996), pp. 137-147.

④ Martin Bernal, *Black Athena: Afro-Asiatic Roots of Classical Civilization* (Vol. I: *The Fabrication of Ancient Greece, 1785-1985*; Vol. II: *The Archaeological and Documentary Evidence*; Vol. III: *The Linguistic Evidence*), New Brunswick: Rutgers University Press, 1987-2006.

看待，因此将"东方化革命"的时间限定在公元前 8 世纪到前 7 世纪，范畴限定在具体文化事项方面。而伯纳尔并不同意这一点，他在另一部作品中批驳伯克特道，"这个世纪或者其他任何世纪，都没发生过东方化革命"。[①] 当然，他的真实观点并不是否定"东方化"的存在，而是认为希腊一直处在东方化过程之中而非只经历了有限的一段革命。他的理由是：没有任何一个阶段存在一个"纯正的"希腊，正如任何一个阶段都不存在"纯正的"黎凡特或"纯正的"埃及一样。任何试图标明闪米特和埃及对本土希腊影响的起始时间的努力都是根本不可能的，正如标明希腊对罗马的影响一样。希腊化或希腊本身不可能锁定在任何一个特定的阶段与空间之内——只可能将其视为一种风格或模式的延续，在这种模式下，希腊本土文化的发展与外来文化的介入相互交织或混杂在一起。

然而，"东方化革命"在西方学术界热烈讨论了二十来年，却没有任何一位西方学者对这一概念有过完整清晰的界定。究其原因，多半是因为参与讨论的学者长于史实推考而不擅理论概括，似乎认为只要列出有限的考古学和其他学科的史料证据，便能自然而然地对这场"东方化革命"予以足够的证明，而无须再做定性分析。

"东方化革命"正是一个以现代术语来表述古希腊社会历史发展特定阶段的概念。虽然现代西方学者没有对希腊"东方化革命"的概念进行系统阐释，但博德曼、伯纳尔、伯克特等人从史料的角度进行具体考证，说明东方对西方的影响。萨义德等人则从另一角度，即以批评东方主义，重新认识东方来揭示历史上东方的影响和地位。我们从他们的论述中可以概括出"东方化革命"的基本内涵——大约公元前 750 年到公元前 650 年，埃及、黎凡特、美索不达米亚等东方文明给予希腊文明革命性的影响，根本上改变并决定了希腊文明的基本面貌。

"东方化革命"不是一个孤立的概念，其提出和影响的扩大其实是"东方化"（Orientalizing）和"东方化时代"（The Orientalizing Period）这两个话题的延续和扩展。

"东方化"这一词被用作指代古希腊艺术的一种风格始于维也纳大学古典学教授亚历山大·孔兹（Alexander Conze）。他于 1870 年在《早期希腊艺术史》中提出这一说法，认为"东方化"这一术语可以用来说明 19 世纪前半期

---

① Martin Bernal, *Black Athena Writes Back: Martin Bernal Responds to His Critics*, p. 317.

在意大利埃特鲁里亚墓冢中发现的瓶画风格。东方化风格的瓶画的发展已经超越了早期那种与原型物件没有关系的几何风格，考古学家近年在意大利中部以及 1845 年以来在亚述的发现，即有花卉旋纹和狂野的动物以及奇幻的怪物的瓶画，都被认为是来自东方，尤其是埃及的表达。这类东方化风格同样出现在希腊艺术中，尽管至 19 世纪中期在希腊只出现了少数考古证据。[1] 自此以后，学术界对希腊艺术中东方因素的关注越来越密切。随着考古学的发展，越来越多的考古实物证据表明，古希腊文明中来自东方的因素不仅限于艺术领域。

1980 年，英国学者奥斯温·默里（Oswyn Murray）在孔兹研究的基础上，第一次提出"东方化时代"（The Orientalizing Period）这一术语，他的《早期希腊》[2] 第六章即以"东方化时代"为章名。[3] 默里借用了这个艺术史概念并且将其应用到整体希腊社会的研究。他通过考察希腊语借用的闪米特语词汇的数量，尤其是在物质文化领域，如陶器的形状、称呼服装的语汇、渔业和航海业的术语等，确认了希腊和腓尼基之间接触的密切。默里认为，"与近东的接触，给公元前 750 年至公元前 650 年那一个世纪的希腊社会带来了大量的变化。……不过，这种传播发生的路径，以及它对希腊接受者的影响，最好通过对三个领域——艺术、宗教和文学——的研究来探讨。"[4] 作者也正是凭借自己所掌握的丰富的一手考古资料，在这几个方面进行了深入细致的研究。

默里提出"东方化时代"这一术语之后，西方古典学界的注意力开始逐步集中到东方化论题之上。1987 年，马丁·伯纳尔的《黑色雅典娜》甫一面世便引起激烈争论，激发了学界对希腊文明中的东方因素的研究热情，相关著述相继发表。

美国古典考古学家萨拉·莫里斯（Sarah Morris）在 1992 年出版的《代达罗斯与希腊艺术的起源》中提出，从青铜时代直至古风时代，东部地中海世界

---

① A. Conze, *Zur Geschichte der Anfänge Griechischer Kunst.* Vienna, 1870, 转引自 Corinna Riva and Nicholas C. Vella, eds., *Debating Orientalization: Multidisciplinary Approaches to Change in the Ancient Mediterranean*, London, Oakville: Equinox Publishing Ltd, 2006, p. 4。

② Oswyn Murray, *Early Greece*, Brighton: Harvester Press, 1980. 作者做了较多修订后出版第二版（London: Fontana Press），其中译本为：奥斯温·默里：《早期希腊》，晏绍祥译，上海：上海人民出版社，2008 年。

③ 默里在 1993 年第二版序言中确认是他自己首次提出"东方化时代"这一术语，"有些章节变动很小……因为其基本结论似乎仍值得保留，而随后的研究已经从这里开始。我对其中的两章感到特别自豪……第六章即'东方化时代'，如今已经作为一个重要时期得到认可。首次借用了这个艺术史概念并且将其应用到作为整体的社会，正是本书。"

④ 奥斯温·默里：《早期希腊》，第 74—75 页。

都是一个文化"共同体",其内部的相互联系、相互影响是常态,而希腊也是这文化"共同体"的一部分,在公元前 1100 年之后并没有终止和东方的联系。[①]

1997 年,英国古典学家韦斯特的《面向东方的赫利孔:希腊诗歌和神话中的西亚元素》面世,作者考察了爱琴海地区与东方的来往和交流,系统阐述了西亚文化对古风时代和古典时代早期希腊文化的影响。他认为,"在事实的冲击下,读者应该放弃或至少大大减少对于早期希腊文化独立性所保有的任何幻想。我们不能把'近东'的影响贬低为边缘现象,只是在解释孤立的不正常现象时才偶尔援引。它在许多层面、在绝大多数时期都无处不在。"[②]

1998 年,考古学家塔马斯·德兹索(Tamás Dezsö)在《不列颠考古报告》发表单行本长篇论文《公元前 9—前 7 世纪爱琴海和东地中海头盔传统中的东方影响:东方化的模式》[③]。他将爱琴海和东地中海地区的头盔传统中的东方影响分为四个层次:直接引入、对东方模式的模仿和形式上的重新解释、对东方模式的模仿和材料上的重新解释、塞浦路斯和希腊的头盔受到东方的启发。通过对具体文化事项的专题研究,德兹索为我们提供了一个关于东方文化对希腊文化影响的个案研究样本。

总之,在这样的背景下,一些学者将"东方化革命"的命题纳入希腊与东方文明交流的研究框架下,形成了"东方化—东方化时代—东方化革命"的话语体系。这一话语体系的基础就是"东方"以及东方文明对希腊文明的影响,因此,要理解和辨析"东方化革命",前提是对"东方""东方化"以及"革命"等基本概念的考量。

① Sarah Morris, *Daidalos and the Origins of Greek Art*, Princeton: Princeton University Press, 1992. 她在《荷马与"近东"》一文中也概括了希腊和东方的密切联系,见"Homer and the Near East," in Ian Morris and Barry Powell eds., *A New Companion to Homer*, *Mnemosyne*, Suppl. 163, Leiden, E. J. Brill, 1997, pp. 599-623。

② M. L. West, *The East Face of Helikon: West Asiatic Elements in Greek Poetry and Myth*, Oxford: Oxford University Press, p. 60.

③ Tamás Dezsö, "Oriental Influence in the Aegean and Eastern Mediterranean Helmet Traditions in the 9th-7th Centuries B. C.: The Patterns of Orientalization," *BAR Internationl Series*, 691, 1998.

二、"东方化" 的史实基础

许多现代语源学研究者将 "东方" "西方" 两个词的词源上溯到腓尼基人传说中的卡德摩斯（Kadmos）和欧罗巴（Europa）甚至更为久远，[①] 不过古代希腊人尚无 "东方" 的概念和意识。[②] 我们在论及这一主题时所使用的 "西方" 与 "东方"（West and East）、"欧洲" 与 "亚洲"（Europe and Asia）、"希腊" 与 "东方"（Greece and Orient）这些二元对立概念都是现代的术语。尽管这些术语本身是现代性的，不过所指称的事项却是历史的具体存在。

探讨这些概念首先要解决一个基本问题："东方" 究竟是一个地域的还是文化的范畴，或者其他方面的范畴。关注古代地中海世界的学者倾向于将 "西方" 与 "东方" 和 "欧洲" 与 "亚洲" 看作两对同等概念，即东西方地缘文化的区分与欧亚大陆的自然分界线是重合的——从爱琴海到黑海，中间是达达尼尔海峡、马尔马拉海、博斯普鲁斯海峡。[③] 部分希腊人居住的土耳其西海岸和沿岸岛屿被称为 "东希腊"，在传统上属于 "西方" 或 "欧洲" 的范畴。然而这种地域的划分并不能准确表述文化或观念上的区别。一些学者甚至声称，"东方" 是一个想象的地域，[④] 或者 "东方" 在地域上是不存在的。[⑤] 本文认为，地域上的 "东方" 概念是探讨其他范畴 "东方" 之基础，因此需要有较为明确的界定。在不同的历史语境下，地域上的 "东方" 也有不同的范围，本文大致以欧亚大陆的自然分界线作为地域上西方与东方的分界线。以此为基础，在涉及其他范畴的 "东方" 概念时进一步对其加以界定和阐述。

从希腊人的认知角度来说，尽管他们尚无 "东方" 的概念，但是文化认同范畴的 "东方" 在古典希腊时期已经出现了。波斯的入侵使得希腊人产生了一

---

① 关于这两个词的词源解释及争论，参见 Walter Burkert, *The Orientalizing Revolution*, p. 153, note 3。

② 东西方对立的概念始见于罗马帝国时期，后被基督教拉丁文学采纳。直到十字军东征的时代，"东方"（Orient）才作为概念和术语，实际进入西方语言中。见 Walter Burkert, *The Orientalizing Revolution*, p. 1；p. 153, note 2。

③ Ann C. Gunter, *Greek Art and The Orient*, Cambridge：Cambridge University Press, 2009, p. 51.

④ Edward W. Said, *Orientalism*, London：Penguin, 1978, pp. 41-52.

⑤ Nicholas Purcell, "Orientalizing：Five Historical Questions," Corinna Riva and Nicholas C. Vella, eds., *Debating Orientalization：Multidisciplinary Approaches to Change in the Ancient Mediterranean*, p. 25.

种联想，开始把波斯人和希腊人传说中的敌人联系起来，把他们一概视为来自亚细亚、对希腊产生巨大威胁的宿敌，因而也是对立于希腊方式的典型蛮族。正如默里所说，希波战争开创了一个新时代，但也终结了一个旧时代。希腊文化已经从东西方富有成果的交流中被创造出来。东方对抗西方，专制对抗自由，希波战争中创造的这种二元对立，在整个世界历史中回响。① 希腊和波斯的对立与冲突从根本上改变了希腊文化的特性，希腊人开始意识到他们区别于其他民族的民族特性。因此，从文化和民族认同的角度来说，"希腊"与"东方"的对立实际上是希腊人关于"他者"的一种认识范畴，这一范畴中的"东方"可以泛指在文化方面与希腊人有一定联系但是又相区别的其他民族及其文化。

第二个问题是关于"东方化"的界定。论及"东方化"时，必须考虑何种程度的性质或状态改变能够称之为"化"，还要考虑到"化"的过程、结果和状态。正如珀塞尔所诘问的："东方化"是否包括了关于程度和完整性的判断？是否意味着一个稳定但不断改变的时期，或者是完全的改变？换句话说，如果"东方化"是一个过程，是否意味着结果就是"东方化"了？若不是，为什么不是？② 早在 1973 年，博德曼就以黑格尔关于东方和西方"精神"对立的模式提出了一个关键的问题："东方化"是希腊人主动地、有自主意识地转变他们所接受的知识，还是被动地、因袭陈规地接受来自东方的产品？③

直到伯克特的时代，严谨的西方学者仍然侧重于从具体文化事项入手进行分析，拒绝在没有确凿证据之时贸然建构文明互动与交流的模式。伯克特在《东方化革命》前言中就明确表示："我有意侧重于提供证据，证明希腊与东方文化有相似之处，以及证明希腊可能采纳了东方文化。某些时候，当材料本身不能提供文化迁移的可靠证据时，确认文化间的相似也将是有价值的，因为这能使希腊和东方的文化现象摆脱孤立，为比较研究搭建了一个平台。"④ 而我们能够据以为证的主要是艺术、宗教和文学领域的比较研究。

在古风时代早期希腊艺术的"东方化"过程中，腓尼基人扮演着先驱的作

① 奥斯温·默里：《早期希腊》，第 290—291 页。

② Nicholas Purcell, "Orientlizing: Five Historical Questions," p. 26.

③ John Boardman, *Greek Art*, London: Thames and Hudson, 1973, p. 19.

④ Walter Burkert, *The Orientalizing Revolution*, p. 8.

用，尽管他们在艺术层面只是中转和媒介的角色。① 亚述帝国和埃及的艺术被认为是希腊艺术最重要的原型。② 从接受者的角度来说，塞浦路斯和克里特岛在东方对希腊产生影响的过程中有特殊地位；罗德岛在公元前 8 世纪时也十分重要；所有在公元前 8 世纪兴盛起来的重要朝拜地，如提洛岛、德尔斐，尤其是奥林匹亚，都发掘出了数量可观的东方工艺品；紧邻厄瑞特里亚的雅典也值得特别关注。③

希腊艺术中的东方因素首先体现在手工产品方面，最早的无疑是金属制品。从公元前 9 世纪后期起，克里特的腓尼基金属匠人已经开始生产锻造的青铜器物用于献祭，考古学家在伊达山的山洞中、奥林匹亚、多铎纳和伊达拉里亚地区都发现了他们的产品。同时腓尼基的金匠正在克诺索斯工作，可能也在雅典工作。腓尼基的青铜碗和银碗普遍被作为贵重物品交易，不仅在塞浦路斯，而且雅典、奥林匹亚、德尔斐，甚至意大利南部的普勒尼斯特、伊达拉里亚等地都发现了这样的碗。上述地区发现的碗中至少有三个刻有阿拉米—腓尼基（Aramaic-Phoenician）铭文，一只法拉里（Falerri）出土的碗上还刻着楔形文字。④

"东方化"最为显著的是陶器。默里认为，陶器的东方化风格首先于公元前 725 年左右出现于原始科林斯陶器上，稍晚出现的雅典陶器也具有同样的倾向。⑤ 不过现在已经有学者确认其时间更早，几何陶后期即公元前 750 年左右，东方艺术的影响逐渐清晰起来。这一点在底比隆画家和他的工作室里装饰花瓶的动物图案中体现得尤为明显。⑥ 这些装饰对我们关于东方化的主题研究有着特殊的意义。这不仅在于他们对动物形象的描述，而且在于他们包含了特殊的主题：正在捕食的猫科动物，经常以正在攻击其猎物的姿态呈现。⑦ 这些动物中最常见的就是狮子，不管是单独出现还是出现在捕食场景中的狮子，都在阿

---

① Glenn Markoe, "The Emergence of Orientalizing in Greek Art: Some Observations on the Interchange between Greeks and Phoenicians in the Eighth and Seventh Centuries B. C. ," *Bulletin of the American Schools of Oriental Research*, No. 301 (Feb. , 1996), pp. 47-67; Ann C. Gunter, *Greek Art and The Orient*, p. 65.

② Ann C. Gunter, *Greek Art and The Orient*, p. 66.

③ Walter Burkert, *The Orientalizing Revolution*, p. 19.

④ Ibid. , p. 19.

⑤ 奥斯温·默里：《早期希腊》，第 77 页。

⑥ Glenn Markoe, "The Emergence of Orientalizing in Greek Art," p. 47.

⑦ B. Schweitzer, *Greek Geometric Art*, Trans. by P. Usborne and C. Usborne, London: Phaidon, 1971, pp. 186-200.

提卡陶瓶中能够看到。[①] 然而对希腊人来说，狮子和豹子同斯芬克斯、塞壬、戈耳工以及其他有翼的怪物一样神奇。已经有学者精确地指出了这些动物模型的来源，例如，从形态上说，狮子首先是赫梯的，后来是亚述的。[②]

还有一些在希腊发掘出来的东方艺术品也值得注意。象牙雕刻毫无疑问是来自东方，虽然这种技艺后来被希腊人采用。公元前 7 世纪出现的鸵鸟蛋和来自红海的砗磲贝壳也是如此。珠宝则更常见，如各式金饰、彩陶珠以及玻璃珠，荷马史诗中所提到的赫拉的三串桑葚状耳饰当属此类。宝石、印章的使用和传播更有力地证明了希腊人与东方的联系。伊斯基亚岛（Ischia）发掘出了近百枚叙利亚—西利西亚的印章。莱夫坎迪的陵墓中发现了叙利亚和埃及风格的类似护身符的饰品——葬于厄瑞特里亚英雄祠（Eretria Heroon）的王子佩戴着一枚镶嵌在黄金上的圣甲虫形护身符。此外，美索不达米亚风格的圆柱形印章在希腊的萨摩斯、提洛岛和奥林匹亚都有出土。[③]

希腊艺术的"东方化"，不仅是商人将东方的货物辗转贩卖到希腊，使得东方的产品在希腊出现，而且还有来自东方的工匠直接向希腊人传授技术，同时，希腊人也直接向对方学习。对此的直接证明就是希腊人在制造中汲取了种种新的技术性工艺，这不是简单地通过购买成品就能做到的。希腊手工业者们旅行到了靠近东方的某些地区，并在贸易据点建立起作坊。在那里，他们可能方便地见到东方的工人。艺术家的这种风格变化从他们自己制造的物品中可以发现一部分，但主要是以专业的制作工艺传播到希腊作为假设前提，因为那些技术只能通过直接接触才能学到。金丝细工饰品和粒化技术、宝石的切割、象牙雕刻、赤陶模的使用和青铜的失蜡铸造法等，都是这类技术的例证。[④] 这些技术都不是彼此进行远距离的接触能够学到的，而是至少有一段学徒过程，其间彼此曾密切合作，交流过种种细节问题。并且，工匠因有一技之长，与定居的农民和拥有土地的贵族截然不同，具有很大的流动性，这就为希腊手工艺者或者艺术家与东方的学习和交流提供了条件。

当然，我们还需要注意希腊人对东方艺术的改造以及在此基础上的再创

---

① Glenn Markoe, "The Emergence of Orientalizing in Greek Art," p. 47.

② 奥斯温·默里：《早期希腊》，第 77 页。

③ Walter Burkert, *The Orientalizing Revolution*, p. 19; pp. 162-163, note 2-8.

④ John Boardman, *The Greeks Overseas: Their Early Colonies and Trade*, 2nd edition, London: Thames & Hudson Ltd., 1980, p. 71.

造。面对各种外来模式，希腊工匠的反应是改造多于模仿。① 浅层次的改造体现在技术层面，如东方失蜡铸造技术中的蜡芯以沥青为芯被改成了以树脂和麸糠作芯。② 更多的改造过程则在对近东图像主题的转换中能够较为清晰地看到。例如，东方主题的牛或牛犊，在希腊的环境中则转换成马和马驹。同样，阿提卡艺术家借用了近东复合生物的观念，但是随即创造了希腊特有的风格。同样的借用和改造也体现在希腊艺术家对东方生命之树的描绘，他们将其以本土的几何陶形式展现出来。③ 这一改造过程还体现在对某些特殊主题的选择性借用，如围绕一个中心主题相对立的群组图像，是典型的东方风格，但是在阿提卡的后期几何艺术家那里，变成一种独特的风格——一位马夫被群马所包围，群马按两级或三角排列，然而又有两个人坐在中间的凳子或石块上面，这又是典型的本土风格，很少发现有近东的原型。④ 在所有这些例子中，东方原型的出现和影响主要体现在排列的顺序或形式结构方面，而在场景的风格和具体图像方面的影响则少得多。正如默里所说，希腊艺术从来不是东方的派生物，借鉴和采纳都是创造性的。正是几何陶的叙述与东方自然主义的结合，让希腊的艺术，也可以说是西方的艺术，具有了它独特的风格。

在艺术领域以外，学者们研究得较多的是文学和神话方面的"东方化"。《荷马史诗》和赫西俄德的作品与东方的关系尤为引人注目。《荷马史诗》虽于古风时代才最终成书，不过其口头传颂已经有了数个世纪，在传颂过程中，其无疑吸收了多种文明元素。自古以来就有学者将《荷马史诗》与《希伯来圣经》相比较——二者都是在以宗教和语言为基础形成的社会单元中传播的历史、神学和叙述传统；二者在悲情主题（如以女儿献祭）、诗歌技巧（如明喻修辞）、宗教范式（如发誓与诅咒）等方面都有诸多共同之处。⑤ 布鲁斯·卢登在《荷马的〈奥德赛〉与近东》一书中通过对《奥德赛》与《创世记》《出埃及记》等近东文本的比较后得出结论：《奥德赛》融合了多种不同的神话传统，所有这些传统都能在近东找到对应物。尽管从近东内部来说，这些神话或

---

① John Boardman, *The Greeks Overseas*, pp. 78, 81; J. L. Benson, "On Early Protocorinthian Workshop and the Sources of its Motifs," *Babesch: Bulletin An-ticke Beschaving*, vol. 61 (1986): 13-14.

② John Boardman, *The Greeks Overseas*, p. 57.

③ J. N. Coldstream, *Greek Geometric Pottery: A Survey of Ten Local Styles and Their Chronology*, London: Methuen, 1968, p. 67, note 2.

④ Glenn Markoe, "The Emergence of Orientalizing in Greek Art," p. 49.

⑤ Sarah Morris, "Homer and the Near East," p. 599.

传说又分属于不同地区，如美索不达米亚、埃及、乌加里特等地，但大量故事都集中在旧约圣经中。① 默里认为，赫西俄德的《神谱》，其核心组织原则是"继承神话"，其结构和许多细节都与东方的继承神话严密对应。赫西俄德的《劳作与时令》，虽然其中详尽的建议完全是希腊式的，但该诗篇的总体设想让人想起著名的具有东方智慧的文字，并且其核心神话的某些部分也与东方神话类似。② 伯克特也对希腊的宇宙神话与赫梯的库马比神话进行了比较，他还比较了希腊神话传说中最具传奇色彩的英雄赫拉克勒斯的形象与诸多近东神话的相似之处。③ 荷马颂歌与赫西俄德作品中的很多故事也被证明与美索不达米亚有着很多对应关系。④ 奥林匹斯十二主神中，狄奥尼索斯、阿芙洛狄忒、阿波罗、阿尔忒弥斯都已证明与东方有着密切的联系。⑤ 关于其他希腊文学作品，包括其他史诗、抒情诗、寓言，尤其是涉及神话传说的作品，都有学者从不同角度与东方传统进行了比较研究。⑥

三、"东方化革命的想象"

但是，所有这些研究都面临一个核心问题：如何证明这些相似性之间存在着直接的影响，而不是按照自身的规则独立发展起来的。当然，学者们可以根据地理空间上的相互连接、年代时间上的先后关系做出一些推论。即便如此，

① Bruce Louden, *Homer's Odyssey and the Near East*, Cambridge：Cambridge University Press, 2011, p. 314.

② 奥斯温·默里：《早期希腊》，第80—83页。

③ Walter Burkert, "Oriental and Greek Mythology: The Meeting of Parallels," in Jan Bremmer, eds., *Interpretations of Greek Mythology*, London：Routledge, 1990, pp. 10–40.

④ Charles Penglase, *Greek myths and Mesopotamia: Parallels and Influence in the Homeric Hymns and Hesiod*, London and New York：Routledge, 1997, pp. 64–165.

⑤ Martin Bernal, *Black Athena*, Vol. Ⅲ：*The Linguistic Evidence*, pp. 453–464.

⑥ 除了伯克特的《东方化革命》和韦斯特的《面向东方的赫利孔》以外，主要作品还有：M. Finkelberg, "The Cypria, the Iliad, and the problem of multiformity in oral and written tradition," *Classical Philology*, vol. 95（2000）：pp. 1–11；R. Bollinger, "The ancient Greeks and the impact of the ancient Near East：Textual evidence and historical perspective（ca. 750–650BC），" in R. M. Whiting, eds., *Mythology and Mythologies：Methodological Approaches to Intercultural Influences*（Melammu Symposia Ⅱ），Helsinki：The Neo-Assyrian, 2001, pp. 233–264；J. Haubold, "Greek epic：a Near Eastern Genre?" *Proceedings of the Cambridge Philological Society*, vol. 48（2001），pp. 1–19；Carolina López-Ruiz, *When the Gods Were Born：Greek Cosmogonies and the Near East*, Massachusetts：Harvard University Press, 2010 等。

也不能忽视希腊文学所具有的希腊本土性特征。《荷马史诗》的英雄传统是希腊社会的独特产物，其中人神同性的自由神学，体现的是希腊人独特的人文伦理观。[1] 尽管赫西俄德借鉴了外来的模式，但他的思想有自己内在的逻辑，在希腊人的背景下，有它自己的关键之处。他对社会的关注如何让他通过创造世代的观念将神灵的世界和人类世界联系起来，并从神灵那里派生出抽象的政治概念，这种思想模型在东方并无对应。[2]

神灵起源的问题更为复杂，尽管某些希腊神灵在其发展过程中的确受到东方的影响，但是其源头显然并不只是唯一的，并且在最终成形之时，已经完成了对其他文明元素的吸收和改造，所彰显的主要是希腊特性了。以阿波罗为例，阿波罗显然是一个起源于希腊以外的神灵。笔者在另一篇文章中论证了阿波罗神名起源于北方，其神职主体起源于亚洲，这两种外来文化元素在传播和融合的过程中也吸收了希腊原住民族的某些崇拜成分。在人们对阿波罗崇拜的某一发展阶段，还吸纳了许多不同宗教元素和小的神祇，这些众多宗教元素和小神祇逐渐汇聚到"阿波罗"的名称之下。[3] 关于这些汇聚到"阿波罗"名称之下的宗教元素和小神祇的具体情况，我们至少可以明确知道有三种成分：一种西北多利斯希腊（Dorian-northwest Greek）成分，一种克里特—米诺斯（Cretan-Minoan）成分，一种叙利亚—赫梯（Syro-Hittite）成分。[4] 然而，希腊古风时代以来的艺术中，以阿波罗为原型的雕塑艺术形象的发展一直远胜过其他神祇，这种发展至少可以追溯到德勒洛斯的阿波罗神庙铸成那些青铜塑像之时（约公元前750年）。这些阿波罗塑像一般都是以年轻人的形象出现，随着希腊艺术的不断成熟，这种形象逐渐上升到理想高度，经过后来的进一步净化和提升，这种理想明显具有神圣性，赋予希腊文化一种特殊的气质，而代表这种文化的神就是阿波罗。甚至有学者说，"阿波罗是希腊精神的具体体现。一切使希腊人与其他民族相区别，特别是使之与周围野蛮民族相区别的东西——各种各样的美，无论是艺术、音乐、诗歌还是年轻、明智、节制——统统汇聚在阿波罗身上。"[5] 同样，其他与东方有着密切关系的神灵，在其发展过

---

① Sarah Morris, "Homer and the Near East," p. 599.

② 奥斯温·默里：《早期希腊》，第84页。

③ 李永斌、郭小凌：《阿波罗崇拜的起源及传播路线》，《历史研究》2011年第3期，第179页。

④ Walter Burkert, *Greek Religion: Archaic and Classical*, translated by John Raffan, Oxford: Basil Blackwell, 1985, p. 144.

⑤ W. K. C. Guthrie, *The Greeks and Their Gods*, New York: Beacon PR Ltd. , 1985, p. 73.

程中，也逐渐融合了多种文明元素，最终形成了希腊人所特有的奥林匹斯神系及与其崇拜相应的宗教。

　　还有一个领域是文字和语言。希腊文字的基础是腓尼基字母，这一点已经得到公认。希腊字母的形状是对腓尼基字母的改写；两种字母表的顺序基本一致，甚至绝大多数希腊字母的名称也是从腓尼基语接收过来的。腓尼基语向希腊语的转写几乎是机械的，只有在一个基本方面例外：元音。元音的发明正体现了希腊人对腓尼基字母创造性的改写。绝大多数希腊元音的形式源自腓尼基语的辅音或者半辅音字母，后者在希腊语中毫无用处，只是被视为简化过程的音节符号，而元音的发明则将这些音节符号转变成真正的字母符号。在希腊字母表中，主要的语言因素元音和辅音首次独立出来，各自单独表达。这一系统仍为绝大多数现代语言所使用。[1] 马丁·伯纳尔考察了希腊语中外来语的现象，提出了数百个他认为"可以验证的假设"，[2] 当作希腊文明具有亚非之根的重要证据。然而，文字和语言领域的几百个案例仍然不足以构成文明的整体特性。我们需要关注的应该是文字以及文字的运用对社会变革带来的影响。尽管有学者认为，文字应对古风时代的绝大多数变革负责，在走向民主、逻辑、理性思维的发展、批判的史学、法律的制定等方面起到了辅助或激励的作用。但是，文字的作用是加强社会中已经存在的趋向，而不是对其进行基本的改造。[3] 希腊社会具有的独特性在文字到来之后并没有因此而消失，而是进一步朝着自己特有的方向前进，从而发展出与东方文明特征迥异的古典文明。

　　至此可以形成一个基本结论：希腊历史上的"东方化"是确实发生过的历史现象，但是其范围主要在艺术领域，文学、宗教、文字、语言领域有一定程度的"东方化"。在一些具体社会文化事项方面，也能看到东方的影响，如哲学[4]、建筑[5]，还有如会饮等社会风俗[6]，以及一些实用的物品如钱币[7]等，至

---

　　[1] 奥斯温·默里：《早期希腊》，第86—87页。

　　[2] Martin Bernal, *Black Athena*, Vol. Ⅰ: *The Fabrication of Ancient Greece, 1785-1985*, p. 73.

　　[3] 奥斯温·默里：《早期希腊》，第92—93页。

　　[4] 参见 M. L. West, *Early Greek Philosophy and the Orient*, Oxford: Oxford University Press, 1971 (reprinted 2002)，该书提供了诸多具体案例的比较研究。

　　[5] Erwin F. Cook, "Near Eastern Source for the Palace of Alkinoos," *American Journal of Archaeology*, vol. 108（2004），pp. 43-77.

　　[6] 奥斯温·默里：《早期希腊》，第74页。

　　[7] Alain Bresson 著：《吕底亚和希腊铸币的起源：成本和数量》，沈扬、黄洋译，《历史研究》2006年第5期。

于是否能称得上"东方化"，还没有足够多的样本和确凿证据进行分析。但是在诸多领域，希腊人仍然保持了本土的独特性和创造性，如史学、抒情诗、舞台剧等。东方社会的许多独特事物也没有在希腊找到对应之物，如巨大的宫殿、强大的王权、连续性的王朝等。

"东方化"最初是一个艺术史的概念。艺术品方面的比较研究相对较易，因为有具体物件和作品作为证据。一旦将"东方化"从艺术史领域扩大到整个社会层面，难题就油然而生。艺术史术语中的"东方化"，其实是文化传播论者用以解释历史的方式，其可能更适合于物质文化，而非观念的历史。具体文化事项层面的转换和改造比整个社会其他层面的转换更容易把握，然而以人工产品的流动为基础来建构文化交流甚至历史发展的脉络，还需要更多社会生活领域层面的分析。

实际上，"东方化革命"是"东方化"和"革命"两个概念的合体。"革命"最初是一个政治学术语，指的是相对较短时间内权力或组织结构的根本性改变。① 在世界古代史研究领域，"革命"一词也被引申到其他领域，其基本含义仍然指的是"结构性的变化"，如古希腊历史上的"公元前 8 世纪革命"②，指的就是城邦的兴起这一"结构性革命"。③ 由于一些学者将"公元前 8 世纪革命"的时间界定为公元前 750—前 650 年，④ 恰好与默里所提出的"东方化时代"吻合，而希腊城邦社会的兴起也确实和希腊与东方广泛而深刻的文化交流同时发生，这两股历史潮流对希腊社会的发展产生了深远持久的影响。因此，对"东方化革命"这一概念的辨析，关键在于艺术上的"东方化"是否引起了希腊社会的"结构性变化"。本文认为，艺术上的"东方化"并没有引起希腊社会的结构性变化。"东方化革命"只是一种想象的概念，实际上是对艺术史上"东方化时代"的扩大化理解。

---

① Aristotle, *Politics*, 1. 1301a.

② 1961 年，美国古代史家切斯特·斯塔尔在其所著的《希腊文明的起源》一书中，首次提出了"公元前 8 世纪革命"的说法："公元前 750—前 650 年这个革命的时期，是整个希腊历史上最为根本的发展阶段"。Chester G. Starr, *The Origins of Greek Civilization*, *1100 - 650BC*, New York: Knopf, 1961, p. 160.

③ Anthony M. Snodgrass, *Archaic Greece: The Age of Experiment*, Berkeley: University of California Press, p. 15. 最近的论述见 Ian Morris, "The Eighth-Century Revolution," Kurt A. Raaflaub and Hans van Wees, eds., *A Companion to Archaic Greece*, Chichester, West Sussex, Malden, MA: Wiley-Blackwell, 2009, p. 65。关于"公元前 8 世纪革命"这一概念的辨析，见黄洋：《迈锡尼文明、"黑暗时代"与希腊城邦的兴起》，《世界历史》2010 年第 3 期。

④ Chester G. Starr, *The Origins of Greek Civilization*, *1100-650BC*, p. 160.

就公元前 750 年—前 650 年的希腊社会来说，社会结构的基础是城邦社会的兴起和发展。而希腊城邦社会的兴起和发展，并不是在公元前 750—前 650 年这一百年时间里突然发生的，而是源于迈锡尼时代以来希腊社会的缓慢发展。这种以城邦制度为框架的发展，经历了从迈锡尼时代到古风时代，再到古典时代的过程。这个发展过程，决定了希腊文化的基本特质。这种特质与东方文化最重要的区别是"在艺术与社会中人的尺度与标准"①，单个人作为公民，在独立的城邦中可以得到充分发展。这些智识上得到充分自由发展的希腊人，在不同于东方的公共空间上所展开的自由辩论等公共话语，给社会发展所带来的影响，就是希腊人和希腊文化的强烈自我意识。尽管这一时期的希腊社会在艺术方面经历了一个"东方化时代"，除了艺术等领域以外，在政治和社会结构方面也一定程度上受到了东方的影响，但是在与东方文明的交流过程中，希腊人所汲取的总是适应于自己本土土壤的元素，因而在其发展过程中逐渐形成了与东方社会完全迥异的公民集体社会城邦体制。② 东方的影响只是在社会的某些层面强化或加速了固有的趋向而已，然而，一些学者却着意强调这一时期东方影响的作用，甚至将这种影响夸大到"革命"的层面。

四、想象的根源：古典学遭遇东方学

"东方化—东方化时代—东方化革命"的话语体系的深层次背景是古典学与东方学、古典主义与东方主义在现代政治语境中的碰撞。

18 世纪中期，随着欧洲民族主义革命运动的勃兴和政治势力与版图的重新划分，在意识形态领域形成一股民族保护主义的风潮。加之学术上的日益专业化，西欧社会开始了一场将古希腊理想化的思潮和文化运动。③ 这一运动以理

---

① John Boardman, Jasper Griffin, Oswyn Murray, *The Oxford History of the Classical World*, Oxford University Press, 1986, p. 6.

② 关于希腊与东方在政治思想和体制方面的联系与区别，见 Christopher Rowe and Malcolm Schofield, eds., *The Cambridge History of Greek and Roman Political Thought*, New York: Cambridge University Press, 2000, pp. 50–59。

③ 关于这一主题，极为精彩的论述见黄洋：《古典希腊理想化：作为一种文化现象的 Hellenism》，《中国社会科学》2009 年第 2 期。

想化的古代希腊来寄托和抒发现代欧洲人的精神诉求和政治目的。温克尔曼、赫尔德、歌德、洪堡等文学巨匠和思想大家，将古代希腊理想化推向新的高度。

1777年，沃尔夫（Wolf）进入哥廷根大学，要求注册学习"语文学"或"文献学"（Studiosus Philologiae）。沃尔夫用 Alterthums-wissenschaft（意为"古典学"）一词来指称他所从事的研究，这标志着现代古典学正式确立。[①] 古典学虽然以研究古希腊拉丁文献为基础，实际上不可避免地要表述欧洲人的现代价值观，因此很快与温克尔曼等人所倡导的新人文主义融为一体，并发展成为浪漫主义的民族主义思想。这种思想把文学或精神文化同某个独特的民族或部落、某个独特的人种联系在一起。独立起源与发展的概念取代了文化间相互影响的模式，成为理解文化的关键。

语言学者对"印欧语系"的发现——大多数欧洲语言和波斯语及梵语都衍生自同一原始语言，强化了希腊、罗马、日耳曼之间的联系，就此把闪米特语世界排斥在外。但是为希腊人的独立性辩护，还得否认他们在印欧语系的大家庭内与印度的亲缘关系，以确立一种观念，就是将古典的、民族的希腊理解为一个自成体系、自主发展的文明模式。[②]

在这样一种思想氛围的影响下，加之西方资产阶级革命和工业革命之后对东方的全面优势，以及近代以来"东方"的衰落和西方学界对东方衰落根源的解释——专制、腐朽、没落的景象，西方学者因此倾向于把古代东方对古代希腊的影响降到最低，甚至有意将东方因素从理想化的古代希腊文明中"驱逐出去"。维拉莫维茨（Wilamowitz）的一段话对此颇具代表性，"闪米特以及埃及的民族和国家衰落了几个世纪，尽管他们有自己古老的文化，但除了少数手工艺技艺、服装、品位低劣的器具、陈旧的饰品、令人厌恶的偶像崇拜和更令人反感的各路虚假的神祇以外，他们不可能对希腊人有任何贡献"。[③]

---

① R. Pfeiffer, *History of Classical Scholarship from 1300 to 1850*, Oxford: Oxford University Press, 1976, p. 173; John Edwin Sandys, *A History of Classical Scholarshi*, Cambridge: Cambridge University Press, 1921, p. 12.

② Walter Burkert, *The Orientalizing Revolution*, pp. 4-5.

③ Ulrich von Wilamowitz-Moellendorff, *Homerische Untersuchungen*, (1884) 215, 转引自 Walter Burkert, *The Orientalizing Revolution*, p. 5。

与这样一种自我膨胀的古典主义相对应的是差不多同一时期兴起的东方主义（Orientalism）[1] 思潮。黑格尔在《历史哲学》中说："世界历史从'东方'到'西方'，因为欧洲绝对的是历史的终点，亚洲是起点。世界的历史有一个东方（'东方'这个名词的本身是一个完全相对的东西）；因为地球虽然是圆的，历史并不围绕着它转动，相反地，历史是有一个决定的'东方'，就是亚细亚。那个外界的物质的太阳便在这里升起，而在西方沉没的那个自觉的太阳也是在这里升起，散播一种更为高贵的光明。"[2] 黑格尔从地理的角度来寻求或规定历史的起点，认为世界历史是世界精神从东方到西方的一次漫游，它起步于东方，向西经过小亚细亚到达希腊罗马，最后到达了充满活力的日耳曼民族所在的西欧。黑格尔认为"亚细亚是起点，欧洲是终点"，也就是说，他在一定程度上承认东方文明的先发性，但是他对东方的认识确实充满了想象。在黑格尔眼中，"蒙古"同"中国"一样，都是"神权专制"的形象，是"封建大家长主宰一切"的形象。而对于印度人，他也在《历史哲学》中说，由于"印度人天性的一般要素"就是"精神处于梦寐状态的特征"，印度人还没有获得"自我"或"意识"。同时，由于"历史"必须是"精神"发展上一个主要的时期，加之印度人并非能够有所行动的"个体"，印度文化的分布只是一种无声无息的扩张，也就是说，其没有政治的行动。印度人民从来没有向外去征服别人，而是自己常常为人家所征服。概而言之，"亚细亚帝国屈从于欧洲人便是其必然的命运"。[3] 紧跟黑格尔论调的是琼斯、穆勒、沃德、马克思等人，他们笔下"野蛮的、闭关自守的、与文明世界隔绝的状态被打破"的东方世界，充塞着浓烈的"东方主义"色彩。

---

① Orientalism 这一术语的"东方主义"内涵最早由爱德华·萨义德于 1978 年提出。（见 Edward W. Said, *Orientalism*, London: Penguin, 1978, 中文译本有：爱德华·萨义德：《东方学》，王宇根译，北京：三联书店，1999 年。从学理层面讲，Orientalism 翻译为"东方学"是可以接受的，也被很多学者所认同和采纳。不过，Orientalism 更多时候是一种思维方式和话语方式，因此，译为"东方主义"更合适。）在萨义德之前，已经有维克托·吉尔南（Victor Kiernan）、马歇尔·霍奇森（Marshall Hodgson）和布莱恩·特纳（Bryan Turner）等诸多学者对这一话题进行了探索性的研究。有学者认为，"东方主义"在古代希腊罗马文明中业已形成了深厚的传统。（见黄洋：《古代希腊罗马文明的"东方"想象》，《历史研究》2006 年第 1 期，第 123 页。）也有学者认为，东方学作为一门学科，由"经典东方学""现代东方学""当代东方学"三个时期构成。黑格尔是其学理层面的始作俑者，萨义德是将其提升至当代话语机制层面的集大成者。（见费小平：《东方学：从黑格尔到萨义德》，《外国语文》2009 年 12 月第 25 卷第 6 期。）

② 黑格尔：《历史哲学》，王造时译，上海：上海书店出版社，2001 年，第 106—107 页。

③ 黑格尔：《历史哲学》，第 141 页。

　　20 世纪 70 年代以来，国际政治发生了剧烈变化，多数原殖民国家在经历了长期的斗争之后获得了独立，但是他们后来发现自己并没有最终摆脱殖民统治。西方国家，特别是前殖民统治国家，继续以种种方式对独立的国家进行控制。在这样的背景下，爱德华·萨义德出版了《东方主义》一书。萨义德指出，西方世界对东方人民和文化有一种微妙却非常持久的偏见，并决意以人文主义批评去开拓斗争领域，引入一种长期而连续的思考和分析，以期打破这一偏见，为东方正名。① 萨义德认为，"东方主义"的话语体系，通过对东方和东方人进行整体化、类型化、本质化和符码化，形成关于东方的集体观念、专业权威、话语体系和社会体制。其实它是一种想象视野和过滤框架，是对东方的"妖魔化"和"东方化"，是西方控制、重建和君临东方的一种方式，是一种殖民主义和帝国主义的工具和意识形态。② 以《东方主义》的出版和对该书的讨论为契机，学术界出现了东方研究的热潮。

　　带有浓厚孤立倾向的古典主义和具有强烈政治色彩的东方主义的合流，也曾在西方学术领域引起质疑。19 世纪的几大重要发现，③ 使得西方部分研究者找到了克服古典主义和东方主义话语体系内在缺陷的重要工具，得以重新认识"东方"以及东方文明对希腊文明的影响。"东方化—东方化时代—东方化革命"这一话语体系正是这种重新认识过程的具体体现之一。这种重新认识自 19 世纪末开始，在 20 世纪晚期的后殖民主义时期由涓涓细流成为学术潮流，反映了西方学界在新的历史条件下的自我反思与自发调整。从这个意义上说，东方化革命的提出具有合理的、积极的意义。伯克特是这一倾向在当代的代表人物，他的《东方化革命》，目的就是正本清源，抛弃传统观念："窃望拙著能充当一名打破樊篱的使者，将古典学家的注意力引导到他们一直太少关注的领域，并使这些研究领域更易接近，甚至非专业人士也能理解。或许它也能激励东方学者（他们几乎同古典学家一样有孤立的倾向）继续保持或重新恢复与相邻研究领域的联系。"④

　　然而，澄清希腊与东方的联系程度并不是一件轻而易举的工作。黄洋教授

---

　　① Edward W. Said, *Orientalism*, preface, xviii.

　　② Edward W. Said, *Orientalism*, p. 3.

　　③ 伯克特认为这些发现一是楔形文字和象形文字的破译让近东文明和埃及文明重新浮现，二是迈锡尼文明的发掘，三是对古风时期希腊艺术发展中东方化阶段的确认。Walter Burkert, *The Orientalizing Revolution*, p. 2.

　　④ Walter Burkert, *The Orientalizing Revolution*, p. 8.

正确指出，希腊和东方世界的联系仍然是非常值得期待的一个研究领域，更为充分的研究极有可能进一步修正我们对于早期希腊历史的认识，但是这也是一个非常艰深的研究领域，不仅需要掌握古代希腊文献，而且还要有比较语文学的训练，掌握古代西亚和埃及的文献以及多种语言之余，也要对考古材料有着充分的了解，目前只有少数学者有条件从事这个领域的研究。[①]虽然他的告诫对象是中国学者，但是笔者认为，这也同样适用于西方学者，适用于所有正在或者将要从事这一领域研究的学者。

（原载《中国社会科学》2014 年第 10 期）

---

① 黄洋、晏绍祥：《希腊史研究入门》，第 191—192 页。

1215 年《大宪章》第 18 条解析

陈志坚　首都师范大学历史学院教授

摘要　长期以来，在对于 1215 年英国《大宪章》解读的著述中形成了两种较为典型的研究范式。其中，一种往往对《大宪章》有颇多溢美之词，赋予其重大价值与意义，称其不仅确立了法治的原则，还保护了人权，是现代宪政体制为主要特征的善治政府的源头，此为"善治政府（good government）范式"；而另一种恰好相反，认为《大宪章》之本义并不在于形成所谓善治政府，也没有客观上保护大多数臣民的利益，充其量不过是回护了叛乱贵族（rebel barons）[1] 的封建特权而已，是对封建体制下既有习惯与习俗的再确认，此即"特殊利益（special interest）范式"。[2] 然而，在释读《大宪章》的过程中笔者发现，《大宪章》中的很多条款实际上具有复杂性和特殊性的特征，并非简单地维护某一方的利益，也不能恰如其分地纳入上述两种范式。这提醒我们，《大宪章》实际是一个诸多利益主体角逐过程中妥协的结果，我们不能整体性地赋予其正面或负面的价值，给予其或乐观或保守的评判。我们能做的则是，回到当时的历史语境中，厘清某一条款——或者某一类条款——的来龙去脉，剖析其成因，并给予其客观、中肯的评价。本文拟以《大宪章》第 18 条为例论证上述观点。

---

[1]　指参与叛乱并强迫约翰王签署 1215 年《大宪章》的贵族群体，他们多为约翰王的直属封臣。为便于表述，下文简称其为"贵族"。

[2]　关于"善治政府范式"和"特殊利益范式"，请参阅 Richard A. Epstein, "The Two Sides of Magna Carta: How Good Government Sometimes Wins out over Public Choice," in *International Review of Law and Economics*, Volume 47, Supplement, August 2016, pp. 10-21.

关键词　英国　1215 年《大宪章》第 18 条　新近被夺占有令状

一

1215 年《大宪章》第 18 条有云："凡涉及新近被夺占有令状（Assize of *Novel Disseisin*）、死去先人占有令状（Assize of Mort d'ancestor）及圣职推荐令状（Assize of Darrein Presentment）之案件，应在各郡法庭审理，由我们自己[①]（或者我们不在国内时，由我们的首席大法官）指派两名法官，每年四次分赴各郡，会同各郡自行推荐的四名骑士，在指定日期，于该郡法庭所在地审理之"。该条中所涉及的三种令状均由大法官代表英国王室颁布，是英国国王亨利二世法律改革的成果之一。无论是从英国封建社会早期土地保有的角度，还是在封建习惯法和封建司法管辖权框架下，前人学者均能对这三种令状的颁布及其在实践中的应用给出令人信服的阐释与解读。例如，从土地财产保有的角度看，亨利二世所颁布的这些令状旨在纠正斯蒂芬乱世时期造成的土地占有混乱，并对臣民的自由地产占有权予以"最迅速、最直接的保护"，王室的这一举措表明，"土地财产权之归属直接占有者，是一个必然的趋势"。再如，在封建习惯法及封建司法管辖权的框架下，这类令状旨在解决封臣在封君法庭上"难讨公道"的问题，在很大程度上也体现了王室司法对地方司法的干预，以及王室司法代表的普通法相对于封建法的扩张，它们所惠及的群体均为王国的"下层土地保有人"，使得王室对他们的法律救济"更易于被接近和更好地实施"。[②] 然而，一旦被纳入《大宪章》释读的语境之下，上述令状则立刻显现出其风云诡谲的复杂性与独特性，既不能被完美地纳入"善治政府范式"的逻辑，也不能从"特殊利益范式"中获得自洽性的解释，从而变得愈加扑朔迷离，令人难以理解。自辉格史学遭受大规模批判以来，"特殊利益范式"逐渐占据主导地位，执批判之大旗，对"善治政府范式"大张挞伐，相关著述早已汗牛充栋。[③] 鉴

---

① 这里的"我们"指"国王"。

② 詹姆斯·C·霍尔特：《大宪章》，毕竞悦、李洪海、苗文龙译，北京：北京大学出版社，2010 年，第 110 页；马克垚：《英国封建社会研究》，北京：北京大学出版社，1992 年，第 113—114 页。

③ 关于 20 世纪以来现代学者对辉格史学的批判，请参阅 Ralph V. Turner, *Magna Carta：Through the Ages*，Harlow：Longman，2003，p. 7。

于此，笔者以下的范式之剖析忽略掉这一部分，而主要以"特殊利益范式"为论述对象。

要言之，"特殊利益范式"的逻辑无法解释《大宪章》第18条中的几种令状，以及其他相关条款中的内容。坚持该范式的学者认为，贵族之所以揭竿而起，是因为国王动了其"奶酪"，侵犯了其作为封臣的权利，而《大宪章》的核心意图则在于重新确认作为国王的封君与其封臣之间的权利与义务关系，以修复既有的封建体系，具体包括对封建性税赋的数量的重新厘定，对国王滥用其封建权利行为的匡正，以及对封君封臣封建权利边界的重新划定。这一认识在《大宪章》中与协助金、监护权、婚姻权、寡妇产权等问题相关的条款中均有明确的体现。同样，双方在司法管辖权问题上也有类似的交锋，相应条款对国王肆意侵夺封臣司法管辖权的行为予以了纠正。例如《大宪章》第34条有述，"自此以后，王室不得再颁布强制转移土地案件至国王法庭的指令令状（writ of Praecipe），以免自由民丧失其法律权利。"显然，此条旨在限制王室司法权，防止其利用指令令状将地方上与土地相关的案件转移到王室法庭。

然而，与上述逻辑不符的是，在司法权问题上，贵族更多地表现出的是对王室法庭司法的支持与欢迎，而非责难与排斥。《大宪章》第18条及其中包含的几条令状便是有力的例证。在该条中，贵族对王室司法权的扩张表现出的支持与欢迎已至异常的程度。

"异常"之一体现在其对王室司法的高涨热情方面。例如，第18条要求国王尽可能多地动员司法资源（国王本人或两名王室法官），以相当高的频率（一年四次），在固定的地点（各郡法庭）审理臣民与土地占有相关的诉讼。以后见之明来看，这一要求是超出当时王室法庭的负荷的。有力的证据是，在1217年的《大宪章》的第一个修订版中，上述"一年四次"的频率被修改为"一年一次"。① 另外，贵族对王室司法高涨的热情也表现在其他邻近的条款中。例如，《大宪章》第17条要求"王室法庭在固定的地点提供普通诉讼（common pleas）的服务"②，从而免去臣民因四处追随巡游王廷寻求司法救助

---

① 詹姆斯·C·霍尔特：《大宪章》，第113页，第16条注释，或参见 Frederick Pollock & F. W. Maitland, *The History of English Law: Before the Time of Edward I*, vol. 1, Cambridge: Cambridge University Press, 1923, pp. 200-201。

② 这里的普通诉讼主要指由王座之诉审理的叛国、叛逆、谋杀等重大案件之外的一般诉讼。

而遭受的万端疾苦。① 再如，《大宪章》第 19 条实际是第 18 条的补充性条款，要求"由当日出庭的骑士会同适当人数的自由民审理王室首席法官当日未能审理完毕的案件，并依据案件的轻重做出裁决"。这一条款实际上体现了臣民对于王室法庭审理案件效率的诉求，要求当日案件当日审毕，不能拖延。

"异常"之二是，贵族明知王室法庭在审理第 18 条中提到的几种与土地财产相关的诉讼时会侵害到其自身的司法管辖权，还对其表示极大的支持与欢迎。封建法的基本原则表明，封君与封臣因土地的分封而结成主从关系，互为权利与义务，需要注意的是，封臣在获赐封建领地的同时也一并获得领地上一系列权利，司法管辖权即为其中一种。当领地内有关于土地权利的争端诉至领主法庭时，该领主有权在庄园法庭上处理这些争端并做出裁决，其上级领主乃至国王均无权干涉。但布雷克顿提到一种例外情况，"若领主对诉讼人的请求置之不理，或领主无裁决能力，又或领主的裁决有失公允时，则案件须转移至郡法庭，由郡守代为审理；同理，如郡守也不能公允地裁决，则国王可凭借凭权利令状（writ of right）将案件转移至王室法庭，由国王本人亲自审理，或由王室首席法官代为审理。"但同时，布雷克顿也指出，"若领主并无上述过失，则其意志不可违背"，无论郡守还是国王均无权自领主法庭上转移案件。② 但是，鉴于此类诉讼的目标、程序本身存在的问题，基本上很少有领主能做到"不失公允"。在此类诉讼中，控方的诉求是土地权利的归属问题，故相关诉讼往往被称为"权利之诉"（action of rights）。在诉讼过程中，控方被要求证明其对诉讼标的——土地——的权利，因此，他需从说明"该土地在何时封授给自己的祖先"做起，而后还需证明"该土地又是如何从祖先传至己手"，这样他就要尽可能追溯该土地的久远历史，以厘清土地权利转移的相关线索，从而为己方诉求寻找依据。同时，控方的法庭用语也须谨慎，有些表述甚至有固定格式，稍有不慎即会破绽百出。可见，胜任诉讼对控方来说是繁重且几乎不可能完成的任务，以致于诉控双方最后不得不以决斗的方式决出胜负。

---

① 关于臣民因追逐巡游王廷而遭受苦楚的有一个经典的案例。安尼斯蒂的理查（Richard of Anesty）前后耗费 5 年，辗转国王位于英格兰、诺曼底、阿奎丹、安茹四地的猎场，以追逐巡游王廷寻求司法救济，最后终于成功获得了司法救济，但也因此耗尽家产变得一贫如洗，入不敷出。为了生计，他不得不向犹太人借债，但又因此欠下了高额的利息。请参阅 William Sharp McKechnie, *Magna Carta: A Commentary on the Great Charter of King John*, Glasgow: James Maclehose & Sons, 1914, p. 262。

② Samuel E. Thorne trans., *Bracton on the Laws and Customs of England*, Cambridge, Massachusetts: The Belknap Press of Harvard University Press in Association with the Selden Society, 1977, vol. 2, p. 300.

　　如是观之，权利令状虽能帮助国王侵占领主司法权，但其方式相对温和、相对间接，而与之相较，《大宪章》第 18 条中提到的几种令状则更加直接、甚至粗暴。因这些令状以保护土地财产的"占有权"而非"所有权"为主要目标，故它们往往被称为"占有之诉"（possessory actions）。借助这些令状，王室法庭可轻松转移本应归属于领主法庭上的案件。其机制在于，王室颁发这些令状时并不以领主的过失为条件，也不限制其受惠群体，而是面向全体自由民，任何有诉讼意愿的臣民均可向王室购买这些令状。加之，王室法庭在审理土地占有权相关案件方面所具有的自身优势，① 这些保护土地占有权的令状迅速取代权利令状而成为地产诉讼界的翘楚。在案件数量与领地收入密切相关的中世纪时期，这对于地方领主来说无疑是一笔巨大的损失。自此，以《大宪章》第 18 条中提到的几种令状为基础的诉讼异军突起，成为最为流行的诉讼形式，"理查一世和约翰时期的卷筒卷宗（pipe rolls）充斥着使用新近被夺占有令状的诉讼"，② 以至于在之后的发展历程中，"权利令状基本上被废止不用了"。③ 不难发现，从司法管辖的角度看，"占有之诉"取代"权利之诉"而兴起颇显顺理成章，而一旦被置入《大宪章》释读的学理范畴之内，事情霎时变得扑朔迷离。司法管辖权遭受侵害的地方领主为何支持甚或是欢迎"占有之诉"？历来重视并刻意在《大宪章》中维护其自身"特殊利益"的贵族又为何在第 18 条中对"占有之诉"及其背后蕴含的"王室法庭司法权的扩张"表现出极大的热情？

　　然而，疑问并不止于此。与之相比，更让人费解的是，给予"占有之诉"鼎力支持的贵族并无权利享受这些令状带来的诸般便利，尤其是不能使用"占有之诉"保护其土地占有权。从法理上来讲，贵族虽位高权重，但也是一个普通的当事人，也会面临土地被侵占的威胁，为何不能享受"占有之诉"的保

---

　　① 相对于领主法庭上的"权利之诉"，王室法庭的"占有之诉"具有不言而喻的优势，主要内容包括：以保护占有权取代之前对所有权的追溯，以最迅捷、最直接的方式保护臣民对自由地产的占有权；以相对公允的陪审制取代结果不确定的决斗；以专业的巡回审判取代漫游式的总巡回审，把司法送到臣民家门口；以强制被告出庭，当日案件当日结案等方式确保案件诉讼的快捷效率；以直达王室法庭的土地占有令状取代之前的逐级上诉的权利令状，确保裁决的权威性等。

　　② Frederick Pollock & F. W. Maitland, *The History of English Law: Before the Time of Edward I*, vol. 2, Cambridge: Cambridge University Press, 1923, p. 48.

　　③ Donald W. Sutherland, *The Assize of Novel Disseisin*, London: Clarendon Press, 1973, p. 42.

护？此盖源于其"直属封臣"（tenant-in-chief）之身份。[①] 在层层分封的封建阶梯中，直属封臣位置相对靠近顶端，直接受封于国王，一方面，他像其他层级的封臣一样受一般封建关系约束，但另一方面，他又因与国王的直接联系而具有一定的特殊性。首先，在一般的封建关系中，尽管封君封臣之间建立了相对紧密的关系，但二者之间也往往因为存在义务、利益纠葛而容易引发争端，封君侵害封臣土地或其他财产权的事件屡见不鲜。同理，作为封君中一员的国王也不能免俗，他们常常以各种理由褫夺直属封臣之土地或其他财产权，约翰王在此方面可谓一个典型的案例，《大宪章》中关于监护、婚姻、寡妇产等条款就是有力的证明。其次，鉴于国王身份的特殊性，直属封臣与国王之间的关系又不同于一般的封君封臣关系。国王是王国内最高的封君，不是任何人的封臣，故而，除了具有一般封君具有的特点之外，他还担负着为所有臣民主持正义，监督整个封建体系有序运行的责任。"既作为国王又作为领主，他监督着下级司法权的行使"，此即霍尔特所指出的国王的"监督性功能"（overriding duty）。[②] 显然，《大宪章》第 18 条中的几种适用于"占有之诉"的令状便是为此目的而设计颁行的。不可否认，国王的正义也非无远弗届，同样不可避免地具有其局限性：国王身兼规则制定者与执行者，就像在一场球赛中既是运动员又是裁判员，因此他不可能，或者不允许让正义之剑指向自身。因此，当国王无故侵占了直属封臣土地时，直属封臣发现他们很难利用新近被夺占有令状来维护其权益，因为"它不能针对国王而使用，事实上也几乎没有被使用过"。[③] 霍尔特的相关论述也印证了这一点，他指出，理论上讲，"当侵夺者是国王自己时，该诉讼令则会毫无意义，因为他不可能签发这种或者其他令状来供别人针对他自己提起诉讼"。而在实践中，至少在"约翰统治时期的所有法律档案

---

① 根据特纳的观点，王室法庭的对象可以分为两个层次：一个层次是中下层的土地占有者，他们要么是中间封臣，要么是骑士或自由民，他们轻易获得了王室法庭的保护；而另一个层次则是直属封臣，直属封臣所具有的特殊身份他们不同于中间封臣，反而不能像他们的封臣那样得到王室法庭的保护。请参阅 Ralph V. Turner, *Magna Carta: Through the Ages*, p. 48。

② 詹姆斯·C·霍尔特：《大宪章》，第 114 页。

③ 詹姆斯·C·霍尔特：《大宪章》，第 115 页，或参阅 John W. Baldwin, "Due Process in Magna Carta: its Sources in English Law, Canon Law and Stephen Langton," in Robin Griffith-Jones, eds., *Magna Carta*, *Religion and the Rule of Law*, Cambridge: Cambridge University Press, 2015, p. 34; Ralph V. Turner, "The Royal Courts Treat Disseizin by The King: John and Henry Ⅲ, 1199-1240," in *The American Journal of Legal History*, Vol. 12, No. 1（Jan., 1968）, pp. 3, 5。

中，并无有关直属封臣使用新近被夺占有令状的直接案例"。① 特纳甚至认为，"这种情况甚至给直属封臣造成了一种极大的不安全感，因为在保护土地占有权方面，他们甚至还不如自己的封臣，不能像他们一样获得王室令状，受王室法庭的保护"。②

既然作为国王"直属封臣"的贵族因具有特殊性而不能使用新近被夺占有等令状，那么，到底是何种人对这些令状及其相关诉讼产生了如此"强大"的需求呢？在回答这个问题之前，我们须先理解此问题中的"强大"二字。首先，在《大宪章》的63条款中，有连续三条（17、18、19条）均在强调这一需求，并要求王室法庭尽可能动员其资源以满足这种需求。而且，由上文的论述可知，与国王面对面签订《大宪章》的贵族在其中并无利益可言。不能不说，这在一定程度上证明了这一需求背后"强大"的推动力。强大到在其中无利可图的贵族为其奔走号呼，并将其需求正式写入《大宪章》。其次，诉讼人对"占有之诉"及其相关令状的需求量大概也能说明一些问题，例如，第18条中"一年四次"的要求。单单看此频率尚不能帮助我们理解其背后的强大需求和高涨的热情，但如果将该频次与之前的情况做一对比的话，其结果就不言自明了。《大宪章》之前的王室法庭司法以不定期的总巡回审（eyres）为主，约翰王统治期间共进行过两次大规模的总巡回审，一次是"1201—1203 年间经六轮对四个巡回区的巡回"，而另一次是"1208—1209 年间对东部、中部和北部三个巡回区的巡回"，③ 一般而言，"巡回法官在一个郡的工作时间大致为一两个月"。④ 另外，约翰王于后一次总巡回审之后就停止了这项司法服务。据此推算，在约翰王开展总巡回审的 10 年时间里，各郡获得王室司法服务的频次与时间大概为每五年一次，每次一两个月。由此可见，第18条中的"一年四次"的要求有可能是对约翰王期间减少司法服务，乃至停止总巡回审服务的报复性惩罚，虽有些不切实际，但的确从一个侧面反映了臣民对王室司法及其服务的高涨热情。再次，亨利三世在解决约翰王在司法方面的遗留问题时所遭遇的困难也可说明一二。为了解决因约翰王在司法方面的懈怠而引起的案件积累

---

① 詹姆斯·C·霍尔特：《大宪章》，第 119 页。

② Ralph V. Turner, *Magna Carta*: *Through the Ages*, p. 48.

③ Ralph V. Turner, *The English Judiciary in the Age of Glanvill and Bracton*, *c. 1176 – 1239*, Cambridge: Cambridge University Press, 1985, p. 128.

④ 李云飞：《从高效到超载：中世纪英格兰巡回法庭的兴衰》，《世界历史》2012 年第 4 期，第 51 页。

的问题，新主亨利三世于 1218 年开始了一次总巡回审，兑现《大宪章》中的承诺向臣民"重新开启司法服务"，但因为案件"数目大得惊人"，以至于法官无法在预定的时间内完成"如此大的工作量"，从而导致这次总巡回"从 1218 年延至 1222 年"，比平常多用了 2—3 年的时间。[①] 事实证明，这些王室法庭令状的申请者与使用者的热情有着真实的基础，是客观存在而且是强烈的。

那么，这样的需求到底来源于怎样一个群体呢？其结果也着实让人大跌眼镜：此群体竟主要来源于以骑士和自由民为主要代表的中小土地占有者，其中很大一部分甚至就是上述直属封臣的下级封臣，他们使用王室令状在王室法庭上诉讼的诉讼对象即是直属封臣。霍尔特对这一群体利用王室提供的令状所进行的"占有之诉"涉及的土地数量进行的考察为我们提供了充分的证据，例如：有的诉讼"所涉及的不是一海德（hide），而是一沃基特（virgate）的土地"；很多诉讼涉及的土地"不超过 10 英亩（acre）"；在一份档案中记载的两起相关诉讼中，"一起涉及一份骑士领（knight fee）封地，另一起则涉及半份"；在另一份档案记载的 136 起诉讼中，"大部分所涉及的只是几英亩的小块土地，有的低至半英亩或 3 路得（rood），或其义务只值每年几便士（a few pence per annum）"。[②] 不管档案中使用的是何种土地单位，经换算后不难发现，涉及土地规模均不大，相关诉讼人基本上都是中下层土地保有者。特纳也注意到这一现象，并指出，"国王的法庭吸引了大批的普通自由民（ordinary free men），涉及土地常常是小块地产"。[③]

综上，贵族对《大宪章》第 18 条中以新近被夺占有令状为代表的"占有之诉"令状的支持，以及对其他《大宪章》其他相关联条款的肯定与确认之行为很难被纳入"特殊利益范式"的逻辑。这些条款及相关诉讼中不但未体现贵族的利益，反而迎合了其对手的需求，照顾了其对手的利益。贵族的这一做法在今人看来无异于倒持干戈，授人以柄。那么，贵族为何有此令人费解之举？笔者以为，解答这一问题，须破除既有的范式，并回到当时的历史文化语境中去，正确理解当时存在的多种复杂的利益诉求。以下，笔者便以《大宪章》第 18 条中的新近被夺占有令状为例，对上述问题试做解答。

---

① 詹姆斯·C·霍尔特：《大宪章》，第 113 页。
② 詹姆斯·C·霍尔特：《大宪章》，第 111—112 页。
③ Ralph V. Turner, *Magna Carta*: *Through the Ages*, p. 48.

二

12、13 世纪之交可谓英国历史上的一个关键期，在这一时期，农业的发展促进了商品经济的繁荣，封建主义呈现出瓦解之势；从古老的王廷（curia regis）中分离出来的行政与司法机构日趋成熟，适用于全英格兰的普通法呼之欲出；12 世纪的文艺复兴以及如影随形的罗马法的复兴给英国文化带来了新鲜元素。笔者以为，要正确理解《大宪章》中的第 18 条及相关条款所体现出的矛盾性与复杂性，不能仅仅局限于第 18 条，也不能局限于 1215 年《大宪章》，而是应该将其置入上述大视野、长时段中去理解。唯其如是，才能在纷繁复杂的现象中看到其本质。在此大背景中，本文论述的主角——贵族——面临着在两大矛盾局面中做出抉择的困境。

其一，"清晰的占有"抑或"公正的对待"。12、13 世纪间，英格兰地产由于受到商品经济的腐蚀而经历了一个从"原始占有（seisin）"到"清晰占有（possession）"的产权清晰化过程，而《大宪章》第 18 条中所涉及的三种"占有之诉"正是此过程中的一个重要环节，在这一过程中，国王、贵族与中小地产主三方均没有刻意设计，它们只是顺应了经济与社会发展的潮流，或许，正如霍尔特所说，涉事方就像"各持不完整剧本的演员，它们只是随着剧情的发展对其中不完整的部分予以补足"。①

英格兰的封建制度虽然源自大陆，但明显具有其独特之处，土地占有即是其中一个典型的方面。在英格兰封建体系中，层层分封的封臣之间也靠一块封地建立封君封臣关系，但在最初，封臣对封地只有占有权（seisin）——一种权属极其复杂、不完整的权利——一方面，它因层层分封而来故上面凝结着很多封君对它的权利；另一方面，它只是一种占有和使用权，不具备继承、转让、抵押等特质。梅特兰形象地用"seize"和"sit"两个英文词汇来

---

① 詹姆斯·C·霍尔特：《大宪章》，第 115 页。

解释它。① 不仅如此，即使封臣获得了继承权，其土地上也因存在着继承人的要求，受继承规则的限制而不能自由转让。② 因此，从获得封地之日起，封臣便自动进入了一种与封君持续斗争的状态，不断排除封君等人对封地的权利，完备其土地占有权。事实证明，封臣争取土地权利的过程总免不了一波三折。例如，封臣争取地产继承权就经历了一个跌宕起伏的过程：在英格兰封建制形成之初，地产继承须以缴纳继承金（relief）为条件；至亨利一世时，封臣继承人才可排斥第三方的继承请求；格兰维尔时期，只要封臣继承人愿缴纳继承金并效忠，封君不可拒绝其继承请求；1176 年的北安普敦法令（Assize of Northampton）颁布之时，封君才失去其扣押权，封臣继承人在缴纳继承金之后可直接进入封地。③

同样地，《大宪章》第 18 条中的几种"占有之诉"令状也是封臣完备其土地占有权的一个环节，它们为封臣证明其土地占有权提供了最直接、最简单的方式。以新近被夺占有令状为例，当封臣的土地被侵占之时，封臣即可向国王购买该令状，通过诉讼以证明其占有权。当地郡守在接到国王的令状后，则应按照令状所示程序，"集合当地 12 名自由守法人士组成陪审团，协助陪审团查验争讼土地，制作由所有陪审团成员签字的认定结果（recognition），并要求被告提供适当的抵押和担保物。然后，传唤诉控双方到国王或国王的法官面前听取结果，如被告本人不能出席，则传唤其百户长（bailiff）代为出席"。④ 开庭之日，郡守只需当众向陪审团询问一个早已在令状中载明的问题，"被告是否在我（指国王）上次去诺曼底的这段时间里，非法且未经审判就夺去了原告位于某地的土地？"对于这一问题，陪审团只需回答"是"或"否"，如果陪审团做出肯定的回答，则法官会判定原告恢复对争讼土地的占有，同时处罚被

① 根据封建土地保有制的规定，封臣向封君效忠之后，便可获得一块封地。但封臣获得的仅是封地的占有权，而非所有权。占有（seisin）一词源自拉丁语 Seisina 或 seisire，有"获取""占据"之意。梅特兰在解释这个词时使用了三个词语，即"获取"（seize）、"安置"（set）和"占据"（sit）。他认为，封臣享有"占有"权的前提是封君将他安置（set）在某块地产上，或者封臣通过其他途径自行获取（seize）一块地产，然后，封臣便可以占据（sit）着这块地产，享受地产的收益，统治着地产上的民众。请参阅 Frederick Pollock and Frederic William Maitland, *The History of English Law：Before the Time of Edward I*, vol. 2, pp. 30-31。

② 马克垚：《英国封建社会研究》，第 145 页。

③ S. E. Thorne, "English Feudalism and Estates in Land," *Cambridge Law Journal*, (1959), pp. 196-199, 201-202；A. W. B. Simpson, *A History of the Land Law*, Oxford：Clarendon Press, 1986, pp. 49-50。

④ John Beames, trans. and ed., *A Translation of Glanville*, London：printed by A. J. Valpa, 1812, pp. 355-356。

告，并令其赔偿原告的相关损失。① 不难发现，对于被侵占土地的封臣而言，使用新近被夺占有令状诉讼是一件轻松自如的事情，他只需购买令状，并在开庭之日出席，就绝不会经历上文所述"权利之诉"中那样烦琐的程序。另外，"占有之诉"对封臣占有权的认定标准也趋向简单化，一时之间，土地"源自何祖先""如何获得""封君何人""何种地产"等问题变得不再重要，人们关注的是"土地占有者是否现实地占有土地"。笔者以为，上述变化不仅从整体上符合土地权属逐渐摆脱封建关系羁绊，实现产权清晰化的大趋势，也符合12、13世纪之交的特定背景。前者自不必赘言，而至于后者，马克垚有相关论述，"12、13世纪时，商品货币关系在英国日益发展，封建主对货币的需求日亟，为了获得足够的货币，时常举债、抵押或买卖土地……土地买卖已成为封建主土地转移的主要方式"。②

在土地占有权日渐清晰化的大趋势之下，作为直属封臣的贵族却遭受着别样的待遇，没有受到"公正的对待"，他们不能像次级封臣（mesne lord，或称中间封臣）那样可以使用"占有之诉"来保护其占有权，仅仅因为国王是其上级封君。其实，直属封臣被区别对待并非偶发个案，而是国王对待其直属封臣的一贯的做法。国王历来在监护、婚姻、协助金、盾牌钱等附属权益问题上，以及土地的占有、继承、转让等问题上，对直属封臣实行不一样的政策。相对而言，因为牵涉国王利益、尊严与权威，这类问题较为复杂，而且难以一时解决。但难以解决并不等于不能解决，实际经验表明，在实际操作层面存在着一些补救措施，但其效用并不可观；同时，在某一特定问题上，如果直属封臣反抗强烈，有时国王也会妥协。例如，布雷克顿也注意到了直属封臣不能使用新近侵占令状的问题，但他根据其实际经验给出了三种可能性的补救方法：其一，向王廷中的伯爵们、男爵们或其他大贵族求助；③ 其二，谦卑地向国王本人请愿，请求他修正之前做出的决策；其三，起诉第三方，即执行国王命令的王室职员，或国王的其他办事人员，或因接受国王分封而成为被侵占地产新主

---

① Alan Harding, *The Law Courts of Medieval England*, London: George Allen & Unwin, Ltd., 1973, p.59.

② 马克垚：《英国封建社会研究》，第158页。

③ 这一条盖依据"任何人都应当接受同等地位者的审判"的封建制原则，作为最大领主的国王，同样可能受到由伯爵、男爵、主教和其他高级贵族组成的大咨议会的审判。请参阅于明：《司法治国：英国法庭的政治史，1154—1701》，北京：法律出版社，2015年，第216页。

人的人。[1] 对于这三种方法，布雷克顿认为第三种最具可行性，因为前两种均是通过向国王施加压力，迫使国王改正自己的错误，不仅颇为生硬，还具有很大风险，而且，现存的卷档中也没有相关的案例，故很难对其效用做出更准确的评价。特纳统计了约翰王期间使用第三种方法的案例，他发现，使用第三种方法的案例又可分为两类，一类是针对约翰王之前的国王侵夺地产案，另一类则是约翰王本人侵夺地产案。其中，第一类案件大概 5—6 件，在其征引的 4 件案例中，成功的仅有 3 件；而针对约翰王本人的案件仅有一例，且是成功的。尽管整体看来，直属封臣申诉的成功率不低，但特纳也强调，这些案件的诉讼人均是声名显赫的大贵族，显然不具代表性。[2]

相较于布雷克顿给出的方案，直属封臣自己的方案则显得更实用。在 1215 年《大宪章》中，直属封臣虽然没有直接抗议不能使用新近被夺占有令状的状况，但在有些条款中，从侧面对国王侵占其地产的行为进行了约束。如第 39 条规定，"未经同侪审判或者合法判决，任何自由人不得被逮捕、监禁、侵夺土地、流放……"；再如，第 52 条规定，"任何未经同侪审判或者合法判决而被我们侵夺土地、城堡、自由或权利者，我们应立即予以归还之"。除了侧面的约束外，还有直接的抗议与努力。以新近被夺占有敕令为例，事情在亨利三世统治时期有了进展，25 位贵族们趁着亨利三世年幼，打着《大宪章》的旗号，在巡回法官（Justices on Eyre）、普通诉讼法庭法官（the bench at Westminster）、王廷司法大臣（the magna curia comprising Justice）、高级贵族（magnates）、国务大臣（officers of states）等的支持下，展开了一场不啻为革命的事业，即致力于将新近被夺占有令状、权利令状纳入普通法法庭，使之成为普通法的常规程序。终于，在约翰王去世 10 年之时，其治下的制度总算是一去不复返了，幸运女神终于站在了直属封臣这一边，胜利的大门已经朝他们敞开。[3] 关于自由土地转让权的争取过程同样证明了贵族们直接抗议的有效性。1290 年的《自由卖地法》（Statute of Quia Emptores）规定凡自由人皆可采取替代（substitution）

① Ralph V. Turner, "The Royal Courts Treat Disseizin by The King: John and Henry III, 1199-1240," pp. 3-4.

② Ralph V. Turner, "The Royal Courts Treat Disseizin by The King: John and Henry III, 1199-1240," p. 5.

③ J. C. Holt, *Magna Carta*, Cambridge: Cambridge University Press, 2015, p. 157; D. A. Carpenter, *The Reign of Henry III*, London: A&C Black, 1996, pp. 18-20.

的方式"随意出售其封土之一部或全部"，然而，这一规定对于直属封臣而言仍是例外，国王规定，其直属封臣"私自转移之封土在查获后没收归王……这对直属封臣打击甚大"。此后，"随着总佃户（直属封臣，笔者注，下同）数目日益增多，反对国王这项禁令的势力也越来越大。1327年爱德华三世时，议会通过法令，规定以后总佃户之土地在不经国王同意时出卖，亦不得被没收，而只是交一笔罚款"。①

不难发现，在土地占有权清晰化的大趋势之下，贵族们对《大宪章》第18条的支持与欢迎才不显得那么怪诞，再考虑到贵族们在《大宪章》其他条款中对国王侵占其地产所做的防范，以及贵族们在实践中为争取"公正的对待"而做出的后续努力，贵族们在是否支持第18条这一矛盾问题上的做出的抉择才更易于理解。贵族的选择结果表明，清晰的占有权是他们看重的，这是他们支持第18条的真正动因，而至于"公正的对待"则可通过其他的方式去努力争取。

其二，"司法吸纳政治"抑或"政治吸纳司法"。12、13世纪之交，英国的政治在司法方面呈现出两种对立的趋势。② 其中，一种是司法的专业化、职业化与程序化趋势。在此过程中，专业的司法机构不断从原有政治机构——王廷（curia regis）——中分离出来。一大批社会精英在经过职业训练后被吸纳进司法体系，统一适用于王国的普通法与独立于国王意志的司法程序逐渐成形，我们称这一过程为"司法吸纳政治"。另一种则是司法的反专业化、反职业化与反程序化的趋势。在这一过程中，国王逐渐关停之前分离出来的专业司法机构，将司法收缩回王廷之中，甚至建立"家室政府"（familiar government）或"内室政府"（household government），③ 在任用人员方面倾向于自己信任的人，国王个人专断倾向明显，国王常常以意志干预司法，以恩威取代司法，我们称这一过程为"政治吸纳司法"。

首先来看"司法吸纳政治"的过程。

不可否认，尽管其程度与14世纪英国司法的高度专业化仍有一段距离，

---

① 马克垚：《英国封建社会研究》，第146—148页。
② Ralph V. Turner, *The English Judiciary in the Age of Glanvill and Bracton*, c. 1176–1239, p. 126.
③ 于明：《司法治国：英国法庭的政治史，1154—1701》，第197页。

12、13 世纪之交的英国的司法已经呈现出明显的专业化、职业化和程序化的倾向。[①]

　　总体而言，这一趋势体现在两方面。其中，一是法庭、人员与档案记载等方面在专业技术上的不断成熟，12 世纪末 13 世纪初，普通法诉讼法庭（court of common pleas）、财政署法庭（court of exchequer）和王座法庭（court of king's bench）三个典型的普通法中央法庭得以成立，巡游于地方的总巡回审（general eyres）已臻于成熟，专业的巡回审（assizes）也在兴起之中；理查一世时期，原生的法律职业人群体已初见端倪，基本上有 70—100 人在为国王的司法服务；12 世纪末期，档案记载与管理工作已进入正常运转状态。[②] 二是形成于亨利二世统治时期的一套适用于全英格兰的法律以及相关的程序则更为重要。这套法律与程序由普通法（common law）、陪审制（jury）、巡回法庭（eyre）和令状（writ）四部分构成。其中，普通法是王室法官根据全英的习惯法编撰成的适用于全英格兰的一系列判例的集合。克里斯托弗·丹尼尔称其是"第一次适用于全英的系列问题的整体性解决方案"，具有"统一的司法标准与分类系统"。[③] 陪审制的基本原理则是由当地居民举证事实，参与巡回法庭陪审。陪审团成员一般为 12 名当地自由守法人士，由郡守从当地的骑士和自由民中选任，他们在提供证言之前须宣誓所举证事实为真。陪审制的重要意义在于，以陪审团举证代替之前的司法决斗而作为法庭裁决的依据，相对更公正合理。巡回法庭分为总巡回审（eyre）和专门巡回审（assize）两种，前者为综合性的巡回，而后者则是专门针对某类问题而设置，如地产占有问题。巡回审一般在郡法庭举行，由郡守负责召集，王室巡回法官主持审理，使用陪审制和令状诉讼。"用令状进行诉讼是普通法的一大特点"，[④] 令状是臣民在王室法庭诉讼前须取得（一般从国王或其大法官处购买）的一宗公文，其实质是国王写给当地郡守的一份如何组织相关诉讼的总体指导性文件，令状一般载明诸如：何种诉讼事由，何时何地开庭，如何组织陪审团，如何在王室巡回法官到来之前

---

　　① 保罗·布兰德（Paul Brand）认为，高度职业化并以大学教育为基础的律师是在 13 世纪缓慢形成的。详见 Paul Brand, *The Making of the Common Law*, London and Rio Grande, 1992, p. 20; Alan Harding, *England in Thirteenth Century*, Cambridge: Cambridge University Press, 1997, p. 149。

　　② Christopher Daniel, *From Norman Conquest to Magna Carta: England, 1066-1215*, London and Newyork: Routledge, 2003, pp. 108-109, 110-112, 114; Ralph V. Turner, *The English Judiciary in the Age of Glanvill and Bracton, c. 1176-1239*, pp. 74-75.

　　③ Christopher Daniel, *From Norman Conquest to Magna Carta: England, 1066-1215*, p. 132.

　　④ 马克垚：《英国封建社会研究》，第 112 页。

做好相关准备，如何传唤诉控双方到庭，按何种程序展开诉讼，如何裁决等问题。①

由此可见，普通法诉讼以王室令状为指导，使用陪审制在王室巡回法庭上进行诉讼，它实际上引入了一整套固定的诉讼程序（due process），排除了人为的，或者其他不确定因素的干扰，从而确保一种相对统一、公开、公正、透明的司法诉讼（a fair trial or lawful judgment），为诉讼人提供了稳定的制度性保障。丹尼尔称，"令状、陪审制和巡回审是普通法的三大基石"。费舍尔提到"普通法具有统一性，颇受欢迎"，普通法"引入了相对有用的程序，创制了陪审制"。艾沃里·詹宁斯爵士指出，"普通法有其固定程序与机制，每个文件均被当众朗读，每句话均被公众听到"。②

不难发现，所谓"司法吸纳政治"实际上是以司法稀释政治，通过建立一系列专业的司法机构，吸纳职业化的人员，构建一套标准化的流程，从而最大程度地排除政治权力的干扰，尽可能地保持独立的立场，以确保一种稳定、可信的机制。特纳将这一过程形象地称之为"从王廷中走出来"（go out of court），描述了一种王室法庭逐渐摆脱国王的控制，独立性明显增强的状态。③

《大宪章》第 18 条（第 17、19 条也属类似问题）恰恰就是确认了上述普通法的程序与原则，是对亨利二世司法改革成果的继承与肯定，为"占有之诉"提供了制度性保障。该条中的三种与土地财产相关的"占有之诉"均使用王室令状和陪审制，由王室巡回法官在郡法庭主持审理，属于巡回审中的专门性巡回审。在谈到这个问题时，费舍尔指出，"毫无疑问，《大宪章》参考了普通法的成果"，而霍尔特则强调，"《大宪章》第 17、18、19 条很难归类，但不难发现，正是这几条为《大宪章》奠定了强大的基础，这一基础来自亨利二世的司法改革"，霍尔特甚至直言，"占有之诉的实质是普通法"。④

其次看"政治吸纳司法"的过程。

简言之，"政治吸纳司法"是对上述"司法吸纳政治"过程的反动，如果

---

① 笔者在上文关于"占有之诉"的论述中，已列举了新近被夺占有令状的详细内容，此处不赘。

② Christopher Daniel, *From Norman Conquest to Magna Carta: England, 1066-1215*, pp. 130-131; Kathrine Fischer Drew, *Magna Carta*, London: Greenwood Press, 2004, p. 37; Sir Ivoy Jennings, *Magna Carta: its Influence in the World Today*, London: Her Majesty's Stationery Office, 1965, p. 28.

③ Ralph V. Turner, "The Royal Courts Treat Disseizin by The King: John and Henry Ⅲ, 1199-1240," p. 4.

④ Kathrine Fischer Drew, *Magna Carta*, p. 37; J. C. Holt, *Magna Carta*, pp. 273-274; 詹姆斯·C·霍尔特:《大宪章》, 第 114—115 页。

后者是"从王廷中走出来"的话，那么，前者就是"重新回到王廷"。不可否认，英国封建早期的诺曼王朝和金雀花王朝中每一代国王统治期间均有两种相反趋势的存在与对立，因此其中不可避免地混杂了"复杂的利益诉求和政治力量角逐"。[①] 但是，毋容置疑的是，"政治吸纳司法"的趋势在约翰王统治时期，特别是后期，表现得相对明显，具体表现在以下几个方面：其一，构建王座法庭（King's Bench），独揽司法大权。1204 年诺曼底领土的丢失使得约翰王不得不常驻英格兰，他每天勤于政务，对王国司法抱有极大的热情。也恰在这一时期，约翰王开始不断从位于威斯敏斯特的普通诉讼法庭和巡回法庭两方面挑选重大案件，并直接将其置于王室内廷的御前法庭（coramrege）之上，交由几个信任的近臣审理，因为在那里他更容易控制案件的结果。[②] 随着国王转移案件数量的增多，御前法庭俨然成了王国司法的中心，而普通诉讼法庭则一度"门帘冷落"，以至到了无案可审、几近关闭的地步。至此，约翰王希望通过扩张御前法庭而使其变成永久性王座法庭的目的已经显而易见了。1209 年，约翰王索性关闭了威斯敏斯特普通诉讼法庭，停止了巡回审，将大量案件都转移到御前法庭上，甚至不再让首席法官插手，而是亲自捉刀，控制所有案件的审理。而此时恰恰是国内的诉讼需求激增的时期，即使是之前的司法体系也不一定能满足这一需求，何况约翰王此时已经关停很多司法服务。加之，约翰王经常在全国巡游，而御前法庭又时刻伴其左右，从而导致大量诉讼需求被忽略，大量案件被延误。[③] 难怪《大宪章》第 17 条会要求，"普通诉讼应在固定的地点举行，而不应该随王巡游"，以及第 18 条中会强调，相关案件"在发生地的郡法庭进行审理"。

对于约翰王的上述行为，不少学者给出了客观的评价。如特纳认为，约翰王的诸行为实际是在抵制之前一直存在的"从王廷走出去"的趋势，代表了国王试图维持"家室政府"（familiar government）或"内室政府"（household government）的努力，以更有效地体现国王的意志。于明认为，这恰恰代表了

① 于明：《司法治国：英国法庭的政治史，1154—1701》，第 197 页。

② Natalie Fryde, *Why Magna Carta: Avgenvin England Revisited*, Musnter: LiT, 2001, p. 157; Alan Harding, *The Law Courts of Medieval England*, p. 37; Ralph V. Turner, *The English Judiciary in the Age of Glanvill and Bracton*, c. 1176-1239, p. 133; John W. Baldwin, "Due Process in Magna Carta: its Sources in English Law, Canon Law and Stephen Langton," p. 34.

③ Ralph V. Turner, *The English Judiciary in the Age of Glanvill and Bracton*, c. 1176-1239, p. 126；詹姆斯·C·霍尔特：《大宪章》，第 174 页。

国王对于"从王廷走出去"趋势的抵制和反动，是一种为了维持国王对于司法的个人化控制而做出的反向努力。霍尔特称，约翰王的做法有两项不当之处：其一是减少了司法服务，"司法服务的需求是如此之大，以至于一个法庭根本无法满足，更不用说一个人了"；其二是混淆了司法与王恩（patronage），对于那些应该用司法解决的问题试图用王恩来解决，以至于"对钱财的渴求，对封臣的恩怨，及其个人的恣意"均被掺杂进判断的标准里，不能给予封臣以"制度性的保障"。而特纳对该事件的另一个评价更是直言无隐，称"约翰王简直就是在走专制君权（absolutism）的路线"。①

要言之，贵族们明知《大宪章》第 18 条中以"占有之诉"为代表的王室司法的扩张会损及自身利益，但仍肯定之，全力支持之，何也？如果以上述背景来审视《大宪章》的第 18 条及相关条款可发现，贵族们在经历了普通法诉讼优良程序带来的"安全感"和约翰王肆意妄为带来的"恐慌感"造成的判若天渊之后，在面对第 18 条这样的条款时，应该不待著龟即可做出判断。

三

综上，《大宪章》第 18 条不能良好地被纳入"特殊利益范式"，因为作为直属封臣的贵族在该条款中不仅没有直接利益，反而是一个受害者。笔者从"地产占有权"和"王室司法"演变的角度对贵族支持与欢迎《大宪章》第 18 条的原因分析后发现，第 18 条并不简单地体现国王与贵族之间的斗争，事情远比想象的要复杂、特殊。需要说明的是，除了本文关注的视角外，还可从很多视角对《大宪章》第 18 条进行解析。例如，《大宪章》18 条真正受益者——中下层骑士——的视角，国王公私权力的角度，罗马法复兴的视角，以及《大宪章》第 18 条中所涉及的其他两个"占有之诉"令状的视角等。本文仅意在抛砖引玉，更期待方家精彩的论述。另外，以方法论而言，本文的论述表明，在释读文本时，如果研究者太过依赖、迁就研究范式即有可能遭遇"范式之困"。一如本文中的"特殊利益范式"，因太过注重其文本整体逻辑的一致

---

① Ralph V. Turner, *The English Judiciary in the Age of Glanvill and Bracton*, c. 1176–1239, p. 134；于明：《司法治国：英国法庭的政治史，1154—1701》，第 197 页；詹姆斯·C·霍尔特：《大宪章》，第174 页。

性、统一性，从而忽略单一条款的自身"特殊性"，忽视其中因各自所处的复杂历史背景而形成的矛盾、断裂与差异。因此，研究者应谨慎使用范式，任何一种范式都是自我意识的构建，不一定是真实客观的描述，更不是绝对真理。我们能做的则是，把要研究的文本还原到其当初赖以形成的历史文化背景中去，并从文本制造者、参与者的视角，多角度对文本做出历史性的解释。

（原载钱乘旦、高岱主编：《英国史新探：中古英国社会与法》，北京：北京大学出版社，2018 年）

Building a Preaching Ministry in the English Church during the Reformation

刘城　首都师范大学历史学院教授

Abstract：Martin Luther's concept of "priesthood of all believers" implies that everyone who has been baptized not only becomes a Christian, but also becomes a consecrated priest. There is room for a logical extension of Luther's concept. If every Christian is a consecrated priest and has the right to administer the sacraments for himself, is there any necessity to retain a professional priesthood for the Church? While detailing how Luther's concept entailed the shift of clerical functions from a sacramental priesthood to a preaching ministry as occurred within the evolving Protestant Churches, this paper offers a clarification of what Luther actually meant by his formula.

Key Words：priesthood of all believers, sacramental priesthood, preaching ministry, the English Church

Among the many changes which occurred within the English Church during the course of the Reformation in the sixteenth century, one of the most fundamental was a shift in clerical functions and the status of the clergy. This shift might be conveniently summarised as a transformation from the sacramental and sacramentalised priesthood of the pre-Reformation church to the ministerial office of the Elizabethan church, an office focused on the ministry of the Word, and for which preaching and teaching was perhaps the clerical core function. This transformation was part of the overall process of Reformation, derived in large part from the thought of Martin Luther, and a corollary of his concept of the "priesthood of all believers". This paper offers an outline of that transformation, giving details on how the English Protestants accept Luther's concept and try to build a preaching ministry in the English Church during the Reformation.

The Priesthood of the Medieval Church

While the English Reformation involved rupture with the doctrines and practices of the medieval church, the hybrid nature of the Reformation also maintained major continuities. Among them were the continued existence of an ordained ministry, and a regime of priests and bishops. The outward appearance of continuity masked fundamental changes in the basic functions and status of these clerics, which can only be properly understood and appreciated by looking first at the nature of the medieval priesthood—which was, in essence, the form of priesthood which continued unchanged in the Roman Catholic tradition.

As it had evolved over earlier centuries, medieval priesthood was a special status which embraced a range of functions. Of these, the most important was his ability and duty to carry out a series of sacramental functions. His own status, what might be considered his authority to perform the sacraments, itself derived from a sacrament, that of ordination. It is thus possible to speak of priesthood as both "sacramentalised" by the reception of grace through ordination, and "sacramental" because of the significance of the priest in providing a channel for the operation of sacraments which were essential for the catholic progression from birth through to death. While the priest had a wide range of duties and responsibilities, from the twelfth century his sacramental powers were the central feature of his status. With this in mind, Robert Swanson has written that "The ideal medieval priest was a construct. Fundamental was his sacramental duty of celebrating mass and thereby confecting the body and blood of Christ".① Similarly, Peter Marshall writes that "the quiddity of the priest was his inherent capacity to mediate grace via the sacraments, in particular those of the Eucharist and Penance."②

The emphasis on the sacramental powers of the priest put the priest in a strange position, for sacraments were not actually effected by the priest: he was merely a channel of grace. Writing of sacraments, St Augustine had argued that the most important thing is not who performs or who receives, but what was actually performed, the process itself. Commenting on baptism—but in terms which can be extended to other sacraments—he wrote that "(W) e have to consider not who he is that gives it, but what it is that he gives; not who he is that receives, but what it is that he receives".③ This led to the later identification of three elements as necessary to ensure the validity of a sacrament. These were codified, for example, at the Council of Florence in 1439, which declared that "All these sacraments are made up of three elements: namely, things as the matter, words as the form, and the person of the minister who confers the sacrament with the intention of doing what the church does. If any of these is lacking, the sacrament is not effected."④ The centrality of the priests to the sacramental system of the late medieval church meant that their character and suitability was always a matter of concern to the church authorities. Since "to guide souls is a supreme art", canon 27 of the Fourth Lateran Council had earlier obliged the bishops to instruct those who are to be promoted to the priesthood "in the divine services and the sacraments of the church, so that they may be able to celebrate them correctly".⑤

---

① R. N. Swanson, "Before the Protestant Clergy: The Construction and Deconstruction of Medieval Priesthood," in C. Scott Dixon & Luise Schorn-Schütte, eds., *The Protestant Clergy of Early Modern Europe*, Basingstoke: Palgrave Macmillan, 2003, p. 41.

② Peter Marshall, *The Catholic Priesthood and the English Reformation*, Oxford: Clarendon Press, 1994, p. 2.

③ Henry Bettenson, eds., *Documents of the Christian Church*, Oxford: Oxford University Press, 1967, p. 78.

④ Norman P. Tanner, eds., *Decrees of the Ecumenical Councils*, Volume One, London: Sheed & Ward, 1990, p. 542.

⑤ Norman P. Tanner, eds., *Decrees of the Ecumenical Councils*, Volume One, p. 248.

The history of the church in the centuries immediately before the Reformation shows the increasing importance of the sacraments to catholic religion and devotion, especially on one hand with the emphasis on the mass and its miracle of transubstantiation, and on the other the importance of confession and absolution to the process of salvation, especially with the growing importance of Purgatory in the catholic system. Priests were not merely guides for souls; they were also, through their sacramental activity, essential to the process of salvation both in this life, and in the next.

Nevertheless, while the sacramental activity was highly important, it is essential not to overlook another strand in the functions of the medieval priest. Among the functions of the post-Reformation English clergy that of preaching was, as we shall see, central. The Protestant tradition is often identified as one which emphasises the Word. That emphasis is derived from a biblical understanding, but it is important to recognise that preaching was also part of the function of the medieval priests, although it is generally considered as less important than their sacramental activity.

The preaching tradition and obligation was itself biblical in origin, being created by Jesus Christ and apostles. Christ declared the necessity of preaching, with his comment that "One does not live by bread alone, but by every word that comes from the mouth of God",[①] and provided the exemplar of preaching in his Sermon on the Mount. In his Epistle to the Romans, St. Paul wrote about the importance of preaching as a way of inspiring faith even in those early days of the church: "But how are they to call on one in whom they have not believed? And how are they to believe in one of whom they have never heard? And how are they to hear without someone to proclaim him?... So faith comes from what is heard, and what is heard comes through the word of Christ".[②]

The obligation of preaching became part of the catholic tradition, which also meant that the church needed to act to assure the quality and suitability of the clergy who would provide the preaching as part of their duty of the cure of souls. This is

---

① "Matthew, 4: 4," in Bruce M. Metzger & Roland E. Murphy, eds., *The New Oxford Annotated Bible*, New York: Oxford University Press, 1991, p. 5 (NT).

② "Romans, 10: 14, 10: 17," in Bruce M. Metzger & Roland E. Murphy, eds., *The New Oxford Annotated Bible*, p. 221 (NT).

especially characteristic of the reform activities of the twelfth and thirteenth centuries, peaking in the decrees of the Fourth Lateran Council of 1215. When that Council decreed that bishops should send preachers throughout their dioceses, it confirmed a decree made by the Third Lateran Council (of 1179) for providing training for priests: every cathedral church should appoint "a suitable master ... to teach grammar and other branches of study"; and the metropolitan church was to appoint "a theologian to teach scripture to priests and others and especially to instruct them in matters which are recognized as pertaining to the cure of souls" (Article 11).[1] The overall effectiveness of these provisions is not clear; but a concern with the educational qualifications of the clergy can certainly be seen in the following centuries of the pre-Reformation church.

The Fourth Lateran Council had also criticized the Bishops as "not sufficient to minister the word of God to the people". Therefore, it had required the bishops "to appoint suitable men to carry out with profit this duty of sacred preaching" (Article 10).[2]

Contrary to what Peter Marshall said "the Catholic Church had shamefully neglected the office of preaching. ...under its tutelage preaching had been undervalued and intermittent",[3] as a matter of fact, Catholicism had not "neglected" and "undervalued" preaching but rather tried hard to push preaching incorporated into the "pastoral revolution" of the thirteenth century, and continued in the later middle ages, notably as a task for the Franciscan and Dominican friars. The evidence for the content and regularity of preaching in the parishes of medieval England is difficult to interpret properly, for the most part because there is very little direct evidence for such activity at the parish level. The evidence which is available suggests that the majority of parish sermons, the sermons delivered by parish clergy, would have been concerned with pastoral care and teaching the basic elements of Catholicism as a practical religion, as set out in the books of pastoral care which were common in the period.[4]

---

① Norman P. Tanner, eds., *Decrees of the Ecumenical Councils*, Volume One, p. 240.

② Norman P. Tanner, eds., *Decrees of the Ecumenical Councils*, Volume One, p. 239.

③ Peter Marshall, The Catholic Priesthood and the English Reformation, p. 87.

④ R. N. Swanson, *Religion and Devotion in Europe, c. 1215-c. 1515*, Cambridge: Cambridge University Press, 1995, pp. 54-70.

Most medieval preaching concentrated on the practical concern with living a Christian life. Formal instruction in the details of doctrine was limited, due in part to the lack of qualified preachers at parish level—that is, preachers who were actually trained as theologians; but also perhaps due to the fact that medieval Catholicism, as a practical religion concerned with the demands of a Christian life and a Christian death, was not really a religion in which detailed doctrinal instruction was a central concern.

Martin Luther's Concept of "Priesthood of All Believers"

This situation changed with the implementation of the Reformation. The outcome of the Reformation was a fundamental change in the understanding of the role of the clergy within the English church; but it is important that the Reformation in some ways began with a transformation in the understanding of the role of the laity, a transformation which necessarily undermined the old Catholic view of priesthood. In his treatise *An Open Letter to the Christian Nobility of the German Nation*, published in August 1520, Martin Luther announced his concept of the "priesthood of all believers". Everyone who has been baptized not only becomes a Christian, but also becomes a consecrated priest; for, as Luther said, "Through baptism all of us are consecrated to the priesthood".[1]

There is room for a logical extension of Luther's idea of "priesthood of all believers". If every Christian is a consecrated priest and has the right to administer the sacraments for himself, is there any necessity to retain a professional priesthood for the Church? Put more precisely, if everyone is a priest, is there any need for a separate category of "priesthood" identified by its separateness from the laity, and set apart by its own sacramental ordination, and by its monopoly of the essential sacramental role within the church? If baptism confers priesthood without distinction, without the need

---

[1] C. M. Jacobs, trans. , "An Open Letter to the Christian Nobility of the German Nation," in *Works of Martin Luther with Introductions and Notes*, Volume II, Philadelphia: A. J. Holman Company, 1916, p. 66.

for a separate "order of priesthood", Luther's idea can easily lead to the conclusion that no professional priesthood was needed for the Church, since every Christian has the right to undertake the office of priesthood.

However, such arguments do not seem to reflect the reasoning of Martin Luther himself, but that of historians contemplating the implications of his thought. Accordingly, James L. Ainslie asserted in the 1940s that "There was, indeed, a belief which was very strongly held by the Reformers which might have negated a ministerial order entirely. This was the belief in the priesthood of all believers." Ainslie then implies some back-tracking by Luther as he came to appreciate the implications of his ideas, and the authoritative vacuum created by the lack of a clear ministerial order was filled by a theological free-for-all. Thus, again according to Ainslie, "It may be that Luther at first did not lay so much stress on the absolute need of a distinctive office, nor on the view that there were duties to be performed in the Church which could only be fulfilled through an order of the ministry. But later, when he saw disorders arising because all kinds of people were taking it upon themselves to preach, his views regarding duties belonging to a ministerial order became stricter." [1]

Arguably, however, this and similar analyses reflect a misreading of what Martin Luther actually intended. A careful reading of Luther's works demonstrates that he never denies the office of priesthood. It was never his intention totally to undermine the office of priesthood as a distinct and separate status within the Church. Indeed, even in his *Open Letter to the Christian Nobility of the German Nation*, Luther qualified the nature of the universal priesthood, and insisted that there should be restrictions on who should actually undertake the office: "For whoever comes out of the water of baptism can boast that he is already consecrated priest, bishop and pope, though it is not seemly that every one should exercise the office." [2]

Accordingly, Luther insists that only those Christians who meet certain standards of character and conduct should be chosen by the Christian community to exercise the

---

① James L. Ainslie, *The Doctrines of Ministerial Order in the Reformed Churches of the 16th and 17th Centuries*, Edinburgh: T. & T. Clark, 1940, pp. 5-7.

② C. M. Jacobs, trans., "An Open Letter to the Christian Nobility of the German Nation," p. 68.

office of priesthood, and should do so only after receiving appropriate training. "…
(J) ust because we are all in like manner priests, no one must put himself forward
and undertake, without our consent and election, to do what is in the power of all of
us. For what is common to all, no one dare take upon himself without the will and
the command of the community; and should it happen that one chosen for such an
office were deposed for malfeasance, he would then be just what he was before he
held office. Therefore a priest in Christendom is nothing else than an office-holder.
While he is in office, he has precedence; when deposed, he is a peasant or a
townsman like the rest. Beyond all doubt, then, a priest is no longer a priest when he
is deposed."[1]

What Luther does deny is the division between "spiritual estate" and "temporal
estate", which he identifies as the first of the "three walls" built by the pope.
Critically, his view of the priest as "nothing else than an office-holder" undermines
the separation between clergy and laity based on the idea that ordination, as itself a
sacrament, gave priests a monopoly of sacramental powers within the church because
their ordination gave them a special character. The denial of the status of ordination as
a specific sacrament was a body-blow to the pre-Reformation concept of the
sacramental priesthood, for those who wished to reject it. By administering the
sacraments, and particularly the eucharist as a sacrificial mass, medieval ordained
priests had acquired an intercessory and intermediary role between God and
Christians, which made the priests a privileged caste in medieval society.

In the First Epistle of St. Peter, Christians are identified as "… a chosen race,
a royal priesthood, a holy nation, God's own people".[2] The Book of Revelation offers
the same teaching, that through his death Christ has made Christians "to be a
kingdom and priests serving our God".[3] Basing himself on the authority of the New
Testament, Luther argues that all baptized people belong to the same spiritual estate.
"…there is really no difference between laymen and priests, princes and bishops,

[1] C. M. Jacobs, trans., "An Open Letter to the Christian Nobility of the German Nation," p. 68.
[2] "I Peter, 2:9," in Bruce M. Metzger & Roland E. Murphy, eds., *The New Oxford Annotated Bible*, p. 339 (NT).
[3] "Revelation, 5:10," in Bruce M. Metzger & Roland E. Murphy, eds., *The New Oxford Annotated Bible*, p. 370 (NT).

'spirituals' and 'temporals', as they call them, except that of office and work, but not of 'estate'; for they are all of the same estate—true priests, bishops and popes— though they are not all engaged in the same work, just as all priests and monks have not the same work".[1]

In Luther's view, priesthood should be treated as an office or responsibility rather than an estate or status, for "... those who are now called 'spiritual' —priests, bishops or popes—are neither different from other Christians nor superior to them, except that they are charged with the administration of the Word of God and the sacraments, which is their work and office".[2]

Luther's understanding of the office of priesthood developed over time. At first, he defined the office of priesthood as having two core elements: the administration of the Word of God and the administration of the sacraments. [3] Later, in another treatise published in October 1520, he refined the concept by introducing the term "minister", and referring to "the ministry of the Word". Drawing on the Bible, he asserted that "Holy Scripture ... gives the name 'ministers' ... to those who are now proudly called popes, bishops, and lords and who should by the ministry of the Word serve others and teach them the faith of Christ and the liberty of believers. For although we are all equally priests, yet we cannot all publicly minister and teach".[4] Such a definition established a distinction between "priesthood" and "ministry". Every Christian could be a priest, but not everyone could be a minister. This of course raises issues about the nature of the difference between "priesthood" and "ministry" in this new order, and how "ministry", with its emphasis now on "the Word", would shape the evolution of a clerical order in the newly established Protestant churches.

Although the idea of the priesthood of all believers did not result in the abolition of the office, in a church reshaped according to Reformation ideas the basic functions of the priesthood would have to change. This would entail a major shift from a sacramental priesthood to a preaching ministry, as occurred within the evolving

---

[1] C. M. Jacobs, trans., "An Open Letter to the Christian Nobility of the German Nation," p. 69.
[2] C. M. Jacobs, trans., "An Open Letter to the Christian Nobility of the German Nation," p. 69.
[3] C. M. Jacobs, trans., "An Open Letter to the Christian Nobility of the German Nation," p. 69.
[4] W. A. Lambert, trans., "A Treatise on Christian Liberty," in *Works of Martin Luther with Introductions and Notes*, Volume Ⅱ, Philadelphia: A. J. Holman Company, 1916, pp. 325-326.

Protestant Churches. The ministers now provided, or were meant to provide, the authoritative interpretation of the Holy Scripture to the laity, which was to give them both intellectual stimulus and theological education. This emphasis on preachin—which was also a new emphasis on teaching—marked a significant breach with the practices of the pre-Reformation church.

The rupture can be illustrated by citing one of the articles alleged against John Hus in his condemnation at the Council of Constance in 1416. According to the article, Hus claimed that "Whoever enters the priesthood receives a binding duty to preach; and this mandate ought to be carried out, notwithstanding a pretended excommunication."[1] While the resistance to ecclesiastical authority in the rejection of the power of excommunication is clearly an important element in this accusation, the sense that preaching was one of the main obligations of the clerical ministry was something which the Reformation reformers and their successors shared with pre-Reformation reformers such as Hus and, before him, John Wycliffe.

The Building of Preaching Ministry in the English Church During the Reformation

The unavoidable challenge to the medieval sacramental priesthood was one which the English church had to face in the course of its own Reformation. The transition in the functions of priesthood and the building of a preaching ministry began to be implemented within the English Church following the establishment of Henry Ⅷ's Royal Supremacy in 1534. The *King's Book* of 1543 (also called *The Necessary Doctrine and Erudition for any Christian Man*) included the statement that, " ... as concerning the office and duty of the said ecclesiastical ministers, the same consists in true preaching and teaching the word of God unto the people, in dispensing and ministering the sacraments of Christ".[2] While trying to build a preaching ministry,

---

① Norman P. Tanner, etc. , eds. , *Decrees of the Ecumenical Councils*, Volume One, p. 430.
② Charles Lloyd, eds. , *Formularies of Faith Put forth by Authority during the Reign of Henry Ⅷ*, Oxford: Clarendon Press, 1825, pp. 223, 278.

this regulation did not abandon the sacramental priesthood. The priests of the Anglican Church were asked to perform the dual functions of preaching the word and administering the sacraments. Priesthood at this point still had its medieval character, and Henry Ⅷ's own insistence on the validity of the doctrine of transubstantiation meant that the sacramental powers of the priests in the consecration of the mass were still formally central to their function, but the explicit reference to "preaching and teaching the word of God unto the people" indicated some shift in the overall balance of functions.

In the more radically reformed Church of Henry Ⅷ's son, King Edward Ⅵ, the *Ordinal* of 1549 (also called *The Form and Manner Making and consecrating Archbishops, Bishops, Priests and Deacons*) adopted the Protestant ranking of ministers. It eliminated the minor orders of the Catholic structure, those of the rank of subdeacon and below, but retained the three major orders of bishops, priests and deacons, to divide the ministers into three degrees. ①

After the brief catholic revival of the reign of Mary Ⅰ, all the reform measures on church orders mentioned above were reinstated by the Elizabethan Church. An *Act to Reform Certain Disorders touching Minister of the Church*, passed by Parliament in 1571, legalized the Thirty-nine Articles and enacted that the ministers of the Church held the two functions of "preaching and administrating the sacraments".② Article 19 of the Thirty-nine Articles established the same duties for the ministers within the greater church: "The visible Church of Christ is a congregation of faithful men in which the pure Word of God is preached and the sacraments be duly administered, according to Christ's ordinance in all those things that of necessity are requisite to the same".③

Although the role of the ministers was defined in terms of the two functions, the emphasis was placed on the function of preaching which is treated as a more important channel of salvation than that of the sacraments. This shift was shown in three changes

---

① Joseph Ketley, eds. , *The Two Liturgies*: *A. D. 1549 and A. D. 1552*, Cambridge: Cambridge University Press, 1844, p. 161.

② "13 Elizabeth, c. 12," *The Statutes of the Realm*, Volume Ⅳ, Part Ⅰ, p. 547.

③ Gerald Bray, eds. , *Documents of the English Reformation*, Cambridge: James Clarke & Co Ltd. , 1994, p. 296.

which helped to redefine the role of the priest.

Firstly, in line with Protestant thinking, the number of sacraments was reduced from seven to two, leaving just Baptism and the Eucharist. This reduction had both practical and theological consequences, but primarily affected the ministers' theological position. Fundamentally, by removing ordination from the list of sacraments, the theological and doctrinal status of the priests was changed: their powers were now the powers of their ministerial office, not of the 'character' they had received at ordination—although how fully this change was appreciated at the time, and particularly among the parishioners, is unclear. Ordination of priests by bishops remained as a rite within the Church of England, but it was no longer a sacramental rite. The tasks of the ministers were not necessarily greatly reduced (they still had to officiate at marriages, for instance); but the theological significance of their actions was reduced because fewer of their actions now had sacramental importance.

Secondly, ministers were obliged to do more preaching and instructing in the Word. Luther's theory of "justification by faith alone" changed the attitude to the sacraments. Sacraments–and particularly the Eucharist, as the only sacrament now left to be regularly experienced–were now to be used to excite faith and receive God's grace for, as Luther said, "... in the Sacrament (that is, the Eucharist) thou wilt receive from Christ's mouth forgiveness of sin, which includes and brings with it God's Grace, His Spirit, and all His gifts, protection, refuge, and strength against death, the devil, and all misfortunes".[1] With the new definition, ministers were asked to preach the Word of God at the sacraments in order to help Christians to enhance their abilities for getting God's Grace.

Thirdly, there was to be regular preaching and instruction in parish Churches: one sermon every quarter of the year at least, or a homily reading every Sunday. Early signs of this change to a scriptural emphasis in preaching appear in the Royal Injunctions of 1538, which in their sixth article demanded both preaching of the Gospel, and preaching against the non-scriptural (or even anti-scriptural) religious

---

① Martin Luther, "The Greater Catechism," in Henry Wace & Karl Adolf Buchheim, eds., *Luther's Primary Works: together with his shorter and larger catechisms*, London: Hodder and Stoughton, 1896, p. 153.

and devotional practices associated with the abandoned papal Church. [1] The change was confirmed in the Elizabethan Injunctions of 1559, Article 3 of which required that "all ecclesiastical persons, having cure of soul ... shall preach in their own persons once in every quarter of the year at the least, one sermon, ... or else shall read some homily prescribed to be used by the Queen's authority every Sunday at the least". [2]

As for the skills used for preaching, Canon 10 of the Fourth Lateran Council speaks generally about the requirement to be "powerful in word and deed". [3] When the Elizabethan parliament enacted the reform of Church orders in its statute in 1571, it listed the qualifications needed for ministers in general, such as being of "sound religion", and having "a testimonial" both that the intending minister was of honest life and that he professed the doctrine expressed in the Thirty-nine Articles, with "an account of faith in Latin" according to the Thirty-nine Articles. The statute also listed the "special gifts and habilitations (abilities)" required as qualifications for a preacher (Article Ⅳ), [4] requirements which made the preachers an intellectual elite among the ministers. Besides good knowledge of the Bible and an honest life, a preacher should also have good command of Latin in both reading and writing, a right and full understanding of the Thirty-nine Article, and even a good training in theology.

For the Anglican Church in the sixteenth century, how the building of preaching ministers actually worked out on the ground would depend on how the ministers met the intellectual requirements and demands of the above mentioned redefining. Clerics of the pre-Reformation order, who for centuries had been trained primarily to administer the sacraments, would not necessarily have the intellectual ability to preach and instruct the people through the Word of God. The widespread and effective shift of functions from a sacramental priesthood to a preaching ministry could only occur with the promotion of intellectual clerics.

When Queen Elizabeth instructed the parish clergy to provide quarterly preaching,

---

① Gerald Bray, eds. , *Documents of the English Reformation*, p. 180

② Gerald Bray, eds. , *Documents of the English Reformation*, p. 336.

③ Norman P. Tanner, eds. , *Decrees of the Ecumenical Councils*, Volume One, p. 239.

④ "13 Elizabeth, c. 12," *The Statutes of the Realm*, Volume Ⅳ, Part Ⅰ, p. 547.

her Church also faced a problem of maintaining the quality of its ministers. In the different situation of late sixteenth-century England, the universities would now take the place of the cathedral school for the training of ministers. The privileged status of university graduates wishing to enter the ministry appears in the instructions issued by Matthew Parker, the Archbishop of Canterbury, in 1566, about the procedure for approving prospective candidates for ordination. In the third of his articles he instructed that "the bishop shall... give notice that none shall sue for orders but within their own diocese where they were born or had their long time of dwelling, except such as shall be of degree in the Universities" (Article Ⅲ).[1] This meant that university graduates were not necessarily to be examined with regard to their qualifications for the ministry by the bishops of the diocese where they had been born, or in which they had lived for a long time when they applied to enter holy orders: their possession of a university degree was considered to be a guarantee that they were of the right character to enter the church's ministry. Under Queen Elizabeth, it has been said that the role of the universities at Oxford and Cambridge as training bases for future priests "was being emphasized and encouraged as never before",[2] with the aim of turning the priesthood into a graduate profession.

For the nongraduate priests or unlearned sort of ministers, evidences show that measures were taken at the diocese level to provide them support or help for improving their office. In some cases, as in orders issued in the diocese of Lincoln in 1585 "for the increase of learning in the unlearned sort of ministers," this would involve a strict and intense regime of supervised Bible study, with written assignments. These were to be prepared in Latin; those who were ignorant of Latin were temporarily allowed to work in English, until they had developed their skill in Latin enough to work in that language.[3]

---

[1] G. W. Prothero, eds., *Selected Statutes and other Constitutional Documents: Illustrative of the Reign of Elizabeth and James I*, Oxford: Clarendon Press, 1954, p. 193.

[2] Rosemary O'Day, "The Reformation of the Ministry, 1558-1642," in Rosemary O'Day and Felicity Heal, eds., *Continuity and Change: Personnel and Administration of the Church in England, 1500-1642*, Leicester: Leicester University Press, 1976, p. 62.

[3] Ian W. Archer & F. Douglas Price, eds., *English Historical Documents Online*, 1558-1603, London: Routledge, 2011, Document 303.

Less demanding, but perhaps more realistic, were regulations included among the orders agreed upon by the archbishops and bishops at the Parliament in 1588. These barred any further appointments of inadequately unqualified clergy to posts in the parishes: "That no minister unlearned and not able to catechise (i. e. , give basic instruction in the faith) shall be hereafter admitted to serve any cure." Action was also taken to ensure that unqualified priests who already occupied such parish posts were given suitably educated paid assistants who could provide instruction to the laity (and perhaps to the priest as well): "And if any such (unlearned) be incumbent of any benefice already, the bishop shall, and by the law may appointed unto him a coadjutor with a convenient stipend according to the value of the benefice. "[1] This arrangement acted as provisional since time will clean these unlearned priests out and the university graduates will finally take their place.

The achievement of this goal would be a slow process, extending well into the seventeenth century, as surveyed and discussed by British historian Rosemary O'Day.[2] That process cannot be considered in any detail here; once the balance had been tipped, it moved inexorably forward. Even if the process did take time, with more and more theologically trained university graduates entering the ministerial ranks of the church, the problem of the promotion of clerics capable of meeting the intellectual demands of the revised functions of the reformed priesthood would eventually have a real solution.

---

[1] Ian W. Archer & F. Douglas Price, eds. , *English Historical Documents online*, *1558-1603*, Document 304.

[2] Rosemary O'Day, "The Reformation of the Ministry, 1558-1642," in Rosemary O'Day and Felicity Heal, eds. , *Continuity and Change: Personnel and Administration of the Church in England*, *1500 - 1642*, pp. 55-75; Rosemary O'Day, *The English Clergy: The Emergence and Consolidation of a Profession*, *1558 - 1642*, Leicester: Leicester University Press, 1979.

接纳与排斥

——试析西欧中世纪教会和修会对修女的矛盾态度及其思想根源

李建军　首都师范大学文明区划研究中心副教授

　　摘要　西欧中世纪早期，教会积极支持妇女修道，妇女修道迎来"黄金时代"。到了 10、11 世纪，改革后的教会极力排斥妇女，妇女修道随之急剧衰落。呼应教会改革的克吕尼、西多等修会在早期敌视妇女，拒绝与妇女产生任何联系，后来逐渐改变初衷并对妇女敞开修行大门。从 11 世纪晚期到 13 世纪，普雷蒙特、吉尔伯特等采取双重体制的新修会在初创时期满足了广大妇女的宗教需求，但其扩张结束之后也逐渐限制妇女入会。西欧中世纪的教会和各修会都对修女表现出了既接纳又排斥的矛盾态度。这种矛盾态度，追其思想根源是西欧中世纪社会盛行的矛盾的"妇女观"：既厌恶妇女，又推崇贞女。

　　关键词　西欧　中世纪　修女　教会　修会　妇女观

　　妇女修道是西欧中世纪社会特有的一个文化现象，其兴衰起伏与教会和修会的态度息息相关。在对待修女这个问题上，教会和各修会前后都持一种类似的矛盾态度。西欧一些修会在其地位确立之初支持、吸纳妇女，一旦其地位巩固，立刻转变初期的友善态度，极力排斥妇女。一些修会则相反，在发展初期拒妇女于千里之外，后逐渐改变初衷，允许妇女入会修行。接纳与排斥的变换成为教会和修会对待修女的矛盾态度模式。笔者认为，这种矛盾态度背后隐藏的是西欧中世纪社会矛盾的"妇女观"。下文拟对此进行详细分析。

一、教会对修女的矛盾态度

马克斯·韦伯（Max Weber）认为，相对于贵族崇拜来说，大众宗教，尤其在发展初期，具有一个重要特征，便是倾向于让处于弱势的妇女受到平等对待。[①] 西欧中世纪早期，基督教尚未在西欧社会立足之时，明显强调这一倾向，坚持男女两性在原则上的平等，积极鼓励妇女修行。一旦教会确立统治地位，便马上减弱这种倾向，致力于排斥修女。

（一）西欧中世纪早期教会对修女的接纳

本文所指的早期教会处于中世纪西欧皈依基督教的时代，即6—8世纪。主要依据是爱尔兰人皈依基督教发生在6世纪前后，法兰克人皈依基督教发生在5世纪末，盎格鲁—撒克逊人的皈依出现在6世纪末，意大利人和西班牙人皈依正统基督教发生在7世纪初，萨克森人的皈依则稍晚一些，是在8世纪末期。在皈依时代，基督教会组织松散，体制不健全。当时，教会还没有权威教皇，没有中心教会，没有领导信仰的罗马教廷，各个民族也未产生中心教会，而且教会内部对于权威的看法还存在争论。这时的教会需要规范和组织教义，稳定教会结构，构建教会法律。所以在抨击野蛮混乱，劝诱改宗时，为了传教理想的实现、基督教的立足和扩张，教会愿意接纳妇女，尤其是修女。

这一时期，各教区主教在鼓励和帮助妇女修道方面功不可没。早期的教会组织模仿罗马帝国的行政组织。在高卢，就像在其他罗马帝国的地区一样，教区组织依赖支持君主制的主教，他们以城市为权力基础，所以各地的主教驻地都位于古老的城市。修道组织与教会组织并肩发展，也与城市的主教结构紧密相连，因此妇女修道的发展都离不开主教的支持，主要表现在两个方面：其一，主教帮助修女创建修女院，这些社团都坐落在主教所在的城市，或与其相连，或在主教的管辖范围内。例如，在阿尔勒的市郊，凯撒里乌斯[②]为妇女创建了修女院。在盎格鲁—撒克逊早期，坎特伯雷大主教安塞姆建立了圣塞普科

[①] Max Weber, *The Sociology of Religion*, Ephraim Fischoff, trans., London: Methuen & Co. Ltd., 1965, p. 104.

[②] 凯撒里乌斯（约470—542年），是一位积极的基督教布道者，主张用修道院的方式管理教区和教士，并为修道院制定了必须统一执行的院规《凯撒里乌斯院规》。

尔（St. Sepulchre）修女院。① 其二，主教用各种方式与修女联系，指导修女修行。例如，包尼法休斯②和阿尔昆③都曾写信给宗教妇女和修女院院长，为她们的修道行为提供建议，并给予精神指导。④

在早期教会的支持和鼓励下，大量修女院被建立。西欧各个主要地区修女院的创立情况如下：6 世纪法兰克人刚刚皈依之后，在主教凯撒里乌斯的领导和赞助下，6 世纪法兰克的主要城市都创立了妇女的社团。⑤ 英格兰的情况与此类似，在 6 世纪末盎格鲁—撒克逊人皈依之后，修道院开始陆续出现，采取双重体制，男女均可加入。8 世纪末期萨克森人皈依，大量修女院被创建的现象再一次出现，像甘德斯海姆修女院和埃森修女院都是声名远播的社会政治和智力教育中心。8 世纪，传教士包尼法休斯在日耳曼建立了所有的双重修道院。截至 8 世纪，英格兰已有 20 多所为妇女创立的修道院。法兰克和比利时也约有 20 多所，到 9 世纪，萨克森建立了 11 所修女院（总共有 20 所修道院）。⑥

双重修道院（double house）的流行也是早期教会接纳修女的体现。双重修道院同时容纳修士和修女，他们和她们遵守同样的院规，在相同的时间祈祷、劳动、用餐和睡觉，但是居室分离。虽然学者对这一词语的用法存在争论，但是历史学家一般用这个词指代早期英法等地区专为妇女建立的宗教场所。⑦ 目前还没有资料能够说明这种修道院的男女比例和分离程度，但是可以肯定，在这种双重体制下，修士和修女彼此合作，而不是后来出现的修士排斥

---

① Janet Burton, *The Monastic Order in Yorkshire 1069-1215*, Cambridge：Cambridge University Press, 1999, p. 126. n. 4.

② 包尼法休斯（约 680—754 年），中世纪早期基督教德意志总主教。710 年升任神父后，在坎特伯雷主教处供职。738 年任教皇驻德意志代表，建立新教区。751 年为矮子丕平加冕法兰克国王。曾建立不少隐修院、学校。

③ 阿尔昆（约 735—804 年），中世纪基督教神学家和学者，英国约克郡人。781 年与法兰克国王查理大帝在意大利帕尔马城相遇，遂应聘赴法兰克讲学、办学，并主持宫廷学校教务。在语言学、修辞学和神学等方面都有研究，为加洛林王朝文艺复兴的重要人物。

④ Sarah Foot, *Veiled Women：the Disappearance of Nuns from Anglo-Saxon England*, Vol. 1, London：Ashgate, 2000, p. 24.

⑤ Suzanne F. Wemple, *Women in Frankish Society：Marriage and the Cloister 500 to 900*, Philadelphia：University of Pennsylvania Press, 1990, p. 156.

⑥ 英格兰的情况可参阅：Eckenstein, *Women under Monasticiam*, Cambridge：Cambridge University Press, 1896, p. 117；法兰克的情况可参阅：Suzanne F. Wemple, *Women in the Frankish Society：Marriage and the Cloister 500 to 900*, p. 156；萨克森的情况可参阅：Anne Lyon Haight, *Hrotswitha of Gandersheim：Her Life, Times and Works*, New York：The Hrotswitha Club, 1965, p. 4.

⑦ Sarah Foot, *Veiled Women：the Disappearance of Nuns from Anglo-Saxon England*, p. 49.

修女；而且在一些地区，如英格兰，通常由妇女担任双重修道院院长。

　　下面表格是学者舒伦伯格（Schulenburg）总结的修女院的创立情况，从表中可以明显看出在教会的支持下中世纪早期妇女修道的繁荣景象。

表1　法国、比利时新修道院的创立情况[①]

年份	新修道院（总数）	男子修道院	修女院数量	比例
500—549	108	100	8	7.4
550—599	156	137	19	12.2
600—649	102	77	25	24.5
650—699	159	107	52	32.7
700—749	63	55	8	12.7
750—799	91	80	11	12.1
800—849	146	134	12	8.2
850—899	107	99	8	7.5
900—949	136	130	6	4.4
950—999	232	219	13	5.6
1000—1049	543	515	28	5.2
1050—1099	979	946	33	3.4
总数	2822	2599	223	—

　　[①]　Jane T. Schulenburg, "Women's Monastic Communities, 500–1100," *Signs*, vol. 14, no. 2 (1989), p. 266.

表 2　英格兰新修道院的创立情况①

年份	新修道院（总数）	男子修道院	修女院数量	比例
500—549	8	8	0	0
550—599	39	39	0	0
600—649	29	20	9	31.0
650—699	94	56	38	40.4
700—749	26	19	7	26.9
750—799	16	15	1	6.3
800—849	12	8	4	33.3
850—899	11	9	2	18.2
900—949	22	19	3	13.6
950—999	26	21	5	19.2
1000—1049	16	15	1	6.3
1050—1099	57	51	6	10.5
总数	356	280	76	—

　　虽然舒伦伯格表格中的数字并不一定精确，但是至少能够说明一个问题：在中世纪早期，妇女修道在教会支持下经历了一个黄金时代。表中显示，在 10 世纪之前，为妇女创立的修道院共占 204 所，约占总数的 17.5%。而在 7 世纪，这一比例更高，为妇女创立的修道院英格兰有 47 所，约占总数的 38.2%，法兰克地区有 77 所，约占总数的 29.5%。学者威姆普勒、霍利斯也都认同舒伦伯格的观点，认为早期盎格鲁—撒克逊的英格兰、墨洛温和加洛林王朝的法

---

① Jane T. Schulenburg, "Women's Monastic Communities, 500-1100," p. 266.

兰克王国是妇女修道的"黄金时期"。[1] 而这与奥托统治下的萨克森的情况相对应，只是由于皈依时间比较晚，所以奥托萨克森的妇女修道繁荣出现的也相对比较迟。学者卡尔·里塞以10世纪德意志杰出的甘德斯海姆修女院举例，并以919—1024年间出现的大量修女院为证，生动地描述了奥托萨克森繁荣的妇女修道文化。[2]

总而言之，在西欧中世纪早期，由于基督教会组织松散，体制不健全，需要修女帮助教会确立统治地位，于是在教会接纳妇女的态度鼓励下，众多贵族妇女顺应形势，以修行的方式参与这一历史进程，妇女修道生活在西欧社会确立并繁荣发展。然而从舒伦伯格的表格中也可同时看出，妇女修道在历经早期的黄金时代之后，10、11世纪急剧衰落。从上文表格看，10世纪为妇女创立的修道院共有27所，约占总数的6.5%，在11世纪，修女院数字虽上升到68所，也只约占总数的4.3%。[3] 这跟早期的情况根本不能相提并论。造成这种衰落的直接原因是教会改革对妇女修道的冲击。

（二）改革后教会对修女的排斥

随着教会体制逐渐健全和教会地位不断巩固，教会对修女的态度遂发生转变，由接纳转为排斥，让曾经繁荣的妇女修道在10、11世纪落入低谷。

我们需从加洛林帝国的教会改革开始谈起，自从这次改革，教会开始排斥妇女。传教士圣包尼法修斯倡导并推行了加洛林帝国的教会改革运动，目的是重申主教的权威。他的改革先后得到了统治者查理·马特、矮子丕平、查理曼和虔诚者路易的支持。在改革后期，加洛林帝国的主教在最初的目标基础上更进一步，认为僧侣区别并优越于俗人，需要通过强调僧侣在圣事上的权力加强自己的权威，而体现主教权威的一个重要方面便是在圣事中苛求贞洁，致使这一时期的大公会议坚持僧侣的独身和对妇女的排斥，禁止妇女在任何仪式中承担积极作用。

加洛林帝国的主教在教会内部下令限制妇女的权力。修女不能接触祭坛，不能触摸神圣的容器，不能帮助分发象征基督肉体和血的面包和酒。即使祭坛

---

① Suzanne Fonay Wemple, *Women in Frankish Society: Marriage and the Cloister 500 to 900*, pp. 127–188.

② Karl Leyser, *Rule and Conflict in an Early Medieval Society: Ottonian Saxony*, London: Edward Arnold, 1979, pp. 49–73.

③ Jane T. Schulenburg, "Women's Monastic Communities, 500–1100," p. 266.

上的桌布需要清洗时，也只能由僧侣撤下来再转给妇女。僧侣要远离除近亲以外的妇女，近亲包括母亲、姐妹、外甥女、侄女（有的宗教大会用姨母、姑母代替外甥女、侄女），目的便是通过排斥和限制妇女，维持自身的贞洁。此外教会还建议世俗统治者出台相应王室法规，配合教会的改革规定。789 年，查理曼下令修女院院长不能赐福修道院中的男性成员，不能在男子头上画十字标志，也不能为修女戴上面纱。① 所以随着教会自身地位的上升，修女在教会中的权力和地位下降。

加洛林教会改革后，随着教会组织的稳定和加强，教会排斥妇女的态度愈发强烈。到 11 世纪中叶，克吕尼修士在教会内部发动了一场改革运动，强调教皇权力至高无上，力求降低或排除俗人在教会中的影响，即驱除教会中的"俗气"，强烈要求僧侣保持独身。教皇格雷戈里七世②是教会改革的领袖，所以此次改革被称之为"格雷戈里改革"。

许多历史学家都一致认为格雷戈里改革时代对妇女不利，它限制了宗教妇女进入修道生活的机会。学者耐尔森（Nelson）认为"格雷戈里改革的一个结果便是降低了妇女积极参与正规修道组织的可能性"。③ 萨瑟恩（Southern）确信"在 10 世纪早期到 12 世纪早期这个修道院创立的伟大时代，修道生活中的妇女地位急剧下降"。④ 彼得·达米安⑤说："毫不奇怪，投向夏娃的罪恶之矛仍然在夏娃的后代面前闪烁。"⑥ 舒伦伯格写道："随着改革运动的推行，以及强调修道的虔诚和僧侣的独身，最初那种欣赏妇女参与修道事业的氛围消失了，代之以高度恐惧和怀疑妇女性行为的氛围。"⑦ 改革的结果之一是修女院失去了独立性。修道院被迫采用本尼迪克规程，这使得修女院院长的自主性受到

---

① Suzanne F. Wemple, *Women in Frankish Society: Marriage and the Cloister 500 to 900*, p. 143.

② 格雷戈里七世（约 1030—1085 年），第 157 任罗马教皇（1073—1085 年）。

③ Janet L. Nelson, "Society, Theodicy, and the Origins of Medieval Heresy," *Studies in Church History* 9, 1972, p. 74.

④ Richard W. Southern, *Western Society and the Church in the Middle Ages*, London: Penguin Books, 1970, p. 130.

⑤ 彼得·达米安（1007—1072 年），中世纪基督教改革家，曾任红衣主教。他是格里高利改革运动的早期发起人和有力推动者，其著述言论和个人榜样作用对 11、12 世纪的宗教生活都产生过巨大影响。

⑥ Marty Newman Williams and Anne Echols, *Between pit and pedestal: women in the middle ages*, Princeton: Markus Wiener Publishers, 1994, p. 128.

⑦ Quoted from Marty Newman Williams and Anne Echols, *Between pit and pedestal: women in the middle ages*, p. 128.

限制，修女们被置于当地主教控制之下，无法继续保持在修会中的独立地位。无论司法、经济或精神生活，所有的权力都不再掌握在修女自己手中，妇女修道成为附属于男性教俗权威的事业。其次，修女遭到禁闭体制的约束，失去了一些曾经与修士平等的机会。如传教方面，虽然《新约全书》明文规定妇女没有传教的权利，但是教会允许修女在刚刚皈依基督教的高卢、英格兰和撒克逊传教。列奥巴就是最著名的例子，她曾协助爱尔兰传教士包尼法修斯在法兰克的上层贵妇中传教，深得查理大帝赏识。改革后的修女再也无法实现和享受这样的权力，不仅如此，她们还不得不处处依赖男性。按照规程，修会安排专门的男性神职人员（priest、chaplain）为修女进行圣事服务，派遣男性监护者或管家（magistri、masters 或 custodies、guardians）帮助她们管理财务、经营地产，分配世俗兄弟（lay brothers）帮助她们耕种田地。[1]

综上所述，基督教会在西欧中世纪早期尚未确立统治地位之时，积极吸纳妇女助其扩张，妇女修道在教会的支持下经历了繁荣的黄金时代。教会一旦确立了统治地位，便着手进行改革，开始排斥修女。一直伴随改革步伐的克吕尼修会与之相呼应，在初创时期严格限制妇女加入。被改革的宗教热情激励的妇女找不到自己的宗教出路，10、11 世纪妇女修道急剧衰落。

二、各个修会对修女的矛盾态度

西欧中世纪存在过许多著名的修会，既有主要容纳男子的修会，如克吕尼会、西多会等，也有男女兼容的双重体制修会，如吉尔伯特会、普雷蒙特会等。其中，无论是主要容纳男子的修会，还是男女兼容的修会，其所表现出来的对待妇女的态度都不是始终如一的接纳或排斥，而是两种态度交替出现。

（一）主要容纳男子的修会

克吕尼会是最早实行改革的修会，其密切配合格雷戈里改革，初期排斥妇女。克吕尼修士的目标与 11 世纪教皇改革的目标一致，其领导采取许多实际

---

① Helen M. Jewell, *Women in Medieval England*, Manchester: Manchester University Press, 1996, p. 157.

措施呼应教皇。[1] 克吕尼会严格执行本尼狄克规程，在修道院内恢复原有的、与世俗截然不同的生活，主张改革教会的腐化和堕落，重新树立独身的理想，严格恪守贞洁、服从、贫穷，并参加体力劳动。克吕尼会因此名声大震，成为10、11 世纪最有影响的修道制度。研究修道的历史学家罗多夫·加拉伯尔（约980—1046 年）肯定了克吕尼的榜样作用带来的修道生活的复苏，他这样描述千年之后新时代的开启："好像整个世界都在震动，匆匆脱掉旧时代的外衣，代之以白色的披风。"[2] 11 世纪人们不再崇拜已婚的僧侣，与妇女关系密切的僧侣、修士、教士均被戴上堕落的罪名。虽然改革先锋克吕尼掀起了一股强大的恢复和建立修道院的高潮，但是它不给宗教妇女任何机会，受这种修道狂热激励的妇女全部遭到了克吕尼会的排斥，从虔诚者威廉建立克吕尼修道院以来，一个半世纪都没有出现附属于克吕尼会的修女院。

然而，克吕尼会未能抵挡住虔诚妇女修行的要求，最终也开始了对信教妇女的关怀。在 1055 年，克吕尼建立起第一所修女院，即玛斯格妮修女院。克吕尼修道院院长圣休（Hugh）的母亲、妹妹、侄女都成为玛斯格妮修女院的修女。虽然玛斯格妮的早期历史证明它服务于实际目的，它是被克吕尼会修士遗弃的妻子和女性亲属的避难所和退休场所。[3] 但是不可否认，克吕尼会从此破例，开始创立修女院并且吸纳妇女修道成员。虽受教会改革的影响，修女院失去了法律、经济和精神上的独立性，修女的权力范围也从此缩小，但是妇女的宗教热情丝毫不减，妇女修道再次复兴。

西多会是继克吕尼会之后出现的又一个著名改革修会。西多修道院的创立者是罗贝尔（1027—1111 年）。罗贝尔是一位较为保守的修士，他鄙视奢侈的生活方式，厌弃世俗权势斗争，提倡与世隔绝、淡泊名利，追求理想的宗教生活。1098 年，他偕 21 名追随者至第戎以南 20 公里以外的西多旷野另立修道院，以示与克吕尼的不同，这一派便被称为西多派。西多派在明谷的伯尔纳的带领下声名远播，继克吕尼之后，在欧洲又刮起了一股兴建西多派修道院的旋风。

西多修会是由男子创立的男子修道院（male order），早期的西多会以对妇

① H. E. J. Cowdrey, *The Cluniacs and the Gregorian Reform*, Oxford: the Clarendon Press, 1970, p. 151.

② Bruce L. Venarde, *Women's Monasticism and Medieval Society*, Ithaca and London: Cornell University Press, 1997, p. 18.

③ C. H. Lawrence, *Medieval Monasticism*, London: Longman, 1996, p. 129.

女的敌意闻名，从一开始它就拒绝任何妇女加入，不与宗教妇女产生任何联系。① 那时，没有西多修道院院长或修士愿为从四面八方蜂拥而至的妇女赐福。12 世纪中期一位西多会的作家普鲁丰宁的伊登（Idung of Prüfening）吹嘘，西多禁闭体制竟然严格到这种程度：它禁止任何女施主进入修道院。②

但是，西多会的敌意无法阻止妇女追随的步伐。最终，西多会承认并开始接纳积极效仿其生活方式的修女，尤其是新成员的女性亲属，西多会的妇女修道渐渐发展起来。图尔内的赫尔曼（Herman of Tournai）观察到，到 1150 年左右，社会上存在许多这样的宗教妇女，她们自愿热烈拥抱连许多精力充沛的年轻男子都害怕加入的西多会。③ 雅克·德·维特里在 Historia Occidentalis 中记述到西多会的修女社团就像天上的星星一样繁多，以异常的速度增长……建立了许多修女院（包括 convents，monasteries 和 cloisters）。④ 他的叙述不免有些夸张，却道出了西多会改变态度后妇女修道蓬勃发展的事实。

其他男子修会与克吕尼会和西多会一样，同样经历了既排斥妇女，又鼓励妇女的模式。如托钵修会之一弗朗西斯会，它最初也抵制妇女，拒绝妇女的加入，甚至不允许她们参加忏悔和布道。后来从弗朗西斯为克拉拉·锡菲斯⑤建立圣达米安修女院开始，破例招收妇女。

总之，男子修会受教会改革的影响，起初不愿接纳被其改革形象唤醒的妇女，坚持把妇女挡在门外，当无法抵挡妇女的宗教狂热和紧紧追随时，他们最终改变态度，对其敞开修行大门。然而，这些改革修会未能为所有的妇女追随者提供职位，于是这一时期的隐修士创立了双重体制新修会，满足了那些找不到宗教出路的信教妇女的渴求，继续推动着妇女修道的发展。这些新修会包括吉尔伯特、普雷蒙特会、丰特夫罗会等。然而，这些修会并非因采取双重体制而无止境地接纳妇女，而是先接纳，后排斥。

---

① Sally Thompson, *Women Religious: the Founding of English nunneries after the Norman Conquest*, Oxford: Clarendon Press, 1991, p. 94.

② Penny Schine Gold, *The Lady & the Virgin: Image, Attitude, and Experience in Twelfth-Century France*, Chicago & London: The University of Chicago Press, 1987, p. 84.

③ Lewis J. Lekai, *The Cistercians: Ideals and Reality*, Ohio: Kent State University Press, 1977, p. 349.

④ Bruce L. Venarde, *Women's Monasticism and Medieval Society*, p. 1.

⑤ 克拉拉（1194—1253 年），追随圣弗朗西斯，创立贫穷克拉拉女修会（the Poor Clares，属弗朗西斯会的第二会），并担任修女院院长。

（二）接纳妇女的新修会

事实证明，从 11 世纪晚期开始，妇女对隐修士的追随再次促进了妇女修道的发展。从 12—13 世纪英、法建立的多所修女院创立的根源来看，妇女最初深受跨越乡村传播福音的隐修士的个人魅力和宗教热情影响。隐修士号召信徒远离世俗世界，去广大的远方传播福音，体验一种贫穷且简单的生活。在当时修行机会相对较少的情况下，这种神圣的渴望无疑让无数找不到宗教出路的妇女看到了希望。于是，隐修士创立的著名修会普雷蒙特会和吉尔伯特会等为了满足妇女的要求，实行双重体制。

普雷蒙特会是 12 世纪接纳妇女的著名双重体制修会之一。普雷蒙特会的创建者是桑特的诺伯特（Norbert of Xanter）。从 1119 年开始，他在布拉邦特、海诺特（Hainault）和法国北部布道，宣传贫穷、贞洁和奉献。诺伯特得到教皇卡利克斯特（Calixtus Ⅱ, ? -1124）二世的支持，1120 年他在普雷蒙特创建了一个宗教社团，教士或修女，世俗兄弟或姐妹均可加入。该修会发展势头强劲，十年内，在北法和比利时，迅速建立起了 12 所普雷蒙特修道院。在最初的 20 年，妇女的数量经常超过男子。[①] 普雷蒙特会修女院在法国的东北部和德意志地区极为普遍。[②] 朗恩的赫尔曼在记述诺伯特及其修道院的时候，认为自从使徒时代，只有诺伯特才做到了吸引众多两性成员一起效仿完美生活。[③]

然而，该会接纳妇女的情况并未持续多久。当普雷蒙特会发展起来后，她开始认为妇女既是诱惑，又是负担，厌恶妇女的行动遂即展开。当诺伯特被升任为马格德堡（Magdeburg）大主教之后，修会的性质逐渐发生改变。1134 年，诺伯特去世之后，修道院长休召开宗教大会，颁布了修会的第一批正式法令，法令使其从一个热衷使徒生活的修会变成了一个献身于沉思冥想的传统修会。他们要求妇女离开混合社团，自己到远处去组织社团。后来的几年更是见证了修会对双重体制的不满，修女越来越受到束缚。约 1141 年，修会通过了第一个压制双重体制的立法。自此到 12 世纪末，关于修会中妇女地位的斗争不断。到 1197 年或 1198 年以后，该会通过《关于未来拒绝修女的法令》，声明自此以后拒绝任何妇女加入，这一法令得到教皇英诺森三世的认可。[④]

---

① Bruce L. Venarde, *Women's Monasticism and Medieval Society*, p. 69.

② 王亚平：《修道院的变迁》，北京：东方出版社，1998 年，第 159 页。

③ Bruce L. Venarde, *Women's Monasticism and Medieval Society*, p. 68.

④ Patricia Ranft, *Women and The Religious Life in Premodern Europe*, London：Macmillan, 1998, p. 51.

吉尔伯特会（Gilbertine）与普雷蒙特会一样，最初吸引妇女加入。该修会于 1131 年由吉尔伯特在英国森普灵汉堂教区创立。吉尔伯特原是执事，后离开教廷，去森普灵汉堂布道。他的布道吸引了一批宗教妇女。1131 年他在自己教区教堂旁边为 7 位妇女建立了修道院。修道院不仅招纳修女，还吸收世俗兄弟姐妹。后来为了让修女得到精神指导，他还增加了在教教士（regular canons）。到 12 世纪末期，附属吉尔伯特修会各个修道院的人数都达到最大容量。最小的修道院卡特利（Catley）达到限定的最大容量数：60 名妇女和 35 名男子。最大的修道院瓦顿（Watton）包括 150 名妇女和 70 名男子。所有的吉尔伯特修道院成员人数加起来，有 900 多名妇女和 500 多名男子。[1] 虽然这些数字既包括世俗兄弟姐妹，也包括修女和教士，但是到 12 世纪末期至少有几百名修女被 10 所吉尔伯特会的修道院接纳。

吉尔伯特会像普雷蒙特会一样，在经历最初的扩张之后，便开始排斥妇女。最初该修会建立的修道院中有 9 所均接纳修士和修女，只有 4 所专收男性成员。当时在韦兰河以北，吉尔伯特修会成为主导力量。[2] 而到了 12 世纪中期之后，除诺弗克的绍德海姆修道院之外，大多数新建的吉尔伯特修道院仅接纳修士。[3] 1165 年世俗兄弟进行抗议，要求修会做出一些改变，尤其坚持分离男女。约 1178 年罗格接任吉尔伯特职位之后，修会中妇女的地位逐渐降低。到 12 世纪末，几乎所有新建的修道院只为男子服务。虽然妇女继续加入已经存在的吉尔伯特双重修道院，但是到了 13 世纪，有证据表明她们的处境堪忧。从 1238 年、1247 年和 1268 年的资料显示，竟然有些妇女成员缺少生活必需品。[4] 到了 13 世纪末期吉尔伯特修会对妇女宗教生活的影响已远不如 12 世纪。

综上看出，教会和各个修会在对待修女的矛盾态度上有共同之处，他们既排斥，又接纳妇女，接纳和排斥的交替变换成为教会和修会对待修女的模式。之所以出现这种交替变换的矛盾态度，源于中世纪盛行的矛盾的"妇女观"。

---

[1] Bruce L. Venarde, *Women's Monasticism and Medieval Society*, p. 80, n. 101.

[2] Helen M. Jewell, *Women in Medieval England*, p. 158.

[3] Janet Burton, *Monastic and Religious Orders in Britain 1000–1300*, Cambridge：Cambridge University Press, 1994, p. 99.

[4] Patricia Ranft, *Women and The Religious Life in Premodern Europe*, p. 54.

三、矛盾的妇女观

西欧中世纪，贞女观和厌女观并行发展。教会和修会认为妇女既是堕落的夏娃，又是圣洁的玛丽；既是天使，又是魔鬼。在基督教世界，无论是古代教父，还是中世纪教会人士，都贬低妇女，认为妇女精神薄弱，最容易受引诱成为堕落的夏娃，而妇女为了精神上的完美，应当守护贞洁，潜心修行，争取成为圣洁的玛丽。贞女观和厌女观的并行发展直接导致教会和修会出现既接纳又排斥修女的矛盾态度。

（一）厌女观（Misogyny）

厌女观早就存在，而且处处体现。它不仅存在于罗马传统中，而且它还主导着教会书信、说教、神学手册及教会法的讨论和编纂；另外，它还渗透在哲学、妇科知识及医疗领域中。一般认为，无论从理论上，还是从实践上，厌女主义都源自基督教。虽然帕夏里克·兰夫特坚持认为这种看法缺少充分证据，但是她也承认基督教中透露着厌女主义。[1]

《圣经》中的一些言论，明显流露出对妇女的压制与厌恶。如："女人要沉静学道，一味地顺服。"[2] "我不许女人讲道，也不许她辖管男人，只要沉静。因为先造的是亚当，后造的是夏娃。"[3] "且不是亚当被引诱，乃是女人被引诱，陷在罪里。"[4] "我愿意你们知道，基督是各人的头。男人是女人的头，神是基督的头。"[5] 这些言论表明，《圣经》贬低妇女，认为妇女诱惑并勾引男人，地位低于男人，所以教会的领导权与决定权，《圣经》的宣讲权与解释权都专属于男人。这种看法被古代教父和中世纪教会人士延续下来，为妇女沦落为让人厌恶的地位奠定了基础。

古代教父根据自己对《圣经》的理解，纷纷表达出自己对女人的憎恶。从

---

① 参阅 Patricia Ranft, *Women and Spiritual Equality in Christian Tradition*, New York：St. Martin's Press，1998。

② I Tim. 2：11.

③ I Tim, 2：12–13.

④ I Tim, 2：14.

⑤ I Cor. 11：3–15.

2 世纪，夏娃被基督教会看作是罪恶之源，是迷惑男人的女性。德尔图良①在200 年左右这样发问："你知道自己就是夏娃么？上帝对你们这类人的审判存在于这个时代：罪过也一定存在。你是邪恶的入口。你是禁树的检验人。你是第一个被《圣经》遗弃的人，你是说服他的人，本来恶魔都不敢贸然侵犯他。你却轻易地破坏了上帝的男人形象。由于你被遗弃，死神到来，上帝之子不得不死亡。"② 5 世纪，约翰·克里索斯托（John Chrysostom）③ 重复德尔图良的论调。在谴责夏娃诱惑亚当之后，他说："假如这是夏娃的所作所为，那么其他的女人呢？没错，就是这样：她们都是意志薄弱，而且微不足道的……因为我们被告知，不是夏娃独自一人被欺骗，而是'妇女'被欺骗。'妇女'这个词不适用于某个人，而是适用于每位妇女。因此所有女性都陷入罪里……"④ 对于接触妇女可能带来的罪恶，哲罗姆⑤这样总结："远离妇女带来好运，反之，接近妇女带来霉运。"⑥

　　古代教父对厌恶妇女的阐释直接影响了中世纪教会人士对妇女的排斥。中世纪教会人士对妇女的厌恶，可由以下两个案例阐明。其一，普雷蒙特修会的男性成员准备排斥修女的时候通过的法令。这段法令文字被引用的最频繁，表明中世纪教会根深蒂固的厌女观，"我们和所有教士的整体社团，认识到女人的邪恶比世界上其他的邪恶更甚；世界上没有其他怒火能像女人的怒火那样熊熊燃烧；蝮蛇和龙对男人构成的伤害较女人的冒失更容易治愈，且造成的威胁较小。所以我们一致同意，不仅为了我们的身体和所有物，更是为了我们的灵魂，规定我们不再接收任何修女以免我们陷入万劫不复的深渊，并避她们如蛇

---

　　① 德尔图良（约 160—225 年），罗马帝国基督教神学家，拉丁教父，主要著作有《护教篇》《论异端无权成立》《论灵魂》等。

　　② Bonnie S. Anderson and Judith P. Zinsser, *A History of Their Own*, Vol. 1, New York: Harper & Row, Publishers, 1988, p. 79.

　　③ 约翰·克里索斯托（约 347—407 年）一译金口约翰，擅长辞令，古代基督教希腊教父，著作很多，大多是宣传教义德讲稿和《圣经》注释。

　　④ Eleanor Shipley Duckett, *Medieval Portraits from East and West*, Ann Arbor: University of Michigan Press, 1972, p. 40.

　　⑤ 哲罗姆（约 342—420 年），古代基督教圣经学家、拉丁教父，写有《圣经》注疏和神学著作多种。

　　⑥ Rosemary Rasford Ruether, eds., *Religion and Sexism: Images of Woman in the Jewish and Christian Traditions*, New York: Simon and Schuster, 1974, p. 16.

蝎。"① 其二，马伯德（Marbod）② 写给丰特夫罗修会创立者罗伯特的书信。马伯德对妇女深恶痛绝，在信中，他严肃地说："据说这些妇女是你巡回布道的信徒和追随者。他们说你收留她们住在客房（guest-houses and inns），并授权她们照顾穷人和香客。神和人类的法律都明显反对这种情况。罪恶始于妇女，并通过妇女给所有人带来死亡。不必怀疑，假如你生活在她们中间，你将不再纯洁。"③

厌女观一直盛行不衰，影响着教会和修会对有关妇女问题的处理做法。在古代与中世纪的基督教会人士看来，妇女贪婪好辩、傲慢苛刻、抱怨成性并愚蠢至极，容易逃脱控制，上当受骗，所以要远离妇女，压制妇女。一般情况下，这种观点占据上风，将直接导致教会和修会排斥妇女。上文所述的早期教会和采取双重体制的普雷蒙特会和吉尔伯特会，在地位确立、体制健全时，他们已不再需要妇女的帮助，而且妇女的继续加入会令其在经济上难以承受和精神上感到难堪，让他们感到继续接触妇女容易诱发其堕落犯罪，因而必须与之隔离。克吕尼会和西多会最初以呼应教会改革的新姿态出现，必然彻底推行这种厌女观，导致其初期极度敌视妇女。

（二）贞女观

教会在厌恶妇女的同时，又提倡与之相连的"贞女观"。人们认为，为了拯救妇女的软弱和灵魂，妇女应该保持贞洁。这种贞洁观念，与厌女主义一样，在中世纪社会影响广泛且深刻。

首先需要说明的是，这里的贞洁既指 virginity 也指 chastity。前者指童贞，后者指纯洁。根据 675 年主教奥尔德赫姆为希尔德丽丝（Hildelith）领导下的巴金修女院的修女们写的一个小册子 De Virginitate，他把 virginity 定义为坚持独身和贞洁，在关于 virginity 的序言里，指出介于真正的 virginity 和婚姻中间的状态为 chastity。chastity 是已经履行过婚姻契约，但为了天国的利益却又蔑视婚姻买卖的人所处的状态。他夸赞以前结过婚的修女、温伯恩修道院的建立者卡思伯格为了修道生活，离开了她的国王丈夫阿尔弗列德。④ 东盎格里亚的埃

① Richard W. Southern, *Western Society and the Church in the Middle Ages*, p. 314.

② 马伯德曾经做过教师，大教务长，最后成为雷恩地区的主教。

③ C. H. Lawrence, *Medieval Monasticism*, p. 222.

④ Jo Ann Kay McNamara, *Sister in Arms*: *Catholic nuns through two million ages*, Cambridge: Harvard University Press, 1996, p. 102.

塞丝瑞丝（Etheldreda）最终获得丈夫诺森伯里亚的埃杰弗雷斯（Ecgfrith）的同意之后，被丈夫安置在由他的姑姑埃贝管理的科尔丁厄姆（Coldinham）修道院中，开始体验宗教生活（在此之前他们之间过了 12 年没有圆房的婚姻）。① 修道院里卡思伯格和埃塞丝瑞丝所处的状态即为 chastity。

圣保罗对贞洁的看法成为贞女观主要的神学理论来源。他把贞洁看作两性都应该保持的永远优越于婚姻的状态。他相信最好的基督徒，作为其余人的楷模，应该保持独身。下面是他关于贞洁的言论："当复活的时候，人也不娶也不嫁，乃像天上的使者一样。"② "唯有算为配得那世界，与从死里复活的人，也不娶也不嫁。"③ "论到你们信上所题的事，我说男不近女倒好。"④ "我对着没有嫁娶的和寡妇说，若他们常像我就好。"⑤ "倘若自己禁止不住，就可以嫁娶。与其欲火攻心，倒不如嫁娶为妙。"⑥

哲罗姆、安布罗斯⑦等古代教父都在阐释妇女本性时进一步论证贞洁。哲罗姆是妇女贞洁最有力的宣传者。他经常写信给上层基督教妇女，例如保拉、欧斯特基丝、玛塞拉等，描述婚姻的恐怖和自己对生育的厌恶，而赞美妇女贞洁和守寡。他还对从未谋面的妇女提出建议：保持贞洁，如果不可能的话，要坚持独身；拒绝华丽的服饰、首饰、丰盛的食品，只与童贞女和贞洁的寡妇交往。⑧ 他把童贞解释为对上帝的特殊奉献，把修女称为"基督的新妇"，而把修女的母亲称作"神的岳母"。⑨ 季米特里奥斯·迪姆（Demetrius Dumm）总结了有关哲罗姆对贞洁的观点，即童贞女才是完全远离现实的最完美的人，同样童贞女是逃脱罪孽和罪孽带来的痛苦后果、甚至死亡的最完美的人。⑩ 安布罗斯给贞洁做了隐喻，称贞洁为"一扇未开启的门"，"一个尘封的花园"和

① Bede, *A History of English Church and People*, Ⅳ. 19, translated and with an introduction by Leo Sherley-Price, Revised by R. E. Latham, New York: Dorset Press, 1985, pp. 238-239.

② Mathew 22: 30.

③ Luke 20: 35.

④ I Cor. 7: 1.

⑤ I Cor. 7: 8.

⑥ I Cor. 7: 9.

⑦ 安布罗斯（约339—397年），古代基督教拉丁教父。主要著作有《论神职人员的使命》和《论信德》等。

⑧ Lisa M. Bitel, *Women in Early Medieval Europe, 400-1100*, Cambridge: Cambridge University Press, 2002, p. 25.

⑨ 罗素：《西方哲学史》上卷，北京：商务印书馆，1963 年，第 422 页。

⑩ Joyce E. Salisbury, *Church Fathers, Independent Virgins*, London: VERSO, 1991, p. 28.

"一座喷泉"。① 虽然他没有对喷泉做修饰，事实上喷泉也是一座"封闭的喷泉"，与"未开启的门"和"尘封的花园"一样，指的是任何人不可以扰乱、任何人不可以破坏的与生俱来的"童贞"。安布罗斯还认为保持贞洁的人是天使，失去贞洁的人是恶魔。

中世纪教会人士延续前人看法，继续推崇贞女观。奥古斯丁②是中世纪最受欢迎的理论家，他也对贞洁做了理论宣传。奥古斯丁认为纯洁是从上帝那里获得的礼物，是赐予寡妇和童贞女的一种荣耀。他相信每一个人都在性犯罪的边缘徘徊而女人更易于去寻欢作乐，唯一的解决办法是彻底的自我否定和完全的独身。③ 中世纪著名修女希尔德加德（Hildegard of Bingen）代表修女表达出了对贞洁的感受。她在名著 Symphonia（意为"天国的交响乐团"）中谱写了属于寡妇自己的歌曲，表现出寡妇与童贞女的不同（或次于童贞女），因为寡妇曾经自由地经历过夏娃招致的对女性的惩罚，即通过婚姻附属于丈夫，并体验过生育之痛。④ 此作品暗示出婚姻次于童贞，寡妇的地位永远次于童贞女。

由此可以得出一个共识：贞洁的婚姻是美好的，保持寡妇状态更好，童贞的完美最好。奥尔德赫姆⑤认为在质地上，童贞相当于黄金，贞洁相当于白银，婚姻相当于青铜。或者说，童贞是富有的，贞洁是充足的，婚姻是贫穷的。⑥ 难怪 12 世纪德国的手稿这样显示女人的三个教阶：童贞女在最高层，寡妇在中间层，而妻子在最底层。性生活越少，收获的麦捆越多（奖赏越多）。⑦

这种贞女观成为西欧中世纪教会和修会鼓励和接纳修女的动力。无论是古代教父，还是中世纪的宗教理论家都承认处于各个生活阶段的妇女最好保持贞洁，而宣誓修道是保护妇女免于堕落的一种真实可行的宗教生活方式。于是，修道院便成为妇女实践贞洁的理想去处。修女在修道院中，严格恪守"贞洁、

---

① Joyce E. Salisbury, *Church Fathers*, *Independent Virgins*, p. 29.

② 奥古斯丁（354—430 年），基督教神学家、哲学家，拉丁教父的主要代表。主要著作有《忏悔录》《上帝之城》和《三位一体论》等。

③ Lisa M. Bitel, *Women in Early Medieval Europe*, *400-1100*, p. 104.

④ Barbara Newman, trans., *Saint Hildegard of Bingen*: *Symphonia*, Ithaca: Cornell University Press, 1988, p. 225.

⑤ 奥尔德赫姆（约 639—709 年），7 世纪威塞克斯的博学之士，曾任马尔麦斯伯里（Malmesbury）修道院院长。

⑥ Angela M. Lucas, *Women in the Middle Ages*: *Religion*, *Marriage and Letter*, New York: St. Martin's Press, 1984, p. 28.

⑦ Marilyb Yalom, *A History of the Wife*, New York: Harper Perennial, 2002, p. 59.

贫穷和服从"三大誓言，遵守相关规程，实行严格禁闭，确保与俗界完全隔离。教会和各个修会在贞女观的影响下，愿意接纳妇女，为保持贞节的妇女提供职位，助其实现贞洁理想。尚未确立稳固地位的早期教会和吉尔伯特、普雷蒙特等双重体制修会尤其认可这种贞女观，希望圣洁的"玛丽"们的到来能为其发展贡献力量。即使开始排斥妇女的修会，如克吕尼会和西多会，也最终不得不为一些被修士遗弃的女性亲属的贞洁打算，成为部分"厌恶婚姻的妻子们净化罪恶、拥抱上帝的场所"。[1]

（原载《首都师范大学学报》（社会科学版）2009 年第 2 期，
收入本集时略有改动）

---

[1] Janet Burton, *The Monastic Order in Yorkshire 1069–1215*, p. 143.

18 世纪英国思想中的古典民主观念

晏绍祥　首都师范大学历史学院教授

　　1700 年，正当英国和法国争夺欧洲霸权的战争如火如荼、英国赋税不断增加之时，政论作家德拉克发表了《最近一届国会的历史》，在抨击英国当时内外政策失误的同时，要求追究那些失职官员的责任。他指责当时的英国官员们因无需向人民负责，而欺蒙国王、勒索人民。作为追究责任的历史证据，作者引用的居然不是当时英国的法律条文，而是罗马共和国的历史，并认为罗马人对官员的追责，是共和国得以强大、能人辈出的主要原因。大体同时代的斯威夫特在呼吁当时英国的托利党和辉格党停止党争、以维护国家稳定时，同样使用了古代希腊人和罗马人的历史。不过他的意图刚好相反，用古代共和国党争频繁导致国家危亡的实例，警告当时英国人继续党争的危险。有趣的是，言必称希腊和罗马，似乎成为 18 世纪英国人的通病。该世纪中期的比塞特、蒙塔古等人在抨击民主政治的恶劣时，主要的例证大多来自希腊和罗马。直到该世纪末，当著名思想家威廉·葛德文在向首相格兰维尔上书之时，仍自称穆奇乌斯（古罗马英雄），并在行文中自比《伊利亚特》中的特尔西特斯，显然是警告格兰维尔不要像奥德修斯那样，对上书者滥施刑罚。[①] 即使那些认为近代早已超越古代的思想家，例如休谟和柏克，也都不能不涉及古代的制度和历史。

---

　　① James Drake, *The History of Last Parliament*, London: Fra Coggan, 1702, p. 100; Jonathan Swift, "A Discourse of the Contests and Differences between the Nobles and the Commons in Athens and Rome," in Jonathan Swift, *Complete Works*, vol. ii, London, 1778; William Godwin, *Political Writings*, vol. 1, edited by Martin Fitzpatrick, London: William Pickering, 1993, pp. 255–258.

　　对于 18 世纪①英国政治思想中的古典因素，西方学者已经给予不同程度的注意。波科克的《马基雅维利时刻》、瑞的《古代与近代的共和国》，② 都对 18 世纪英国政治思想中的古典共和主义有深入的分析。瑞三卷著作的第一卷，实际讨论的就是古代希腊的共和政治。虽然这些著述在具体讨论过程中不同程度地涉及古代民主与共和传统在 18 世纪的影响，但学者们把更多的注意力放在意大利共和主义传统的影响上了，其立足点，则是共和主义在早期美国的作用，因此关注的是英国思想的近代特性，或者说是近代对古代的超越，对古典民主与共和传统在英国思想中的作用，不免语焉不详。罗伯兹的《审判雅典》和劳逊的《欧洲思想中的斯巴达传统》对该时期古典传统的作用有较多讨论。罗伯兹特别指出，英国思想家对美德和衰退的关注，基本规定了他们对古代民主的负面评价。③ 不过她对西方思想中反民主传统的强调，让她多少忽视了 18 世纪英国思想家中对古代持积极立场的因素，而且没有给予古典传统影响在该世纪的逐步下降以足够的注意。米拉《政治思想中的罗马共和国》意在恢复罗马共和国在西方民主传统中的地位，但奇怪地几乎完全忽略了 18 世纪。④ 因此，如何恰当估价古典民主与共和传统在 18 世纪英国政治思想中的地位，需要更进一步的探讨。本文希望在借鉴已有成果的基础上，对 18 世纪英国思想界对古典民主传统的讨论，管窥该时期英国思想界有关古典民主的论述及其与英国历史现实的关系。主要内容为三个：英国文化的古典语境、对古代民主政治的批判和为民主辩护，结论对古典传统在 18 世纪英国思想中的地位尝试性地进行了讨论。

---

　　① 这里所说的 18 世纪，与一般纪年意义上的 18 世纪略有不同，系指 1688 年光荣革命到 1815 年拿破仑战争结束之间的时期，即所谓 "长长的 18 世纪"。在这个意义上，18 世纪末的洛克与 19 世纪初的米特福德、柏克等，都可以归入广义上的 18 世纪。见 H. T. Dickinson, "Introduction," in H. T. Dickinson, eds., *A Companion to Eighteenth-Century Britain*, Oxford: Blackwell Publishers Ltd., 2002, p. xvi。

　　② J. G. A. Pocock, *The Machiavellian Moment: Florentine Political Thought and the Atlantic Republican Tradition*, 2nd paperback edition with a new afterword by the author, Princeton and Oxford: Princeton University Press, 2003; Paul A. Rahe, *Republics Ancient and Modern*, 3 vols., Chapel Hill and London: University of North Carolina Press, 1994.

　　③ Jennifer Tolbert Roberts, *Athens on Trial: The Antidemocratic Tradition in Western Thought*, Princeton: Princeton University Press, 1994, pp. 148-174; Elizabeth Rawson, *The Spartan Tradition in European Thought*, Oxford: Clarendon Press, 1991, pp. 344-367.

　　④ 米拉只提到了艾迪逊和布莱克斯东，忽略了包括《加图书信》在内的其他重要作品。Fergus Millar, *The Roman Republic in Political Thought*, Hanover and London: Brandeis University Press, 2002, pp. 106-108.

一、贵族的优势与英国文化的古典语境

18 世纪的英国社会尽管在许多方面正取得进步，近代政治和社会制度日渐成型，[①] 但贵族仍然是这个国家的主宰。经济上，不足人口总数 1% 的贵族，占有英国约 20%—25% 的土地与财富；政治上，国王仍具有重要影响，有时处于支配地位，但贵族基本控制了国家。无论是辉格党还是托利党，都由英国最富有的贵族组成，两党轮流控制着英国的议会和内阁。地方政府、法庭、教会等，也都掌握在他们的手中。尽管到 18 世纪末，英国人口已经突破 1000 万，选民却不过 30 万—40 万，国会议员的选举经常被贵族操纵。文化上，依靠他们拥有的雄厚社会财富，英国贵族经过公学和大学的教育，欧洲游学的经历，还有独特的生活、社交方式，形成独特的精英文化。哪怕是地方上的选举和节日，也不过是通过等级化的仪式，强化贵族作为精英团体的意识，凸显贵族处于社会等级顶端的地位和身份。在政治思想领域，保守的有产阶级的观念占据着主流。[②]

但是，正如迪金森指出的，18 世纪的英国，即使是在最为保守的政治领域，也取得了稳步的进展，"王在议会的主权日益得到确认；1689 年之后，历史上第一次确立了议会每年开会的制度；政党如何兴起、衰落，然后开始再兴；中央和地方政府如何不再完全由土地精英支配，而受到庞大数量人民的影响。此外，当英国人享受着法治和较以前更大的自由时，当英国成为欧洲最有效的财政—军事国家，并发展出特别有效的财税体系时，在该世纪的不同阶段，统治精英先后受到斯图亚特派和美洲反叛者、法国革命者和国内激进派的严重挑战。"[③]

这样一个保守与变革并存、海外扩张与国内发展并行的时代，造成了 18

---

① H. T. Dickinson, "The British Constitution," in H. T. Dickinson, eds., *A Companion to Eighteenth-Century Britain*, pp. 3–17.

② Maura A. Henry, "The Making of Elite Culture," in H. T. Dickinson, eds., *A Companion to Eighteenth-Century Britain*, pp. 311–327；阎照祥：《英国贵族史》，北京：人民出版社，2000 年，第 198—288 页。

③ H. T. Dickinson, "Introduction," in H. T. Dickinson, eds., *A Companion to Eighteenth-Century Britain*, p. xvi.

世纪英国历史发展中的众多矛盾。少数土地贵族的统治与以资产阶级为主体的中产阶级日益强烈的参政要求，城市日益增长的重要性与乡村贵族政治上的霸主地位，普通大众改善地位的要求与有产阶级的拒绝变革，让18世纪的英国政治和社会呈现出独特的景观。一方面，贵族为维护自己的地位，极力抵制王权的扩张，强调议会的主权，宣扬混合政体的优越性，希图扩大和维护贵族的所谓自由；另一方面，面对人民大众不断增长的变革政治的要求，贵族们也非常担心英国政治的进一步民主化，进而演变成他们心目中的所谓暴民政治。迪金森用"自由和财产"来概括18世纪英国政治思想的主流，[①] 应当说比较准确地反映了掌握国家权力的贵族面对上下夹击时的心态。对于英国贵族来说，再没有比通过历史和逻辑来阐述他们享有统治权合理性更加重要的任务了。

利用历史为现存制度辩护，某种程度上是古代以来西方学术的传统。为论证自己的看法，学者和思想家们或者诉诸权威，或者求助于历史。就前者而言，它意味着求助于柏拉图、亚里士多德和西塞罗等古典作家，以及马基雅维利等深受古典传统影响的思想家。就后者而言，除英国历史外，思想家们经常搬弄古代世界的历史。尽管当时英国专业的历史教育尚未充分开展，偶有设置历史教授讲席的大学，教授们也很少亲自去上课，专业的历史研究只是那些有闲暇的贵族的爱好，但对古代史来说，情况略有区别。古奇指出，"那时，关于希腊与罗马的知识相当普遍，部分原因在于受过教育的阶级熟悉古典文学，同时也是因为古代世界的观念与制度给改革家提供了启示。"[②]

古奇的论断大体符合历史事实。18世纪初，英国大多数贵族家庭的男性后嗣是在家庭中接受教育，但到18世纪中叶，公学已经成为贵族接受教育的主导形式，其中伊顿、哈罗、威斯敏斯特、温切斯特、查特豪斯、罗格比和斯鲁斯伯里形成所谓七大公学，其中前4个学校又成为精英中的精英。到1800年，大约70%的英国贵族子弟毕业于四大公学。[③] 而在政界，毕业于名牌公学者比例更高，1775—1800年间的政府大臣中，曾在名牌公学接受教育的比率高达87%。[④] "公学成为独占性俱乐部，精英阶层的男孩们在那里获得其共同的文化

---

① H. T. Dickinson, *Liberty and Property*: *Political Ideology in Eighteenth-Century Britain*, London: Muthuen & Co. Ltd., 1979.

② 乔治·皮博迪·古奇：《十九世纪历史学与历史学家》，上册，耿淡如译，卢继祖、高健校，谭英华校注，北京：商务印书馆，1989年，第87—89页。引文见第87页。

③ Maura A. Henry, "The Making of Elite Culture," p. 316.

④ 阎照祥：《英国贵族史》，第266页。

范式、观念和趣味，并且社会化，以承担他们在社会中的领导角色。"① 这些公学的课程体系仍与文艺复兴时代没有多少差别，"以拉丁文、希腊文、法文和人文学科为主，课程多为宗教和经典文论、文史典籍，品行方面着重培养'绅士风度'。"② 公学之所以将古典学作为课程的核心，将拉丁语和希腊语的学习作为主要内容，从其根本目的来说，是彰显贵族在社会上的特权地位，"它培养的是学生的优越感，一种英国式的爱国主义，以及独特的男性气质。孩子们沉浸于希腊与拉丁古典作品中——它们宣扬一种与他们类似的特权精英分子的英雄气概与权力……学习拉丁语乃是进入男性独占俱乐部的仪式，因为拉丁语是显示学问、社会优越性和性别等级的'行话'，它不仅在权力的厅堂中管用，而且在土地精英阶层的画室和更广大的社会中同样有效。"③ 公学或大学毕业之后，贵族们会前往欧陆游学，一般来说两到三年，也有十年者。游学的目的地，除法国外，主要是意大利，特别是佛罗伦萨、罗马等古典文化浓郁的城市。部分人还可能冒着生命危险，前往土耳其统治下的希腊和爱琴海地区游览。游学过程中，贵族青年们在饱览意大利风光的同时，也会利用各种机会，大量采购古代文物，有心者更在归国后发表游记，介绍古典文明地区的风光、文物与历史。

公学和大学教育的古典特色，让英国社会中的众多人，特别是从事文化与思想创造的精英阶层，对古典世界的历史与文化耳熟能详。对古典作品以及有关古典世界的近代著述的需求，促成了 18 世纪英国古典研究的迅猛发展。无论是在古典作品的校勘，还是在古代历史和制度的研究上，英国都取得了长足的进展。本特利的古籍校勘，特别是他对所谓"法拉里斯书信"等众多古典作品的研究，使他成为 18 世纪欧洲最有影响的古典学家之一。众多古典作品，包括荷马的史诗、普鲁塔克的传记集、贺拉斯的诗歌，都出现了不止一种的近代英语译本。文学创作中以模仿古典世界的诗人为风尚。特别值得一提的是关于古典世界的历史、文物和风俗的著作，在英国异常流行。18 世纪初，埃查德的《罗马史》和亨德的《希腊史》先后出版。两书篇幅都不小，且叙事比较详尽。但这似乎并未能阻止其他作家写作古代世界的历史，而且达到一定的流行，到该世纪末，弗格逊和米特福德仍各自汲汲于他们多卷本的《罗马共和国

---

① Maura A. Henry, "The Making of Elite Culture," p. 316.

② 阎照祥：《英国贵族史》，第 266 页。

③ Maura A. Henry, "The Making of Elite Culture," p. 316.

的发展和终结》和《希腊史》的写作。18 世纪英国出版的数十种希腊史和罗马史中，不少是大部头的作品，且都多次修订和重印，有些著作还有爱尔兰语版本，印到 5 版以上的常见，部分曾印到第 7 版甚至更多。法国学者关于古代世界的著述，包括罗林卷帙浩繁的《古代史》和《罗马史》，德国学者温克尔曼的《古代艺术史》等，都曾被全部译成英文出版，而且多次修订再版。通俗读物中，《雅典来信》和《小安纳查西斯游记》等托名古人的作品，尽管篇幅也都不小，其流行程度，应当不下于当时的各类文艺作品。①

在如此背景下发展的英国政治思想，不可避免地深受古典传统的影响。用沃德的话说，"在任何严肃讨论具有政治含义的著述中，人们可以期待的，至少是简要提到罗马共和国的衰亡。"② 实际上不仅是罗马，对 18 世纪的英国人来说，如果其著作中不讨论希腊，也许同样让人惊异。无论这些思想家们是否赞成共和与民主制度，都喜欢用古代历史作为引子。斯威夫特参与过当时的古今文化优劣之争，③ 在劝说当时英国政界放弃纷争、以确保政治稳定时，他首先是搬出古代共和国的纷争导致亡国的历史教训；独立辉格党人约翰·特伦查德和托马斯·戈登就南海泡沫发表时评、宣布必须制约政府的权力时，大量利用了希腊人和罗马人严厉处置政治家的事例；一度斯图亚特派博林布鲁克的著作中，雅典和罗马的制度与历史随处可见；④ 比塞特、蒙塔古等人在抨击民主政治时，雅典人和罗马人的所谓弊病，是他们攻击的首要目标。确实，到该世纪末，人们对古代历史的热情似乎有所下降，激进派如威廉·葛德文等的著作中，保守派如柏克等，较少直接把英国的历史与古代共和国的命运进行类比，但这并不意味着古代史对政治实践和理论不再具有意义。相反，古代民主与共和制度仍然发挥着这样那样的作用。没有接受过太多教育的潘恩，为论证美国

---

① 详见晏绍祥：《18 世纪欧洲关于古典世界历史的学术》，《史学理论研究》2011 年第 3 期。

② Addison Ward, "Tory View of Roman History," *Studies in English Literature*: *1500 - 1900*, vol. 4, No. 3, Restoration and Eighteenth Century (Summer, 1964), p. 415.

③ 古今文化优劣之争最初出现于法国，18 世纪初波及英国，后再度转回法国。古代派认为，古代文化的优越性无与伦比，今人除了模仿，无力超越。现代派则认为，今天的世界代表着人类更高的发展阶段，所取得的成就，也非古人可比。双方论战的核心，实际是如何评论近代早期欧洲文化的取向问题。具体情况请见 Joseph M. Levine, *The Battle of the Books*: *History and Literature in the Augustan Age*, Ithaca and London: Cornell University Press, 1991; Gilbert Highet, *The Classical Tradition*: *Greek and Roman Influence on Western Literature*, pp. 261-288.

④ 在其有关党派的第十二封和第十五封书信中，博林布鲁克多次涉及罗马历史，特别论及罗马共和国制度中因缺乏民主因素对君主和贵族因素的制衡造成的自由丧失。见 David Armitage 编：《博林布鲁克政治著作选》，英文影印本，北京：中国政法大学出版社，2003 年，第 130、143 页。

新政体的成功，把古代的不足作为比较对象。① 柏克为论证当时英国制度的优良，长篇攻击了古代民主与共和政治。18 世纪出版的大量希腊史和罗马史，多少反映了当时学界的一般倾向：几乎每部著作的开头，都会有为当时政治提供鉴戒的说明。表现最为明显者，是保守派格利斯的《希腊史》。在该书开头给国王的献词中，我们读到了下面这段话：

> 希腊史暴露了民主政治那危险的骚乱，谴责了僭主的专制；通过描绘各类共和政府政策中无可救药的恶行，它将彰显因世袭国王的合法统治和制度良好的君主政治的稳定运作带来的无尽益处。因此，本书献给尊敬的陛下——世界上最自由国度的主权者，是再合适不过了。②

即使那些宣扬近代已经超越古代，古代的风俗无法与近代兼容的思想家们，也不能不适当涉及古代的史实。在论述自己的政治理想时，洛克的确完全抛开了古代历史，主要从理性和自然权利出发，阐述政府需要人民同意的理论。③ 但在讨论教育问题时，洛克对当时学校中教授的大量古典世界的历史和知识不太赞同。他主张不要给孩子们过早教授历史，因为在那里，"所有关于历史的娱乐和谈论，除了战斗和屠杀外，几乎没有任何其他内容，给予征服者的荣誉和名声（这些人的大多数是人类的屠夫），会进一步误导正成长的年轻人。他们通过这种途径，会认为屠杀乃值得赞扬的人类事物，是最为英雄的行为。由于这些原因，不自然的残忍就会植入我们心中。""把屠杀和劫掠视为人

---

① 在《人权》中，潘恩如此写道，"柏克先生对政府的构成原则所知甚少，以至于把民主和代表制混在了一起。代表制是个古代民主不了解的事物，在那里，人民亲自集会并颁布法律（语法上说如此）。单纯的民主不过是古代人共同的集会，它表达的既是政府的形式，也是政府的原则。随着这些民主国家人口的增加，领土的扩张，单纯民主无法掌控，不再可行。由于那时不知道代表制，结果是它们要么在混乱中堕落为君主制，要么为当时存在的君主国吞并。如果当时像现在一样了解代表制，那我们有理由相信，那些我们现在称为君主制或贵族制的政府就不会产生了。正是由于相对于纯粹民主来说，社会变得人口过多，疆域过于广大，它缺乏把社会各部分聚合起来的方式，还有世界其他地区牧人的松懈和孤单，才让那些非自然的政府形式有了机会。" 见 Thomas Paine, *Political Writings*, edited by Bruce Kuklick, Cambridge: Cambridge University Press, 2000, p. 177。

② John Gillies, *The History of Ancient Greece*: *Its Colonies, and Conquests, from the Earliest Accounts till the Macedonian Empire in the East, including the Literature, Philosophy and Fine Arts*, the third edition, London, MDCCXCⅡ (1792), pp. iii–iv.

③ H. T. Dickinson, *Liberty and Property*: *Political Ideology in Eighteenth-Century Britain*, p. 65.

性伟大的本质"，对于志在培养人道和有道德的人的洛克来说，古代教导的，特别是罗马人所教导的，恰恰是孩子们不应当接触的东西。① 曼德维尔为论证近代优于古代，搬出了斯巴达的例证，指责斯巴达人的所谓爱国主义，一心为公，是因为他们穷得只剩下爱国："他们所生活的地方的堂皇程度，还不如一个剧场；他们唯一可以自豪的东西，就是他们享受不了任何东西……他们的纪律如此死板，他们的生活如此节俭，如此缺少舒适，以至于我们中间哪怕最节制的人，也会拒绝服从那种粗糙法律的严苛。"所以，斯巴达人"因为被剥夺了所有生活的享受，他们的痛苦，除了充满痛苦与艰辛的战争民族的光荣外，无所缓解，那种幸福，少有民族会去关心"。② 休谟显然相当熟悉古代世界的历史，其"论古代国家的人口稠密"征引了从希罗多德到迪奥尼修斯的大量古代作品，但他是个近代世界远优于古代世界的进步论者，对古代世界的所谓优越性不屑一顾。他抨击古代的奴隶制，指责古代人的好战和野蛮，贸易、制造业和工业的不发达，以及有限财产受到威胁。在有关古代世界人口的讨论中，他给那些宣扬古代世界优越论的观点以致命一击：近代法国能够出动的军队，大大超过罗马帝国盛期军队的数量，而法国在古代不过是罗马帝国的一个行省。③ 他对斯巴达、雅典和罗马都无好感。斯巴达排除了工商业，雅典人缺少人道和节制，公民大会充满放纵和无序（只有塔拉绪布罗斯是个例外）。最重要的是，随着近代工商业的发展，人们有自己固定的职业，可以享受自己因工作获得的一切舒适，获得新的力量，扩大自己的权能，创造出新的文化，从而变得更加人道。④ 甚至布莱克斯通这个英国宪法的赞美者，也不能不对古代直接参与式的民主政治抨击几句，以凸显英国制度的优越性。⑤ 可是，他们对古代的念念不忘，正说明古代历史在当时影响重大，洛克、曼德维尔和休谟对古代的批评，表明当时确有相当一部分英国人存在着把古代视为标杆的现象。

---

① Quoted from Paul A. Rahe, "Antiquity Surpassed: the Repudiation of Classical Republicanism," in David Wotton, eds., *Republicanism*, *Liberty and Commercial Society*, *1649-1776*, Stanford: Stanford University Press, 1994, pp. 246-247.

② Quoted from Paul A. Rahe, "Antiquity Surpassed: the Repudiation of Classical Republicanism," p. 250.

③ 休谟：《休谟经济论文选》，陈玮译，北京：商务印书馆，1997年，第93—161页。

④ Elizabeth Rawson, *The Spartan Tradition in European Thought*, p. 350; Paul A. Rahe, "Antiquity Surpassed: the Repudiation of Classical Republicanism," p. 251.

⑤ 他主要抨击古人不知道代表制度，结果在公民权扩散后，公民大会混乱不堪，造成了专制统治的产生。见 William Blackstone, *Commentaries on English Law*, vol. 1, Oxford: the Clarendon Press, 1765, pp. 154-164。

二、不和谐的古代民主

18世纪英国政治意识形态中存在三种主要潮流，即斯图亚特王朝残余和保守的托利党人宣扬的君权神授论，以洛克为代表的社会契约论，以及肯定现状的混合政体论。三者的共同之处，在于他们都非常关心自由、财产与安全，同时讨厌古代的民主政治，并从不同的方面对古代民主展开批评。[1] 虽然英国贵族的统治相当稳固，但18世纪中期以来英国政治中激进主义倾向的增长，特别是美国独立战争和法国革命爆发后，英国民众参政热情的高涨，让部分维护英国政体的人感到亟须为现行体制辩护。[2] 为强调英国政体的优越性，他们猛烈抨击古代民主政治中出现的各种问题，首要的是帮派及其产生的后果。帮派源自人民的贪婪，导致了国家内部的不和，引起了与他国的战争，最终葬送了古代国家的自由和独立。

首先引起我们注意的是乔纳森·斯威夫特。一般读者比较熟悉斯威夫特在《格列佛游记》中对党派冲突的讽刺。实则在此之前的1701年，他已经发表了更直接表达其政治观念的《论雅典和罗马贵族与平民之间的竞争和分歧及其对这些国家的影响》，直接针对光荣革命后托利党和辉格党以及国王争夺权力的斗争发言，采取的方式是分析古代共和国的纷争及其带来的恶果。该书第二章的标题是"论雅典少数派与多数派之间的不和"，列举了自提秀斯以来雅典发生的各种内部斗争，并且把板子打到普通雅典公民身上。在他看来，雅典不断发生的斗争，源自雅典人天生就有的"反叛性格"或者"暴乱精神"，这种精神从提秀斯统一开始，到他们的国家被罗马最终征服，都没有改变过。雅典人自称土著，从不曾受到外来入侵的说法，成为雅典人精神一贯如此的佐证。[3]

随后是有关雅典一连串内部斗争的叙述。第一个统一雅典的提秀斯因内部斗争被迫离开雅典；梭伦创造了雅典的混合政体，400人议事会成了元老院；执政官和人民各自享有自己的权力。庇西特拉图的和平统治，被视为梭伦改革的结果。从米尔提阿德斯到福西昂约180年时间里，雅典发生了多起内部斗

---

① H. T. Dickinson, "The British Constitution," pp. 4-5.

② 钱乘旦、许洁明：《英国通史》，上海：上海社会科学院出版社，2002年，第193页；阎照祥：《英国史》，北京：人民出版社，2003年，第216—270页。

③ Jonathan Swift, *Complete Works*, vol. ii, London, 1778, p. 237.

争。斗争的一方是人民，另一方是将军。他提到的将军分别有米尔提阿德斯、地米斯托克利、阿里斯提德、伯里克利、阿克比阿德斯和福西昂。6 名伟大将军的被控告，罪名或者本就莫须有，或者无足轻重，结果让雅典失去了伟大的领导人，后果严重。

> 因此，这个全希腊最强大的共和国，自梭伦创制以来，经历巨大的堕落后，由于人民的鲁莽、嫉妒和无常，彻底被毁灭。这些人民从不满足于看到他们的将军胜利或者遭遇不幸，对于那些最需要奖赏的人，公民大会就是这样做出错误的判断或者奖励的。①

这一切恶果的造成，用斯威夫特的话说，是因为雅典人民破坏了梭伦为他们创立的混合政体，将雅典政治变成了"平民的暴政"。第三章专门讨论罗马共和国平民与贵族斗争的结果。为了显示主权在民及其后果，斯威夫特利用了罗马古老的传说，宣称罗慕路斯乃全体罗马人民选举产生。也是在罗慕路斯时期，罗马人民被划分为贵族和平民。不过他随后的两句话多少暴露了他的影射意图："前者就像（诺曼）征服后英格兰的贵族，后者几乎与那时的普通人完全一样。"② 罗慕路斯创制的政体，也与征服后多年来的英国政体相似。老塔克文和塞尔维乌斯·图利乌斯因为人民选举产生，提高了人民的权力，接受 100 个平民进入元老院，让人民意识到了自己的力量。王政崩溃后，出现了执政官政府。同时，人民因债务问题发起骚动，并设立了保民官。在斯威夫特笔下，罗马历史变成了罗慕路斯的平衡政体不断受到平民侵蚀的过程。首先是保民官为寻求人民支持，立刻在罗马内部煽起了不和。平民在一个要求被满足后，立刻提出新的、更高的要求，从分配公有地，到与贵族通婚，再到让执政官职位向平民开放，不断侵犯贵族的权力。对于波里比阿有关第二次布匿战争中罗马共和政体达到最大平衡的说法，斯威夫特特意附上了一个额外条件：那是在元老院非常有决心的时候。③ 言下之意，罗马的平衡政体，自从老塔克文以来，就不断受到平民的侵蚀。到格拉古兄弟改革时，侵犯以更大规模发生。所有侵犯贵族权力的行动，不管是来自执政官方面的，还是来自保民官方面的，一律

---

① Jonathan Swift, *Complete Works*, vol. ii, p. 246.
② Jonathan Swift, *Complete Works*, vol. ii, p. 250.
③ Jonathan Swift, *Complete Works*, vol. ii, p. 256.

被视为对平衡政体的破坏，连苏拉新增 300 名元老、恢复贵族权力的行动，都被他看作对平民权力的放大；庞培和恺撒彻底摧毁了贵族的权力。到这个时候，共和国的基础已经被拆除，"因此，我认为，人民非常善于破坏和创建，而不是保存已经存在的制度。与其说他们喜欢掠取更多的东西，不如说他们连同他们自己一起，出卖给了最糟糕的买主。"① 古代雅典和罗马共和国的历史，变成了两个国家不同派别冲突及其自由丧失的历史。而自由丧失的原因，则被他归于人民的贪得无厌。

与斯威夫特观点类似的有斯坦严、格利斯、蒙塔古、杨和比塞特等。斯坦严极其推崇斯巴达的来库古。在他的笔下，来库古创建了斯巴达的平衡政体，元老由最贤德的人担任，目的是充当国王和人民之间的缓冲，支持比较软弱的一方；国王的权力被削弱，成为元老院的主持人；公民大会权力有限，只能批准或拒绝元老院的建议，不能提出动议，进行辩论。来库古划分了土地，禁止了金钱，一举在斯巴达消除了贪婪、奢侈和纷争；教育制度培养了秩序和纪律。经过来库古改革：

> 事物被安排得如此平等，以至于没有留下私人争论与对立的空间；除关心公益外，国家中的每个成员再无其他事务；虽然他们跟金钱无缘，但他们获得了更无尽的财富：再没有任何东西比时间更让人尊敬了。他们获得了适应所有时代和能力的职业，他们是如此鄙视劳动，以至于他们将彻底自由作为人类的职业。这种对自由的热爱甚至贯穿到孩子的游戏中。②

所以，斯巴达政体最大的优势，是它消除了纷争。比较起来，雅典的制度难称完美。提秀斯为雅典奠定了自由的基础，但人民并不满意，随着执政官由终身改为一年一任且选举产生，人数由最初的 1 人增加到 9 人，人民权力大增，雅典已经成为民主政治。公元前 6 世纪初爆发的内部斗争，将雅典划分为寡头派、民主派和混合政体派（最后一个可能是斯坦严自己的发明）。梭伦政体所以不能长命，是雅典人民好斗的结果，"从雅典人的性格来说，这种差异很好解释。雅典人过于精致和善变，无法让他们服从严肃而常设的权威。他们

① Jonathan Swift, *Complete Works*, vol. ii, p. 261.
② Temple Stanyan, *The Grecian History*, vol. 1, London, 1774, pp. 85–86.

人数众多而混乱，也不会像在斯巴达那样遵守宗教纪律，我们必须考虑他们对法律执行的巨大影响……雅典人相信，强力和暴力是反抗压迫更可取的武器。"① 雅典还应当为伯罗奔尼撒战争的爆发负责。格利斯指责雅典人自认有功于希腊，自不量力，希望在海洋和陆地上同时称霸，充当希腊的统治者，迫使斯巴达应战。但最主要的原因，则是伯里克利为了缓解自己面对国内党争的不利处境，为维持自己的地位，转移雅典人的注意力而发动了战争。②

蒙塔古也非常关心派别纷争及其对政治的影响。他宣称英国之所以发生纷争，是因为人们享有各种自由，特别是言论出版自由，人人善于表达自己的看法。英国政体和古代共和国立国原则的相似，让人们更容易将古代当作现在，因此，他的意图是希望通过对古代资料的解读，对古代共和政治兴衰的反思，为当时的英国提供某些历史的例证，以说明自由恰恰依赖于民族统一。③ 接着，作者依次对斯巴达、雅典、底比斯、迦太基和罗马共和国的兴衰进行分析。他采用的方法，是首先描述各个国家的原始政体，看它们如何达到完美，再讨论它们如何在内部斗争中偏离其最初的原则，逐渐灭亡。整个过程，虽然有对兴起的讨论，更重要的是对衰亡的探讨：

> 当我考虑我们自己国家的政体的时候，我只能说，在有成文记载的世俗历史中，它的设计最适合于提升幸福、保护人类的生命、自由和财产。我也相信，我们那首先创造了这个政体的聪明祖先们，采用了那些处在最完美状态国家中他们认为最有价值、最优秀的成分，并尽人类智能之所及，让它们久远，将其纯粹而完整地遗传给后代。但是，由于太阳下所有事物都注定要发生变化，后代习惯于遗忘祖先的美德，并且走向堕落，我们似乎很有理由担心，在那些自由国家中发生过的事情，最终证明是我们自己国家未来可悲的命运，特别是当我们考虑到，那导致它们灭亡的原因，如今如此强烈地存在于我们中间。因此，我认为，在这场危险的危机中，我选择那些曾经自由而强大的国家的一些例证，由于偏离了它们最初建立的原则，先是丧失了它们的自由，最终是它们自身的存在，以至于作为一个民族，除了在

---

① Temple Stanyan, *The Grecian History*, vol. 1, pp. 180-181.

② Temple Stanyan, *The Grecian History*, vol. 1, pp. 326-329.

③ Edward Wortley Montague, *Reflections on the Rise and Fall of the Ancient Republics*, *Adapted to the Present State of Great Britain*, Basil: J. J. Tourneigen, 1793, Preface, pp. 1-8.

历史中记载外，没有留下任何痕迹，也许对我的国家有某些用处。[①]

这种对兴衰的关注，对英国未来的担心，左右了作者的基本观点。他固然讨论了古代那些共和国强大的原因，但"在我的反思中……我致力于揭示风俗衰败的主要原因，这种衰败让那些一度勇敢而自由的民族堕入了可悲的奴役"。[②] 堕入奴役的原因，就是民主政治下必然产生的帮派。雅典的民主政治"是如此为其公民内部的纷扰所搅乱——这是那种统治形式不可避免的后果——以至于在所有希腊国家中，雅典可以说是真正的帮派之都"。[③] 梭伦改革因派别之争而起；庇西特拉图借助派别上台，也几次被其他派别驱逐；庇西特拉图的儿子因派别被赶出雅典，引导波斯入侵希腊；人民性格的多变让他们最有能力的领袖或者被逐，或者被处死；在国际上，雅典与斯巴达争夺霸权，引起民主派与寡头派的激烈对抗，让所有希腊国家陷入派别之争；派别之争让雅典输掉了伯罗奔尼撒战争，但雅典人并未汲取教训，公元前 4 世纪继续纷争，最后被马其顿征服。如果斯巴达的失败源自制度的变革和斯巴达人风俗的变化，雅典则自始至终就没有脱离过派别纷争，派别产生的原因，像在斯威夫特那里一样，是人民性情的多变。雅典的失败，给英国留下了非常有益的教训，伯里克利等政客的做法，是鼓励人民中的奢侈堕落风气，煽起公众之间的纷争，最终把人民变成奴隶，因此，党派纷争葬送了雅典。底比斯的情况也一样，他们的错误在于选择了两个对头作为领袖，由此引起了与斯巴达的战争。虽然帕罗庇达斯和厄帕米浓达两人都是伟大的政治家、爱国者和军人，也免不了遭受派别之苦。在他们死后，底比斯政府落入不同性格的派别之手，从此衰落。罗马的情况稍有不同，它是被奢侈击败的：

> 尽管导致一个国家灭亡可能有多个原因同时起作用，但在奢侈盛行的地方……我们可以把它作为最主要原因，因为它过去是，将来还会是对公共美德最有害的因素。奢侈的传染本性，让它从最高层的人

---

① Edward Wortley Montague, *Reflections on the Rise and Fall of the Ancient Republics*, *Adapted to the Present State of Great Britain*, pp. 11-12.

② Edward Wortley Montague, *Reflections on the Rise and Fall of the Ancient Republics*, *Adapted to the Present State of Great Britain*, p. 13.

③ Edward Wortley Montague, *Reflections on the Rise and Fall of the Ancient Republics*, *Adapted to the Present State of Great Britain*, p. 68.

士逐渐下降到最底层的大众，直至最终感染全体人民。①

在那里，我们看到奢侈、野心、派别、傲慢、复仇、自私、对公共之善的彻底蔑视、风俗的全面败坏，先是让它准备好，最终是彻底的毁灭。因此，由于那个时期给我们提供了更鲜明的例证，可以让我们得到比从其他任何国家都更有用的教训。②

接下来的具体叙述不用多引，罗马共和国初期以来平民和贵族的不断斗争以及平民的不断胜利，让平民取得了与贵族平等的权利。虽然罗马人在这个体制下维持了 200 年左右的和平，并且不断征服强大的国家，让共和国的声望和实力达到顶峰，但是，

当共和国最高的尊严和职务向平民开放，人民的决议具有了同样的效力，像元老院的命令那样对贵族发生同样的作用时，民主的力量就与贵族平等了。但因为第三种势力即等级会议缺位——它能够保持另外两个势力之间必要的平衡——两大势力之间的平等不可能长期维持。霍腾西阿的让步确实让公民内部的不和平静下来，而且同样显著的，是在共和国恢复和平后，罗马的征服是如此让人惊奇地迅速，以至于从那时起不到 200 年的时间里，他们征服了世界上最富有的帝国，但同样是征服，在把共和国推向伟大顶点的同时，也让民主有了太大的分量，而且征服彻底腐败了罗马的风俗，从而导致了其自由和政体的最终毁灭。③

后面具体的叙述无须赘述，无非是行省成为野心家们渴望的对象。野心家们为获得职位，竞相讨好掌握投票权的人民；当竞争对手势均力敌时，他们就引入暴力，于是罗马人的自由变成了可怕的放纵；军队乘机介入，将军们自视为共和国的主人。他们之间的争夺，把罗马变成了战场。罗马共和国的灭亡，

---

① Edward Wortley Montague, *Reflections on the Rise and Fall of the Ancient Republics*, *Adapted to the Present State of Great Britain*, p. 201.

② Edward Wortley Montague, *Reflections on the Rise and Fall of the Ancient Republics*, *Adapted to the Present State of Great Britain*, p. 203.

③ Edward Wortley Montague, *Reflections on the Rise and Fall of the Ancient Republics*, *Adapted to the Present State of Great Britain*, pp. 237-238.

与奢侈引起的野心以及派别有着最紧密的联系。

民主政治下对外政策的侵略性，会引起国际性的战争。法国革命爆发后与欧洲诸国的战争，成为民主政治必然发动战争的"现实证据"。在 1793 年出版的《英国政体——兼与民主共和政体比较》① 的政论小册子中，威廉·杨首先界定人性，认为人类必然贪求权力和财富。无论其生活在哪种政体之下，都一样。民主政治不曾对此提出任何制约，结果"没有任何民主政治，或者倾向于民主政治的共和国的寿命超过 100 年。它要么变成贵族政治，要么屈从于个人的统治，在其存在的后期，由于这些因素的负面影响，共和国常常陷入混乱和分裂。民主自身就一直是一个不安静的场合，人类的不幸"。②

> 一般来说，共和国一建立，对于它周围民族的安静和幸福来说，一个民主的民族就是灾难，后来，人们则对他们自己之间的动荡感到不幸，因为他们好战又好斗；……在民主政治下，竞争不仅对所有人开放（像在英国政体下那样），而且要求所有人参与，谁也不得保持中立。我们知道，那些追随者的热情和敌对情绪，常常比那些国家政党的领袖们更大。因此，竞争精神成为整个国家行为的灵魂。个人和人民的党派之间相互争斗，人民作为一个整体与其他民族争斗。③

民主政治之所以可憎，不仅在于他们自己内部相互争夺，而且还不让他人安静。这里的意思，隐约让人回忆起修昔底德笔下科林斯人对雅典的指责。但与修昔底德不同的是，杨认为民主政治不可能产生任何好人，人民贪得无厌，他们的政治家为了让自己显得必不可少，其才能有用武之地，不断挑起麻烦。伯里克利不幸成为了杨批评的靶子：为了避免向人民提出任职说明，他将雅典拖入伯罗奔尼撒战争，最后是雅典和希腊的毁灭。④ 杨的看法在米特福德更加具有学术性的著作中得到了回应。对米特福德而言，伯罗奔尼撒战争的发生，

---

① 该书一共只有 63 页。William Young, *The British Constitution of Government compared with that of a Democratic Republic*, London: John Stockdale, 1793.

② William Young, *The British Constitution of Government compared with that of a Democratic Republic*, p. 8.

③ William Young, *The British Constitution of Government compared with that of a Democratic Republic*, pp. 8–9.

④ William Young, *The British Constitution of Government compared with that of a Democratic Republic*, pp. 10–11.

不是修昔底德所说的"雅典势力的增长及其所引起的斯巴达的恐惧"，而是雅典民主政治的优势及其所引起的寡头政治国家的恐惧，因为民主政治煽起了狂热的征服精神，尤其是推翻和压制寡头政治的倾向，所以，尽管斯巴达主动挑起了伯罗奔尼撒并处于攻势，雅典处于守势，但斯巴达的目的并不是要征服雅典国家，只是让雅典不能征服他国而已。①

三、暴民统治及其弊病

在 18 世纪英国保守的思想家中，纷争以及因此引起的国家败亡，多因民主政治将国家权力授予人民。对人民主权和民主政治的厌恶，让他们特别注意发掘古代民主政治的弊病，尤其是暴民统治问题。它的核心是人民缺乏基本判断力，干扰国家政策。为维持自己的统治，人民会严防政治家，因此养成人民嫉贤妒能的性格，逼迫执政者用尽各种办法讨好人民，让政治走向腐败，最终造成国家的衰落。美国独立战争和法国革命的爆发，尤其是法国革命后期雅各宾派专政所实行的恐怖政策，让保守的部分英国人觉得古代民主再现，强化了他们心目中的民众暴政意识。

早在 18 世纪初，斯威夫特已经从分权角度讨论过民众暴政。他承认主权应当属于人民，立法者创立政府的目的，是防止人民在国内受到压迫或者外国的暴力侵犯。由于事关重大，因此权力应当分属不同部分，不能由某一个人或一个机构单独掌管。② 随后他就谈到了古代希腊、迦太基和罗马的例证。他认为古代立法家将权力分散到国君、元老院（贵族）和人民手中，并形成平衡，或曰混合政体，是最为理想的状况。一旦权力出现集中，例如希腊的僭主、罗马的十人团、雅典由吕山德指定的三十僭主、斯巴达的监察官等，他们立刻开始篡夺权力，变成可怕的暴君。如果人民独自掌握了权力，情形也是一样。无论他们是 400 人、500 人，还是 3000 多人，都一样会演变为暴政并奴役国家。他援引波里比阿的论述（尽管没有提名），宣称第二次布匿战争中迦太基之所以失败，主要原因是它的政府已经变成了平民暴政。阿尔戈斯公元前 4 世纪处

---

① William Mitford, *History of Greece*, vol. v, 3rd ed., London, 1795, pp. 3-4.
② Jonathan Swift, *Complete Works*, vol. ii, pp. 224-225.

死 1600 富人的事件，也一并上榜。①

比塞特《民主素描》的根本目的，是批判民主政治及其弊病，该书扉页上引用了荷马的诗歌："多头制不是好制度，让我们只有一个王称君主。"但在翻译的时候，作者有意将"多头制"改成了"大众"（Multitude），将瓦那克斯译成"王"（King），并将主权一词引入，成为"大众的统治恶劣，只让一个主权者即王存在"。无论是语气还是内容，都比荷马本身严厉得多。随后的序言（advertisement），更清楚地表露了作者写作的用心：

> 考虑到那些不满者让无知者讨厌我们当今政体、喜爱民主所使用的各种方法，我注意到其中最有害的方式，是对事实的歪曲。他们不仅论证人民在民主政治下可能幸福，而且宣称，在民主制之下，人民事实上就是最幸福的。我长期思考的是，对民主政治运作效果的直白的叙述，也许会对清除那些现代演说家和煽动分子散布的错误观念有用……正是从历史中，我得出了下述结论：民主是一种危险的政体。②

作者倒是非常坦率：反击人们对民主的误解以及对英国政体的抨击。不过反击的对象是那些赞赏民主政治的观点。他阅读的文献也不能说不全面，列举的文献中，几乎包含了所有最重要的古代以及当时出版的近代著作。但在这里我们也发现，古代为民主政治辩护最为有力的希罗多德缺席，相对中立的亚里士多德也没有出现；普鲁塔克、色诺芬、修昔底德、波里比阿、西塞罗等，都是民主政治激烈的批评者。在近代的著述中，格利斯和米特福德都是民主政治的坚定反对者；休谟可以说是个坚定的现代派，曾著文对所谓古代完美而先进的观念进行猛烈批评。这些文献基本决定了作者对古代民主的态度。③

全书有关民主的讨论，基本是对希腊（主要是雅典）和罗马共和国历史的讨论。全书 352 页，除导言、第一章说明基本原则和最后一章论英国政体外，大约 85% 的篇幅用于古代民主的讨论。作者对古代民主的态度，我们甚至不看正文，仅从目录就能判断，这里略微列举几个子目。"民主的倾向——战争、征服与残忍：雅典对列斯堡、斯基昂和米洛斯的处置"；"民主权力的盛行——

---

① Jonathan Swift, *Complete Works*, vol. ii, pp. 227–237.

② Robert Bisset, *A Sketch of Democracy*, Dublin：S. Watson, 1798, advertisement, pp. i–ii.

③ Robert Bisset, *A Sketch of Democracy*, advertisement, pp. ii–iii.

罗马政体的主要缺点"；"民主的流行——最高级官员民选的影响：弗拉米尼乌斯，民众的最爱，却是他国家一场惨重灾难的原因——费边的精明策略与米努提乌斯的愚蠢"；"人民的最爱特伦提乌斯·瓦罗当选执政官——他的愚蠢和鲁莽引起了罗马曾遭受的最大灾难——罗马为贵族所拯救"；"民主狂暴的再爆发——民主终结于一个人的独裁"。第一个子目与伯罗奔尼撒战争有关；后面的几个子目属于罗马共和国，贵族的专权和残忍被他轻轻略过，民众支持的瓦罗、弗拉米尼乌斯等人的错误则被无限放大。连米努提乌斯这个贵族（费边的骑兵长官），也被安上了民主人士的标签，仅仅因为他犯了一个也许不那么严重的错误，幸运的是，贵族终于拯救了罗马。

雅典民主政治的主要缺陷表现为平民暴政。希腊最初的政体是由国王、贵族和平民组成的混合君主制，贵族在其中扮演着关键角色，克制着国王和平民的激情。优利西斯（即奥德修斯）对特尔西特斯的惩罚，是贵族压制平民放纵的表现。[1] "自有限君主制被废止，民主政治取而代之，希腊就变成了放纵与残忍的表演场所，雅典尤其臭名昭著。随着旧政权的覆灭，任何新的美德和能力尚未足以构成新力量之前，它就已经成为了无政府状态。"[2] 具体说来，梭伦的法制因为尊敬贵族、财产和宗教，还是个非常值得肯定的体制，并被恰当地与英国法律的优点进行了比较。但与来库古比较，梭伦仍有不足：梭伦让法律适应雅典人的性情，来库古则用法律塑造斯巴达人的性格。虽然梭伦给民主政治设定了某些限制，"可是无论它们设计多么细致，都无法遏制人民暴力的汹涌洪水"。[3] 无论是新创立的 400 人议事会，还是战神山议事会，其力量都不足以阻挡人民的暴力。甚至在梭伦时代，政体就已经倾向民主，后来民主成分日益占据优势，人民可以做任何他们希望做的事情，他们的意志成了政府的规则。"如同在一个专制君主的宫廷中一样，任何希望在国家中地位能够上升的人，都必须绷紧神经讨好专制君主。因此，在雅典，每个希望往上爬的人都必须讨好专制的人民。维齐尔和人民领袖用的是同样的招数，由于人民总体上说比一个专制君主更加格外地多变，所以他们的讨好者也得使用更多的腐败伎俩。"[4]

罗马共和国的败坏，源自民主成分的胜利和人民的贪得无厌。罗马最初的体制得到了比塞特的肯定，唯一的遗憾是罗慕路斯没有留下子嗣，让罗马的君

---

① Robert Bisset, *A Sketch of Democracy*, pp. 23-24.

② Robert Bisset, *A Sketch of Democracy*, p. 30.

③ Robert Bisset, *A Sketch of Democracy*, p. 49.

④ Robert Bisset, *A Sketch of Democracy*, p. 58.

主制变成了选举制。塞尔维乌斯令人赞赏，因为他不主张全民普选，把最重要的权力授予第一等级的公民。小塔克文的暴政被推翻后，罗马实行了贵族政治。但贵族的统治过于严厉，引起平民的不满。平民利用撤离迫使贵族让步，人民领袖们则利用平民设置了保民官。谈到保民官，作者马上援引弗格逊的评论，认为它给罗马共和国造成了严重伤害，理由是保民官的出现，让罗马政体具有了太强的民主成分。"确实，民主成分胜利的恶果不是马上，也不是一次性地显示出来的，它是政体中一个潜在的不安定因素，偶然发生无序时，它总会表现出来。如我们之前评论过的，无论政体采取什么形式，在困难与危险时期，自然的秩序似乎是：人民应当服从智慧和能力高于他们的人。"[1] 罗马人表现出这样的素质，在重大危机中选择服从贵族，但一旦和平或者战争无关紧要，内部立刻发生斗争，人民不断向贵族提出要求。在这些骚动中，保民官一般都不会缺席。那些有野心的贵族有时也会与保民官联合。人民由于愚昧，无法判断这些人的真实观点，被他们利用。罗马所以是民主政治，盖因为：

> 元老院的权力和人民权力之间的界限，从不曾精确划分。但总体上看，人民的权力大大超过元老院，保民官的否决权可以颠覆元老院的任何决议；由保民官领衔的人民的命令至高无上；贵族的影响，由于某些贵族个人的分量，常常产生以财产为基础的选举权；但当战争转移到遥远的地区，人民把他们的注意力几乎全部转向国内、相信他们不再那么需要贵族的指导时，他们就开始轻视这些人，不断要求以数量作为选举权的基础。[2]

人民傲慢的表现之一，就是土地法。比塞特将土地法理解成罗马人民要求均分土地，不知依据何在。随后，他谈到了卡西乌斯对人民的讨好。因此，对比塞特而言，罗马的民主政治，已经随着保民官的产生而诞生了。后来在罗马发生的一系列平民与贵族之间的冲突，不过是人民贪欲的进一步发展。十二铜表法的编纂、部落大会的立法权、执政官等高级官员职位向平民的开放，让那些有害的变革一直在罗马共和国持续进行。对于罗马在征服战争中的胜利，作者将其解释为民主暂停的结果，"在我们对雅典人的批评中曾经评论说，繁荣

---

[1]　Robert Bisset, *A Sketch of Democracy*, pp. 165-166.

[2]　Robert Bisset, *A Sketch of Democracy*, p. 169.

比逆境甚至危险更能表现民主的恶习，因为在逆境或危险中，民主终止，为了自保，较低等级的人会寻求最伟大人物的保护"。① 人民的得意让他们选举了弗拉米尼乌斯，于是有了特拉西美诺湖的灾难；费边缓解了罗马的危机后，人民又忘记了他们的教训，选举了瓦罗，结果是坎奈更大的惨败。"这就是人民拥有选举最高级官职的恶劣后果，他们完全不能判断那些候选人的素质，在他们所有战争中最具灾难性的那些最可怕的灾难，都是从人民的最高权力中产生的。"② 后人民出于恐惧，将权力交给了元老院和贵族，罗马才终于取得了战争的胜利。用他的话说，是贵族拯救了罗马。共和国末年战争远离罗马、国家的兴旺，让平民再次在国内煽起了骚动。最后的结果众所周知，平民给他们自己挑选了一个独裁君主。在讨论过希腊人与罗马人的民主政治后，作者就民主政治和贵族政治发表了自己的评论：

> 因此，我们已经看到，民主因素是罗马不幸的主要原因，元老院的智慧和爱国主义常常使得这些罪恶停止，但因为它们无法穷尽罪恶之源，这种停止只能是暂时的。民主养育了邪恶，战胜了美德，败坏了有能力的人，葬送了他们的国家。因为民主，罗马几乎落入汉尼拔之手；因为民主，有了格拉古兄弟——暴力和骚动的始作俑者；有了萨图宁和苏尔皮基乌斯的屠杀；马略的内战；因为民主，产生了喀提林阴谋，有了三头的合作，克洛狄乌斯的谋杀，西塞罗这个天才、仁慈和爱国者的挫折；因为民主，让加图的美德无从施展，恺撒无与伦比才能的滥用；因为民主，产生了恺撒永久的独裁，以及后来一系列皇帝可怕的残忍。图密善、卡利古拉和尼禄都是民主的产儿。任何研究过古代世界这个最伟大国家历史的人，只要公正、稍有常识，都会发现它的崛起有赖于贵族的权威和决心；它的垮台则源自那煽动性的民主。对民主运作的详尽分析，彰显了它的无序、混乱、没收、劫掠、屠杀以及各种各样的不公正、压迫和残暴。就其总体结果而论，乃人类灾难的百科全书。③

① Robert Bisset, *A Sketch of Democracy*, p. 188.
② Robert Bisset, *A Sketch of Democracy*, pp. 196–197.
③ Robert Bisset, *A Sketch of Democracy*, pp. 338–340.

作者对古代民主的讨论，显然是借古讽今，希望从古代民主政治失败的教训中，引出某些对当时有用的东西，其中包括不少牵强附会的解释。[①]

格利斯的《希腊史》批评雅典具有共和国总有的毛病：嫉妒，因此宁愿相信斯巴达的不实之词，将对雅典做出巨大贡献的地米斯托克利流放。[②] 伯里克利像雅典民主一样遭到恶评。他承认伯里克利具有天才，但这样的人在民主政治下可能因为嫉妒遭遇灭顶之灾。所以伯里克利竭力讨好人民，"他不仅主张他们的利益；鼓动他们的欲望；煽起他们的虚荣；放纵他们的贪婪；迎合他们的趣味；煽起他们对斯巴达的敌视"[③]，极大地败坏了雅典人民。伯里克利犹如一个讨好雅典人的妓女，用从行省剥削来的钱财，满足雅典人民的欲望。节日的豪华，私人的奢侈，浪费了国家的资源，却没有提升共和国的威望。雅典民主因此变成了奢华的、放纵的民主，具有无可救药的缺陷和专制特性，培养了一种与智者和美德格格不入的腐化与放纵。雅典的喜剧以及节日表演，成为雅典各种恶劣行为的标本。此后的民主政治和政治家，从伯里克利到优布罗斯，全部都是只知道讨好暴民的煽动分子。[④]

米特福德的《希腊史》十分欣赏梭伦及其改革，但梭伦最值得肯定之处，不是他的改革奠定了雅典民主政治的基础，而是梭伦认识到民主制度的恶习，在保留人民主权地位和自由的同时，对公民大会施加了一系列限制，包括设置400人议事会，强化战神山议事会法庭的地位，把公民划分为若干等级，将官职限制在第三等级以上的公民中，给第四等级占优势的公民大会的激情和冲动设置了多道闸门。正是在限制民主问题上，梭伦获得了米特福德的青睐。对于梭伦之后的雅典，米特福德没有多少好感。党争让米特福德异常不快。在第2卷有关雅典的目录中，党争是经常出现的一个词。在有关米尔提阿德斯审判和定罪的叙述中，他认为，仅仅说民主政治寡恩薄德和不公正还不够，就米尔提阿德斯的审判来说，他认为党争精神发挥了主要作用。具体地说，是阿尔克美昂家族及其刺杀僭主的一派不让与僭主有关系的人赢得声望，以威胁他们自身

---

① Jennifer Tolbert Roberts, *Athens on Trial*, p. 203.

② John Gillies, *The History of Ancient Greece*, 3rd ed., vol. ii, London, A. Strahan and T. Cadell, 1792, pp. 64-65.

③ John Gillies, *The History of Ancient Greece*, 3rd ed., vol. ii, pp. 97-98.

④ John Gillies, *The History of Ancient Greece*, vol. ii, chapter xiii; Jennifer Tolbert Roberts, *Athens on Trial*, p. 200.

的地位。① 地米斯托克利的被流放，也被用党争精神来解释。对西蒙的流放，他将之归于所有自由共和国的通病：

> 在雅典，地米斯托克利被流放后，西蒙长期享有荣宠，似乎没有任何东西可以阻挡。他的能力、成功、温和、与贵族利益的联系，以及对人民的支持，似乎确保了——如果说有什么能够确保的话——他的管理的长久与安定。可是在雅典，如同在所有的自由政府中那样，总是存在一个与领导公共事务者敌对的党派（西蒙是个亲斯巴达派，不符合雅典人的性情）。所有这些背景都对他不利，此外还要加上党派精神的尖锐化。当民众的情绪激动时，人们抓住了一个有利时机，有人建议实行陶片放逐法，而且执行了。由于他的被流放，反对他的党派完全控制了政府。②

米特福德完全用党派精神来解释公元前 5 世纪的陶片放逐现象，除资料上的限制外（亚里士多德的《雅典政制》以及公元前 5 世纪的大量陶片实物尚深埋地下），更主要的是他从来就没有认为民主政治或者他说的自由政府能保持稳定的偏见。在关于伯里克利时代雅典政府的变革中，他公开抨击雅典人民的放纵和雅典政体的缺点。雅典在希波战争后获得了范围广大的帝国，如果政体的结构合理，雅典不缺乏有能力和掌握信息的人。但"在所有的政府形式中，民主政治不仅最为多变，也最为自私"，③ 表现之一就是绝不放松公民权，只让13000 人（不知何据）成为统治者，而且他们中间还党争激烈，相互残杀。只有拉西第梦人因为少数人掌权保持了稳定；雅典也是幸亏了贵族们，尽管受到压迫，仍保持了对帝国的管理。通常被视为言论自由象征的雅典喜剧及其对伯里克利的批评，被米特福德作为雅典人民放纵行为最为明确的例证。伯罗奔尼撒战争结束后，米特福德对雅典政府的特点进行了总结。他承认是民主政治让雅典这么一个小国变得如此强大：

> 但是我们也看到，它完全不适合在法律面前平等的条件下给予自

---

① William Mitford, *History of Greece*, vol. ii, 3rd ed., London, 1795, pp. 107–110.

② William Mitford, *History of Greece*, vol. ii, 3rd ed., pp. 391–392.

③ William Mitford, *History of Greece*, vol. ii, 3rd ed., p. 427.

己的公民安全，也不适合在邻邦中保持和平；它倾向于对自己公民中最优秀的人实行无情的暴政，对那些不幸落入其主权之下的臣民，实行最傲慢、残忍的专制统治；我们已经看到，尽管它曾经抵抗了当时已知的最强大的军事联盟和最富裕帝国的联合力量——那是它那有害且让人吃惊的行为引起的——但是，它的人民的最高谨慎，以及它的领袖具有的异常才能，都无法避免这样一种政府永恒的趋势。[1]

这段评论大体代表了民主作为暴政具有的基本特征：雅典那样的民主政治，不管它能够做出多么大的业绩，终归会因为人民主权造成的政策多变、公民缺乏安全和领袖的妓女特性，引起内部和外部的纷争，最终走向灭亡。[2]

米特福德的《希腊史》1784 年开始出版，到 1810 年才最终完成。作者保守的政治观点与其对资料的片面解释，支配着 19 世纪前期英国对希腊历史和古代民主的评价。

四、民主政治与自然状态

18 世纪对民主政体的批评中，最为极端的一种，是把古代世界描绘为所有人、所有国家或民族与邻邦不断冲突的图景，颇类自然状态。这一观念最初的代表，可能是英国革命中的霍布斯。出于论证古代自由虚幻和批判民主政体的需要，他笔下的希腊和罗马，包括意大利的城市国家，变成了人类与一般动物无异的自然状态。[3] 18 世纪末，柏克出于论证英国政体和社会优良的动机，再度搬出了霍布斯全面否定古代政治及社会的论调。在《为自然的社会辩护》中，他把古代社会，尤其是希腊和罗马人的社会，描绘成血淋淋的屠场。不管是强大的波斯，还是民主的雅典和共和的罗马，在他笔下都变成了相互屠杀的战场。那个时候的制度，不是专制的，就是贵族的，至于民主和共和制度，甚

---

① William Mitford, *History of Greece*, vol. v, 3rd ed., p. 8.

② 为了促使斯巴达向雅典宣战，科林斯人比较了雅典人和斯巴达人的特点，得出了这样的结论："一言以蔽之，他们（即雅典人）是生成不能自己享受安宁的生活，也不让别人享受安宁生活的。"见修昔底德：《伯罗奔尼撒战争史》，上册，谢德风译，北京：商务印书馆，2004 年，第 57 页。

③ Thomas Hobbes, *Leviathan*, revised student edition, edited by Richard Tuck, Cambridge：Cambridge University Press, 1996, pp. 149–150.

至比前面两种还要恶劣：

这是第三种形式，政治作家们名之为民主。在这里，人民亲自处理公共事务，或者是大部分公共事务：法律由他们自己制定；如果不能履行职责，他们的官员需要向人民做出解释，而且只向后者做出解释。表面上看，通过这种方法，他们确保了政府和秩序的一切优点，而无须为此付出自由。主啊，现在我们要说到希腊人的优雅、罗马人的团结的杰作了——一种民众政府。最早和最著名的共和国的模范是雅典人的，它由一个绝不亚于艺术家的著名诗人和哲学家梭伦构建。但这艘政治的大船刚从港口出发就倾覆了，甚至在建造者生前就覆灭了。随之而来的是僭主制，不是被外族征服，也不是偶然事件，而是被民主的宪法和它的本性取代的。一个狡猾的家伙受到欢迎，人民掌握着权力，他们将相当一部分权力授予他们的宠儿。他们利用自己权力做的唯一事情，就是让授予他们权力的人陷入奴役。偶然性让他们恢复了自由，同样的好运气产生了一些具有非凡能力和非凡美德的人。但这些能力却没能给它们的拥有者或者国家带来多少好处。有些人——只是因为这些人我们才读他们的历史——被流放，其他人被监禁，在不同的背景下，他们全都遭到了最可耻的刻薄对待。共和国的精神中存有许多绝对君主制的精神，但无过于此者：闪光的优点总是遭到痛恨或猜疑，像在宫廷中一样，所有为国家提供的服务，就像对统治者一样——不管他们是苏丹还是元老——都被认为是危险。雅典的陶片放逐法就基于这项原则。轻浮的人民——我们现在正在讨论它们——因为某些短暂的成功得意洋洋，实际这些成功与他们自己的优点毫无瓜葛，却开始对他们的同侪——他们因为共同防御的需要与人民联系在一起——实施暴政。凭借他们的智慧，他们抛弃了所有公正的外衣，他们匆忙且随意地进行战争。如果他们不成功，他们不是从挫折中变得聪明，而是将所有不幸的责任推给曾给他们建议的官员们，还有指挥战争的将军们，直到他们一步步地消灭了所有在议事会或在战争中为他们服务的人为止。如果这些战争偶然得到幸运的结果，因为他们的傲慢和无礼，跟他们打交道一点也不容易。由于他们在逆境中暴怒，成功时暴虐，所以将军们在他们面前为自己辩护时，会遇到比计划战役行动更多的麻烦……在雅典，最优美、最精心的行动，都不足以保护一个富有巨大才能的人。有些最勇敢的指挥官被迫逃离他们的祖国，有些宁愿为敌人服务，也不愿让其行动服从民众的决定，因此，如他们中的一位所说，人民的轻浮，可能让人民在本应开释指挥官时将他们定罪；甚至在人民有意投一个白豆时，却投进一个黑豆。

雅典人很快滑向最为极端的过分行为。不受制约的人民日益散漫、奢侈和懒惰，他们抛弃所有劳动，开始靠公共收入养活……这个著名共和国的历史不过是一长串的鲁莽、愚蠢、刻薄、不义、骚乱、暴力和暴政，实际上，是人们能够想象的所有残忍行为的渊薮。这就是那个智者的城市，在那里，官员无法行使自己的职能；这就是一个好战的民族，在他们中间，将军既不敢赢得胜利，也不敢吃败仗；这就是一个有学问的国家，在那里一个哲学家无法自由探索。这就是那个城市：它放逐地米斯托克利，让阿里斯提德挨饿，强迫米尔提阿德斯流亡，驱逐阿那克萨哥拉，毒死苏格拉底。这个城市随着月亮的变化改变政府形式；阴谋层出不穷；革命是家常便饭；没有任何东西是确定的。如一个古代哲学家已经注意到的，这个共和国不属于任何一种政府形式，而是各种形式的杂烩，你会发现各种类型的政府，而且都是最恶劣的。因为它总是在变，朝令夕改，你会发现一切的暴力形式和恶毒政策，一个正在上升的权力总是依靠它们获得力量，而正在垮台的国家具有的所有弱点，导致了它的彻底毁灭。[1]

雅典的历史，变成了内政和外交、政治和文化失败的历史，或者说是雅典人民放纵、作恶的历史。罗马共和国的命运也不更好。在有关战争和屠杀的叙述中，它已经遭到严厉抨击。在政治上，它的毛病像雅典一样，"内部的分歧常常把罗马共和国的内脏撕成碎片，你发现同样的混乱，和雅典存在的一样的帮派，同样的骚动，同样的革命，最后，同样的奴隶制，如果说他们前面的状况还不足以让他们完全得到那个名字的话。所有其他的共和国都具有同样的性格"。[2] 随后是对佛罗伦萨等其他共和国的批判。大革命爆发后，柏克对古代民

---

[1] Edmund Burke, *Pre-Revolutionary Writings*, edited by Ian Harris, Cambridge: Cambridge University Press, third printing, 2003, pp. 36-40.

[2] Edmund Burke, *Pre-Revolutionary Writings*, p. 40.

主政治的评价较之过去更加恶劣。1790 年，柏克写出了对刚刚爆发的法国革命的评论，其中对国民公会没收教会财产、改革法国政治、经济和军队的措施大加挞伐。此后数年，他连续撰文抨击法国刚建立的共和国。① 他认为，除在国内引起帮派纠纷外，在国际上，法国注定会撕裂欧洲国家之间的团结。他把当时正与英国作战的法国比喻为雅典，认为法国所确立的新制度，让它注定不安分，不管出现在哪里，法国都会像雅典一样，成为 "所有民主帮派的头头和盟友"。他抨击斯巴达和雅典之间的伯罗奔尼撒战争是两大集团为了自己的利益发动的战争，实际与政治原则无关。② 他搬用亚里士多德的权威，把所谓的绝对民主制和绝对君主制等同起来，前者甚至比后者更差。"一种绝对的民主制，就像绝对君主制一样，都不能算作政府的合法形式。我们认为那与其说是一种健康的共和政体，还不如说是它的腐化和堕落。" 因为在绝对民主制下，民众肆无忌惮，滥用权力，胡作非为，却不用承担任何责任，因为所有决定由人民整体做出，"人民整体永远也不能成为任何人手下的惩罚对象"。尤其糟糕的是，"每当一个民主制的政体出现它往往必定要产生的分歧时，公民中的多数便能够对少数施加最残酷的压迫；这种对少数人的压迫会扩大到远为更多的人的身上"。这些人受到的迫害，较之在暴君统治下的遭遇更加不幸，"在一个残暴的君主统治下，他们（即受迫害的人）可以得到人们的慰藉和同情以减缓他们创伤的刺痛；他们可以得到人们的称赞，在他们的苦难中激励他们高洁的恒心。但是那些在群众之下遭受到伤害的人却被剥夺了一切外界的安慰。他们似乎是被人类所遗弃，在他们整个物种的共谋之下被压垮了"。③ 总之，对柏克而言，古代的民主政治必须一棍子打死。

政治的不稳定、人民的傲慢和骚动，尤其是官员的不安全感，反映了 18 世纪末英国保守派在面对美国独立和共和国建立、法国革命激情在欧洲引起的震荡。最重要的是，英国国内要求改革呼声的日益高涨，对人民政治热情上升

---

① 柏克有关法国革命的著作前后至少包括 4 篇，其中 1790 年出版的《法国革命论——兼论伦敦某些团体有关该事件的行动，一封原意系致巴黎一位先生的公开信》最早。但随着法国形势的发展，柏克于 1791 年、1792 年和 1793 年又连续发表了三篇长文，继续攻击法国革命的基本原则。见 Edmund Burke, *Reflections on the Revolution in France, and on the Proceedings in Certain Societies in London*, London：J. Dodsley, MDCCXC（1790）；Edmund Burke, *Three Memorials on French Affairs*, London：F. and C. Rivinton, 1797。其中第一篇已经译成中文出版，柏克：《法国革命论》，何兆武、许振洲、彭刚译，北京：商务印书馆，2000 年。

② Edmund Burke, *Three Memorials on French Affairs*, pp. 9–12.

③ 柏克：《法国革命论》，第 125、165—166 页。

和自己财产权有可能遭到侵犯的担心，以及保守派决心将政权维持在有产阶级手中的决心，在 18 世纪后期英国的思想中成为了主流，并左右了他们对古代民主政治以及一般的对人民参与政治的基本看法。柏克采用的向上帝祷告的方式，也是当时保守派面对激进派洛克式人民主权理论冲击时，唯一能够使用的撒手锏：上帝的权力。①

五、为民主政治辩护

但是，18 世纪的英国毕竟正在迈向近代社会，特别是该世纪中期以后，英国要求扩大人民参与权利、改革国会的呼声日益高涨，产生了迪金森所说的"激进主义"。为批判当时社会中的不公正现象，完善近代政治制度，从 18 世纪初的独立辉格党人到中后期的激进政治领袖等，也都利用古代的民主与共和政治，为政治和社会改革呼吁，并提出了一些积极设想。只是面对保守派的强大攻势，激进派中的许多人在肯定古代民主政治时，不得不采取防御姿态，其行文和论证，也犹如被告的代理律师一般。②

古代民主政治吸引激进派的地方，首先在于它们是责任政府。最早提出这个问题的是詹姆斯·德拉克。在《最近一届国会的历史》的序言中，作者对当时英国政客的贪污以及表面文章表示愤怒。在正文中，他讨论了英国当时与法国进行的战争以及战争引起的问题：经济和人力的损失，外交政策的失误。可是，尽管错误人所共知，却没有任何人因此被定罪，或者承担责任。德拉克认

---

① H. T. Dickinson, *Liberty and Property: Political Ideology in Eighteenth-Century Britain*, pp. 290–317, esp. pp. 302–309. 英国的保守主义传统并未到柏克终止，1811 年《每月评论》发表的一篇文章，多少可以代表 19 世纪初相当一部分英国人的看法。在那里，雅典民主获得了某些优点，"优雅人们的趣味，培养天才，科学和文学的进步，它不可能安静和长久。"与来库古政体和英国政体比较，作者深为雅典政体——这个"所有民众骚乱的操练场，为所有放纵的人民领袖干扰"——终于灭亡长舒了一口气。见 "The Laws of Solon and Lycurgus Contrasted," *Monthly Magazine*, vol. 31, No. 210 (1811: March), pp. 126–127。

② 即使是当时英国的保守派如柏克、布莱克斯通等人，也都承认英国人民是自由的、享有一定统治权力的人民，对政治有一定知情权。关于 18 世纪英国社会变迁及其与政治激进主义的关系，见 H. T. Dickinson, *Liberty and Property: Political Ideology in Eighteenth-Century Britain*, pp. 195–269; Jeremy Black, *Eighteenth Century Britain 1688-1783*, Houndmills: Palgrave, 2001, pp. 183–256; H. T. Dickinson, "Popular Politics and Radical Ideas," in H. T. Dickinson, eds., *A Companion to the Eighteenth-Century Britain*, pp. 97–111。

为，出现这种状况的原因，就是因为近代的政客们决策私密，不需要向人民负责。消除这种状况的主要办法，是加强作为人民代表的下院的监督权，并对贪赃枉法者加以制裁。在讨论如何制裁这些官员时，德拉克提到了古代的例证，首先是罗马人对失职官员的控告和审判。罗马人控告官员的名义多种多样，一个典型特征是在人民面前进行，官员并不参加；另一个特征是很少有人逃脱惩罚，不是被流放，就是被处死。"罗马共和国的力量似乎正在这里：所有为公众提供的服务都会得到荣誉和奖励，所有反对公共利益的罪行都会受到某种程度的惩罚，任何借口、过去的服务或者优点都无法抵消。"[①] 针对那种如此惩罚可能会让人们不敢参与政治或者逃避公共服务的说法，德拉克进一步指出，"它们（即对官员的奖惩）正是罗马自由、美德、纪律的基础，它们所产生的是一代代神奇的勇敢和伟大人物。" 即使那些人曾经对罗马有过伟大贡献，也只能通过向人民求告获得宽免。随后，作者列举了一系列受到审判的罗马伟大人物，包括科里奥拉努斯、阿庇乌斯·克劳狄乌斯等。[②] 正是因为罗马人民享有这项独特权力，才让罗马那些伟人们只想着如何为国服务，并成功打击了那些有侵犯人民自由野心的人。也是在这个意义上，德拉克猛烈批评了西庇阿·阿非利加努斯拒绝回答人民保民官质询却煽动罗马人随着他去卡皮托林祭祀神灵的行为，因为虽然西庇阿本人足够节制和富有美德，但他的行为蔑视了人民保民官的地位，剥夺了罗马自由保护人的权力，给后来的马略、苏拉、恺撒等树立了恶劣的榜样，他们藐视罗马人民的权威，侵犯他们的自由，以致罗马人最终因此丧失自由，所有自由国家都应当以此为鉴。[③]

雅典的类似例证自然不会逃过作者的注意。雅典的政体似乎不如罗马稳固，也正因为如此，人民才对他们的自由格外珍视，对那些大人物也更加嫉妒和怀疑。"可是，这种不同寻常的性情，正是他们国家安全的最大保障，尽管有时这让他们受到薄德寡恩的责备，但它保证这个国家长时期里免于暴政。在防止暴政上，他们的政府结构似乎除了这个办法外，几乎让他们无所依凭。"[④] 随后是对有关地米斯托克利、阿里斯提德等雅典政治家遭受控告、流放等的叙述。德拉克认为，地米斯托克利确实勇敢和精明，为雅典立下大功，但野心勃勃；阿里斯提德号称公正，但他为了对抗地米斯托克利，陷入帮派恶习，甚至

---

① James Drake, *The History of Last Parliament*, London: Fra Coggan, 1702, p. 100.

② James Drake, *The History of Last Parliament*, pp. 101-108.

③ James Drake, *The History of Last Parliament*, pp. 109-111.

④ James Drake, *The History of Last Parliament*, p. 113.

反对对国家有利的政策；他干涉司法，侵犯了人民的权威；明知有人侵吞公款，却不予制止。伯里克利精明而勇敢，但性格高傲，故意利用人民，对同僚也是滥加利用后踢开，很不道德，而且为了免于提交账目说明，将雅典拖入一场毁灭性的战争。福西昂早年对雅典有过贡献，但后来堕落成了马其顿利益的代言人，被处死罪有应得。在回顾了雅典人对四位领袖的处置后，作者得出了他的结论："上面引述的这四个伟人，都不是没有他们的错误。"①

约翰·特伦查德和托马斯·戈登为18世纪初最有影响的政治思想家与共和派，也非常关注政府责任和对权力的监督问题。在讨论18世纪初英国轰动一时的南海腐败案②时，他们先后以加图的名义发表大量政论，并形成巨大影响。这些政论到1724年被汇集成4卷，以《加图书信》出版，畅销不衰，至1755年已经出到第6版。③ 该书以加图为题，自然有其深意：对18世纪的英国人而言，加图是反对恺撒独裁、维护罗马共和国自由的英雄。该书的副标题是"论公民和宗教自由"，序言显示作者的主要目标是出版自由对维护人民自由的重大意义，在某些方面与洛克的理论相呼应，"所有人生而自由。自由是人类从上帝自身那里接受的礼物，虽然可能因为犯罪丧失，但他们不会因为同意而放弃。"④ 像17世纪英国的共和派一样，他们主张自由的基础是财产，"因为自由没有平等不可能存在，没有土地法，则平等不可能长期保持。……如果罗马人很好地遵守了土地法——每个公民地产的范围由它确定，某些公民就永远不可能爬得如此之高，结果，一个人也就不可能高于所有其他人，并且像恺撒最后所做的那样，在那个伟大且光荣的国家中建立暴政"⑤。

《加图书信》在政治思想上的重大贡献之一，是希望通过制度设计，对政府或者掌握权力的人加以限制。限制的理由，是人在某种程度上都是自私的，

---

① James Drake, *The History of Last Parliament*, p. 118.

② 该案发生于1720年初，南海公司与包括沃尔波尔在内的政府官员以及王室合谋，操纵南海公司股价获利，并引发了英国的金融危机。参见 Ronald Hamowy, 'Introduction', in John Trenchard and Thomas Gordon, *Cato's Letters: Essays on Liberty, Civil and Religious and Other Important Subjects*, vol. 1, Indianapolis: Liberty Fund, 1995, pp. xx–xxi; xxviii–xxxi.

③ John Trenchard and Thomas Gordon, *Cato's Letters: Essays on Liberty, Civil and Religious and Other Important Subjects*, vol. 1, 6th ed., London: J. Walthoe, 1755, pp. xi–xiii.

④ John Trenchard and Thomas Gordon, *Cato's Letters: Essays on Liberty, Civil and Religious and Other Important Subjects*, vol. 2, 6th ed., London: J. Walthoe, 1755, p. 216.

⑤ Quoted from Eric Nelson, *The Greek Tradition in Republican Thought*, Cambridge: Cambridge University Press, 2004, p. 143.

那些掌握权力的人尤其如此，古人所谓的美德根本靠不住，因此必须依靠制度设计，让他们发现"追寻美德符合他们的利益，偏离意味着惩罚和危险"，才是政治世界所需要的唯一美德，也是人们能够相信的唯一美德。由于国家过大，人民过多，全体集中监督不现实，因此他们建议，人民应当选举代表，通过与他们利益一致的代表监督政府。① 当政府完全不能代表人民利益时，人民有权推翻。② 为抨击当时英国政治的腐败，两人走了与德拉克同样的路子：搬出古代世界的例证，将希腊和罗马共和国的原则应用到当时的英国，宣扬独裁统治的恶劣以及政治家应当对人民负责的理论：

> 那支撑了罗马自由的、同样的自然和理性原则，必然也会支持这里和所有地区的自由，无论在不同地区不同的条件下，怎样调整它们。因为暴政的基础和原则，在所有国家和所有时代，基本都是相同的：即过多的力量集中在一个人或者少数几个官员手中，权力毫无制约。任何落入此种状态中的人民，处境都是可悲的。我希望，以文字讨伐如此巨大的罪恶，不是罪过。③

随后是引用马基雅维利长篇抨击恺撒的言论。在洋洋洒洒的 4 卷书信中，作者们以人民主权理论为基础，借用古代希腊和罗马（主要是罗马）的例证，为自由呐喊，呼吁对权力加以遏制。在他们看来，贸易、工业的发展，文化的进步，财产的安全，宗教的自由，在专制君主的统治下都不可能实现。为此，他们不惜为布鲁图和喀西约刺杀恺撒辩护。在 1720 年 1 月 7 日的第 11 封信中，他们为论证必须制裁南海公司的投机商和政客，开头引用了古代罗马的政治格言："人民的利益和安全乃最高之法。"人们进入政治社会的目的，是寻求相互保护，任何与此意图不合的政府和权力，已经不是政府，而是篡夺。篡夺者会

---

① Paul A. Rahe, "Antiquity Surpassed: the Repudiation of Classical Republicanism," pp. 262-263.

② 这里显然有 17 世纪英国共和派思想家西德尼的影子。例如，他们宣称，"自由会天然地吸引新人，也会增加旧有的人口，那些受到自然统治的人，会用尽一切办法逃脱奴役和悲惨。因此，大城市因失去自由而变成荒漠，小城市则因自由成长为大都市。"其行文与口吻，都与西德尼如出一辙。见 Ronald Hamowy, "Introduction," p. xxii, 引文见 John Trechard and Thomas Gordon, *Cato's Letters: Civil and Religious and Other Important Subjects*, vol. 2, no. 62, p. 253。

③ John Trenchard and Thomas Gordon, *Cato's Letters: Essays on Liberty*, *Civil and Religious and Other Important Subjects*, vol. 1, preface, p. xxviii.

奴役人民，因此对于篡夺的人，必须加以惩罚。① 罗马人处置斯普里乌斯·马里乌斯的案例，雅典的陶片放逐法，都被搬出来作为例证。对作者来说，雅典人仅仅因为某人过于伟大，出于嫉妒和猜疑，就将他们的一些杰出公民放逐，也许不无可以非议之处。但正是这个办法，让雅典人长期保持了他们的自由。既然最高的法律乃是人民的利益，雅典的做法无可厚非。②

在《加图书信》第 4 卷中，对官员权力必须限制的论断再次出现：不受限制的权力无异于野兽和魔鬼，在官员权力不受制约的地方，人民相当于奴隶。要维护自由，只有对官员权力加以制约。他们还着重指出，不能对人们的美德抱有充分的信任，因为即使是富有美德之人，为维护自己的权力，也会使用一些他预见不到后果的非法策略。由于官员们掌握着权力，所以受侵害的对象，更多时候是人民。像上一次一样，这次使用的仍是罗马的例证，内容相当具体：

> 罗马人在受到侵害后，深知这一罪恶（权力乃魔鬼），做出了明智的补救措施。当一种权力过大时，就用另一种权力制约它。因此，用保民官的设置和权力来平衡执政官，以保护人民免受贵族的傲慢、无度和侵犯；当保民官的权威过于强大时，他们发现了一个很好的权宜之计来限制它：在保民官打算进行骚动或煽动派别时，他们之一抗议和反对，让其余保民官的意图和工作陷于无用。此外，保民官和执政官的任期都只有一年。
>
> 所以，通过限制官员的任期和权力，通过让他们事后就其行为向人民负责，罗马人维护了他们的自由。在所有这一切之外，还有从官员那里向人民上诉的权力。可是，无论这个权力多大，他们使用的非常节制和仁慈。像其他国家的人民一样，他们犯的错误比统治者们少得多。实际上，在任何公共性质的混乱、不幸中，人民几乎没有犯过错误；另一方面，人民常常以无比的耐心，忍受着他人随意而愚蠢的

---

① John Trenchard and Thomas Gordon, *Cato's Letters: Essays on Liberty, Civil and Religious and Other Important Subjects*, vol. 2, p. 66.

② John Trenchard and Thomas Gordon, *Cato's Letters: Essays on Liberty, Civil and Religious and Other Important Subjects*, vol. 1, pp. 69-72.

恶行。为制止恶行，他们付出了巨大的代价。[①]

这可能是英国比较早的强调必须以权力来制约权力的论述，至少比孟德斯鸠的类似论断早了几十年，其论述也较孟德斯鸠更加深入和具体，后者的分权理论，与《加图书信》也许不无关系。[②] 值得注意的是，这个结论直接来自对罗马共和国制度的考察。作者尤其指出，即使在罗马，受到侵害的也是人民，并非官员；经常犯错误的，是那些掌握权力的官员，而非人民；相反，是人民为补救官员们所犯下的错误，付出了重大的代价。他还提到，即使是罗马的独裁官，权力也不是无限的。当罗马人发现战场离他们太远时，他们实际上停止了独裁官的职务。休谟后来的结论与此类似。他认为，追求政治稳定的唯一办法，是把所有人都设想成自私的恶棍，其行为除个人私利外，绝无其他动机。因此，必须设计一个办法，让掌握权力的人相互合作维护公益，那就是用权力来制约权力。如果我们的自由只能靠统治者的善意来保证，就意味着我们已经失去了自由。[③]

对于当时许多人谴责的自由国家寡恩薄德的问题，《加图书信》的作者自有见解。1722 年 3 月 2 日的信指出："我能够证明事实刚好相反，它们（自由国家）比专权的国王们更知道感恩。"[④] 他们从人性论出发，认为首先是那些曾经为国做出过贡献的人贪心不足，或者希望获得更大的荣誉，或者希望将自己的权力和地位永久化，把人民变成他们的奴隶。人民对此不能容忍，由此产生了统治者和被统治者之间的纠纷。为了维护自己的自由，人民只能把他们赶下台。在这个意义上，是那些大人物自身的缺陷，而非人民的寡恩，导致了他们的垮台。马利乌斯被处死，是因为他有奴役罗马人民的嫌疑；曼利乌斯虽有保卫卡皮托林的功勋，但他居功自傲，希望奴役罗马，结果在卡皮托林被处死；马略和恺撒在国家授予他们无数荣誉后仍贪求更大权力，是两个最不知感恩的魔鬼。如果说人民有任何错误，那错在过于慷慨，给了大人物过多的荣

---

① John Trenchard and Thomas Gordon, *Cato's Letters: Essays on Liberty, Civil and Religious and Other Important Subjects*, vol. 4, 6th ed., London: J. Walthoe, p. 83.

② 孟德斯鸠对《加图书信》以及英国共和派的有关讨论可能相当熟悉。参见 Paul A. Rahe, "Antiquity Surpassed: the Repudiation of Classical Republicanism," p. 267.

③ Quoted from Paul. A. Rahe, "Antiquity Surpassed: the Repudiation of Classical Republicanism," p. 266.

④ John Trenchard and Thomas Gordon, *Cato's Letters: Essays on Liberty, Civil and Religious and Other Important Subjects*, vol. 4, p. 104.

誉，例如在西庇阿·阿非利加努斯的问题上，人民给了他过多的荣誉，以致危及他们自身的自由。即使如此，人民仍未对他施加惩罚，让他在退休中安享晚年。雅典人流放阿克比阿德斯，是因为后者野心过大，不断在雅典煽动派别之争，对雅典过于危险。在此之前，雅典曾给过他众多的荣誉。对于其他那些曾对雅典做出过贡献的人，雅典国家从来不吝惜荣誉。所以作者的结论是："世界上没有任何民族比希腊人和罗马人对他们的好公民更加感恩的了，或者像他们那样鼓励美德，奖赏美德。在那些人变得可怕之前，他们也不曾流放过任何人。"陶片放逐法的存在，是因为雅典受到他们的一等公民伤害太多，而且它的惩罚本身非常轻微，"不曾夺取任何人的任何东西，但是剥夺了他伤害所有人的权力"。[①] 尽管作者宣称，他绝对无意涉足现实，只是讨论自由的一般原则，但在分析了陶片放逐法的功能后，他突然激情迸发，就英国的状况发了一通议论：

> 甚至在英国，在众多罪犯之中，如果在每一个或两个国王任期之内，绞死其中两到三个大人物，就可能阻止许多罪恶，以及许多危险分子和压迫者，拯救这个国家数百万人。[②]

因此，作者的结论非常明确：专制君主们在一个月内屠杀的无辜者，可能比罗马共和国 100 年中害死的人都要多；而自由国家在 50 年中产生的伟人，也比专制君主国 1000 年培养的要多。[③]

六、结　语

对 18 世纪英国古典民主传统的考察表明，在当时多数人心目中，古代的

---

① John Trenchard and Thomas Gordon, *Cato's Letters: Essays on Liberty, Civil and Religious and Other Important Subjects*, vol. 4, p. 112.

② John Trenchard and Thomas Gordon, *Cato's Letters: Essays on Liberty, Civil and Religious and Other Important Subjects*, vol. 4, p. 114.

③ 优斯塔斯·布格等也参与过对民主政治的讨论，其主要目标是提醒自由国家需要防范他们的政治家，尤其是伯里克利那样的居心不良之辈，因此核心也是官员应当负责的问题。参见 Jennifer Tolbert Roberts, *Athens on Trial*, pp. 152-154。

民主仍以大众直接参与国家统治为特征。但凡人民能够参与国家管理和影响国家政策的制度，都被他们视为民主政治，雅典、斯巴达和罗马共和国因此都成为古代民主政治的代表，迦太基、阿尔哥斯、底比斯等有时也会进入他们的视线（在今天的学术界，只有雅典被公认为古代民主的代表，罗马和斯巴达一般被视为寡头政治）。

虽然古代史研究的初级水平制约了思想界的认识，但思想家们对古代民主的认知和评价，更多的则与他们自身的政治立场紧密相连。作为有产阶级和所谓精英文化的代表，掌权的贵族以及他们在意识形态领域的代言人最为关心的，是他们的财产与自由。光荣革命后，英国基本建立起言论自由；18世纪中期及以后，随着中产阶级的兴起，美国独立和法国革命的刺激，英国产生了以要求议会改革为中心的民主浪潮，威尔克斯事件显示的人民力量，免不了让保守派忧心，英国正走向大众参与式的民主政治。保守派担心，一旦他们心目中那些无教养的普通人掌握权力，势必威胁他们的财产权和政治上的独占地位，优良的"混合政体"也随之会被打破平衡。因此，创造负面的古代民主形象，就成为当时多数思想家的共识，对古代民主的负面评价，随之成为思想界的主流。"国会改革不是要恢复政体的平衡，实际上会消灭平衡。一旦下院成为由主权的人民控制的政治武器，君主因素和贵族因素都不可能长期存在。最好是忍受现存政体中少数人的滥用权力，而不是进行将确立民主政体的改革。民主政治毕竟比任何其他政体都更不稳定，更加腐败，它们最多适合小国，即使在古代希腊罗马的小国中，历史也昭示它们为派别和暴动撕裂。在民主政治下，所有的服从都会被消灭，理性被暴力和狂热的声音湮没。在这样的国家中，在任何秩序建立起来之前，人民——那些最为傲慢和恶毒的臣民——已经被那些统治他们的人所关心、贿赂和毒害。"①

古代民主政治的阴影，犹如幽灵一般，萦绕在斯威夫特、比塞特、蒙塔古、柏克等人的脑海里，他们担心一旦那些"暴民们"掌握了政权，加上那些讨好"暴民"的煽动分子，他们的自由和财产不免会受到严重威胁，因此，他们大多从负面抨击古代民主，强调民主政治下产生的帮派纷扰、民众暴政及其所引起的后果。具体说来，民主政治下的奢侈和自由引起腐败与帮派，帮派造成大众的放纵，迫使政治家讨好人民。人民则利用自己的自由和权力，对政治家肆意惩治，由精英阶层贡献的政治家们，轻者被流放、罚款，重者被处死。

---

① H. T. Dickinson, *Liberty and Property*: *Political Ideology in Eighteenth-Century Britain*, pp. 274-275.

民众还利用他们掌握的权力，迫使有产者承担更多的税收，甚至剥夺他们的财产。在国际上，民主国家因为人民的贪婪和不安分，还有政治家为转移视线被迫采取的政策，必然发动战争，引起国际性的大战，最终造成整个文明的衰亡和独裁政治的产生。在这种背景下，"民主政治广泛被认为乃最不稳定的政府形式，从民主那里根本得不到自由，相反，它很快就堕落成为最糟糕的放纵"。① 唯一肯定民主政治的潘恩被迫流亡法国，或许是英国当时对民主政治态度的最好写照。②

　　另一方面，18世纪的英国毕竟经过了17世纪英国革命的洗礼，共和政治的实验，更为重要的，是英国已经确立了言论自由，民众赢得了某种程度的自由和权利。作为欧洲思想相对自由、经济和文化都比较先进的国家，英国人的意识形态中肯定古代民主与共和政体者，代不乏人。从17世纪的米尔顿、哈林顿、西德尼，到18世纪的德拉克、特伦查德和戈登，乃至18世纪后期的英国激进派，形成了罗宾斯所说的"不列颠共和派"（British Commonwealthmen）谱系。他们目睹英国贵族对权力的独占，政治的腐败，国王的专权，转而从古代寻找批判英国现实政治的灵感。虽然他们一样关心自由和财产，可在他们眼中，侵犯公民财产和自由的，不是他们心目中的人民，而是那些掌握权力并为所欲为的统治者。因此，他们更多地重视国家对被统治者的责任，从人民享有国家主权的前提出发，肯定臣民监督政府的权利，并据此对古代民主制裁政治家的制度和实践，给予正面和积极的评价。同样是流放和控告政治家，在德拉克、特伦查德和戈登等人那里，变成了人民伸张自己权利的正当举动。古代政治家的被处治，并非人民寡恩，而是政治家们已经越出了他们权力的范围，对人民的利益形成了侵害。共和派对政府责任的强调，对权力和政府性质的探讨，以及对人民主权的阐述，在很多方面都直接借鉴了古代民主与共和政治理论，而且迫使保守的柏克等人只能搬出上帝的权威，像17世纪的霍布斯一样，把古典世界描绘为人人享有自由、人类犹如动物的自然状态。尽管共和派不曾进入政治权力中枢，很少给英国现实政治造成直接影响，甚至不是当时政治思想的主流，但他们的理论，最终在美国开花结果。《加图书信》是北美最受欢

---

① H. T. Dickinson, *Liberty and Property*：*Political Ideology in Eighteenth-Century Britain*, p. 128.
② R. R. Palmer, "Notes on the Use of the Word 'Democracy' 1789-1799," *Political Science Quarterly*, vol. 68, No. 2（June 1953）, pp. 223-224.

迎的作品之一，也是美国独立战争到制宪前后，被阅读最多、征引最频繁的著述。[①]

但我们不应忘记，无论是保守派还是共和派，都主要是就当时英国的状况发言。不管是肯定希腊人的民主，还是批判罗马人的共和，古代政治与英国比较的反复出现，让这些人的现实关怀不言自明。在这个意义上，作为历史传统，古典的民主与共和，也只是在英国的现实有了需要时，才被从坟墓中请出来。[②] 其次，至少从哈林顿开始，几乎没有一个思想家希望把古代那种由全体人民直接参与政治的民主成分引进英国。在他们的新体制中，体现人民主权的主要是人民对代表的选举和下院的立法权，以及人民对暴政进行抵抗、追究官员责任的权利。因此，几乎所有理想政体都是代表制的，个别思想家如戈登等，确实提出了以权力制约权力的思想，并搬出了古代的例证，但他们的性恶论，与古代对政治美德的强调多少有点南辕北辙，体现了鲜明的近代特征。[③]准此而论，古典民主在 18 世纪所扮演的角色，主要是炮弹而非炮手。因此，当 18 世纪末英国思想家们有了充足的近代思想资源后，古代民主政治首先从激进派的思想中退隐；在保守的柏克等人笔下，则成了应当被抛弃的自然状态。斯巴达形象在 18 世纪遭遇的滑铁卢式转折，[④] 表明古代的许多观念和制度，尽管仍然受到人们重视，却已不再具有根本性的意义。

---

① 伯纳德·贝林：《美国革命的思想意识渊源》，涂永前译，北京：中国政法大学出版社，2003年，第33—35、39—41、46—47、109 页。

② 贝奈戴托·克罗齐：《历史学的理论与实际》，傅任敢译，北京：商务印书馆，1982 年，第12 页。

③ 至少自文艺复兴以来，西方文化和思想界中一直存在一股潮流，强调近代的优越性，宣布古代已经被近代超越。见 Paul. A. Rahe, "Antiquity Surpassed: the Repudiation of Classical Republicanism," pp. 233-269。

④ Elizabeth Rawson, *The Spartan Tradition in European Thought*, pp. 353-355.

全球史研究 _____

互动 (Interaction):
全球史观的核心理念

刘新成　首都师范大学教授

　　摘要　近年来，全球化、后现代思潮和科学研究的新进展使越来越多的史学家把目光转向了全球史，而且认识到全球史观的核心理念在于互动。互动乃人类社会组织的存在形式和世界历史发展的重要动力，互动在于相遇、联结、交流、交往、相互影响，而不是一方主导、引导甚至塑造对方和整个世界。互动理念可成为匡正既往"西方中心论"的利器，同时为书写新的全球史提供了多种思路和指南。本文从历史及史学发展的角度揭示了"西方中心论"产生的历史、政治和方法论根源及全球史发展的大致轨迹和学术理路，并简要评介了全球史常见的几种"互动模式"。

　　关键词　互动　全球史观　西方中心论

　　全球史（Global History）兴起于 20 世纪 70 年代的美国，起初只是在中学和大学逐渐普及开来的一门课程。后来教授这门课的老师和史学家围绕这门课程，就世界史体系展开讨论，逐步形成一种宏观历史理论，即"全球史观"。随着时间的推移，全球史课程在欧美其他国家推广，"全球史观"震动西方史学界，并在国际史坛产生广泛影响。总部设在美国的国际学术组织"世界史协会"由来自 40 多个国家的学者组成。除美国外，欧洲和亚洲也曾多次举行大型全球史学术研讨会。"国际历史科学大会"不仅早在 1995 年即以"全球史是否可能"作为大会主题，而且此后历次会议都设置与全球史密切相关的讨论题目。

全球史就其描述的时空范围而言，其实与世界史无异。而回顾西方史学，世界史虽不占显著位置，却也不曾"缺位"。就在"全球史"出现以前不久的20世纪上半叶，就有威尔斯（Herbert George Wells）的《世界史纲》、汤因比（Arnold Joseph Toynbee）的《历史研究》等鸿篇巨制问世，并获得"世界史经典"的称誉。既然如此，全球史何以产生如此大的影响？它自称"新世界史"，又"新"在何处？这些正是本文所要探讨的问题。

一

尽管迄今全球史专家尚未就全球史定义达成完全一致的意见，但他们都以各人类社会/群体（human community）之间以及各社会/群体与其环境之间的联结（connections）史为主要关注对象，通过回顾人类跨越各种界限、在不同系统之间建立联系的交往活动，说明交往机制对人类发展的推动作用。因此美国全球史学家曼宁教授明确指出，全球史"就是全球人类社会的交往史"，其研究指向是"全人类的联结模式"。[①] 而另一位全球史代表人物本特利则断言"（世界）历史是世界各族人民之间互动的产物"[②]。由此可见，互动，即不同地域、不同民族、不同文化的人群通过接触在经济、政治、文化等多重领域实现的互动，是全球史观的核心理念。

要说明"互动"理念的意义，有必要追溯西方世界历史观念的演变过程。西方古典哲学富含有关人类命运的思考，既以人类整体为对象，空间便无远弗届，时间便纵贯古今。因此，西方最早的世界历史观念蕴藏在哲学之中，并作为哲学命题，天然具有探究规律性"发展模式"的性质。这一性质影响深远。

1500年以后，真正意义上的地理世界渐次在西方面前展开，西方的世界历史观进入一个新的阶段。在这一阶段，由于西方对世界的认识与对世界的征服同步，所以他们的世界历史观浸透征服者的优越感。他们以世界"主导者"自居，把扩张美化为"传播文化"，为世界发展历程勾画了一个"主导—传播模

---

① Patrick Manning, *Navigating World History: Historians Create a Global Past*, New York, 2003, p. 3, p. viii.

② Jerry Bentley, "Crossp/cultural Interaction and Periodization in World History," *AHR*. 101 (June 1996), p. 750.

式"（pattern of dominance and diffusion），即西方文化向世界播撒的模式。文艺复兴时代的思想家不是宣布世界历史走向越来越接近西方的古典标准，就是声称世界的发展过程将是福音书的传播和兑现过程。启蒙运动以后，宗教信仰式微，西方的"优势精神"需要"物质载体"，于是"主导—传播"理论变形为"种族优越论"。

19 世纪的欧洲人将欧洲独霸的世界政治格局移植于"科学"领域，在地理学中建立代表西方的"欧洲大陆"概念，与"东方"或"新大陆"对峙；在历史学中把巴比伦、埃及、印度和中国所谓"四大文明古国"纳入"东、西方框架"，视巴比伦为西方文明之源头，将其他古文明归属东方，进而宣称只有承继雅利安人、闪米特人（Semites）和含米特人（Hametes）血统且不断进化的欧洲人才有历史可言，而源自东方文明的其他种族因"停滞不前"根本没有历史。19 世纪下半叶的文化进化论者，更为欧洲的种族优势加以"文化包装"。他们说，民族的高下决定于由知识、制度和技术构成的文化性质，欧洲人正是凭借文化特征赢得了优等民族的地位。于是，"进化种族"的"文化进步"过程成为欧洲人阐释的世界历史发展"模式"。

进入 20 世纪，在"优秀民族"内部爆发的第一次世界大战和日俄战争以亚洲人胜利而告终的结局冲击了欧洲种族、文化优越的神话，"主导—传播"的主体又从种族迁移到文明。以汤因比为代表的文化形态论者提出，文化的精髓不是知识和技术，而是价值观念，因此应据价值观念区分文明。尽管这些人承认各种文明的相对价值，也承认不同文明之间存在相似性，但他们最为推崇的文明仍是代表"自由、民主和理性"的西方文明。20 世纪初期，美国学校将"西方文明史"作为美国学生了解"美国以外世界"的唯一必修课，说明在西方人的观念里，世界历史的发展"模式"仍是"西方化"。20 世纪中叶以后，随着现代化比较研究的开展，美国流行用"现代化模式"解读世界历史。但这种"现代化模式"不过是"西方化模式"的延伸，因为论者把世界现代化的启动无论归结为马克斯·韦伯所说的新教伦理，还是归结为托马斯·库恩（Thomas Kuhn）所说的科学思维，或是归结为西欧中世纪的市场经济，都无不为"世界以西方为主导"提供新的注解。

二

纵观西方世界历史观念的发展过程，"欧洲中心论"或"西方中心论"是十分明显的。造成这一现象的原因，除历史原因、政治原因之外，笔者以为还有方法论的原因。历史学作为一门学科产生于19世纪的欧洲，当时的欧洲处于科学主义时代，历史学也不可能不受到科学方法论的影响。这种影响首先来自生物学。受生物学分类法的影响，西方史学家在面对世界历史时，首先将世界切分为不同地区、不同群体、不同文明，并分别赋予他们不同的"特质"。汤因比甚至提出，文明的生命力就在于其"特质"的纯粹性，一种文明一旦掺入其他文明的杂质，就会走向衰落。因此在他们的笔下，各种文明基本上都是孤立的存在。受生物学进化论的影响，西方的世界史学家还习惯于在"世界分类"的基础上，按不同地区、不同群体、不同文明的"进步"程度进行排序，并武断地认为，现代的就是最优的。19世纪自称"科学哲学"的实证主义（positivism）将世间万象都理解为一条因果链，如此化繁为简的结果，是主张对无论如何纷繁的事物，都只需了解其"基础"部分，便可推知全部。[1] 在这种"因果决定论"的影响下，西方史学家自然对其"主导—传播模式"更加执着。总之，在上述种种方法论的指导下，西方的世界史必然习惯于以民族国家作为描述的基本单位，必然以"进步性"作为评价各国表现的标准，必然最终依据西方国家率先实现现代化的现实，"反推"西方对人类历史的贡献。这也正是近百年来，虽然"西方中心论"日渐"臭名昭著"，但包括西方中心论的批判者和对西方中心论天然反感的非西方世界史学家在撰写世界史时还常常不自觉地以"西方"为中心的原因，也是以西方为中心的世界历史观念在西方世界经久不衰的原因。

但是自20世纪末叶起，西方传统的世界史观受到严重挑战。

挑战首先来自时代变化。当今世界，在全球化过程中，人口流动空前频繁，包括种族、民族和国家在内的各种人类关系不断重组，新型的"世界公民群体"如世界医生组织、国际特赦组织、保护弱小民族国际幸存者组织、绿色

---

① 埃德加·莫兰：《教育的七个黑洞》，载于哈佛燕京学社主编：《人文学与大学理念》，南京：江苏教育出版社，2007年，第83页。

和平组织等纷纷出现。全球经济互相关联，市场高度一体化，各种文化之间的互相借鉴与影响日趋明显，而破解诸如环境、生态之类的时代课题又迫切需要集中全人类的智慧与行动。于是人们怀疑建立在"分类法"基础之上的国别史或文明史研究是否真正能够对世界历史做出正确而全面的解释，是否真正能够为人类解决当代问题提供有益的经验。

西方的后现代思潮解构了启蒙思想的"神话"，所谓"进步性"本身就成为一个有争议的话题。西方文明的"先进性"既已失去根基，非西方文明便获得与西方文明同等的"意义"，建立在"文化进化论"基础上的"主导—传播模式"自然也就失去了立论的依据。

科学研究的新进展对西方传统世界历史研究方法和"经典结论"也形成冲击。爱因斯坦的相对论出现以后，各领域的研究都不仅关注研究对象的孤立、静止状态，而且考察对象之间的"关系"，"关联性"备受关注，西方世界史传统理论忽略不同地区、国家和文明之间"关联性"的缺陷突显出来。而系统论将无数变量之间的作用与反作用关系纳入一个体系，强调因果关系多重性的方法论特征，直接颠覆了片面强调"单线因果律"的"主导—传播"思维模式。按照西方当代知识论观点，确切的知识来自"在部分与整体之间往来如梭的"认识，对整体认识不清，或未将"部分"放在"整体"之中考察，对"部分"的认识不属于真正的"知识"。① 这种观点是对将世界肢解为众多民族国家的西方史学方法的彻底否定。

晚近遗传学研究证明，全人类同属一个"夏娃"的后代，同属一个本体，"种族""民族"等人为建构的概念并非客观存在，优劣之分实属臆想，基于"西方人种及其文化优势"的"西方中心主义"更显荒诞。西方包括史学在内的社会科学最新研究成果直接颠覆了某些传统结论。人类学家指出，自古以来，各种形态的人类"文化共同体"都处在不同形式的交往之中，并在交往中实现生物基因和文化基因的双重融合，因此把任何一种文化或文明作为纯而又纯的"地方现象"来研究都不妥当。现代化研究中的依附理论则认为，西方国家的现代化以特定世界环境为条件，忽略这一环境，单纯从西方国家内部挖掘现代化成因，并在此基础上总结具有普遍意义的"现代化模式"，在理论上难以成立，在实践中，将误导发展中国家。

在 20 世纪 70 年代的美国，不仅学术界和理论界，而且整个社会都感受到

---

① 埃德加·莫兰：《教育的七个黑洞》，第 86 页。

了世界历史理论的"贫困"。一方面，受过良好教育、以不同形式参与国际贸易或国际事务的中产阶级越来越不满足于对西方文明的了解，而他们系统了解世界历史的愿望又得不到满足；另一方面，由于知识、理论与实际脱节，大学里的历史专业日渐萧条，历史学毕业生求职越来越困难，以致美国全球史开拓者之一麦克尼尔不无忧虑地表示："如果我们的教授继续一味从事微观的区域性研究，将思想封闭在一个窄小范围之内，我们的历史课堂终有一天会变得空空荡荡。"①

正是在这种形势下，一些美国历史学家提出，应开创一种"以全球为一体"的史学，其宗旨是说明人类同属一个种，经历同一的历史，生活在同一个地球之上；其方法，是综合考察人类文化的多样性与运行机制的统一性，说明文明、民族或国家等不同形态的人类组织在全球这一"动态交往网络"中的互动关系；其本质，是继承西方史学以"模式"框架解释世界历史的传统，用"互动模式"取代"主导—传播模式"。就这两种模式之间的关系及区别，全球史学家特别做了说明。他们指出，"主导—传播（diffusion）"意味着一种事物强加在另一事物之上并取而代之，而这种"模式"充其量只是"互动"的一种表现形式。"互动"的内涵远更丰富，其表现形式更是多种多样。形象地说，从形态不变而方向变化的两只台球相撞到化自身于无形却缔造出一个新物体的精子—卵子结合，所有类型的"相遇"都可以叫作互动。②

三

全球史学家之所以把"互动"作为建构世界历史的基础，首先因为他们认为"互动"是人类社会组织的存在形式。他们认为，任何人类社会组织都不是封闭和孤立的，他们必然存在于与外界的交往当中，彼此形成一个互相关联的体系或网络，并在该体系或网络内部相互影响。麦克尼尔特别指出，这种体系或网络与所谓"文明"并无对应关系。他说，文明的经典定义是"一种共有的

① 麦克尼尔曾多次表达过类似的忧虑，参阅 William H. McNeill，"History for Citizens，" *AHA Newsletter*，March 1976，pp. 4-6；William H. McNeill，et al，"Beyond Western Civilization：Rebuilding the Survey，" *The History Teacher*，10（Aug.，1977）：509-548。

② Patrick Manning，"The Problem of Interactions in World History，" *The American Historical Review*，Vol. 101，No. 3.（June 1996），pp. 771-782。

生活方式"，但事实上，在人们所说的各种文明内部都存在多种多样的生活方式。而从外部来看，文明与文明之间的接触不可避免，在接触中各个文明时有"求同存异"之举，甚而遵守相同的行为准则和商业规范。既然"本质主义"意义上的文明根本不存在，那么把人类切割为不同文明并不反映人类生活实际，用以解释世界历史更难自圆其说。

其次，全球史学家认为，互动是世界历史发展的动力。全球史学家借鉴人类学家的研究成果，指出社会发展源自变化，而变化的起点是接触外来新事物。他们说，对新事物的取舍过程就是传统的蜕变过程，尽管社会对新事物通常并不抱欢迎态度，但抵制新事物的结果同样导致社会变化。正因为如此，全球史学家主张，历史学家应对不同文化的"相遇"（encounter）保持足够的敏感。

在通史编纂和专题研究中，全球史学家表达"互动模式"的方式计有如下几种。

（一）阐述不同人群"相遇"之后，文化影响的相互性和双向性。研究者指出，即使作为当代西方文明代表的美国文化也不是西方文化在美洲的简单移植，而是印第安文化、非洲黑奴文化和欧洲文化融合的产物，其元素是三种，而非一种。有人就英国和印度两地的性偶像进行比较研究，指出殖民时期不仅英国文化影响印度，印度文化也影响英国。

（二）描述人类历史上曾经存在的各种类型的"交往网络"或"共生圈"。有的全球史学家认为，如果把互相关联的整体作为基本单位，迄今为止的人类全部历史应该只分为两个时空单元，一个是自人类出现直至18世纪中叶的"亚欧非文明圈"，一个是从18世纪中叶至今的"全球文明圈"。[①]

全球史学家探讨的其他"共生圈"包括8—15世纪以穆斯林商人为核心的"环印度洋贸易网络"或以南亚大陆为中心的"南方世界"、地理大发现以后围绕南美种植园形成并包括欧洲和非洲部分地区的"移民与商业网络"以及"现代世界体系"等。还有一些学者指出，以某种文化符号或某种产品的产销为纽带，也会形成互相关联的共同体，如古代使用"0"数字的世界、18—19世纪的"棉花生产世界"、"食糖生产世界"或20世纪70—80年代的"录音机世界"。

（三）论述产生于某个地区的发明创造如何在世界范围内引起连锁反应。

---

① 本特利2008年秋首师大授课题目："谈全球史视野下的文化交流"，未刊。

比如论述中国宋代的三大发明以及货币地租制度如何先后影响"伊斯兰世界"和"地中海世界",刺激欧洲市场,并最终影响了"地理大发现";又如论述近代早期秘鲁、墨西哥和日本的白银开采如何影响了欧洲、南亚和中国的经济。有全球史学家指出,必须重新认识棉花生产对近代世界面貌的改造作用,美国的独立战争和南北战争、工业革命、近代殖民体系、资本全球流动的肇始以及在埃及和印度发生的一系列重大事件,都与棉花生产有着千丝万缕的联系。

(四)探讨"小地方"与"大世界"的关系,说明全球化时代任何局部地区的变化都折射世界的发展趋势。2005年在摩洛哥举行的全球史世界大会即以"小地方与大世界"作为论坛题目,显示了全球史学家对这一问题的关注。

(五)"地方史全球化"。有"当代史学之父"之称的美国历史学家菲利普·柯廷(Philip D. Curtin)1995年担任美国历史学会主席之后,积极倡导在国别史、地区史研究中引入全球视角,主张把区域性历史事件放在全球整体运动的背景下重新考察,重估这些事件的因果关系和历史意义,使"地方史研究全球化"(Globalizing Regional Histories)。"美国史全球化"近来甚至已经发展成为一场"运动"。

(六)全球范围的专题比较研究。如跨国别、跨文化的妇女史、商人史、移民史、疾病史、民主史研究,旨在通过比较异同,说明"互动"的历程与机制。

(七)生态史、环境史研究。有学者认为,人类内部的互动从更加宏观的角度看,与人类和地球上所有其他生命之间的互动、与人类和生态环境的互动是分不开的,因此生态史、环境史应是全球史不可或缺的内容。目前,从生态角度"言说"世界历史正在成为一个独特的交叉学科研究领域。

(八)跨文化交流。即文化在不同地区间的流动和传播。相对于经济、社会、人口、环境、制度等方面的互动而言,文化的互动起步较晚,这可能与文化研究比较困难有关。既然文化研究在西方学界属于各地民众生活意义的"深度描述"(吉尔兹语),那么就可以想见,对文化借鉴的含义、宗教皈依的深度、文化交流的机制进行分析评价显然会比对各种"有形事物"的流动更困难。可以说,在文化互动方面,全球史学家尚未形成公认的范式。但是已有全球史学家意识到这一问题。他们指出,既然不同地区之间的交流和互动深刻影响了社会、经济、人口、环境和政治的发展,那么也一定会影响文化的发展。本特利认为,文化互动的核心是反映价值体系和世界观的三大文化传统的流传,即科技传统、观念传统和宗教传统,研究重点当是不同社会的代表和不同传统的鼓吹者密切交往以后发生的借鉴和反应。①

（九）探讨互动规律与归宿。在这方面，全球史学家的观点并不一致。关于互动规律，有学者认为"距离制造美"，外来文化的"天然"魅力就是文化传播的基本机制。② 而更多学者似乎认为，虽然大多数情况下，新事物会引发人们的兴趣，但人们对外来文化未必总持欢迎态度，然而拒斥外来文化并不意味着必然不受其影响，因为拒斥过程本身也会引起自身文化的变形。至于对外来事物的接受程度，与人们直观地认为取决于"输出方"是否强势相反，全球史学家认为主要取决于"输入方"如何选择。本特利认为，一个社会面对外来文化的冲击如何做出选择，取决于其经济政治社会状况，所以研究经济政治社会背景与文化选择之间的关系是全球文化史研究的真正主题，其研究方法为：确定跨文化互动最活跃的年代，继而探讨在不同背景下发生的文化交流模式。③ 关于互动的最终结果，有人认为是全球实现统一文化，有人则认为，全球交往越密切，"本土认同感"越强，文化差异将永远存在。另外，不同文化在接触中，相互的"误读"也是全球史学家关注的课题。

（十）"全球化史"（history of globalization）研究。2002 年霍普金斯主编的《全球化史论》④ 一书是对这一研究领域的系统总结。当代的全球化趋势引起人们对全球化历史渊源进行探讨的兴趣。最初，西方学者沿用传统观点，认为全球化是 1500 年以后西方缔造的。全球史学家就是从质疑这一传统观点作为其研究起点的。他们认为，就全球化的本质，即各地逐渐连为一体而言，全球化绝非当代现象，也不是始于 15—16 世纪，更与西方人的独特贡献无关，而是自从人类组织出现以来一直存在的发展趋向。许多全球史学家将迄今的全球化进程分为四个阶段：

第一阶段：自国家产生至 1600 年，称为"古典版全球化"（archaic globalization），古代帝国（马其顿、罗马、拜占庭、阿拉伯、中国等）是其集中表现形式。尚武精神、征服意识、商业利润、猎奇迷信、宗教传播是推动这种全球化的基本动力，移民和城市是两个关键因素。

第二阶段：1600—1800 年，称为初始全球化（Proto-globalization）。在这一

---

① 本特利 2008 年秋首师大授课题目："谈全球史视野下的文化交流"，未刊。

② Mary W. Helms, *Ulysses' Sail: An Ethnographic Odyssey of Power, Knowledge, and Geographical Distance*, Princeton: Princeton University Press, 1988.

③ 本特利 2008 年秋首师大授课题目："谈全球史视野下的文化交流"，未刊。

④ A. G. Hopkins, eds., *Globalization in World History*, Pimlico, 2002.

阶段，在亚洲、欧洲和非洲的部分地区，由边界清楚的领土国家建立的国际交往取代古代帝国成为全球化的新的表现形式。而金融业、服务业和工场手工业的发展是国际交往加强的前提条件。在这一阶段的后期，伴随全球交往规模的扩大和频率的加快，全球化进程突然提速，但如果说欧洲在这一过程中扮演了重要角色，那主要原因并不在于"西方的兴起"，而在于这一阶段前期为全球化的进一步发展奠定了基础。

第三阶段：1800—1950年，为现代全球化阶段。在民族国家兴起和工业化传播的背景下，主导前两个阶段的普世主义让位于民族利益；全球面貌展现为国际关系，而新国际秩序的支柱一个是商业，一个是帝国主义。

第四阶段：20世纪50年代以后，这一阶段也被称为后殖民时代的全球化阶段。在这一阶段，早先的帝国纷纷解体，跨国组织和区域组合出现，民族国家不再是推动全球联系的唯一动力；而伴随"以原料换加工"的传统分工模式完全转变为工业产品之间的交换，全球经济真正实现了一体化。

富有理想的全球史学家抱持共同的伦理观。他们认为，世界史学家应该放眼全球和全人类的历史，而不能对某一种文明的历史怀有特殊的情结；他们应对任何国家或民族夸大自身世界历史作用的态度进行谴责，对任何忽视生态环境的"人类中心主义"加以警示；只有这样他们才能为促进国际理解和世界和平做出应有的贡献。或许，"互动"理念是受这种理想的激发？

（原载《全球史评论》第2辑，北京：中国社会科学出版社，2009年）

香料贸易与现代国际法的起源

施　诚　首都师范大学历史学院教授

　　摘要　16、17 世纪之交，为了谋取亚欧之间香料贸易的巨额利润，新兴的荷兰共和国和东印度公司进行了一系列刺探航线信息、到达东南亚香料产地的航行，并为此与葡萄牙（与西班牙合并）产生了激烈矛盾。1603 年，"阿姆斯特丹联合公司"（荷兰东印度公司前身）所属的船长在新加坡海峡袭击葡萄牙商船"圣卡特里娜"号并掳获其财物。为了平息风波，荷兰东印度公司请求雨果·格劳秀斯为此进行合法性辩护。格劳秀斯撰写了长篇论文《论印度》，于 1605 年出版了其中的第十一章，取名《论捕获法》；1609 年出版了其中的第十二章，取名《论自由海洋》。格劳秀斯这两部著作的出版是现代国际法诞生的标志。

　　关键词　香料贸易　林霄腾　荷兰东印度公司　"圣卡特里娜"号　海姆斯凯克　格劳秀斯　《论捕获法》

　　长期以来，国内学术界对现代国际法奠基者雨果·格劳秀斯的法学渊源、法理基础等方面都进行了大量研究，发表了不少论著，但论及国际法产生的具体历史事件则比较鲜见。总体说来，现代国际法的产生是欧洲与亚洲之间香料贸易的产物。众所周知，15 世纪末，欧洲开辟到达东方的"新航路"的主要动机之一就是寻找香料，然后转运到欧洲市场牟取暴利。1498 年，葡萄牙船长达·伽马（Vasco da Gama）首次航行到达印度。从此，葡萄牙不断控制印度尼西亚的香料群岛，垄断东方香料贸易，牟取高额利润。为了防止欧洲其他国家竞争，葡萄牙一直视绕过非洲好望角到达来往印度和香料群岛的航路信息为国家最高机密。其他欧洲国家虽然也垂涎于葡萄牙帝国的暴利，但是他们面临许多困难：缺乏先进的航海技术，特别是不熟悉从欧洲沿着海路航行到亚洲的航线、港口、洋流等。现代国际法是 16、17 世纪之交荷兰力图打破葡萄牙垄断亚洲香料贸易及其引发的一系列历史事件的结果。

一、荷兰探索到达东方航道的努力

虽然 1568 年荷兰开始长达 80 年的反对西班牙统治、争取独立的斗争，但是直到 16 世纪 70 年代，荷兰还能从葡萄牙进口来自东方的香料。1580 年，西班牙和葡萄牙合并，西班牙的菲利普二世同时又是葡萄牙的菲利普一世。新兴的荷兰共和国由此陷入与当时西欧两个大帝国一决生死的斗争之中。1581 年，荷兰北方七省通过"与西班牙断绝关系法"，宣布废黜西班牙国王菲利普二世，成立联省共和国。1585 年，西班牙和葡萄牙的共同国王菲利普下令各个港口扣押所有来自荷兰和芝兰的船只。① 这样一来，荷兰就无法从葡萄牙进口香料了。特别是 1591 年，葡萄牙利用德国、西班牙、意大利的金融和商业网络，以汉堡作为其销售东方商品的集散地，把荷兰商人完全排除在外。1598 年，西班牙和葡萄牙国王宣布禁止伊比利亚半岛殖民地的任何产品出口到荷兰共和国。②

为了打破这种困境并牟取香料贸易的丰厚利润，荷兰联省共和国采取了一系列紧锣密鼓的行动。荷兰以两种方法探索到达东方的航道：第一种是刺探葡萄牙到达印度的航线和东方香料产地的信息。这方面最成功的先驱是荷兰商人、旅行家林霄腾（John Huyghen van Linschoten，1563-1611）。林霄腾出生于尼德兰的哈勒姆，1580 年来到里斯本经商，后谋得葡萄牙东方帝国中心果阿（Goa）大主教秘书一职。1583 年，林霄腾跟随大主教经过马德拉群岛、几内亚、好望角、马达加斯加和莫桑比克，航行到葡萄牙东方帝国的行政和宗教中心果阿。林霄腾在果阿坚持写日记，记录的内容包括以下几个方面：第一，果阿当地居民的风俗习惯、文化和宗教，甚至当地的动植物；第二，来到果阿的亚洲人、欧洲人；第三，其他人的旅行见闻，如他从绰号"中国通德尔克"的

---

① J. J. Van Riaberen, *The Dutch Colonial System in East Indies*, Netherland, Springer Publisher, 1983, p. 36.

② Benjamin Stramann, *Roman Law in the State of Nature—the Classical Foundations of Hugo Grotius' Natural Law*, Cambridge University Press, 2015, p. 24.

荷兰水手德尔克·吉里茨·庞普（Dirck Gerritsz Pomp, 1544-1608）那里获得不少关于中国和日本的信息，后者可能是第一个到达中国和日本的荷兰人；第四，葡萄牙绕过非洲来往印度的航线、印度洋各地的贸易商品及其海上航路信息等。1589 年，因果阿大主教去世，林霄腾须向葡萄牙国王报告此事。但返航船只被英国海盗击沉，他被迫在亚速尔群岛又滞留了两年多才到达里斯本。1592 年，林霄腾返回荷兰家乡，开始从事著述活动。1595—1597 年，他出版了《葡萄牙东方航行记》《水手简·惠更·冯、林霄腾到葡萄牙东印度的航行记》《几内亚、刚果和安哥拉沿岸、到达巴西巴伯·德·圣奥古斯都的特点描述》三本著作，这些著作被统称为《游记》。《游记》的主要内容如下：第一，它记录了林霄腾从里斯本到果阿的来往航行经历、果阿及其周边国家和地区和葡属印度的情况，不仅仅包含了葡萄牙通向印度尼西亚的最佳航道，还有印度、印度群岛、中国、日本之间的航道，如潮流、水深、岛屿、沙丘以及详尽的海岸线，这些都是欧洲安全航行到达亚洲的关键因素。作者还建议，突破葡萄牙人对马六甲海峡的封锁的最佳途径是从苏门答腊南部穿越巽他海峡而接近葡萄牙控制的东印度群岛，这样就能最大限度地降低被葡萄牙人发现的危险。这些信息为 17 世纪荷兰和英国的东印度公司打破葡萄牙队东印度香料贸易的垄断创造了条件。第二，除了吸引航海探险者之外，它也为欧洲商人提供了有关亚洲香料品种、产地、价格的信息。第三，为了增加可信性和可读性，《游记》出版商在书中插入了 6 幅精心挑选出来的地图，这是欧洲首次出版主要以葡萄牙资料为基础绘制的远东地图。1598 年起，《游记》的英文、德文、法文和拉丁文版相继出版，成为当时欧洲的畅销书。[1]

1592 年，阿姆斯特丹的一些商人派遣科内利斯·德·郝特曼（Cornelis de Houtman, 1565-1599）前往葡萄牙首都里斯本，尽可能详尽地刺探"香料群岛"（即摩鹿加群岛）的信息。两年以后，郝特曼带着宝贵的信息返回荷兰：东方的海岸、岛礁、洋流、风向风力、航标、当地的鸟禽、葡萄牙在那里的敌我关系、控制严密和松懈之处等。[2]

第二种方法是探索直接到达亚洲香料产地的东北航线。1594—1597 年，荷兰制图学家、航海家威廉·巴伦支（Willem Barentsz, 1550-1597）三次探索从

[1]　Arun Saldanha, "The Itineraries of Geography: Jan Huygen van Linschoten's Itinerario and Dutch Expeditions to the Indian Ocean, 1594-1602," *Annals of the Association of American Geographers*, 101 (1): 149-177, November, 2010.

[2]　Cornelis de Houtman, https://en.wikipedia.org/wiki/Cornelis_de_Houtman.

西伯利亚以北到达中国和印度的东北航线，但是都未成功，这迫使荷兰冒险采用葡萄牙的航线前往亚洲香料产地。

二、"圣卡特里娜"号事件

1595 年是荷兰对外殖民历史的转折点。该年由林霄腾和郝特曼共同组建的"长途（贸易）公司"派遣由郝特曼率领的 4 艘商船前往东方。1596 年，它们听从林霄腾的建议，不经马六甲海峡，而是直接航行到爪哇东北部的万丹、马都拉、巴里、巴韦安等岛屿。这次航行最终既未到达摩鹿加群岛，也未获得香料，而且损失很多人员，但是它可以视为荷兰对印度尼西亚殖民的开端。1599 年，荷兰船长雅各·冯·奈克（Jacob van Neck）率领 8 艘商船第一次航行到达摩鹿加"香料群岛"，不经过爪哇中间商人而直接购买香料，1600 年返航回到荷兰，获得的利润为 400%！① 到 1601 年底，荷兰各城市一共组成了 10 个公司、共计 65 艘船只、进行了 14 次探险。② 但是从 1595 年荷兰船只首航东方起，每次香料贸易航行都由临时组成的公司给予资助。由于航行途中可能遭遇海盗、船员染病、沉船等意外事故，所以这种航行投资的风险极高。为了谋取香料贸易的高额利润，减少各个公司的恶性竞争，并集中力量对付葡萄牙和西班牙，1602 年，荷兰共和国的执政下令成立"阿姆斯特丹联合印度公司"（其荷兰语首字母缩写为"VOC"，英语里称之为"荷兰东印度公司"），并授予该公司"特许状"：唯有它可以派遣船只前往东方（"从好望角以东到麦哲伦海峡"）、建立军事要塞、维持一支军队、与亚洲香料产地的统治者签订贸易合同。

早在 1601 年，经验丰富的荷兰船长雅各布·冯·海姆斯凯克（Jacob van Heemskerck，1567–1607）受"阿姆斯特丹联合公司"（荷兰东印度公司前身之一）委派，率领一支船队前往东印度购买香料。历经艰辛，1602 年他们到达巽他海峡东部的万丹港。留下几条船装载香料返航后，海姆斯凯克沿着爪哇岛北部海岸向东航行，希望与贾帕拉（Japara）建立贸易联系，但这个愿望没有实

---

① M. C. Ricklefs，A *History of Modern Indonesia Since c. 1300*，2nd Edition，London：MacMillan，1991，p. 27.

② J. J. Van Riaberen，*The Dutch Colonial System in East Indies*，p. 37.

现。从同样憎恨葡萄牙人的柔佛（Johore）苏丹（因为 1511 年葡萄牙人从柔佛王国夺取了马六甲城）那里，他们获悉一个重要信息：一艘葡萄牙商船即将从澳门装载货物航行到摩鹿加群岛。

海姆斯凯克召集手下军官开会，一致认为袭击葡萄牙商船有 4 个好处：第一，为在澳门遭到葡萄牙当局杀害的荷兰水手复仇；第二，捍卫荷兰在该地区的贸易权利；第三，通过削减西班牙的财源而降低西班牙的战争能力；第四，他们的船只的货仓还是空的，如果不袭击葡萄牙商船，他们将无功而返。[①]

1603 年 2 月 25 日拂晓，海姆斯凯克果然在新加坡东部海岸（今樟宜附近）发现了葡萄牙商船（carrack）"圣卡特里娜"号。按照当时的标准，"圣卡特里娜"号是一艘巨型商船：载重量为 1500 吨（麦哲伦环球航行的"维多利亚"号载重量只有 85 吨！），船上除装载了 700 名士兵、100 名妇孺外，还包括大量货物：1200 捆中国原丝、锦缎、塔夫绸、丝绸、大量的黄金、镶金丝的服装、丝绸被面和床罩、亚麻和棉织品、近 60 吨中国瓷器（从此，中国瓷器在荷兰被称为"克拉克瓷"，"Kraakporselein"或"carrack-porcelain"）、蔗糖、香料和麝香等。[②] 经过一天战斗，葡萄牙船长投降。海姆斯凯克把"圣卡特里娜"号及其装载的货物和俘虏全部运回荷兰。货物在阿姆斯特丹拍卖，获得约 350 万荷兰盾，相当于"阿姆斯特丹联合公司"总资本 3 倍多。[③] 拍卖所得的巨额收入使荷兰人认识到，除了香料之外，来自中国的丝绸、瓷器等商品也能获得丰厚利润。

三、格劳秀斯的辩护——现代国际法的产生

海姆斯凯克返回荷兰之前，荷兰东印度公司兼并了他以前的雇主"阿姆斯特丹联合公司"，因此声称拥有"圣卡特里娜"号及其财富。1604 年 9 月，按照标准程序，荷兰东印度公司把这个案件提交给荷兰"海事法庭"。葡萄牙当

---

① Martine Julia van Ittersum, *Profit and Principle：Hugo Grotius, Natural Rights Theoriesand the Rise of Dutch Power in the East Indies 1595–1615*, Leiden & Boston, Brill, 2006, p. 41.

② Martine Julia van Ittersum, eds., *Grotius：Commentary on the Law of Prize and Booty*, Liberty Fund, Inc., 2006, p. 540.

③ Martine Julia van Itersum, *Profit and Principle：Hugo Grotius, Natural Rights Theoriesand the Rise of Dutch Power in the East Indies 1595–1615*, p. 36.

然认为这是非法的海盗行为，要求荷兰及时归还"圣卡特里娜"号及其所有货物。而海姆斯凯克及其船员则声称，他们不仅是自卫行为，而且是为葡萄牙当局于 1601 年在澳门处死的 17 名荷兰商船水手报仇。海事法庭不仅基本采信了海姆斯凯克及其船员的证词（自卫），而且认为 1599 年 4 月 2 日荷兰三级会议颁布的法令，强调海姆斯凯克从荷兰海军上将、拥有最高统治权的亲王、拿骚的马里斯手里获得授权，绝对没有超越马里斯授予他的权力，因为他的使命允许他使用武力自卫，以便弥补持续遭受的损失。最后它判决"圣卡特里娜"号及其货物全被没收、分配：海姆斯凯克及其船员们获得 10.4%，海事法庭本身获得 23%，其余归新近成立的荷兰东印度公司。①

海事法庭判决后，荷兰东印度公司决定请求一位法学家为其判决的"合法性"进行辩护。为什么它要为"圣卡特里娜"号事件辩护呢？

第一，惊人的现实利益和东印度贸易的诱人前景。"圣卡特里娜"号及其货物拍卖所获得的收入惊人，公司自然不肯放弃；公司决定不惜任何手段（包括使用武力）追求东印度的贸易的利润，绝对不会在葡萄牙威胁面前退缩；荷兰共和国和东印度公司的共同利益需求。海姆斯凯克在新加坡海峡的胜利证明，荷兰与西班牙帝国的战争可以带到西班牙的后院，这有助于荷兰削弱西班牙在欧洲大陆的战争实力；而东印度公司不可能依靠自身力量既发动对葡萄牙的战争，又从中获得利润，它需要共和国三级会议的支持，如特殊的税收减免、豁免进出口关税、法律保护股东的分红，最重要的是诸如战舰、大炮和士兵的军事支持等。

第二，海姆斯凯克袭击葡萄牙商船并掳获其货物是当时西欧各国实行的"私掠商船"还是海盗行为？当时西欧各国的通行做法是，如果一个船长从一个合法君主手里取得了"私掠许可证"（letter of marquee），那么他的海盗行为就可以转变为合法批准的合法行为。那些被授予了"私掠许可证"的船长就是"私掠船主"，他们捕获的货物就是"战利品"。为了获得处置战利品的权利，私掠船主必须前往该国的海事法庭接受所谓"谴责"，以表示其私掠他国商船的行为是在"私掠许可证"允许的情况下发生的。如 1602 年，詹姆斯·兰加斯特在新加坡海峡捕获了一艘葡萄牙商船，并将它及其货物运回了英国，而他的雇主英国东印度公司觉得没有要为他的行为辩护，因为他取得了英国女王伊

---

① Martine Julia van Itersum, *Profit and Principle*：*Hugo Grotius*，*Natural Rights Theoriesand the Rise of Dutch Power in the East Indies 1595–1615*，p. 28.

丽莎白一世颁发的"私掠许可证"。① 根据上述"海盗"与"私掠船主"的区分标准，海姆斯凯克使用武力袭击葡萄牙商船的合法性就值得怀疑。首先，荷兰希望打破葡萄牙对欧洲与亚洲的香料贸易垄断，但是他航行到亚洲的使命是促进和平贸易："阿姆斯特丹联合公司"的董事长明确禁止他使用武力，除了必要的自我防卫之外。姆斯凯克既没有遭到葡萄牙船只的攻击，也没有遭受来自葡萄牙人的任何人员和财物损失；其次，虽然荷兰海事法庭的裁决宣称捕获"圣卡特里娜"号是"被自然法所允许，而且得到了亲王殿下的委任"的行为，但是它对这些结论根本没有提供任何合法论证，如马里斯亲王的"私掠许可证"；再次，与伊丽莎白一世不同，马里斯亲王显然不是一位合法君主：荷兰共和国还处于反对西班牙宗主的内战之中，它的最亲密盟友英国和法国甚至都不承认荷兰派驻在他们宫廷的大使。因此，叛乱领导者不具有颁发"私掠许可证"的合法权力。如果马里斯没有这种权力，那么海姆斯凯克就不是一名私掠商船主而是一名海盗，他掳获的"圣卡特里娜"号财物就是海盗掠夺的赃物，而不是合法取得的战利品。

第三，荷兰东印度公司的股东们认识到，为了赢得西欧其他国家的支持，他们还特别需要安抚英国的詹姆斯一世和法国的亨利四世。虽然他们刚刚与西班牙和葡萄牙国王签订了和约，但是他们也可以被诱导从外交上支持荷兰对伊比利亚两国殖民地的攻击。

鉴于战利品的惊人利润和"圣卡特里娜"号事件在荷兰国内外引起的轩然大波，海事法庭判决之后，荷兰东印度公司董事长的弟弟简·腾·格鲁腾胡斯（Jan ten Grootenhuys）立即请求格劳秀斯为公司写一份致歉信。格劳秀斯出身于代尔夫特的名门望族，8 岁能写拉丁文诗歌，被誉为"神童"，11 岁进入莱登学院（不久即改为莱登大学），15 岁取得法国奥尔良大学法学博士学位，18 岁被任命为荷兰的官方史学家。他是荷兰政坛一颗冉冉升起的明星，思想成熟，人脉广泛。格劳秀斯对这个案子也非常感兴趣，因为海姆斯凯克是格劳秀斯祖母娘家的后代。对格劳秀斯来说，为捕获"圣卡特里娜"号辩护，不仅是为荷兰东印度公司辩护，也是为自己家族的名声辩护。

为了写好这封致歉信，荷兰东印度公司的股东们为格劳秀斯提供了描写"葡萄牙在东印度的残忍、背信弃义和敌对过程"、海事法庭的判决书等书面材

---

① Martine Julia van Itersum, *Profit and Principle: Hugo Grotius, Natural Rights Theories and the Rise of Dutch Power in the East Indies 1595–1615*, p. xiii.

料。荷兰东印度公司也许希望格劳秀斯写个小册子，简单地解释荷兰和平地来到东印度、希望与当地人进行最诚实的商业活动，而葡萄牙报以无情的侵害和背叛行为，剥夺了荷兰人的和平贸易权利。

但是格劳秀斯深知，一份小册子根本没有说服力，无法达到辩护的目的。因为这些材料需要论证以下几个观点：第一，葡萄牙发动了一系列战役来阻止荷兰商人进入东印度；第二，"圣卡特里娜"号是在一场正义战争中被掳获的；第三，荷兰东印度公司占有"圣卡特里娜"号及其装载的财物是完全合法的。于是他花了两年（1604—1605 年）多时间，撰写了长达 15 章的书籍《论印度》（该书全文直到 1864 年才出版）。1605 年，格劳秀斯只发表了其中的第十一章《论捕获法》（De Jure Praedae）。《论捕获法》出版后，格劳秀斯以荷兰东印度公司股东的名义给亚洲各地的统治者、公司的亚洲盟友写信，保证公司将继续为他们提供军事支持，但前提是他们把香料只卖给荷兰商人。1608 年 2 月，葡萄牙和西班牙与荷兰在海牙举行和谈。格劳秀斯不仅为荷兰东印度公司的股东们面授了谈判技巧，而且准确地预测到，荷兰与葡萄牙—西班牙在东印度的私掠商船战争将继续下去，无论它们是否签订了和约。1609 年 3 月，在荷兰东印度公司股东的请求下，格劳秀斯出版了《论印度》的第十二章，取名为《论自由海洋》。虽然《论自由海洋》因为出版太迟而未能影响 1609 年 4 月荷兰与葡萄牙和西班牙进行的"十二年停战协定"的谈判，但是荷兰东印度公司的股东们显然把它作为挫败伊比利亚要求荷兰撤出东印度的工具，并且"说服荷兰政府坚定地捍卫我们和国家的权利"。

格劳秀斯承认，葡萄牙从未伤害海姆斯凯克本人，也没有任何伤害其水手、货物和船队的企图。因此在《论捕获法》中，他必须采取极端手段才能证明海姆斯凯克的捕获商船行为是合法的：首先，葡萄牙对土著的干扰和威胁从物质上损害了荷兰在亚洲的香料贸易前景。如 1602 年夏天，由于葡萄牙船长安德烈·福塔多·德·门多萨（Andre Furtado de Mendonca）把香料群岛变成了荒芜之地，从而使海姆斯凯克船队无法从香料群岛采买香料；特别是 1602 年 11 月葡萄牙人在澳门屠杀 17 名荷兰水手，这些水手是阿姆斯特丹联合公司（荷兰东印度公司前身之一）船长雅各·冯·奈克（Jacob von Neck）的属下，他们并没有犯罪，只是不知情地驶入了澳门。作为荷兰政府和阿姆斯特丹联合公司的代表，海姆斯凯克不可能坐视不管葡萄牙的这种公然的非正义行为。

其次，格劳秀斯提出了"主体权利"概念，即人天生拥有自主权，自由的个体能够行使自己的权利。人类拥有捍卫自己人身和财产不受不公正侵害的权利，用格劳秀斯的话来说就是，每个人都拥有采取必要措施自卫和惩罚违犯自然法的自然权利。换句话说，海姆斯凯克有权利发动袭击葡萄牙商船。格劳秀斯还由"主体权利"概念引申提出，为了实施主张贸易和航行自由的自然法，一个贸易公司可以合法参与反对其他商人甚至反对主权国家代表的私人战争。由于荷兰联省共和国在国际政治中的模糊地位，所以它的居民被授予了自由贸易和航行的权利，这是所有自由民族与生俱来的权利，在缺乏独立而有效判决的情况下，他们自己就可以行使这种权利。由于自卫权使个人可以在自己的事业中充当法官和执行者，所以在一定的条件下，像荷兰东印度公司那样的贸易公司必须在国际政治中拥有完全的自主权。当受到葡萄牙的损害和威胁时，它完全有权利武装自己以便捍卫它与亚洲各国王公和民族的贸易。因此在东印度实施贸易和航海自由、通过正义战争而惩罚葡萄牙违犯自然法的使命就落在了东印度公司身上。

最后，格劳秀斯提出，由于海姆斯凯克是代表拥有主权和独立的荷兰国家而行动，所以他攻击葡萄牙商船的行为是荷兰共和国反对西班牙和葡萄牙国王菲利普三世的公共战争的一部分，是"正义的"战争。海姆斯凯克既不是私掠商船主，也不是海盗，他是一名进行自己的私人战争的战士![1] 既然海姆斯凯克攻击并捕获"圣卡特里娜"号是"正义"的战争，所以他就可以把葡萄牙商船及其装载的货物作为战利品，以弥补他的雇主荷兰东印度公司和荷兰联省会议所遭受损失。

四、结　语

1605 年格劳秀斯发表《论捕获法》，这是现代国际法诞生的标志。格劳秀斯为现代国际法做出的奠基性贡献毋庸置疑，但是他的国际法理论诞生的背景和原因更值得我们分析。第一，格劳秀斯的国际法（尤其是《论捕获法》和《论自由海洋》）是 16 世纪末期宣布独立的荷兰急迫地参与亚欧香料贸易、牟取巨额利润的一系列历史事件的结果；第二，《论捕获法》是格劳秀斯为荷兰东印度公司船长海姆斯凯克的海盗行为辩护的直接产物；第三，《论捕获法》

---

① Martine Julia van Itersum, *Profit and Principle：Hugo Grotius, Natural Rights Theoriesand the Rise of Dutch Power in the East Indies 1595-1615*, p. 46.

为荷兰东印度公司建立自己的武装力量提供了理论依据。17世纪荷兰"黄金时代"的基础主要得益于荷兰东印度公司。兹用几个简单事实说明其重要性：1602—1796年间，它共派出4785艘商船、近100万人员到亚洲，运载亚洲商品达250多万吨。[1] 在它存在的近200年里，年均利息为18%。[2] 1614年，荷兰（东印度公司）攻占马六甲，从而控制了香料群岛；1619年，它在爪哇建立"巴达维亚"；1658年它完全占领了斯里兰卡。

（原载《贵州社会科学》2016年第3期）

---

① M. W. Van Boven, "Towards A New Age of Partnership（TANAP）: An Ambitious World Heritage Project（UNESCO Memory of the World-reg. form, 2002），" *VOC Archives Appendix* 2, p. 14.

② M. C. Ricklefs, *A History of Modern Indonesia Since c. 1300*, p. 110.

欧洲"文明"观念
向日本、中国的传播及其本土化
——以基佐、福泽谕吉和梁启超为中心的分析

刘文明　首都师范大学历史学院教授

摘要　19世纪欧洲"文明"观念具有帝国主义意识形态的一面，它伴随着欧洲殖民扩张传播到世界各地。西义"文明"的基本内涵在东渐过程中，从基佐到福泽谕吉再到梁启超，有一条清晰的承继脉络，同时也有吸收过程中的本土化改造。福泽谕吉和梁启超对"文明"的积极倡导，反映了欧洲"文明"作为世界性话语的影响力。"文明"在当时不仅仅是一个词汇或概念，而是成了一个具有"普世"意义的价值取向，成了以西欧为代表的社会的前进目标和各国努力的方向。福泽谕吉和梁启超正是在这个欧洲主导的话语体系中，试图为本国找到富强之路，在吸收中建构起适合于本国的"文明"。但西义"文明"在日本和中国本土化的结果却颇为不同。

关键词　文明　基佐　福泽谕吉　梁启超

"文明"一词原为中国古代所固有，《周易》中便有6处运用。但今日中国所指"文明"，一般认为，就词汇而言来自日本的"和制汉语"，就内涵而言来自西方的"civilization"。国内外学者关于西义"文明"传到中国，已有

一些探讨，①这些研究具有重要学术参考价值。然而，囿于传统学科划分的局限，这些探讨大多着眼于"文明"一词在晚清民初的出现与使用，以及"文明观"其时在中国的嬗变。笔者认为，对于一个概念其及观念的传播，如果能从整体观出发，溯其源流，考察其传播路径，并从这个概念的本土化来理解其内涵的变化，这将有助于我们更好地理解其丰富的历史内涵。从这一思考出发，本文试图对西义"文明"概念与观念从欧洲经日本向中国的传播做一初步探讨。在这一研究中，笔者将"文明"观念置于19世纪的世界语境之中，对其在欧洲的内涵、日本的吸收与改造、中国的输入与本土化阐释，从全球史视角做一个整体考察。②需要说明的是，本文虽从全球史的宏观视野来理解"文明"观的跨文化传播，但力避空泛，而以基佐、福泽谕吉和梁启超为研究个案，以他们的"文明"观及其间的联系为中心，了解"文明"观从欧洲向日本、中国传播的整体面貌。

---

① 国内涉及"文明"观念的著作有陈启能、姜芃等著的《世界文明通论·文明理论》（福州：福建人民出版社，2010 年），何平的《文化和文明史的比较研究》（济南：山东大学出版社，2009 年）。关于近代中国的"文明"观念，有黄兴涛的《晚清民初现代"文明"和"文化"概念的形成及其历史实践》（《近代史研究》2006 年第 6 期），史革新的《近代文明观形成浅议》（《史学史研究》2007 年第 3 期），戴银凤的《Civilisation 与"文明"——以〈时务报〉为例分析"文明"一词的使用》（《贵州师范大学学报》2002 年第 3 期），王艳玲的《维新派新文明观论略》（《华南理工大学学报》2006 年第 4 期）。还有一些外籍学者的论著，如德国学者方维规的《论近现代中国"文明""文化"观的嬗变》（《史林》1999 年第 4 期），日本学者手代木有儿的《晚清中西文明观的形成——以 1870 年代后期至 90 年代初期为中心》（《史林》2007 年第 4 期），石川祯浩的《梁启超与文明的视点》（载狭间直树编：《梁启超·明治日本·西方》，北京：社会科学文献出版社，2001 年），佐藤慎一的《近代中国的知识分子与文明》（刘岳兵译，南京：江苏人民出版社，2006 年）等。也有学者从文明史角度的探讨，如李孝迁的《巴克尔及其〈英国文明史〉在中国的传播和影响》（《史学月刊》2004 年第 8 期），李孝迁、林旦旦的《清季日本文明史作品的译介及回应》（《福建论坛·人文社会科学版》2005 年第 3 期）。

② 笔者认为，中国固有"文明"概念与欧洲"文明"概念的涵义有何差异，欧洲"文明"观念是在何种国际话语环境中传入日本与中国的，它在日本经过了怎样的改造，然后如何传入中国并在中国实现本土化，这一系列问题需要做大量研究。笔者近年来力图从全球史视角做一些尝试，初步成果有：《自我、他者与欧洲"文明"观念的建构——对 16—19 世纪欧洲"文明"观念演变的历史人类学反思》（《江海学刊》2008 年第 3 期）、《19 世纪中叶前中国与欧洲的"文明"观念》（《首都师范大学学报》2010 年第 5 期）、《19 世纪欧洲"文明"话语与晚清"文明"观的嬗变》（《首都师范大学学报》2011 年第 6 期）。

一、19世纪初的西欧与基佐的"文明"观

Civilization 一词及其内涵在欧洲的出现和演变，德国学者诺贝特·埃利亚斯在其《文明的进程》中做了较为详细的考察，认为它在18世纪中叶出现，至19世纪初已为欧洲知识界广泛运用。笔者认为，"文明"概念及其观念在欧洲的出现与使用，并不仅仅是一个语言与学术问题，在某种程度上也是一个社会问题。言语是现实的一面镜子，语言的变化反映了一个社会的时世变迁，也映照了生活在这个社会中的群体心态变化。①因此，"文明"一词在19世纪初的广泛使用，是这一时期欧洲在英国工业革命和法国政治革命的推动下，社会经济快速发展和海外扩张走向鼎盛的反映，也是欧洲人以此为基础充满自信的一种自我表述。对于当时欧洲所取得的成就和以此为基础的自我意识，似乎没有什么概念比"文明"一词更能恰当地予以概括。关于这一点，对法国和欧洲文明史都做过专门研究的基佐的阐述最具代表性。基佐的"文明"观可以看作是19世纪初欧洲"文明"观的一个缩影。

基佐在其《欧洲文明史》（1828年）和《法国文明史》（1829—1832年）中，对其所理解的"文明"做了较为全面的阐述。他表示，他要探讨"文明"一词"通俗的、一般的意义"，要"把文明这个词的意义作为一个事实来研究，根据人类常识来探寻它所包含的全部意思"。②那么，这个"事实"是什么？基佐的界定是："在我们称之为'文明'的伟大事实中，似乎包含着两个要素——它的存在必须依赖两种境况——它依靠两个条件而生存——它通过两个征兆表现出来：社会的进步，个体的进步；社会制度的改善，人类智力和能力的扩展。"③在此，基佐将"文明"的意义外化为可见的事实——社会的进步与社会制度的改善，个体的进步与人类智力、能力的扩展。如果一个地方具备这两个要素，符合这两种境况，满足这两个条件，出现这两个征兆，便表明那里达到

① 诺贝特·埃利亚斯在《文明的进程》中，就把"文明"的进程理解为个体心理与群体心理的变化过程，一种"文明"反映的是一个社会群体的心理结构与自我意识。参见诺贝特·埃利亚斯：《文明的进程》第1卷，王佩莉译，北京：三联书店，1998年。

② François Pierre Guillaume Guizot, *General History of Civilization in Europe*, edited by George Wells Knight, New York: D. Appleton and Company, 1896, pp. 8–9.

③ François Pierre Guillaume Guizot, *General History of Civilization in Europe*, p. 14.

176

了"文明"。这样，"文明"便具有可操作的标准来衡量某个社会的"文明"程度。正因为如此，基佐说："无论什么地方，人们的外部条件得到扩展了、变化加快了和改善了；无论什么地方，人们的心智本性明显表现出充满活力、才智出色和庄严伟大；无论什么地方出现了这两种征兆且经常如此，那么，尽管社会制度还很不完善，那里的人们便宣告和欢呼'文明'的到来。"①

可见，在基佐的"文明"观中，"文明"的主要内涵是两对基本范畴：社会与个体的进步、物质与精神的发展。社会进步与物质条件的改善相一致，是"人的外部条件和一般条件的进展"，而个体进步与心智的完善相一致，是"人的内部性质和个人性质的进展"。②社会的进步与发展，包括"国民生活的改善"，"社会状况的改善，人与人之间关系走向更完美"，"国家更加繁荣，社会关系非常活跃且组织良好"；"一方面是社会的力量与福利普遍地明显增长，另一方面是这些力量与福利更加公平地分配给构成社会的每个人。"③个体的进步包括"个人生活的发展、人类心智及其能力的发展、人本身的发展"。如果一个地方的文学、科学和艺术出现了前所未有的繁荣，人们看到这些耀眼的精神财富，便承认这里享有"文明"。④因此，在基佐看来，个体的发展也就是精神的进步，它们是"文明"的同一要素。在基佐的"文明"观中，社会物质进步与个体精神发展之间是一种怎样的关系？他提出："文明的两大要素，即智力发展和社会发展，非常紧密地联系在一起；文明的完善的的确确不仅在于它们的结合，而且也在于他们的同步性，以及它们互相激发并产生自身的那种广度、便利程度和速度。"⑤既然这两个要素不可分离，衡量一个社会的"文明"程度，就必须二者缺一不可。

如何理解基佐的"文明"观？

首先，基佐所描述的"文明"，似乎就是对 16 世纪以来欧洲社会快速发展的历史概括，因此深深打上了欧洲人关于"进步"与"发展"的烙印。

19 世纪初的欧洲，正经历资本主义和工业化快速发展的社会转型，英国工业革命和法国大革命，"不仅仅是'工业'本身的巨大胜利，而且是资本主义工业的巨大胜利；不仅仅是一般意义上的自由和平等的巨大胜利，而且是中产

---

① François Pierre Guillaume Guizot, *General History of Civilization in Europe*, p. 14.

② 基佐：《法国文明史》（第 1 卷），沅芷、伊信译，北京：商务印书馆，1993 年，第 9 页。

③ François Pierre Guillaume Guizot, *General History of Civilization in Europe*, p. 11.

④ François Pierre Guillaume Guizot, *General History of Civilization in Europe*, p. 13.

⑤ 基佐：《法国文明史》（第 1 卷），第 10 页。

阶级或资产阶级自由社会的大胜利；不仅仅是'现代经济'或'现代国家'的胜利，而且是世界上某个特定地域（欧洲部分地区和北美少数地方）内的经济和国家的巨大胜利——其中心是大不列颠和法国这两个毗邻而又互为竞争对手的国家"。①因此，生活在法国这一变革中心的基佐，看到的是一个日新月异并迅速将世界其他地区抛在后面的新欧洲。经济的发展、制度的变革、国力的强大、观念的改变，都使他体悟到了欧洲的进步与发展。他的文明史观，由此也渗透着进步史观。他将欧洲文明史分为三个时期：起源或形成时期，试验、尝试与探索时期，发展时期。他认为在发展时期，"欧洲社会具有了确定的形式，有确定的方向，快速而普遍地向一个明确的目标前进。这一时期始于16世纪，至今仍处在这一前进道路上"。②欧洲这种进步性与发展性，成了欧洲文明的重要特性。关于这一点，他通过将欧洲文明与其他文明进行比较做了阐明。他认为现代欧洲文明之前的其他文明都具有单一性的特点，缺乏多样性与活力，尤其是埃及和印度等东方国家，"社会在这里变得静止不动了，简单导致了单调；国家虽未遭到毁灭，社会依然存在，但没有进步，继续保持在冬眠和静止状态"。但欧洲文明却由于它的丰富和多样性而获得较快的发展，并且"一直处于前进的状态"。③

当然，基佐的"文明"二要素论，除了社会与物质的进步外，还有个体与精神的发展。基佐之所以将个体发展当作文明的要素与表现，既有他作为一个资产阶级自由主义者的思想渊源，也是当时法国社会现实的写照。正如英国历史学家霍布斯鲍姆所说："革命后的法国社会在结构上和价值观念上都是资本主义社会，是暴发户的社会，换言之是自我造就者的社会。"革命"打开了有才之士的进身之路，或者至少说是向精力、精明、勤奋，以及贪婪，打开了进身之路"。④由此不难理解，个体价值的凸显也是"文明"的表现。基佐认为，个体与精神进步的另一重要表现是"自由"。他说："在其他文明中，独占统治，或至少是单一原则占绝对优势，导致了专制暴政；而在现代欧洲，社会秩序中各种成分的多样性，任何一种成分都不能排斥其他成分，催生了至今仍然

① 艾瑞克·霍布斯鲍姆：《革命的年代：1789—1848》，王章辉等译，南京：江苏人民出版社，1999年，第2页。

② François Pierre Guillaume Guizot, *General History of Civilization in Europe*, p. 221.

③ François Pierre Guillaume Guizot, *General History of Civilization in Europe*, pp. 26-32.

④ 艾瑞克·霍布斯鲍姆：《革命的年代：1789—1848》，第243页、第252页。

盛行的自由。"正是欧洲这种"自由","赋予欧洲文明以真实而巨大的优越性"。[1]欧洲文明为何在精神方面会取得如此大的进步？基佐从欧洲历史出发找到了这一动因。他说，"基督教一直是文明的最伟大推进者之一"，"因为它改变了人的内心状况、观念、情感，因为它使人在道德上、知识上获得了新生"。[2]从这一点也可看出，要理解基佐所说的欧洲"文明"的特性，离不开基督教。

其次，基佐的"文明"是一个着眼于理解欧洲现实的概念，在欧洲对外殖民扩张的背景下，不可避免带有欧洲中心主义色彩。

基佐对"文明"的探讨，并非完全出于历史研究的学术思考，而是试图对欧洲与法国的现实进行诠释，这也正是法国复辟时期史学的重要特征。美国学者斯蒂芬·尼科斯称这一时期的历史学为"后喻史学"（Post-Figural Historiography）——历史学家们从关注现实出发，从历史事件的偶然性与必然性来探寻其间的联系。基佐所说的"进步"，就是许多偶然性事件改变了社会秩序而造成的结果，目的是想从历史视角来解释法国革命，并将法国革命理解为欧洲文明发展的重要动力。[3]因此，基佐的文明史，是以历史来诠释现实，反映的是基佐个人甚至当时法国知识分子对欧洲社会的认知。他们将当时欧洲社会所取得的成就理解为"文明"，只不过是穿着历史的外衣来解释这种"文明"罢了。关于这一点，埃利亚斯一语中的："只有历史的经验才能明确地阐述'文明'这个词的真正含义。"[4]由此，"文明"一词带有欧洲历史与现实社会的烙印，也就不难理解了。而当时欧洲的现实，除了社会经济飞速发展和政治革命风起云涌之外，还有对外扩张、移民及世界霸权的逐步确立。19世纪初的世界，随着资本主义世界体系的逐步建立，"进步的文明国家"与"落后的野蛮国家"之间已经出现明显分野，这种现实必然通过欧洲人的自信与自我意识，给"文明"概念打上欧洲中心主义的烙印，这从基佐强调欧洲文明"进步""自由"的优越性中体现出来。

综上所述，基佐所说的"文明"强调社会与个体的发展，物质与精神的进步，是来自西欧社会发展及其对外殖民扩张的经验概括，因此是西欧经验与西欧意义的"文明"。它犹如一把法国制造的标尺，采用的是法国度量单位。然

---

① François Pierre Guillaume Guizot, *General History of Civilization in Europe*, p. 33.

② François Pierre Guillaume Guizot, *General History of Civilization in Europe*, p. 15.

③ Stephen G. Nichols, "Contingency and Post-Figural Historiography in the French Restoration, 1815–1830," *MLN*, Volume 124, Number 4 (September 2009), pp. 777–796.

④ 诺贝特·埃利亚斯：《文明的进程》第1卷，第51页。

而，基佐却把它上升到"一般的意义"，并用它来衡量世界各国，由此得出欧洲"文明"优越的结论。19世纪中叶以后，欧洲人对自身"文明"优越的认知心态，随着欧洲霸权的确立而得到膨胀，向"野蛮"和"半开化"地区传播"文明"成为欧洲侵略扩张的"合法"外衣，由此，"文明"也成为一种帝国主义意识形态。

二、福泽谕吉对基佐"文明"观的吸收与改造

1853年，美国东印度舰队司令佩里到日本"叩关"，迫使日本"开国"，此后欧洲列强尾随而来，纷纷与日本签订不平等条约，使日本面临沦为半殖民地的危险。正是在这种背景下，日本出现了倒幕运动与明治维新，"洋学"逐渐在日本传播开来，欧洲的"文明"观念也随之进入日本。一般认为，英语的civilization译为和制汉语的"文明"和"文明开化"，最早见于1867年福泽谕吉的《西洋事情》（外编）。在该书中，福泽谕吉专辟了一小节讨论"世间的文明开化"。他用到了"莽昧""草昧""蛮野"和"文明""文明开化""教化"等词汇。[1]这些词汇的混用，表明具有儒学背景的福泽谕吉在理解"文明"时的文化杂合性。从他所用词汇来看，barbarous和civilization两个词汇译成汉字有多种选择，而他主要用"蛮野"和"文明开化"来表达，并对后人产生了较大影响。到明治维新时期，"文明开化"一词风靡整个日本社会。不过，在他的《西洋事情》中，"文明"和"文明开化"两个词似乎都来自civilization，并且有时具有"文明化"的含义。而在1875年的《文明论概略》中，福泽谕吉明确表示"文明一词英语叫作'Civilization'"。[2]因此，将civilization与名词"文明"对译固定下来，可能经历了一个演变过程。

福泽谕吉所接受的西义"文明"概念，也许存在多样性来源。他懂英语，在撰写《西洋事情》之前，曾到美国和欧洲亲眼目睹过西方社会。但是，从学术角度而言，他的"文明"观主要来自法国基佐和英国巴克尔的文明史。至于受谁的影响较大，学界并无定论。例如，石川祯浩认为，"巴克尔的《英国文

---

① 福澤諭吉：《西洋事情》，マリオソ・ソシエ、西川俊作編：《福澤諭吉著作集》第1卷，東京：慶應義塾大学出版会株式会社，2002年，第94—98页。

② 福泽谕吉：《文明论概略》，北京编译社译，北京：商务印书馆，1959年，第30页。

明史》不仅提供了福泽《文明论之概略》的大体构架，对整个明治日本的文明认识也产生过巨大影响。"①而小泽荣一则认为，福泽谕吉受基佐的影响更深。笔者发现，福泽谕吉在《文明论概略》中，提及巴克尔一次，而提及基佐的《文明史》三次。另外，将《文明论概略》与基佐和巴克尔的《文明史》进行比较，似乎与基佐《文明史》的相似点更多。因此，笔者在此采纳小泽荣一的观点，将基佐视为福泽谕吉"文明"观的主要影响者。根据小泽荣一的研究，有确切史料表明，福泽谕吉于1873年便在庆应义塾讲授基佐的文明史，很可能是此前一年，庆应义塾在伦敦的留学生，赠给福泽谕吉一些英文著作，其中包括基佐的文明史。而《文明论概略》在1875年出版，其影响明显见于书中一些章节。②例如，福泽谕吉在第二、三章，大量引用了基佐《文明史》的相关内容来解释"文明"。在第三章的前半部分，许多地方基本照搬基佐《文明史》第一讲的前半部分。再如，基佐为了通俗易懂地说明"文明"的含义，提出了四种假设情况，用来判断那里是否存在"文明"。而福泽谕吉也举了四个例子来说明，这四个例子可以说就是对基佐四个假设的"编译"。③第八章"西洋文明的来源"，福泽谕吉更是明确说明"这里只引证法国学者基佐所著《文明史》以及其他各种著作的要点，略述其大意而已"。"关于详情细节，请参阅'文明史'译本。"④

福泽谕吉的"文明"观主要在哪些方面吸收了基佐的思想？首先，福泽谕吉吸收了基佐的"文明"二要素论，提出"文明有两个方面，即外在的事物和内在的精神。外在的文明易取，内在的文明难求。……所谓外在的文明，是指从衣服饮食器械居室以至于政令法律等耳所能闻目所能见的事物而言"。⑤ "文明的精神""就是人民的'风气'"或"一国的'人情风俗'"。⑥所以，文明的内涵，"若按狭义来说，就是单纯地以人力增加人类的物质需要或增多衣食住的外表装饰。若按广义解释，那就不仅在于追求衣食住的享受，而且要砺智

① 石川祯浩：《梁启超与文明的视点》，狭间直树编：《梁启超·明治日本·西方——日本京都大学人文科学研究所共同研究报告》，北京：社会科学文献出版社，2001年，第97页。
② 小沢栄一：《〈文明論之概略〉とギゾ一の文明史》，《日本歴史》第144号（1960年6月），第27—37页。
③ 比较基佐的《欧洲文明史》（程洪逵、沅芷译，北京：商务印书馆，1998年）第7—9页和福泽谕吉的《文明论概略》第31—33页，其间的联系非常明显。
④ 福泽谕吉：《文明论概略》，第121、130页。
⑤ 福泽谕吉：《文明论概略》，第12页。
⑥ 福泽谕吉：《文明论概略》，第12—13页。

修德，把人类提高到高尚的境界。"①其次，福泽谕吉吸取了基佐的"文明"进步论，提出"文明是指正在不断前进的过程，今天的文明还没达到路程的一半"。②正因为如此，福泽谕吉"向国人提出一个问题：在今天这个时代，是应该前进呢，还是应该后退？是进而追求文明呢，还是退而回到野蛮?"③因此，他竭力主张日本实行"文明开化"。

然而，福泽谕吉的"文明"观虽主要来自基佐，但他并不是采取简单的"拿来主义"，而是根据日本需要对西来"文明"概念进行了本土化改造。主要表现在以下几个方面。

首先，在福泽谕吉的"文明"观中，"半开化"和"野蛮"成为表述"文明"的重要比较范畴，尤其是"野蛮"一词，成了他解释"文明"的重要概念工具，"文明"作为"野蛮"的对立面而存在。虽然，在19世纪初的欧洲，"文明""半开化"和"野蛮"三个概念已被一些欧洲知识分子用来描述世界各地的差异，基佐也将物质与精神缺乏的地方看作没有"文明"，提到野蛮部落中没有"文明"，④但是，他并没有将"野蛮"当作一个用于解释"文明"的主要概念工具。而在福泽谕吉这里，这种对比成了一种重要的表述方式。他说："文明开化这个词也是相对的。现代世界的文明情况，要以欧洲各国和美国为最文明的国家，土耳其、中国、日本等亚洲国家为半开化的国家，而非洲和澳洲的国家算是野蛮的国家。……文明、半开化、野蛮这些说法是世界的通论，且为世界人民所公认。"⑤"变化发展着的东西就必然要经过一定的顺序和阶段，即从野蛮进入半开化，从半开化进入文明。"⑥所以在福泽谕吉看来，日本的目标就是要从"半开化"走向"文明"。在20年后的甲午中日战争中，当他认为日本已经达到西方意义的"文明"之时，"文明"便成了他手中的工具，大肆宣扬日本对华战争是"文野明暗之战"。所谓"文野"就是文明与野蛮，"明暗"就是开明与黑暗。他认为日本在这场战争中，是在"文明"的大义下与中国作战，使中国屈服乃是"世界文明之洪流赋予日本的天职"。⑦

① 福泽谕吉：《文明论概略》，第30页。
② 福泽谕吉：《文明论概略》，第33页。
③ 福泽谕吉：《文明论概略》，第8页。
④ François Pierre Guillaume Guizot, *General History of Civilization in Europe*, p. 10.
⑤ 福泽谕吉：《文明论概略》，第9页。
⑥ 福泽谕吉：《文明论概略》，第11页。
⑦ 鹿野政直：《福泽谕吉》，卞崇道译，北京：三联书店，1987年，第159页。

其次，福泽谕吉为了证明"文明开化"的合理性并为日本指出发展目标，强调"文明"的相对性。基佐的"文明"观中，也有文明相对性的思想，他在比较法国、英国、西班牙等国的文明程度时就表明了这一点。但他所说的相对性，是为了凸显法国或欧洲的优越性，不同于福泽谕吉强调文明的相对性，目的在于为日本"超越"欧洲寻找依据。福泽谕吉承认，欧洲各国和美国是当时最文明的国家，日本"必须以欧洲文明为目标"，但是，"现在称西洋各国为文明国家，这不过是在目前这个时代说的，如果认真加以分析，它们的缺陷还非常多"。"假如千百年后，人类的智德已经高度发达，能够达到太平美好的最高境界，再回顾现在西洋各国的情况，将会为其野蛮而叹息的。由此可见，文明的发展是无止境的，不应满足于目前的西洋文明。"①这实际上为日本的"文明开化"确立了近期和远期两个目标——追赶欧洲和超越欧洲，《文明论概略》可以说就是为实现这两个目标而开的战略性药方。正因为如此，福泽谕吉的"文明"观中，给西来"文明"添加了日本所需要的功利性成分。

再次，福泽谕吉虽吸收了基佐的"文明"二要素论，但他比基佐更强调"智德"，提出"文明就是人类智德进步的状态"，主张培养具有智德的国民。因此他在《文明论概略》中用了四章的篇幅来论述"智德"。"智德"也就是智慧与道德。智德之所以重要，因为"一个国家的治乱兴衰，也是和国民的智德有关联"，② "从国民的一般智德，可以看出一个国家的文明状况"。③福泽谕吉注重精神文明，但对基佐竭力推崇的基督教，并没有表现出多大热情，对此阐述不多，而是用了大量日本甚至中国的历史故事来说明问题，对道德的阐述更明显带有儒家伦理的色彩，如对"克己复礼"、修身等问题的阐述。这一点反映了福泽谕吉的儒学背景及其"文明"观的东方因素。

最后，福泽谕吉提出"文明"是实现国家独立的手段，为此提倡建设"日本的文明"。这一论述，完全是从日本现实出发而提出来的。福泽谕吉认为，"文明既有先进和落后，那么，先进的就要压制落后的，落后的就要被先进的所压制。"④ "日本的文明落后于西洋"，这使日本面临危机。"西洋人所到之处，仿佛要使土地丧失了生机，草木也不能生长，甚至连人种也有被消灭掉。看到了这些事实，并想想我们日本也是东洋的一个国家，尽管到今天为止在对

---

① 福泽谕吉：《文明论概略》，第 10—11 页。
② 福泽谕吉：《文明论概略》，第 49 页。
③ 福泽谕吉：《文明论概略》，第 59 页。
④ 福泽谕吉：《文明论概略》，第 168 页。

外关系上还没有遭受到严重危害，但对日后的祸患，却不可不令人忧虑！"①正是如此，"国内有识之士……才着手进行改革"。② "唯一办法只有确定目标，向文明前进。那么这个目标是什么呢？这就是划清内外的界限，保卫我们国家的独立。保卫国家独立的办法，除争取文明之外没有别的出路。今天号召日本人向文明进军，就是为了保卫我国的独立。所以说，国家的独立就是目的，国民的文明就是达到这个目的的手段。"③因此，日本需要建设"国民的文明"，这种文明最重要的是人民思想的独立，"如果全国人民没有真正的独立思想，文明也不能对日本起什么作用，那么，就不能称为日本的文明"。④这样，福泽谕吉通过阐述文明与国家独立的关系，为明治政府指出了一条抵抗西方侵略和捍卫国家主权的强国之路，同时也给他的"文明"观打上了国族主义的烙印。

由上可见，福泽谕吉的"文明"观来源于基佐等西方思想家，但他根据日本的现实情况，有取舍地对其进行了改造，使之日本化。关于这一点，我们可以从福泽谕吉所处的国际环境和日本社会现实来理解。福泽谕吉所生活的19世纪下半叶，正是欧洲国家获得世界性霸权的鼎盛时期，欧洲殖民者和种族主义者构建起一套"文明"话语，将世界分为文明、半文明、野蛮三个不同地区，形成"文明阶梯"论。不仅如此，当时欧洲主导的国际法中，也盛行"文明标准"，以欧洲文明来衡量一个国家在国际关系中的行为。⑤这样，当时日本政府实行"文明开化"而竭力试图挤进欧洲"文明国家"行列，一方面力求不使日本沦为半殖民地，另一方面又试图通过富国强兵来赶超欧美。福泽谕吉作为一个为明治维新鸣锣开道的理论家和思想家，其具有日本特色的"文明"观便不难理解了。

当然，从福泽谕吉一生的思想轨迹来看，他的"文明"观及其价值取向前后有某些变化，从1867年的《西洋事情》，1875年的《文明论概略》，到1885年的《脱亚论》和1894年的《日清战争乃文明野蛮之战》，我们看到的是一个对日本文明越来越充满自信的福泽谕吉。这种自信，使他对日本文化的认同发生了根本性转变，从承认日本为东亚的"半开化"国家，发展到认为日本已经

---

① 福泽谕吉：《文明论概略》，第186页。
② 福泽谕吉：《文明论概略》，第169—170页。
③ 福泽谕吉：《文明论概略》，第190页。
④ 福泽谕吉：《文明论概略》，第186页。
⑤ 关于19世纪欧洲"文明"话语和当时国际法中的"文明标准"问题，笔者在《19世纪欧洲"文明"话语与晚清知识分子"文明"观的嬗变》一文做了探讨，在此不多赘述。

"向西洋文明转移"，不愿与东亚的清朝和朝鲜为伍而主张"脱亚入欧"，最后自认为成了西方"文明"社会的一员。这种变化，使得福泽谕吉所倡导的"文明"，从带有国族主义倾向用于维新图强的"文明"，最后发展到欧洲型的文明（扩张）主义与帝国主义"文明"，并日本化为军国主义"文明"。由此，"文明"也演变成了日本侵略亚洲其他国家的意识形态工具。[①]

三、福泽谕吉的媒介作用与梁启超的"文明"观

19世纪中叶，中国比日本开放较早，接触西学也比日本早，魏源的《海国图志》和徐继畬的《瀛环志略》曾一度成为日本知识分子开眼看世界的启蒙著作。因此，中国知识分子接触 civilization 一词也比日本早。但中国知识分子最初是用"教化""文雅"等词汇来翻译 civilization，而不是用的"文明"。[②]因此，西义"文明"是"和制汉语"。日本、韩国一些学者认为，最早使用西义"文明"的中国人是梁启超，其于 1896 年在《论中国宜讲求法律之学》中明确提及。[③]笔者认为这值得商榷。因为黄遵宪在初版于 1879 年的《日本杂事诗》中，就用了西义"文明"一词。他以报纸为例评述了当时日本学习西方文明的态度："一纸新闻出帝城，传来令甲更文明。曝檐父老私相语，未敢雌黄信口评。"并对此作注说："新闻纸中述时政者，不曰文明，必曰开化。"[④]很明显，当时作为驻日使馆参赞的黄遵宪，此处所用"文明"并非中国传统意义上的

---

① 关于福泽谕吉文明观中的民族主义，国内学者已有探讨，参见崔新京的《福泽谕吉"文明史观"的双重透析》（《日本研究》1990 年第 3 期），周颂伦的《〈脱亚论〉再思考》（《日本研究》2005 年第 1 期），谭建川的《福泽谕吉文明观批判》（《郑州大学学报》2005 年第 4 期），陈凤川的《殖民历史的文化投影——也谈福泽谕吉的〈文明论概略〉》（《暨南学报》2005 年第 5 期），丁志强的《论福泽谕吉的"文明史观"及其民族主义立场》（《日本问题研究》2006 年第 3 期），韩东育的《福泽谕吉与"脱亚论"的理论与实践》（《古代文明》2008 年第 4 期），臧世俊的《福泽谕吉的中国观》（《日本学刊》1995 年第 1 期），王明兵的《福泽谕吉的中国批判与日本民族主义》（《古代文明》2008 年第 4 期）。

② 因此，在福泽谕吉用"文明"来对应 civilization 之前，已有中国知识分子用其他中文近义词来表达 civilization。关于这一点，笔者在《19 世纪欧洲"文明"话语与晚清知识分子"文明"观的嬗变》一文中做了探讨。

③ 例如，日本学者石川祯浩、韩国学者河永生（Young-Sun Ha）便持这种看法。参见石川祯浩：《梁启超与文明的视点》，狭间直树编：《梁启超·明治日本·西方》，第 99 页；Young-Sun Ha, "The Conceptual History of Civilization in the 19th Century Korea," 第十届观念史国际会议参会论文，参见 http://www.itb.itu.edu.tr/anchorage/papers/。

④ 黄遵宪：《日本杂事诗（广注）》，长沙：岳麓书社，1985 年，第 642 页。

"文明"，而是日本人所用的西义"文明"。由于《日本杂事诗》在 1879 年即有北京同文馆、香港循环日报馆、中华印务局等多个版本问世，应该说对中国知识分子产生了不小的影响。因此，断定梁启超为最早，似乎与史料不符。当然，尽管梁启超使用西义"文明"在中国算不上最早，但却算得上阐述最多、影响最大。①

梁启超在 1898—1912 年流亡日本期间，看到的恰好是一个通过维新强大起来的日本，而维新的一个重要内容就是"文明开化"。日本知识分子对"文明"的津津乐道，无疑会给梁启超以巨大的感染。正因如此，"文明"一词在其日本期间的作品中，使用频率极高。笔者对陈书良选编的《梁启超文集》进行统计，发现有 38 篇文章共计 147 次提到"文明"。据石川祯浩的统计，仅在梁启超的《自由书》诸文中，"文明"出现约 40 次。早在戊戌变法前，梁启超对西义"文明"便有认知，1896 年的《论中国宜讲求法律之学》就是证明。到日本之后，日本"文明开化"的现实，以及梁启超所能获取的大量新知识来源，使他对西义"文明"有了更深刻的理解。因此，梁启超的"文明"观是在日本的"文明"话语环境中形成的，而在日本主导这套话语体系的福泽谕吉，便在其中起了重要的媒介作用。

从梁启超的相关著述，可以明显看到梁福之间"文明"观的联系痕迹。首先，梁启超无疑读过福泽谕吉的许多著作。他在《精神教育者自由教育也》《中国积弱溯源论》等文中引用过"日本大儒福泽谕吉"的言论，在《论学术之势力左右世界》中 6 次提到福泽谕吉，称赞他"专以输入泰西文明思想为主义"，并认为"福泽谕吉之在日本"是"必不可少之人"，"苟无此人，则其国或不得进步，即进步亦未必如是其骤也"。②在《传播文明三利器》中，他称赞福泽谕吉是"日本西学第一之先锋"。③其次，梁启超对"文明"的阐述，与福

---

① 梁启超以日本为媒介向国人介绍西学之功，已为学界所公认，国内不少学者对此做过探讨，在此不一一列举，值得一提的是郑匡民的《梁启超启蒙思想的东学背景》一书，其中一章还特别介绍了福泽谕吉的文明观对梁启超的影响。国外学者的探讨，引人注目的是日本京都大学组织的研究项目（1993—1997 年）"梁启超的研究——以日本为媒介认识近代西方的问题"，其成果见狭间直树编的论文集《梁启超·明治日本·西方——日本京都大学人文科学研究所共同研究报告》；另外，1998 年美国加州大学举行了"日本在中国接受西方近代思想中的作用——梁启超个案学术研讨会"，会议论文集为 Joshua A. Fogel 编的 *The Role of Japan in Liang Qichao's Introduction of Modern Western Civilization to China*, Institute of East Asian Studies, University of California, 2004.

② 梁启超：《论学术之势力左右世界》，张品兴等主编：《梁启超全集》第 1 册，北京：北京出版社，1999 年，第 559 页。

③ 梁启超：《传播文明三利器》，《梁启超全集》第 1 册，第 359 页。

泽谕吉的"文明"观颇为相似，其间的联系非常明显。石川祯浩将《文明论概略》与《饮冰室合集》进行对比，列举了梁启超翻译或改写福泽谕吉原文的几个例子，其中包括梁启超《自由书》（1899 年）中的《自由祖国之祖》《文野三界之别》《近因远因之说》和《国民十大元气论·叙论》，并指出"梁启超的《自由书》和《国民十大元气论》这些代表性文明论中，可以明白看出福泽《文明论之概略》的直接影响，梁启超肯定曾经读过《文明论之概略》"。①郑匡民在分析了福泽谕吉和梁启超对"文明"的相似阐述之后，也指出梁启超"完全地接受了福泽谕吉的文明三段论理论"，"无论在文明层面的划分上，还是在摄取西洋文明的过程上，都沿袭了福泽谕吉的观点"。②的确，梁启超在《国民十大元气论》中论及文明的内涵时说："文明者，有形质焉，有精神焉。求形质之文明易，求精神之文明难。精神既具，则形质自生；精神不存，则形质无附。然则真文明者，只有精神而已。……所谓精神者何？即国民之元气是矣。自衣服、饮食、器械、宫室，乃至政治法律，皆耳目之所得闻见者也，故皆谓之形质。"③他在《文野三界之别》中谈到西方的文明等级观时说："泰西学者，分世界人类为三级。一曰蛮野之人，二曰半开之人，三曰文明之人。其在春秋之义，则谓之据乱世、升平世、太平世。皆有阶级，顺序而升。此进化之公理，而世界人民所公认也。"④这些叙述与《文明论概略》中的相关阐述何其相似。笔者认为，梁启超的"文明"观至少在三个方面与福泽谕吉的"文明"观内涵一致。一是文明二要素论，即文明包括物质文明和精神文明，而且都强调"精神之文明"更为重要。二是文明进步论，即文明代表着社会进步，是人类前进的方向。三是文明阶梯论，即将人类状况分为野蛮、半开化、文明三个依次递进的等级。

梁启超主要借助"东学"而认知了西学"文明"，这种认知体验与途径，使他对"文明"概念的理解始终包含着三个实体因子：落后的中国、先进的欧洲和正在变化的日本。而这三者投射到他的心态之中，则凝结成为一种焦虑与

① 石川祯浩：《梁启超与文明的视点》，《梁启超·明治日本·西方》，第 101—102 页。
② 郑匡民：《梁启超启蒙思想的东学背景》，上海：上海书店出版社，2003 年，第 63、72 页。另外，闵锐武的《梁启超与福泽谕吉启蒙思想在清末中国的传播与影响》（《河北学刊》2000 年第 6 期），刘雅君、叶百泉的《梁启超"文明进化观"与福泽谕吉"文明论"》（《上海大学学报》2007 年第 5 期），也探讨过福泽谕吉文明观对梁启超的影响。
③ 梁启超：《国民十大元气论》，《梁启超全集》第 1 册，第 267 页。
④ 梁启超：《文野三界之别》，《梁启超全集》第 1 册，第 340 页。

"爱恨交织"的复杂心绪。他对中国文明的焦虑来自中欧之间的比较，这种比较使他认识到，"以今日论之，中国与欧洲之文明，相去不啻霄壤"。① "今所称识时务之俊杰，孰不曰泰西者文明之国也，欲进吾国，使与泰西各国相等，必先求进吾国之文明，使与泰西文明相等。"②因此，通过比较，他与福泽谕吉一样，认为欧洲是"文明"的代表，将中国和明治前的日本定位为"半开化"国家。文明的进步，就是从野蛮、半开化走向文明的过程。在现实中，文明化就是以欧洲社会为目标的发展。但是，当时欧洲的殖民扩张和激烈的国际竞争，也使梁启超在为中国文明深感焦虑之时，看到了西义"文明"所带来的残酷性。他在《论民族竞争之大势》一文中说："昔者忧国之士，以瓜分危言，棒喝国民，闻者将信而将疑焉。……无形之瓜分，则乃生不如死，亡不如存。正所以使我四万万国民，陷于九渊而莫能救也。夫今日之竞争，不在腕力而在脑力，不在沙场而在市场。夫既言之矣，野蛮国之灭人国也如虎，皮肉筋骨，吞噬无余，人咸畏之；文明国之灭人国也如狐，媚之蛊之，吸其精血，以瘵以死，人犹昵之。今各国之政策，皆狐行也，非虎行也。"③ "力征侵略之事，前者视为蛮暴之举动，今则以为文明之常规。"④由此可见，梁启超对西义"文明"负面性的认知，使他深深感悟到，"文明"世界使中国处于"文明国之灭人国也如狐"的险恶环境之中。在这种环境中，"侵略"不再是"蛮暴之举动"，而是"文明之常规"。也正是这种认识，使他相信日本"文明开化"的结果，必然加入到侵略中国的行列："日本者，世界后起之秀，而东方先进之雄也。近者帝国主义之声，洋溢于国中。……试问今日茫茫大地，何处有可容日本人行其帝国主义之余地？非行之于中国而谁行之？"⑤因此他提出："今日欲救中国，无他术焉，亦先建设一民族主义之国家而已。"⑥欧洲与日本既是学习目标，又是反抗对象，造成了晚清知识分子对其"爱恨交织"的矛盾心态，对于深有体悟的梁启超尤其如此。因此，福泽谕吉那种带有国族主义色彩的文明观，在梁启超这里则成了一种弱者的呼唤，希望借助建设"民族主义之国

---

① 梁启超：《论中国与欧洲国体异同》，《梁启超全集》第 1 册，第 312 页。
② 梁启超：《国民十大元气论》，《梁启超全集》第 1 册，第 267 页。
③ 梁启超：《论民族竞争之大势》，张品兴等主编：《梁启超全集》第 2 册，北京：北京出版社，1999 年，第 898 页。
④ 梁启超：《论民族竞争之大势》，《梁启超全集》第 2 册，第 888 页。
⑤ 梁启超：《论民族竞争之大势》，《梁启超全集》第 2 册，第 895 页。
⑥ 梁启超：《论民族竞争之大势》，《梁启超全集》第 2 册，第 899 页。

家"而达到自救和自强。

出于对中国前途和命运的担忧，具有深厚国学背景的梁启超，在吸收福泽谕吉"文明"论的同时，也根据中国社会需要对其给予了中国文化视角的解读，对西义"文明"提出了自己的理解。在此偶举两例。

首先，梁启超给文明进步论和文明阶梯论赋予了"春秋之义"。如上所述，他在阐述"文明"的三个等级时，添加了"春秋之义"的延伸解释，把欧洲的文明阶梯论，看作《春秋》三世说的另一种表述。因此，梁启超的文明论，与《春秋》三世说、进化论融为一体。他说："春秋之立法也，有三世：一曰据乱世，二曰升平世，三曰太平世。其意言世界初起，必起于据乱，渐进而为升平，又渐进而为太平，今胜于古，后胜于今，此西人打捞乌盈、士啤生氏等，所倡进化之说也。支那向来旧说，皆谓文明世界，在于古时，其象为已过。《春秋》三世之说，谓文明世界，在于他日，其象为未来。谓文明已过，则保守之心生。谓文明为未来，则进步之心生。"①因此对"文明"的追求，符合《春秋》三世说。

其次，梁启超在分析"文明"进步的原因与动力时，因论及问题不同而做了不同阐述，这实际上是他从中国社会现实需要出发而从不同维度来理解"文明"。在《新民说》"论国家思想"一节中，他将"文明"进步的动力归之于竞争："夫竞争者，文明之母也。竞争一日停，则文明之进步立止。由一人之竞争而为一家，由一家而为一乡族，由一乡族而为一国。一国者，团体之最大圈，而竞争之最高潮也。"②这种观念，与他到日本之后形成的民族国家观念和国民观念紧密联系在一起，认为文明的竞争，最终表现为国家的竞争，优胜劣汰便是文明的进步。在《新民说》"论进步"一节中，他提出对外交往也是文明进步的原因之一。他认为，中国与日本"同在东亚之地，同为黄族之民，而何以一进一不进，霄壤若此"。③原因之一便是中国"环蛮族而交通难也。凡一社会与他社会相接触，则必产出新现象，而文明遂进一步，上古之希腊殖民，近世之十字军东征，皆其成例也。然则统一非必为进步之障也，使统一之于内，而交通之于外，则其飞跃或有更速者也。中国环列皆小蛮夷，其文明程度，无一不下我数等，一与相遇，如汤沃雪，纵横四顾，常觉有天上地下唯我

---

① 梁启超：《论支那宗教改革》，《梁启超全集》第 1 册，第 264—265 页。
② 梁启超：《新民说》，《梁启超全集》第 2 册，第 664 页。
③ 梁启超：《新民说》，《梁启超全集》第 2 册，第 683 页。

独尊之概，始而自信，继而自大，终而自画。至于自画，而进步之途绝矣"。^①因此，中国必须保持对外开放与交往，才能取得文明的进步。在《保教非所以尊孔论》的"论保教之说束缚国民思想"一节中，梁启超又将"思想自由"当作文明进步的总原因："文明之所以进，其原因不一端，而思想自由，其总因也。"^②而思想自由正是他竭力倡导的维新举措之一。

由此可见，梁启超日本期间所形成的西义"文明"观输入中国之时，虽有"梁启超式输入"的粗糙成分，但也有结合中国历史与现实的独立思考，以及对中国变法失败的反思，服务于其挽救中国民族危亡与维新图强的目标。实际上，他在向中国民众传播西学之时，非常顾及中国文化传统。例如，当时日本将英文的 economy 或 economics 译为"经济"，梁启超曾试图设法避免使用这一日本译名，而是另用"生计"一词，因为他考虑到中国固有词汇中的"经世济民"，怕中国读者误解。^③虽然他最终还是使用了"经济"一词，但反映了力图将西方概念本土化的努力。

结　语

19 世纪可以说是一个"文明化"的世纪，欧洲殖民者打着"文明"的旗号将侵略触角伸展到世界各地，使得包括中国、日本在内具有自身文化传统的亚洲国家，在其强大的经济与军事力量面前，为了自救与自强而不得不学习他们的"文明"。西义"文明"便是在这种世界格局与国际环境中传播到了日本与中国。这一概念的东渐，从其流动过程来看，从基佐到福泽谕吉再到梁启超，有一条清晰的承继脉络，同时也有吸收过程中的本土化改造。福泽谕吉和梁启超对西义"文明"的积极倡导，正反映了 19 世纪欧洲霸权背景下，西义"文明"作为世界性话语的影响力。19 世纪的"文明"话语，在欧洲扩张过程中成为一种世界性思潮，它已不仅仅是一个词汇或概念，而是成了一个具有

---

①　梁启超：《新民说》，《梁启超全集》第 2 册，第 684 页。

②　梁启超：《保教非所以尊孔论》，《梁启超全集》第 2 册，第 767 页。

③　Mori Tokihiko，"Liang Qichao and Western Modernity: An Analysis of His Translations of the Term 'Political Economy'," in Joshua A. Fogel, eds., *The Role of Japan in Liang Qichao's Introduction of Modern Western Civilization to China*, Berkeley: Institute of East Asian Studies, University of California, 2004. pp. 15-39.

"普世"意义的价值取向，成为以欧洲为代表的社会前进的目标和各国努力的方向。福泽谕吉和梁启超正是在这个欧洲主导的话语体系中，试图为本国找到富强之路，并在吸收中建构起适用于本国的本土化"文明"概念。因此，对于欧洲"文明"观念传入日本与中国，要从欧洲主导的世界"文明"话语与福泽谕吉、梁启超为代表的日中本土化努力两个方面来理解。

从现代"文明"概念作为渊源于欧洲的话语来看，从基佐时代到 19 世纪末，这套话语不断完善，形成文明阶梯论，它渗透于欧洲的殖民扩张之中，使"传播文明"成了欧洲扩张的合理与合法外衣。这套话语体现了欧洲人随着社会经济飞速发展和称霸世界而具有的自信，同时也为他们提供了以欧洲眼光来衡量世界的工具。因而，"文明"在 19 世纪欧洲人那里，也是一种文明主义和帝国主义的意识形态。

从日本、中国知识分子接受欧洲"文明"观念来看，他们实际上是参与了欧洲主导的世界"文明"话语的普及。在弱肉强食的帝国主义时代，福泽谕吉和梁启超的选择是无可厚非的，因为在精神文化上也需师夷长技以制夷。正是基于这种理念，他们在吸收欧洲"文明"时也注意加以改造，力求为己所用。只不过，福泽谕吉倡导的"文明"，在日本明治政府的推动下产生了直接效果，也促使日本人对自身文明的认同从自卑走向自信，最终使日本跻身欧美"文明"国家的行列。而流亡海外的梁启超看到祖国的积弱却无从实施抱负，即使祭出民族主义"文明"这杆大旗，倡导的效果也与日本大为不同，因为他的声音不具备日本那种由"舆论"转化为"政策"的条件。由于欧洲"文明"具有文明主义和帝国主义意识形态的一面，如果在接受这一概念时不加以很好的改造，便有可能从文化上落入文明主义的陷阱。福泽谕吉晚年的"文明"观，便在一定程度上将这种文明主义转化成了军国主义，将欧洲"文明"的负面因素移植到了日本。而在梁启超那里，在沦为被瓜分对象的晚清中国，对西义"文明"的倡导始终是一种弱者的呼声，因此"文明"也只可能是一面维新图强的旗帜。

（原载《历史研究》2011 年第 3 期）

全球史研究：
互动、比较、建构*

夏继果　首都师范大学历史学院教授

摘要　如何把全球史从"教学领域"变成"研究领域"，是 20 世纪下半叶以来全球史学者面临的共同问题。本文从三个方面探讨全球史的研究方法。互动作为一种研究方法，大致包括扩大研究单位的地理规模、关注研究单位间的历史联系、研究那些本身就跨越边界的单位或主题三种类型。互动研究并不是全球史研究的全部，我们还应同等地重视比较研究，把互动研究与比较研究有机结合起来。两者的结合大致可分为以下几种情况：把被比较的单位放入各自的大背景中，注重它们与各自环境的互动；被比较的对象之间至少应有一定程度的直接联系；比较不同国家和地区对于同样大背景的反应有何异同；比较同一主体（包括物品和思想文化）传播到不同地区后与当地社会的具体结合及其影响。互动研究、比较研究以及互动—比较研究本身都不应成为研究的终点，它们还应该对人类历史的发展有所"建构"，主要包括"一体化"进程的建构、因果关系和运行机制的建构、具有普遍意义的概述的建构等。

关键词　全球史　互动　比较　建构

---

*　笔者在撰写本文的过程中得到曲阜师范大学杨春梅、天津师范大学杜宪兵二位老师的帮助，特致谢忱。

近年来，全球史快速发展，尤其是在美国、欧洲和东亚地区。在美国，"世界史学会"依然活跃，它所主办的《世界历史杂志》①引领着全球史学术研究动向，从中小学课程、本科课程到博士培养的全球史培养体系已建立起来；不仅如此，全球史大众出版物、博物馆展览、电视节目的不断增多，表明全球史在美国已经从学术圈走向大众。鉴于此，《世界史指南》主编、密歇根大学的道格拉斯·诺思罗普自豪地说，全球史学者现在有了更多的底气，已经超越了"证明自己"的阶段。②柏林自由大学塞巴斯蒂安·康拉德在 2016 年出版的《全球史是什么》一书中描述了全球史在国际学术界的发展：全球史现今繁荣兴旺，在美国以及英语世界的其他地区，全球史在过去几十年里是历史学科中发展最快的领域，这一趋势也扩及欧洲部分地区和东亚，在那里日益受到年轻一代学者的青睐；很多时候，要成功申请一个项目，"全球维度"是必不可少的，一些重要的学术杂志，如《美国历史评论》和《过去与现在》，越来越多地登载全球史论文，全球史已成为"主流"，"历史学研究的方方面面都将受到全球视角的影响"。③十多年来，全球史在中国也获得发展。2004 年，首都师范大学成立"全球史研究中心"，至今已形成从本科教学到博士研究生培养的全球史教学培养体系。

全球史于 20 世纪中叶在美国兴起时主要是作为一个"教学领域"而存在的，如何开展全球史研究，把全球史变成一个"研究领域"，是 20 世纪下半叶以来全球史学者所面临的共同问题。笔者在培养研究生和研究实践中，也经常面临类似的问题，并进行过一些思考。近来，笔者发现西方学界出版了一些探讨全球史研究方法的著作，除了上文提到的两书外，还有美国匹兹堡大学迪戈·奥尔斯坦于 2015 年出版的《全球性地思考历史》。④笔者在阅读这些书籍过程中深切地感受到学术的相通，自己的许多想法与这些国外学者惊人地相似。本文主要根据上述三部著作，结合自己的学术积累与思考，谈谈全球史的研究方法。

---

① 即 World History Association 及其主办的 *Journal of World History*。已故美国历史学家杰里·本特利认为：对英语世界的大多数历史学家而言，世界史与全球史之间并无区别。参见夏继果：《理解全球史》，《史学理论研究》2010 年第 1 期，第 44 页。

② Douglas Northrop, "Introduction: The Challenge of World History," in Douglas Northrop, eds., *A Companion to World History*, Chichester: Blackwell Publishing Ltd., 2012, p. 3.

③ Sebastian Conrad, *What is Global History*, Princeton: Princeton University Press, 2016, pp. 1, 14.

④ Diego Olstein, *Thinking History Globally*, Basingstoke, New York: Palgrave Macmillan, 2015.

一、互　动

首都师范大学全球史研究中心成立之初，更多从事的是翻译引介的工作。但在这一过程中，如何开展全球史研究是中心同仁一直思考的问题。2009 年，中心主任刘新成教授在《全球史评论》第 2 辑发表《互动：全球史观的核心理念》一文，指出"互动乃人类社会组织的存在形式和世界历史发展的动力，互动在于相遇、联结、交流、交往、互相影响，而不是一方主导、引导甚至塑造对方和整个世界"。更让人称道的是，该文列举了全球史学家表达"互动模式"的十种途径：阐述不同人群"相遇"之后，文化影响的相互性和双向性；描述人类历史上曾经存在的各种类型的"交往网络"或"共生圈"；论述产生于某个地区的发明创造如何在世界范围内引起连锁反应；探讨"小地方"与"大世界"的关系，说明全球化时代任何局部地区的变化都折射世界发展趋势；"地方史全球化"；全球范围的专题比较研究；生态史、环境史研究；跨文化交流，即文化在不同地区间的流动和传播；探讨互动规律与归宿；"全球化史"研究。① 该文为我们的全球史研究指明了方向，接下来的几年，中心同仁以"互动"的视角为指导，凝练成全球史理论与方法、地中海史、历史上的跨文化交流、早期近代世界文明互动、近现代的西方文明与世界、全球史视野下的国际冲突、全球史中的中国与世界等研究方向，并按照这些方向招收硕士、博士研究生。

近年来，西方史学界对全球史的"互动"研究进行了诸多总结和反思。奥尔斯坦认为，作为研究方法的互动，大致有三种类型。

第一，扩大研究单位的地理规模。建立联系的最简单的办法是构建更大的分析单位，去除其中的边界。例如，如果把东亚文明、非洲文明或拉丁美洲文明作为研究单位，很多边界，特别是政治的和语言的边界，就消失了。东亚的中国、越南、韩国和日本之间，非洲的津巴布韦、马里和埃塞俄比亚之间，拉丁美洲的墨西哥、巴西和智利之间就建立了联系。类似地，如果把海洋盆地作

---

① 刘新成：《互动：全球史观的核心理念》，《全球史评论》第 2 辑，北京：中国社会科学出版社，2009 年，第 3—12 页。笔者深受该文启发，在拙作《理解全球史》一文中，曾对全球史家表达"互动模式"的十种途径中的五种予以进一步说明，参见《史学理论研究》2010 年第 1 期，第 49—52 页。

为研究单位，作为交流的液态道路，文明间的空间边界可以进一步被擦掉。例如，太平洋研究单位不仅把上述东亚四国联系在一起，而且可以包括墨西哥、智利，等等；大西洋盆地则把西欧和西非海岸与美洲东海岸连接在一起。以此类推，去除任何边界的方式是把全球作为研究单位。这样，通过扩大空间规模、重新定义空间单位的方式，我们可以构建起文明、海洋盆地、半球和全球这样一些不同级别的研究单位，并且较为便利地挖掘各自内部存在的相互联系。

第二，关注研究单位间的历史联系。如果说第一种联系是概念的（conceptual），即先构建一个历史的大单元，然后再挖掘其中的联系，那么第二种联系则是历史的（historical），即首先从挖掘历史上确曾存在过的联系入手，进而把一些所谓的密闭单位联结在一起。举例来说，中国和日本可以通过采用东亚这样一个单位被联系起来，也可以通过深入研究其相互关系而把它们联结在一起。第二种研究方式的关键点在于相连的单位的互相影响力和接触频度，而不是规模大小。两个或者多个单位间的最低强度的交流是接触（contact），持续性的接触导致互动（interaction），持续的、不断加深的互动造就了互相依赖的关系（interdependency），这种建立在相互依赖基础上的诸单位构成一个大的分析单位，即体系（system）。一经达到体系研究这个层面，就可以把前两种形式的互动研究结合在一起了。

第三，研究那些本身就跨越边界的单位或主题。其一是社会网络。"社会网络是跨越空间的互相联系的群体或个人的网络，这种互相联系经常超越边界"，它可能比前面所提到的空间单位既大又小。例如乳腺癌研究者的网络，可能会从日本扩展到中国、俄罗斯、欧盟、加拿大、美国，这样一个空间单位比文明、海洋或半球都要大，同时比其中任何一个都要小。其二是跨国、跨边界的组织。其三是跨国、跨边界的主题。例如针对环境主题，我们可以在民族国家的范围内研究洪涝、干旱、气候变化等，然而，对该主题的研究更多的应该是跨越边界，在受环境现象影响的单位间建立起联系，即所谓"全球环境史"。其他与环境类似的现象也是如此，例如经济史中的贸易关系研究，人口史中的移民研究，疾病研究，政治和军事史中的征服研究。这些都是跨越边界的主题，都关注相互联系。①

奥尔斯坦在列举了互动研究的这三种分类后强调，分类只是为了提供一个

---

① Diego Olstein, *Thinking History Globally*, pp. 74-76.

简明的方法论清单，在实践中，它们并非相互排斥，而是交错重叠，并且具有一些共同的特征，很多时候是很难区分的。他从以下方面列举了互动研究的共同特征。第一，共时性的视角。例如，对于欧洲文明，从时间维度上说我们关注的是从古典到现代。与之相对，当我们从整体上看东半球，关注点就转移到在这里同时发生的事情，如中世纪欧洲的出现、伊斯兰教的兴起、隋唐中国的重新统一。从这一视角出发，重要的时间维度是各单位间互动的真正时间，而不再是每一单位内前后相继的阶段。例如对公元 700 年的欧洲来说，更重要的是伊斯兰教的出现，而不是古典时代。第二，重视外部的因果联系。只要地理范围是圈定的，时间是垂直的，因果关系就只能在圈围的单位中发现。一旦界限被打破，共时性的时间视角就出现了，就有可能思考很多区域同时发生的进程的共同原因。例如，关于西罗马帝国的灭亡，只要看一下亚欧大陆同时发生的帕提亚、贵霜和汉帝国的灭亡，我们自然就会转向外部原因的解释，如气候变化、流行病蔓延、游牧民族入侵，等等。第三，有时应更多地用第二手资料。奥尔斯坦对此充满自信："专业历史学经过一个多世纪的发展，已积累起大量第二手资料，可用于研究联系和进行综合。"他同时也强调，面对扩大的空间，并不意味着要研究其全部内容，而可以把它视为大的语境，用原始材料深入研究其中的几个点，从这个角度说，全球史研究与民族国家史研究有类似之处，因为关于民族国家的大多著述并非涉及整个国家，而是更小的单位，如一个城市、一个郡、一个省。第四，偏爱涉及流动的主题，例如人口、思想、商品、工艺、植物、病菌，等等。①

　　互动研究是否构成全球史研究的全部呢？或者说，全球史研究是否可以等同于互动研究呢？一些学者给出了否定的回答。彭慕兰和西格尔认为，"强调'联系'是全球史的唯一特征，会给全球史带来局限"，简单地说，聚焦联系的弊端在于，它把极少联系的社会和人视为世界史的边缘，其中最明显的是那些身处偏远地带的人们；即使身处大社会中的很多人，例如农业帝国的很多农民，也很少有远程联系的经历。在这种分析的基础上，他们提出，"全球史既关注互动，又重新求助于宽泛的比较，这似乎是必要的"。② 康拉德也有类似的看法："仅仅关注互动并不足以产生好的全球史。"③

　　① Diego Olstein, *Thinking History Globally*, pp. 77-79.

　　② Kenneth Pomeranz and Daniel A. Segal, "World History: Departures and Variations," in Douglas Northrop, eds., *A Companion to World History*, pp. 24-25.

　　③ Sebastian Conrad, *What is Global History*, p. 68.

浏览中文出版物中的各种"互动研究",笔者深切感到这类研究目前已陷入瓶颈,很多时候失去了对学术价值的追问。第一,这类研究过于集中于奥尔斯坦所说的"流动的主题",而且往往满足于对现象的描述,特别是对流动两端的描述,缺乏对流动的大背景和流动机制的深入分析,难以构建起"体系"。正如董欣洁所言:"全球史的跨文化互动研究实际上止步于用经验性的实证归纳方法描述和归纳各种历史现象,回避以此为基础从因果必然性上探讨人类社会普遍规律。"① 第二,由上述研究思路所致,这类研究对历史上曾经存在的"联系"缺乏鉴别。其实,"联系"的种类千差万别,有的联系短暂甚至是昙花一现,而有的联系则是不断重复发生的;有的联系是地方性的,而有的联系则在更大规模上展开。这样,不同的联系对历史发展的影响存在巨大差异。例如,目前国际学术界对于谁先发现了美洲存在各种假说,但无论如何,真正把新旧大陆休戚相关地联系在一起的应该是哥伦布。

上述问题的出现与过于拘泥于互动并把互动狭隘化有关。全球史学者应当像重视互动研究一样,同等地重视"比较"和"建构"的方法,这样将会有效地避免互动研究目前存在的不足,把全球史研究引向深入。

二、比　较

马克斯·韦伯是把比较法用于学术研究的先驱者。他一生致力于考察世界诸宗教的经济伦理观,从比较的角度,探讨世界各主要民族的精神文化气质与该民族的社会经济发展之间的内在关系。经过 20 世纪上半叶的尝试后,到五六十年代,通过对比较法的运用,比较史、历史社会学和文明研究成为独立且成熟的学术领域。20 世纪下半叶,一些学者对林林总总的比较研究进行总结分类,出现了所谓的两分法、三分法、四分法。两分法认为存在两种基本的比较,其一是通过把不同的研究单位进行比较,来加深对这些单位的认识,或者比较同一个单位在不同时期的情况,简单地说,这种比较就是总结不同单位的特点或者同一单位在不同时期的特点;其二是通过考察几个单位里共同存在的运转模式,来形成一个总体性概括。三分法其实是把上述第二种比较进一步分类。一是通过比较发现导致同一个结果的变量,例如要搞清是什么导致了社会

---

① 董欣洁:《西方全球史的方法论》,《史学理论研究》2015 年第 2 期,第 63 页。

革命，可以选择法国、俄罗斯和中国这几个单位进行比较，寻找共同的导致革命的一个或多个变量。二是先形成一个普遍性的结论，然后用一个又一个的例子予以证明。①

20世纪90年代以来，随着全球史的兴起以及学者们对互动的关注，比较史日益受到非议，主要集中在以下方面。第一，比较是在两个或几个单位间进行的，它把每个单位当成一个实体或者"密闭单位"，忽视各自内部存在的差别。第二，忽视研究单位（帝国、民族国家、城市）间的互动，没有把它们放入交通、贸易和文化交流的网络中，甚至有意回避这种互动，因为太多的联系会使比较复杂化。第三，比较有时是为了刻意证明什么而进行的，比较框架的设计往往带有很强的目的性，把其中一方视为标准，而其他是异常的。这种比较研究危害极大，典型例证是世界史写作中的"欧洲的奇迹"，它强调欧洲走向现代性的独特之路。②

然而，在众多的非议声中，奥尔斯坦冷静地分析了比较法对于史学发展的独到贡献，认为恰恰是比较史推进了从"密闭单位"内的民族国家史向跨越边界的史学研究的转变，或者说，在密闭单位的史学与跨越边界的史学之间，比较史对研究单位的处理是一个过渡阶段。历史学通常要有一个研究单位，就像密闭单位的史学一样，比较史的研究单位通常是民族国家或者其下的一个更小的单位，又或是民族国家的前身。但既然是比较，就需要有两个这样的单位。这样，"比较史就成功地把'边界闭合与边界跨越'这种史学的二分转变为一个连续统一体（continuum）"。在比较史影响下，历史社会学通常涉及三个以上的民族国家单位，文明研究把很多民族国家单位综合成一个更大的单位——文明，海洋史和世界体系研究又超越了文明的边界，全球史、世界史和大历史则提供了最大的研究单位。这样，总的来看，历史学有各种研究单位，而比较史推动了从密闭单位向跨越边界单位的转变，或者说架起了通往全球性思维的桥梁。③康拉德也认为，比较法的好处显而易见。它使我们离开单个的个案，开启与不同历史轨迹和经验的对话；它还迫使历史学家提出明确的问题，采用以问题为导向的研究；它迫使研究者超越简单的描述，在历史研究中进行深入

---

① Diego Olstein, *Thinking History Globally*, pp. 68-73. 鉴于四分法非常复杂，本文暂不予以介绍。

② 参见 Barbara Weinstein, "The World is your Archive? The Challenges of World History as a Field of Research," in Douglas Northrop, eds., *A Companion to World History*, p. 68; Sebastian Conrad, *What is Global History*, pp. 40-41。

③ Diego Olstein, *Thinking History Globally*, pp. 87-88.

的分析。最后，对于极少交流的环境，特别是跨时代的，比较法是一个有效的工具，例如，我们可以比较最早的城市文明，从公元前三千纪的美索不达米亚，经埃及的耶拉孔波利斯、印度河领域的哈拉巴和摩亨佐·达罗，到两千年后的第一批玛雅城市。这种研究可以探讨那些让城市如雨后春笋般出现的共同要素。①

从上面的分析可以看出，要探讨大范围的历史问题，比较的框架是必不可少的。进一步说，比较作为一个基本的思考问题的方式，在各种史学研究中都很常见，即使不是系统地、有意识地使用比较法，所有历史知识以及随后的著述都来自于比较性思考，可以说，"一切历史知识都是比较知识"。②

不仅如此，比较研究与互动研究也有着千丝万缕的联系。威廉·麦克尼尔《西方的兴起》的基本学术思想是文明间的平衡、平衡的破坏及其所导致的社会变革。它所涉及的主要是中华、印度、中东和西方文明，每个文明都是实体，因此，该书在大多时候所采用的是比较研究法。按照威廉·麦克尼尔本人1995年所说，在撰写《西方的兴起》的时候，"我试图说明欧亚大陆不同文明之间自有历史起就开始了互动……以此来修正汤因比的观点"，但其实"我完全是在汤因比的阴影下强调这样一些事例"，关注的焦点仍然是"不同文明的独立发展史"。③然而20世纪70年代，由于世界体系论的问世，关注联系的研究方法开始受到全球史学者青睐，到90年代，互动研究似乎一统天下，成为与比较研究互相排斥的方法。麦克尼尔父子的《人类之网》就诞生在这一时代，该书所关注的不再是密闭的文明，而是跨越边界的网络。④进入21世纪以来，越来越多的学者像彭慕兰和西格尔那样认识到"全球史既关注互动，又重新求助于宽泛的比较"的必要性，比较研究也日益出现全球史转向，互动研究与比较研究渐渐有机结合起来。两者的结合大致可以分为以下几种情况：

第一，把被比较的单位放入各自的大背景中，注重它们与各自环境的互动。运用该方法最成功的著作是彭慕兰的《大分流》。该书实际上是一部英格兰与长江三角洲经济发展的比较研究。对于该书，人们津津乐道于它的"交互比较法"，即把英格兰和中国互为对方的尺度，不仅思考长江三角洲为什么没

---

① Sebastian Conrad, *What is Global History*, pp. 39-40.

② Diego Olstein, *Thinking History Globally*, p. 88.

③ 威廉·H·麦克尼尔：《变动中的世界历史形态》，夏继果、杰里·H·本特利编：《全球史读本》，北京：北京大学出版社，2010年，第10—11页。

④ 参见 Diego Olstein, *Thinking History Globally*, pp. 80-81。

能像兰开夏那样发展，同样也思考欧洲成为中国那样的可能性。然而，它的另外一个特色同样值得关注，即，它把每个单位与各自的社会经济大背景联系起来，认为，欧洲之所以超出，有一系列交织在一起的因素在起作用，例如丰富而便利的煤，海上贸易与海军的联合，企业与国家的联合，美洲奴隶和美洲资源。其实，全球史的开拓者之一马歇尔·霍奇森（1922—1968）在《不同时代和区域历史比较的条件》一文中已经在思考把比较与互动协调起来，尤其强调要考虑到被比较的各单位与各自的环境之间的关系。他举例说，维京人和波利尼西亚人同时进行海上开拓和殖民，但他们与各自环境的联系是非常不同的。维京人的活动是欧亚非大陆的一部分，在评价其海上活动及其最终结果时，不能忽视他们与这个广阔世界在技术、贸易甚至政治方面的密切联系。在扩张的过程中，他们自己也基督教化了，扩张动机随之发生变化，最终结果是维京人融入欧亚非相互依存的网络之中。与维京人的拓殖相比较，波利尼西亚人则是孤立的探索者，历史影响微乎其微。[①]

第二，被比较的对象至少有一定程度的直接联系。近年来，比较帝国史受到国际史学界的青睐，其中奥斯曼帝国尤为受关注。在传统的帝国研究中，学者们特别强调奥斯曼帝国之于欧洲的特殊性，但是现今的学者日益超越这种传统想象，认识到帝国与欧洲间的相互影响，"奥斯曼帝国是一种复杂且不断变化的权力形态，其帝国架构与思想意识形态先是遇到了更为抽象的早期现代主权国家的思想理念，继而面临民族主义以及其他帝国的竞争，之后又有殖民主义者的争论"；基于这种认识，他们聚焦于那些让真实历史进程得以发生的"中间地带"——"这里不是想象的真空地带，而是各种势力、人物和地区之间的竞技场"；在此基础上深刻认识"源于地理位置、历史发展、人口组成，或各种各样的突发事件与危机的帝国独特性"。[②] 芝加哥大学的迈克尔·盖耶和希拉·菲茨帕特里克主编的《超越极权主义：斯大林主义与纳粹主义之比较》于2009年出版。该书比较了双方的统治方式、对暴力的使用、社会化进程，

---

① Marshal Hodgson, "Conditions of Historical Comparison among Ages and Regions," in Edmund Burke Ⅲ, eds., *Rethinking World History*: *Essays on Europe*, *Islam*, *and World History*, Cambridge: Harvard University Press, 1993, p. 269. 参见 Diego Olstein, *Thinking History Globally*, pp. 90-91。

② Alan Mikhail, Christine M. Philliou, "The Ottoman Empire and the Imperial Turn," *Comparative Studies in Society and History*, 2012, 54 (4), p. 743.

但也涉及相互间自我与他者形象的构建、文化和思想的传播，等等。①

第三，比较不同国家和地区对于同样大背景的反应有何异同。19世纪中期，由于欧洲国家四处插手，世界各地区间陷入越来越深刻、越来越具有竞争性的接触。在这种背景下，世界各地出现了不同程度的危机及其所导致的社会变革，其中包括：中国的太平天国运动及其引发的内战，克里米亚战争，印度各阶层人民发起的反英斗争，在拉丁美洲发生的试图灭绝巴拉圭民族的战争，美国内战，非洲南部黑人与白人争夺定居点的战争，后拿破仑时代的欧洲协调危机，以及欧洲国家实现统一的一系列战争（意大利、德国、西班牙、塞尔维亚）。所有这些我们耳熟能详的战争都反映区域性权力和稳定的危机，反映了各自不同的发展轨迹。但各个地区应对危机的方式也有共同之处，一则都努力恢复秩序、重建国家，二则都实践了自我变革、自我提高的战略，即"师夷长技以制夷"。②

第四，比较跨文化传播过程中，同一主体（包括物品和思想文化）传播到不同地区后与当地社会的具体结合及其所发生的影响。本特利在《世界历史上的文化交流》一文中强调"文化交流"的两个层面。其一为科学、技术、意识形态、教育、哲学宗教等传统的传播，笔者认为这个层面上的文化交流是传统意义上从A地到B地的流动，是对现象的描述。其二为"不同社会的代表和不同传统的支持者互相间频繁交流时所发生的调适和其他反应"③，笔者认为这个层面的文化交流丰富多彩，可以进行具体深入的研究，而引入比较的视角，则更能推进这一研究。董少新在《对全球史的几点思考》一文中表达了类似的观点："跨文化传播并非仅仅表现为空间的转移，更为重要的是在传播过程中或传播完成以后的变异和反响。"例如，欧洲天主教圣母像在16世纪以后传遍世界各地，在不同地区圣母形象会发生不同的变化，将这些变化背后的文化原因加以比较，并用全球史的广阔视野进行综合分析，便有可能获得对圣母像的全面而立体的认识。④自1776年美国《独立宣言》问世以来，在世界的不同国家

---

① Michael Geyer and Sheila Fitzpatrick, eds., *Beyond Totalitarianism: Stalinism and Nazism Compared*, Cambridge: Cambridge University Press, 2009. 参见 Diego Olstein, *Thinking History Globally*, p. 96。

② 迈克尔·盖耶、查尔斯·布莱特：《全球化时代的世界历史》，夏继果、杰里·H·本特利编：《全球史读本》，第186—187页。

③ 杰里·H·本特利：《世界历史上的文化交流》，刘新成主编：《全球史评论》第5辑，北京：中国社会科学出版社，2012年，第32页。

④ 董少新：《对全球史的几点思考》，《澳门理工学报》2014年第3期，第202页。

和地区，已有一百多种类似的《独立宣言》问世，美国学者大卫·阿米蒂奇的《独立宣言：一种全球史》一书就比较了美国《独立宣言》在世界主要地区的传播，特别是传播到不同地区后所做的具体改变。①

早在 1928 年，法国史学家布洛赫就指出，比较研究要想切实可行，那些被选定为研究个案的社会之间应该拥有重要的历史关联性，从语言、制度、认识论等其他文化共同性，到长时间范围内的持续互动和交流。② 然而，比较史学后来的发展实际上违背了布洛赫的愿望。现如今，历史学家日益把比较和互动结合起来，从前述四种结合方式来看，前两者体现了互动研究对比较研究的贡献，后两者则是比较研究对互动研究的提升。正如彭慕兰和西格尔所说："互相联系，加入大体系所造成的后果，都已成为比较研究的组成部分。"③ 时隔近一百年，布洛赫的理想正在变成现实。

三、建　构

其实，前文提到的互动研究、比较研究以及两者相结合的互动—比较研究本身都不应成为研究的终点，它们应当有一个更高层次的指向，即对人类历史的发展有所"建构"。关注这样一个层面，前述国内学术界"互动研究"的现存问题就能有效避免。"建构"意欲何为？前文的叙述中实际上已经多有涉猎，为了使这一概念明晰化，并使之成为全球史研究的一种自觉行为，以下主要从三个方面予以阐释。

第一，"一体化"（integration）进程的建构。"全球史关注全球一体化，这种方法论指向使之与其他大规模研究取径区别开来。"④ 这里的"一体化"内涵相当丰富，需要从多个方面进行认识和把握。1. 联系与互动所产生影响的大小，有赖于世界一体化的程度。以钟表传入日本为例。17 世纪，日本是按照日出日落计时的，即"小时"的长短取决于白昼的长短，因而一年中每天都在发生变化。那时，从欧洲传入的机械钟表不得不按照这种计时方式每天进行调

---

① ［美］大卫·阿米蒂奇：《独立宣言：一种全球史》，孙岳译，北京：商务印书馆，2014 年。

② 转引自 Michael Adas, "Comparative History and the Challenge of the Grand Narrative," in Douglas Northrop, eds., *A Companion to World History*, p. 231。

③ Kenneth Pomeranz and Daniel A. Segal, "World History: Departures and Variations," p. 25.

④ Sebastian Conrad, *What is Global History*, p. 67.

整，在很大程度上成了摆设。然而，1850 年后，东亚被纳入西方的政治、经济轨道，以铁路为代表的新科技、新工厂、新社会组织，都需要新的计时方式，西方的钟表和钟楼成为现代化的象征，日本明治政府也不得不采用新的计时方式。比较钟表传入日本的两个阶段，可以发现，重要的不是传入本身，而是各自所处的宏观地理政治学背景。在 17 世纪，日本与西方间的贸易稀少，而到19 世纪，英帝国主导的帝国主义世界秩序建立起来。在新的形势下，文化输入品不再被纳入地方的宇宙论中，而是成为从根本上改变人们日常生活的力量。这个例子告诉我们，联系本身只是一个起点，其意义大小不一，有赖于大的环境。全球史学者应该认识到环境条件决定着全球联系，在理解联系之前，应当先深入理解这些环境条件。换句话说，交流可能是一个表面现象，可以让人们看到交流得以进行的世界一体化程度。① 这种一体化在社会学中被称为"结构"，在世界体系研究中被称为"网络"。2. 联系与互动，又进一步推动了一体化。"一体化"或者"结构"不应当被视为抽象的实体，因为它们是人类主体性的产物，是每日每时的时间流动的产物，是不断转化和修补的结果。这也意味着结构与互动间没有内在的敌对和冲突。3. 有些结构达到全球规模，有些则范围较小。也就是说，结构整合不一定是星球级，它可能是地区性的，甚至地方性的。4. 各种一体化或结构并不指向同一个方向，也并非直线型发展。经济整合可能与政治分裂并行，文化开放和政治经济交流也不一定是同步的。全球一体化进程是在曲折中往前推进的，古代世界的联系因游牧民族的第二次大迁徙遭到严重破坏，卢格霍德的"13 世纪世界体系"也仅仅维持了一个世纪的时间。5. 历史发展的总趋势是走向全球一体化，并且往往是通过各种区域一体化或者结构交叉重叠而形成。6. 从全球史研究的角度说，一体化持续并达到一定交流频度的历史时期或地区更能发挥全球史的潜力，否则研究难度就会增加，研究成果也不容乐观，甚至可能不如其他研究方法更为有效，正如本特利所说，并非所有历史内容都适合全球史研究，全球史学者要"找出跨文化互动频繁的历史时代或时期，追溯不同时期的不同环境下所形成的不同文化交流模式"。②

第二，因果关系和运行机制的建构。笼统地说，全球史学家常提到全球一

---

① 参见 Sebastian Conrad, *What is Global History*, pp. 68-70。

② 杰里·H·本特利：《世界历史上的文化交流》，第 39 页。参见 Sebastian Conrad, *What is Global History*, pp. 101-110。

体化的五种推动力量，分别为技术、帝国、经济、文化、生物和生态。① 这些力量不是互相排斥的，有时它们共同发挥作用。具体地说，全球史研究应进一步关注互动与一体化的运行机制。威廉·麦克尼尔在《变动中的世界历史形态》一文中指出，公元 1500 年之前，欧亚非形成了交流和互动的网络，其原因在于"商业实践实际上逐渐地创造出了一套可行的商业法则，这些法则大大有利于规范跨越文化边界的交流"，"甚至神秘的宗教也为外来者和异教徒留出了空间……因此，尽管不曾有过任何统治集团在政治上统治整个欧亚非共生圈，但是一套粗略的道德法则的确出现了，并且卓有成效地把跨文明交流的风险降低到能容忍的限度"。麦克尼尔在此提醒全球史研究者应该对这种交流机制高度敏感，并把它作为自觉研究的目标，"因为正是这一点赋予他们的专业内聚性和框架结构，正如同政府的法令和决议为民族国家史提供内聚性和框架一样"。② 尽管麦克尼尔在这里只是只言片语，但启发意义却是巨大的，推动全球史研究透过现象看本质，为今天全球化世界的人们提供借鉴。

　　第三，具有普遍意义的概述的建构。我们可以通过互动研究、比较研究以及互动—比较研究，形成一些具有普遍意义的概述，③ 日积月累，最终构建起学术含量高的全球通史。从目前的全球史研究来看，不乏以此为指向的学术研究成果。前述《独立宣言：一种全球史》在对不同的《独立宣言》比较分析后指出："不论何时何地，诸多独立宣言的特征是它们标志着从先前帝国的附庸到现在独立、平等国家的转变。"④ 在这方面给笔者留下最深刻印象的是近年来的帝国社会史研究。该研究关注近代以来世界范围内的帝国发展，总结出一些普遍的发展趋势。何谓帝国？帝国是一种政治实体，在其中，一个社会的领导者同时也直接或间接地统治着至少另外一个社会，其统治手段不同于在自身社会所使用的手段。根据这种理解，帝国所面临的一个重要问题就是证明其合法性。不同时代的帝国采取了不同的手段，但在某个时段，某种做法却具有世界性。在近代早期，人们日益关注绘制疆域图、对种族群体进行归类等，也关注把这些信息传达给其他帝国。到 19、20 世纪，出现了一个非常流行的现象，即许多帝国日益重视"教化工程"。就是说，越来越多的帝国声称，帝国最终

---

① 参见 Sebastian Conrad, *What is Global History*, pp. 103–107。
② 威廉·H·麦克尼尔：《变动中的世界历史形态》，第 12—13 页。
③ 前述"二分法"之下的第二种比较研究即属此类。
④ ［美］大卫·阿米蒂奇：《独立宣言：一种全球史》，第 64 页。

会把至少一部分"异域"臣民转化成为像帝国中心区的人那样思考、生活和接受管理，以此来证明其统治的合法性，英帝国、清帝国、沙皇俄国、奥斯曼帝国无不如此。19世纪后期出现了进一步的转变，以下观点日益占据主导："教化"帝国臣民意味着使大众文明化，目的是更详尽地规范他们的生活，也包括在殖民地的欧洲人的生活。①

　　全球史对历史的"建构"是在互动研究、比较研究以及互动—比较研究的基础上进行的，是跨越边界地思考历史的结果，是以全球为最终指向的，这使其与人文社会科学的其他建构区别开来。但就建构方法本身而言，应当更多地借鉴社会科学的方法，尤其是社会学的方法。

　　行文至此，需要强调的是，本文涉及全球史研究的多个环节、多种方法，它们并不是互相排斥的，而是互为补充的。在一项研究中，可以使用其中一种或几种方法，也可以综合利用所有这些方法。笔者与研究生近年来所做的地中海史研究就试图把这些方法有机结合起来。我们的研究以地中海本身为中心，把地中海视为"互动区"，区别于传统的"地中海周边地区史"。在这样一个"规模扩大了的地理单位"，可以看到历史上发生的各种各样的互动。从地理的角度说，互动有跨海与环海之分。从时间的角度说，有些历史时期互动频繁且有规律性，地中海也因此被编织为一个有机的整体，实现了一体化；而有些时期——例如黑死病肆虐的14世纪——则出现相反的情况，那时一体化遭到破坏。从互动内容来说，可以分为物质的、制度的和文化的三个层面。物质的交流，特别是物种的交流，在很大程度上赋予地中海以相似的自然景观，法律的交流使穆斯林法与罗马法相互借鉴，规范着地中海的商业活动，阿拉伯科学技术的传播推动了西欧12世纪文艺复兴的兴起；然而，西欧人在接受阿拉伯科学技术的同时，却拒斥伊斯兰教，这种意识形态的冲突有时非常剧烈，以致出现了旷日持久的十字军远征，伊斯兰文明与基督教文明的地中海分界线在历史上长期存在。就是说，互动并不一定导致同质化的出现，思想文化领域的互动进一步让人们形成自我与他者之分，并千方百计维护自身特殊性。我们也尝试把互动研究与比较研究结合起来。7世纪起，阿拉伯人在地中海扩张，先后占领巴勒斯坦、埃及及以西的北非地区、伊比利亚半岛、西西里岛等地，把阿拉

---

① 彭慕兰：《社会史与世界史：从日常生活到变化模式》，夏继果、杰里·H·本特利编：《全球史读本》，第281—288页。

伯人在这些地区的治理政策，特别是对基督教徒的态度进行比较，可以深入理解阿拉伯征服的实质以及伊斯兰教的自我与他者观。

四、余 论

杰里·本特利在《新世界史》一文中提到了全球史的研究方法，即"比较历史经历"，"考察不同社会人们之间的交流互动"，"分析超越多个个体社会的大范围历史发展模式和进程"。[①] 但他并没有指出三者的内涵是什么，更没有说明互相间的关系。中国学者董少新在《对全球史的几点思考》一文的第三部分"作为方法的全球史"中，对这三者的内涵有简单的阐发。[②] 诺思罗普主编的《世界史指南》共三大部分，第二部分"范畴与概念"是其主干，深入探讨了"现今全球史家所使用的主要概念、范畴和方法"。它又由三个单元组成。"构建"（Framing）单元的六篇文章分别为"跨越时空的环境、生态和文化""深度史：古代世界的相互联系与比较史""大历史""人类史的全球规模分析""全球史中的区域""地方的规模：地域体在全球化世界的地位"，它们"探讨在空间和时间上的各种架构，从整个宇宙到地域体（locality）和微观史"。"比较"单元"把一些主题放到全球语境中去认识，以获取新的理解"。"联系"单元则追踪物品、人口、思想在全球的流动。诺思罗普认为这三者是全球史学者所采取的主要研究"模式"（mode），它们可以回答对全球史的质疑：缺少充足的论据、明确的方法、清晰的研究领域等。[③] 奥尔斯坦提出全球性地思考历史的四大策略，分别为比较、联系、概念化、情景化。所谓概念化，就是把对某一现象通过比较、联系研究而形成的结论抽象上升为一个概念，该概念对所研究的现象进行界定，说明现象得以发生的必要条件，并构建一个模型，以展现现象运行、发展的程式；所谓情景化，就是把所研究的问题放到一个特定的框架之中，同一问题的研究可以有多种大小不一的框架，大可以至全球。[④] 康拉德则认为，全球史研究除了传统上所秉持的"比较和联系"

---

① 杰里·H·本特利：《新世界史》，夏继果、杰里·H·本特利编：《全球史读本》，第 45 页。
② 董少新：《对全球史的几点思考》，第 201—202 页。
③ Douglas Northrop, "Introduction: The Challenge of World History," in Douglas Northrop, eds., *A Companion to World History*, pp. 5-6.
④ Diego Olstein, *Thinking History Globally*, pp. 19, 24.

之外，还应再加上对"因果关系"（causality）的追寻，直至全球规模。① 正是在吸收这样一些学术思想的基础上，笔者提出全球史应当综合利用"互动""比较"加"建构"的研究方法。

不仅如此，笔者对于老生常谈的"什么是全球史"这一问题也有进一步的思考。在《理解全球史》一文中，笔者曾强调全球史的两层含义，其一，它是一种客观历史发展进程，其二，它是一个新的学科分支，所探讨的是超越各种边界的历史进程，采用跨学科研究方法。② 奥尔斯坦认为，"全球史"是一个借喻，实际上指的是"跨越国家、语言和地域边界的历史"，这种历史研究有12条路径，或者说12个分支领域。③ 康拉德主张，"全球"意指"超越传统的容器和空间单位，开放性地追寻联系和因果关系"，它"仅仅是一种方法论的关切，尝试从超越司空见惯的地理边界的层面上展开研究"。④

在两位学者的启发之下，笔者感到对于作为一个"学科分支"的全球史可以形成如下新的概括。所谓全球史，就是跨越边界地思考历史，不仅仅是国家的边界，还包括语言、宗教、地理等边界。从这个意义上说，全球史研究的规模是可大可小的，"大"可以至全球，"小"到跨越传统的边界即可，但无论大小，都要把关注人类历史的总体走向作为最高目标。这种全球史研究采用"互动""比较"和"建构"的方法，以此把人类历史勾连起来，最终形成全球人类史。⑤

（原载《史学理论研究》2016年第3期）

_____

① Sebastian Conrad, *What is Global History*, p. 72.

② 夏继果：《理解全球史》，第44页。

③ Diego Olstein, *Thinking History Globally*, p. 154. 奥尔斯坦所提到的12个分支领域是比较史（Comparative history）、历史社会学（Historical sociology）、文明研究（Civilizational analysis）、国际史（International history）、交错史（Entangled history）、跨国史（Transnational history）、海洋史（Oceanic history）、世界体系研究（World-system approach）、世界史（World history）、全球史（Global history）、全球化史（History of globalization）、大历史（Big history）。其中的"全球史"是个狭义的概念，仅涵盖1500年以来的历史时期，而其"世界史"就是我们所理解的广义的"全球史"，可以涵盖其他11个分支。

④ Sebastian Conrad, *What is Global History*, p. 72.

⑤ 这里需要再次强调彭慕兰和西格尔的观点：全球史应该关注此前被历史学家所忽视的区域及其居民的历史，形成新的历史知识，然后通过"宽泛的比较"，把这些知识相互联系起来，以打破"现代性源自地球上独一区域"的传统解说。参见 Kenneth Pomeranz and Daniel A. Segal, "World History: Departures and Variations," pp. 15, 24-25。

如何讲述八百年前犹太商人的故事

——读阿米塔夫·高希《在古老的土地上》

岳秀坤　首都师范大学历史学院副教授

　　阿米塔夫·高希（Amitav Ghosh）大概是继鲁西迪之后、知名度最高的印度裔英语作家，其作品结合想象与历史，风格独特。2016 年，他的早期作品《在古老的土地上》（*In an Antique Land：History in the Guise of a Traveler's Tale*）被译为中文（卢隽婷译，北京：中信出版社）。配合此书中译本出版，高希专程来华宣传，有一系列座谈、对话活动。不过，此书在中文读者中的知名度似乎远不如他的"鸦片战争三部曲"。中译本拟了一个新的副标题"一次抵达 12世纪的埃及之旅"，有穿越感。当然，原作的副标题也不容易让人一眼看明白："History in the Guise of a Traveler's Tale"，隐藏在旅行家故事背后的历史，蒙着游记面纱的历史？直到最近梳理 20 世纪 80 年代以来的文化史著作，我才留意到，原来《在古老的土地上》并不是一部小说。它还出现在人类学、历史学专业课程的阅读书单里。人类学家认为，它有助于理解北非社会的现代变迁，而且，其书写形式是对传统民族志的颠覆；而全球史学者，把它看作是研究 12世纪地中海与印度洋贸易世界的精彩个案。

一

　　高希在印度德里大学待了五年，从圣史蒂芬学院历史系本科毕业之后，转入德里经济学院读人类学硕士，同时在《印度快报》做记者。1978 年，他进入牛津大学社会人类学研究所,师从彼得·林哈特攻读博士学位。这年冬天,他在牛津大学图书馆里偶遇普林斯顿大学的 S·D·戈伊坦教授用英文编译的一部史料集《中世纪犹太商人书信集》,文献来源于开罗老城一处古老的犹太会堂保存的"格尼扎"文书。身为印度人,高希格外留意其中有关印度洋贸易的人物和材料。戈伊坦简略提到,往来于开罗(埃及都市)、亚丁(红海出口)、芒格洛尔(印度西南海岸)的犹太商人中,最重要的是一个叫亚伯拉罕·本·伊朱的人,开罗格尼扎文书中与他有关的至少有 70 件,材料之丰富大概可以据此勾勒出他的小传了。戈伊坦选译了相对比较完整的两封信,收信人都是本·伊朱。对高希来说,更重要的信息是,信中两次提到了另一个名叫波玛的人。戈伊坦为他加了两行字的注释,说这个波玛既是本·伊朱的奴隶,也是他的商业代表,可敬的家庭成员,其名字"波玛"可能是印度大神梵天的俗语形式。高希怀疑,奴隶波玛会是印度人吗?

偶遇这部中世纪犹太商人书信集,发现埃及与印度在历史上的联系,让高希决定了博士论文的田野研究对象——埃及乡村。1979 年,他在突尼斯学习阿拉伯语。1980 年,进入他的田野点,位于埃及亚历山大城郊、彼此相距 1.5 英里的两个村子——拉塔伊法和纳沙威(按照人类学的行规,村庄以及他所提到的村民的名字都是化名)。高希的博士论文打印稿有三百页,标题是"一个埃及乡村社区的社会经济组织中的亲属关系"。从博士入学到毕业,高希只用了两年三个月。有趣的是,在高希成名之后,竟然有人专门写了一篇博士论文来研究他这篇自己没有兴趣出版的人类学论文。

高希在几次访谈中强调,首先,写作对于他来说,要比搞学术研究自由得多,所以拿到博士学位之后,他毫不犹豫地选择了以作家为职业;其次,在创作了两部小说(《理性环》《阴影线》)之后,他的第三部作品《在古老的土地上》完全是写实,绝非虚构。这部"非虚构"作品问世之初,销量惨淡,也没有几篇评论。评论者不知道该怎么给它归类,看起来整个文本像是各种文体的杂烩,既有人类学者的田野笔记,又有个人的游记、自传,还包括对中世纪商人的历史研究。好在,它经受住了时光的淘洗,二十几年来收获了越来越多的读者,而且被翻译成多种语言,在故事背景中涉及的希伯来、阿拉伯、印度社会都得到了认可。

当著名历史学家杜赞奇还是德里大学青年教师的时候,开设了一门中国史选修课,高希是为数不多的选课学生之一。多年之后,杜赞奇称赞这个当年经他启蒙的学生,是"用英语写作的最具影响力的小说家之一",引领了一种独特的文学流派，将虚构的故事和人物置于厚重的历史、地理幕布之上，透过普通人的生活去展现多种维度的历史力量。他特别表扬高希的学者素养，在其作品背后是文献研究和田野调查，甚至比一般专业研究者做得还要扎实。《在古老的土地上》就是明证，其中使用了大量的一手和二手文献，涉及欧洲、印度、阿拉伯多种语言。

二

高希为《在古老的土地上》设计了一个"旋转门"式的叙述结构。故事按照现在、过去两条时间脉络同步展开，叙述是交替进行的。"过去"的故事，是犹太商人本·伊朱及其家人、朋友、奴隶的经历，发生在八百年前从北非到印度西南海岸的印度洋贸易世界。"现在"的故事，主角就是作者高希本人，时间分作两段，亦即1980—1981年的博士生阶段的田野工作，以及1988—1990年对犹太商人本·伊朱及其奴隶波玛的追踪之旅。过去与现在，有一部分是重合的，亦即书名所示，发生在同一片古老的土地上——埃及和印度。此外，连接过去与现在的还有另一个维度，也就是本·伊朱等人留下的历史痕迹（书信、账目等），经过八百年的封存、遗忘，在19世纪末被欧洲学者"发现"，流散世界各地，复经几代学者鉴别、识读，将其唤醒——或许可以说，这是高希所讲述故事的第三重——"开罗格尼扎文书"的故事，它的地理空间更为广阔，重心不在埃及或印度，而是延展到了欧美。

《在古老的土地上》的文本中，高希分配给"现在"故事的笔墨要略多一点。20世纪80年代埃及农村的状况，村民的生活、习俗、生计模式，以及对外部世界的理解和反映，借由若干个性鲜明的人物呈现在读者面前。作为闯入农民社会的外来者，一个印度人，高希细致描述自己在埃及的亲身体验，所传达的信息，是一种相对封闭、落后、保守的生活状态。故事结束于1990年伊拉克入侵科威特的三个星期之后，阴云密布，在中东务工的大量埃及劳工被迫返乡。如果说，12世纪的世界与当下的世界构成反差，是高希有意制造的对照阅读效果，那么显然，他对欧洲人的势力侵入之前那个繁荣、多元、相对和平的印度洋贸易世界，给予了更多的同情。

高希的博士论文是当时比较典型的人类学民族志写法，概念范畴与内容结构都中规中矩，"导论"之后分为五章，分别是：家庭、婚姻与家系、工作与生产、种种政治、团结与分化。高希自称，当年在埃及做人类学田野工作，同时在写两种笔记，一种是为撰写博士论文准备的田野记录，一种是他的私人日记。《在古老的土地上》使用的是后一种笔记，反映他在博士论文中未能表达的感性世界。

高希为《在古老的土地上》一书所做的另一种准备工作，难度不亚于再做一篇历史学博士论文。1988 年，已经凭借两部小说在文坛闯出一定声誉的高希，开始着手彻底追查最初吸引着他进入埃及的那个名叫波玛的奴隶。首先要做的是文献工作，拜访格尼扎文书研究专家，到各地的图书馆查访原始文件。然后是田野调查，重走八百年前犹太商人本·伊朱曾经驻留、生活过的地方——开罗、亚丁、印度，也因此而重新回到了八年前高希自己的田野点，再次记录埃及村民们生活的新变化。1990 年，高希在加尔各答将其调查结果撰成一篇学术论文，还原奴隶波玛与主人本·伊朱的生活经历，题为《文件MS. H. 6 中的奴隶》。此文后来发表在《底层研究》第七卷（1992 年），长达六七十页。

开罗格尼扎文书的发现、流散过程以及此后研究价值的不断提升，与敦煌文献有相似之处。本·埃兹拉犹太会堂是这批文书原始的保存地，位于开罗老城——福斯塔特，距离高希做田野的亚历山大城郊大约有 200 公里。按照犹太人的习俗，"格尼扎"是中东地区犹太会堂普遍设有的储藏室，专门存放等待销毁的文献，目的是保证写有上帝名字的纸不遭到亵渎。本·埃兹拉犹太会堂的格尼扎，从 1025 年修建直到 19 世纪末，一直持续使用，而没有像其他格尼扎那样定期销毁，从而留下了一座极为罕见的历史文献宝库。本·伊朱的通信、账目等文书在这里保留了 700 多年。从 17 世纪后半叶开始，越来越多的欧洲旅行者踏上了埃及这片古老的土地。1864 年，犹太研究学者雅各布·扎菲尔参观本·埃兹拉犹太会堂的格尼扎，并撰文介绍，随后更多的"淘宝者"和文物贩子接踵而至。1896 年，剑桥大学的副教授所罗门·谢克特带走了最大一宗手写文书，大约装满了 30 个麻袋和箱子，几乎把本·埃兹拉犹太会堂的格尼扎扫荡一空，只留下了印刷品残页。四年之后的 1900 年，保存敦煌文献的莫高窟的密室才偶然被道士王圆箓发现。格尼扎文书目前分散在欧美多个城市，而它的故乡开罗却片纸未留。剑桥大学图书馆收藏的格尼扎文书，大概占到存世数量的 70%，其中手写文书的残篇有 19.3 万页，至今大部分未经辨识。

高希在动手追查波玛之初，首先想到的是借助 S·D·戈伊坦教授的研究。这位对开罗格尼扎文书的研究有开创性贡献的学者已在 1985 年逝世，其个人著述的目录多达 666 个条目。关于犹太商人本·伊朱及其奴隶波玛，戈伊坦并没有做系统的专门讨论，有关信息分散在他各种主题的论述中。戈伊坦曾经制订了一个文献编译计划，专门整理格尼扎文书中关于地中海与印度洋之间贸易往来的文件，拟名为"印度之书"，其中就包括与本·伊朱相关的书信。戈伊坦筹划了 30 年的这部资料集在生前尚未最后完工。1988 年，当高希造访戈伊坦执教的普林斯顿大学近东系时，"印度之书"待刊书稿还不能开放借阅，可以查看的只是它的文件编年目录。不得已，高希只能自己动手，到收藏格尼扎文书的各处图书馆逐一寻访原件。

格尼扎文书大部分使用的语言是犹太—阿拉伯语（Judeo-Arabic），这是在 8、9 世纪伊斯兰扩张过程中阿拉伯语与各地语言接触之后所产生的地方语言之一，拼写用的是犹太人惯用的希伯来字母，而语法来自阿拉伯语。高希最初接触时，畏为天书，在戈伊坦的弟子马克·科恩教授鼓励下，凭借他在埃及田野调查时熟悉的阿拉伯方言，竟然短时间攻克了这一几乎不可能完成的任务。《在古老的土地上》（中译本）书后有 30 几页的注释，其中注明了他所使用的大量文献，包括以往学者著述中与本·伊朱相关的史料翻译或引文抄录。此外，高希列出了由他初次使用的一手文献，均由他在剑桥、牛津、普林斯顿、费城各处查阅、抄录所得，多达 31 种（件）。

三

关于 12 世纪犹太商人的历史故事，《在古老的土地上》并没有照搬学术论文《文件 MS. H. 6 中的奴隶》的叙述逻辑。高希重新设计了故事的讲述方式，主角不再是那个身影模糊的奴隶，而是以商人本·伊朱为核心，描述其家族关系、商业关系网络，背景是活跃的地中海—印度洋贸易世界。格尼扎文书中所见印度洋贸易相关文件集中在 11—12 世纪，亦即"绿衣大食"法蒂玛王朝统治时期，本·埃兹拉犹太会堂所在的开罗老城福斯塔特正是王朝首府所在。此时福斯塔特的居民大部分是各教派的基督徒，其中科普特人占了大多数。犹太社群至少分成三个主要群体——伊拉克人、巴勒斯坦人、圣经派，各自有自己的犹太会堂。本·埃兹拉犹太会堂属于"巴勒斯坦人"，这个犹太社群大部分成员是经营小型家族生意的商人，沟通印度洋与地中海，将东方商品贩运到南欧、东南欧。社群成员来自阿拉伯世界的各个地方，西班牙、马格里布、西西里、伊拉克、黎凡特、也门，其中最有权势的，来自北非的突尼斯和阿尔及利亚。成员中赫赫有名的一位，是医生、学者摩西·迈蒙尼德，他本人也插手印度贸易；此外，后人了解最多的是几位穿梭于欧洲、埃及、印度的旅行家。

本·伊朱来自现在突尼斯的港口城市马荷蒂亚，有两个兄弟、一个姐妹，家境普通，但受过比较好的教育，通晓学理和宗教事务，偏爱文学，成年之后到了福斯塔特，加入"巴勒斯坦人"犹太社群，闯荡商业江湖。在其商人生涯中，早年结识的亚丁犹太商人领袖马德穆恩是他的引路人，后者是印度洋贸易的关键人物，掌握着从西班牙到印度的庞大关系网。高希从二人的通信推断，马德穆恩对本·伊朱几乎是带着一种父亲般的感情。大约在1132年之前的某个时刻，本·伊朱离开亚丁，搬到了印度洋另一侧、马拉巴尔海岸的芒格洛尔，将近20年没有再回来。这一反常之举不符合商人的经营逻辑，高希从一封书信残页找到蛛丝马迹，推测本·伊朱可能是为了逃避一场血仇而躲到了印度。

本·伊朱在印度生活十几年，与亚丁、埃及的商业伙伴联手做各种商品的贸易。他在印度留下的日期最早的一份文件，是1132年10月17日在班加罗尔签署的释奴文书，一个名叫阿漱的女孩获得了自由。本·伊朱与阿漱成了家，有了阿漱娘家一方、印度奈尔人社群的一帮亲戚。在本·伊朱的犹太商业伙伴给他的通信中，从没有出现阿漱的名字，尽管他们频繁地在信的末尾问候两个孩子还有奴隶波玛。犹太人的文化习俗让他们无法接受阿漱这样的非犹太女子。

欧洲宗教狂热引发的屠杀和战火波及地中海南岸，远在印度的本·伊朱的安定生活被打破了。从1143年开始，他在突尼斯的家乡连续遭到西西里国王罗杰二世的攻击，战乱造成大量人口外逃。本·伊朱的兄弟姊妹搬到了西西里生活。1148年，本·伊朱从朋友的来信里得知，他的一个兄弟准备从西西里前往叙利亚。次年，本·伊朱带着子女、财物回到亚丁，期待着以自己的财力援助家人。在亚丁三年，他只见到了两个兄弟中的一个，还不幸遭到这个坏人的欺骗，损失一笔钱财。更不幸的是，在亚丁，他的儿子夭折了。几乎同时，他最可靠的朋友和导师、亚丁商人领袖马德穆恩也辞世了。这一连串的剧变让本·伊朱深受打击。远在西西里岛的另一个兄弟终于接到了本·伊朱的信件，其中提到他希望把唯一的女儿嫁给侄子，以托付家产。两个家庭在埃及团聚。保存在俄国圣彼得堡的一份嫁妆清单源出格尼扎文书，上面记录了1156年在开罗老城福斯塔特，阿漱的女儿嫁给了她西西里岛的表哥。

阿漱很可能始终没有离开芒格洛尔。在开罗嫁女之后，本·伊朱没有新的活动记录留下，很可能终老于开罗。在一份可能是他生命最后几年的账本里，提到了波玛的名字。看起来，这个奴隶一直追随在主人身边。

四

高希书写本·伊朱一生的每一段经历，几乎都要征引同代人或前后时期的文献，尽可能生动地重构当时的地理、社会背景，将读者带入想象的历史现场。在制度层面，他特别致力刻画的，首先是 12 世纪犹太商人在印度洋贸易中如何经营运作的，其次是当时的奴隶制与奴隶贸易状况。后者是为了让有先入之见的现代读者对历史上的奴隶制有更多了解，如此才能给更接近阿漱和波玛（这一问题详见于论文，而成书着墨不多）。确定波玛的印度身份，将其锁定为来自图卢纳德地区的土著，是高希最精彩的一笔，展现了他探寻历史隐蔽线索的超人能力。循着 S·D·戈伊坦教授所编书信集中的简单提示，高希追踪到芒格洛尔，在当地一位学者的帮助下，弄清了图卢文化中本土的普达崇拜与梵语宗教传统的混杂状态，"波玛"实际上是地方神灵与"梵天"混杂同化之后的新神灵的名字。

《在古老的土地上》关于历史部分的叙事，时间发生在 12 世纪，而高希的运笔将其拉长到 1509 年葡萄牙人击败埃及、印度联军的第乌之战。此役象征着印度洋贸易的规则从此被欧洲殖民者彻底改变了。让本·伊朱、波玛、阿漱有缘聚合在一起的那个世界性的交往网络已经不复存在，"另一个时代开始了，在这个时代中，他们三个人走的路看起来似乎是不可能产生交集的"。此种历史感俨然是"蒙元入侵前夜的中国日常生活"的另一个版本。

在格尼扎文书中，与本·伊朱相关的信件大概留存下来七十件，绝大多数是 S·D·戈伊坦教授最先鉴别出来的，部分被陆续翻译成英文、阿拉伯文发表。其中，就有阿米塔夫·高希初次释读、翻译的书信。2008 年，《中世纪的印度贸易商人：来自开罗格尼扎的文献（"印度之书"）》终于面世，第三章"本·伊朱及其家人"收录英译文书 59 件。这些文书曾经长期由本·伊朱带在身边，从埃及、亚丁到了印度马拉巴尔，又去了西西里，最后折回开罗，送进了本·埃兹拉会堂的格尼扎，在那里躺了八百年，之后流散世界各地。富有商人本·伊朱是个讲究生活品质的人，舍得用当时最好的纸，书法也漂亮，他的书信可能曾经被犹太会堂附设的学校从格尼扎中拿出来当书法样本，残破、遗失也在所难免，否则，他和家人的故事还将会更加丰富多彩。

（原载《读书》2017 年第 11 期）

俄罗斯与"走出马可·波罗"

孔　源　首都师范大学历史学院讲师

前　言

　　作为历史人物和历史文本的马可·波罗，在俄罗斯长期以来并没有得到太多的关注。俄罗斯对马可·波罗的译介，最早始于 19 世纪前期，翻译者是文学界的雅兹科夫（Д. Д. Языков）。其后数十年中，又有几人从德文等语种中转译，发表在各类杂志上。第一个有学术价值并在学术界产生影响的译本，是由印度学大师米纳耶夫（И. П. Минаев）在 19 世纪和 20 世纪之交开始翻译。米纳耶夫就巴黎所藏古法文抄本（FG 本）翻译，并参照了亨利·玉尔（Henry Yule）的注释。他本人没有完成这项工作就去世了，接替他的是另一位东方学大师巴托尔德（В. В. Бартольд）。在两人的先后努力之下，《马可·波罗行记》的俄文译本发表在 1902 年出版的《俄罗斯地理学会民族志资料汇编》（*Зап. РГО по отд. этнографии*）第 26 期上面。从苏联时期到当代，米纳耶夫和巴托尔德的译本仍然通行，1955 年苏联地理文献出版社与 1997 年"思想"出版社的柏朗嘉宾、鄂多立克、马可·波罗行纪合刊本，仍然以米纳耶夫为底本。如果从米纳耶夫起算，俄国学术界关注马可·波罗的时间几乎和中国相差无多。某种意义上讲，俄罗斯汉学的形成跳过了马可·波罗热的时代。

　　这并不是说俄罗斯文化同马可·波罗关系不大。西方文艺复兴后形成的世界地图，一度以马可·波罗笔下的东方为体系。而 17 世纪的俄罗斯探险家，则用新的知识替代了西方人知识中马可·波罗式的东方。如果说马可·波罗旅行是中西交往史上一个时代的开端，近代西欧的马可·波罗热是这个时代的余音，那么俄罗斯人为马可·波罗去魅的工作，则标志着中西文化交流史与地理学中新时代的来临。

一、马可·波罗世界观在近代地理学上的出现

在近代早期欧洲人的东方地图中，马可·波罗式世界观体现为其行记中的大量地名和"鞑靼"（Tartary）的集合概念。"鞑靼"（Tartary）在欧洲的出现与通用，大体始于13世纪法王路易九世（Louis IX）给十字军的信件。[①] 《马可·波罗行记》的图示化，基本上始于14世纪的《加泰罗尼亚地图》（*Catalan Atlas*）；加泰罗尼亚地图很大程度上还是示意图性质的，马可·波罗的叙述被直接搬到地图的注解中。加泰罗尼亚地图没有严格的国界和区域界限，但包括《马可·波罗行记》中的许多记述，举例如下：

> En aquestesillesnexen molt bousgrifalts e falcons, losquals los habitadors no gosenprendresi no per us del gran ca, senyor e emperador del catayo. [②]
>
> 在这些岛上生长许多海东青和良隼，当地人非经中国的皇帝和君主，即大汗之命令，绝不敢私取。

加泰罗尼亚地图还对汗八里进行了大段描述，这些描写在《马可·波罗行记》中也有其源头：

> Aquesta ciutat té un perímetre de vint-i-quatrellegües; està molt ben emmurallada i té forma quadrada. Cada costa medeix sis llegües i tévint passes d'alçada i deud'amplada. [③]
>
> 城周长二十四里格，由一圈方正城墙保卫，边长各六里格，高二

---

① G. L. Domeny de Rienzi, *Dictionnaire usuel et scientifique de géographie*, Paris: Langlois et Leclerq, Libraires-editeurs, 1831, p. 933.

② Par MM. J. A. C. Buchon et J. Tastu, *Notice d'un Atlas en Langue Catalane*, Paris: Imprimerie Royale, 1839, p. 134. 译文参照布琼等人的法文翻译。

③ Par MM. J. A. C. Buchon et J. Tastu, *Notice d'un Atlas en Langue Catalane*, p. 144.

十步，宽十步。

加泰罗尼亚图中对鞑靼和大汗亦有描述：

> La major príncep de tots los tartres ha nomn Holubeim, quevoldir gran Ca. [①]
>
> 鞑靼人最强大的王子称为 Holubeim，意为大汗。

法国历史学家布琼（J. A. Buchon）将此名解释为突厥文的 Oloug-bek（意为伟大的伯克）。此称号可能同后来帖木儿统治者兀鲁伯（Ulugh Beg）之名，但不可能是此人，因为地图绘成时兀鲁伯尚未出生。

教士毛罗地图（Fra Mauro Map）则将马可·波罗的世界观安置到更加合理的世界体系中，也正式将马可·波罗笔下的"鞑靼"绘制成一大地区。在毛罗地图上，契丹（Cathaio）和鞑靼（Tartaria）几乎覆盖了半个亚洲。从加泰罗尼亚地图和毛罗地图开始，马可·波罗式东方不断地以各种形式出现在各类世界地图中。伴随着 16 世纪全球探险的高潮，神秘的"鞑靼"引发了西欧人越来越多的兴趣，而它显得近在咫尺却又难以捉摸。即使进入科学测绘时代，马可·波罗的幻想王国仍然占据着自己的位置。亨利·玉尔对此有很好的评价：

> 当俄罗斯人带来了关于北亚的真实知识，卫匡国和后继的耶稣会士带来了中国本部的知识，德利尔和唐维尔将真正的科学引入亚洲地理学后，传统的命名法消失了。后来的地理学家研究马可·波罗的叙述，其使命就是揭开其行记中古旧、错讹的地名究竟位于何处。[②]

并非地理学家抑或宗教人士的马可·波罗有自己独特的叙述风格。马可·波罗的方位体系是经验式的，他所熟悉的是地中海商人以 tramontana（指北向）、Levante（指东向）、Greco（指东北向）为准的相对方位观。[③] 同时方位

---

① Par MM. J. A. C. Buchon et J. Tastu, *Notice d'un Atlas en Langue Catalane*, p. 141.

② Colonel Henry Yule, C. B., *The Book of Ser Marco Polo*, the Venetian, vol. 1, London: John Murray, Albemarle Street, 1871, p. 156.

③ A. C. Moule & Paul Pelliot, *Marco Polo the Description of the world 1*, London: George Routledge & Sons Limited, 1938, p. 55.

的参照系统都以往来道路的大致方向为准，这种以道路为准的方位在文本中不可避免地造成了相对位置的某些错乱。当中世纪穆斯林地理学家发展起经纬度和温度带概念的时候，西欧人的地理观念还较为粗略。商人的城市中心地理观也渗透在马可·波罗叙述中。商人式地志描写在伊斯兰世界极为普遍。马可·波罗的描写几乎是以"城市"作为绝对的重心。马可·波罗对自己从帕米尔高原到上都经行中所见，基本上以城镇为中心，叙述也大体以描述城镇风貌为主。而对不熟悉的漠北与西南地区的描写，突出的则是当地风土民俗。

近代地图中常见的除了马可·波罗的知识外，另一项重要的来源来自柏朗嘉宾等人。柏朗嘉宾叙述的蒙古地理更接近蒙古人原本的地理观。体现在地理学上重要的思想，是以蒙古高原为中心的圆形地图观念。在柏朗嘉宾那里，开宗明义便是直接以蒙古人视角描写周围的地理环境。柏朗嘉宾称：

> 鞑靼地区位于东方一隅，我们认为那里正是东方偏北的地方。契丹人以及肃良合人位于其东部。南部是萨拉森人栖身地。在西部和南部之间是畏兀儿人疆域。西部是乃蛮人的省份。[1]

马可·波罗及柏朗嘉宾的记述投射到后来的欧洲地图时，又进一步在地图上发生形变。在墨卡托（Gerhard Mercator）1569 年绘制的《世界平面图》（*Nova et Aucta Orbis Terrae Descriptio ad Usum Navigatium Emendate Accommodata*）有关北亚的部分中，多数注记在《马可·波罗行记》等文献中都可以找到其出处，如"天德"（Tenduc）、"汪格"（Vng）、"巴儿忽"（Bargu）、"额里湫"（Ergimul）[2]、"乃蛮"（Naiman），乃至马可·波罗所述乃颜领地"不辣思霍勒"（Barscol）、"高丽"（Carli）、"主儿扯"（Ciorza）。但是地图同马可·波罗的描述相比，存在着许多差异。马可·波罗所描述的地域方位关系，在图中并未如直接采用《马可·波罗行记》的加泰罗尼亚地图一样用相对关系表达，而是画成了环绕"白山"的一组圈层。此外 Caracorum（哈拉和林）周围有标为 Coras Lacus 的大湖，其东有 Tartar Flu（鞑靼河）。除了鞑靼河以外，墨卡托图

---

[1] 《柏朗嘉宾蒙古行纪·鲁布鲁克东行记》，耿昇、何高济译，北京：中华书局，1985 年，第28 页。

[2] 这个地名在《马可·波罗行记》不同的版本和衍生地图中有多种写法。Ramussio 本作 Erginul，Henry Yule 本作 Erguiul，伯希和本中作 Ergiuul。Ergimul 的写法多见于近代早期世界地图，中文翻译此处从冯译《马可·波罗行记》"额里湫"之名。

也引用了其他来自柏朗嘉宾的知识，比如将蒙古高原区分为"Sumongul"（水达达）和"Yekemongul"（大蒙古）的提法。①

佛兰芒地图学家和地理学者亚伯拉罕·奥特留斯（Abraham Ortelius）所绘《世界地图集》（*Theatrum orbis terrarium*）之中的《亚洲新图》（*Asiae nova descriptio*）体现的是另一类倾向。在"鞑靼利亚"（Tartarja）部分中，地点的相对位置较墨卡托地图准确了很多。以哈拉和林为中心点，"巴儿忽"（Bargu）和"蔑克里惕"（Mecritorum horde）的位置出现在正北端，"罗布沙漠"（Desertum Lop）、"额里湫"（Ergimul）、"哈密"（Camul）和"天德"（Tenduch）标注在南部，"汗八里"（Cambalu）与"中国"各州的位置绘于东方。但在世界地图的框架下来看，这张图上北亚和东北亚的方向错乱不堪，"鞑靼地区"越过了青藏高原直接和印度接壤，而东端"鞑靼"和"中国"的界线划分更是奇怪。在这张图上，以呼伦湖—哈拉和林为中心的地带仍然用"四条大河"表示，其具体地物的相对位置关系同墨卡托图基本相同。② 以奥特留斯地图为典型的16—17世纪西欧地图，对中国和远东的描述基本以《马可·波罗行记》为本。

17世纪以后，几个版本的世界地图大体上都遵循墨卡托地图的表示法。洪迪乌斯（Jodocus Hondius）的《鞑靼地图》中对"鞑靼"地区的绘法同墨卡托基本相同，将"鞑靼"同"中国"合并为一个区域 Cathay。③ 继承洪迪乌斯的是英国人斯皮德（John Speede），他的《鞑靼新地图》（*A Newe Mape of Tartary*）在沿袭洪迪乌斯的同时另外加上了注释。④ 在西欧各种地图中，"鞑靼"的位置总是出现在邻近海洋的地带。由于欧洲人缺少对蒙古高原的直接了解，这些地图所画的鞑靼地区很大程度上都出于想象，其中错讹不可胜数。正因为如此，这些在谬误之下能够大体保持原样的地理知识颇值得玩味。至17世纪中期时，尽管有关蒙古的知识已经进入了西欧人的视野，马可·波罗的世界观仍然以信仰或传说的形态维系着。英国教士帕吉特（Ephraim Paggit）在1635年绘制的《基督方志》（*Christianography*）就是一例，帕吉特可能已经了

---

① Gerhard Mercator, *Nova et Aucta Orbis Terrae Descriptio ad Usum Navigatium Emendate*, 1 map, 1569, Bib ID：6194914, National Library of Australia.

② Abraham Ortelius, *Theatrum Orbis Terrarium*, published by Gilles Coppens de Diest, Antewerp：Apud Aegid, Coppenium Diesth, 1570.

③ Jodocus Hondius, *Tartarie ou l'empire du grand cham*, 1 map, 1606, HOLLIS ID：011560566, Krawciw Collection, Harvard College Library.

④ John Speede, *A newe mape of Tartary*, 1 map, 1676, Bib ID：3425104, Braga special map collection, National Library of Australia.

解到内亚草原西部哈萨克人的出现，他在书中附图中标注了"哈萨克鞑靼人"（Kaski Tartars），并且了解到其中并无基督徒。但在欧亚大陆的东北角上，他仍然给马可·波罗时代河西地区的"天德"与"额里湫"留下了一席之地，并相信当地还有"一些"甚至"许多"基督徒。① 从 15 世纪时代开始至 18 世纪，在早期近代欧洲地图学历史上，马可·波罗世界观与鞑靼想象持续了几百年。

在中国本部与日本的知识得到更新后，马可·波罗留下的鞑靼幻想依然沿袭到了 17 世纪中后期。受卫匡国（Martino Martini）影响的荷兰绘图家布劳（Joan Blaeu）所作《世界新图》（*Novaet Accuratissima Terrarum Orbis Tabula*），在较为正确表现亚洲大陆轮廓时，对蒙古高原和东北亚仍然用墨卡托式的 Cathay 来表示。

二、俄罗斯东方观之产生

俄罗斯人对于远东知识的独立累积，可以追溯到 1549 年奥地利人赫伯施泰因（Sigismund von Herbestein）的《莫斯科纪行》 （*Rerum Moscoviticarum Commentarii*）：

Ab Irtische fluvii ostiis ad castrum Grustina, duorum mensium iter：aquo ad lacum Kitai, per Obi fluvium, quem fontes suos in hoc lacu habere dixi, est plus quam trium mensium iter.

Ab hoc lacu plurimi homines nigri, communis sermonis expertes, veniunt：merces varias, in primis autem uniones, lapides preciosos, secum adferentes, quas populi Grustintzi & Serponovutzi mercantur. Hi a castro Serponovu Lucomoryae ultra Obi fluvium in montibus sitae nomen habent. ②

从额尔齐斯河河口经两个月行程到达格鲁斯季纳（即斯特拉伦

---

① Ephraim Paggit, *Ciristianography*, London：Printed by Robert Clavell, 1674.

② Sigismund von Herbestein, *Rerum Moscoviticarum Commentarii*, Basel：ex officina J. Oporini, 1571, p. 82. 翻译参考俄语译文 Сигизмунд Герберштейн, *Записки о Московии*, М.：МГУ, 1988, с. 157。

堡）行程，从那里到鄂毕河上的中国湖要花三个多月的时间。像我所说的那样，鄂毕河从那里发源。在河上居住着"黑色"人们，他们没有通用的语言，带来自己不同的商品由 Grustintzi 和 Serponowtzi 人们购买。Serponowtzi 人得名于 Serponow 堡，堡垒建于鄂毕河对岸山中的 Lucomorya。

这段记录带有很大的传闻成分，但它也代表着俄罗斯人对东亚的独立知识来源。赫伯施泰因不仅向西欧介绍了新兴的俄罗斯，也记录了俄罗斯人探寻东方的热情。米亚斯尼科夫（В. С. Мясников）对此有着高度评价，认为赫伯施泰因笔下的鄂毕河（Obi Fluviu）同"中国湖"（Lacus Kitai）激发了 17 世纪英国人和俄罗斯人对于寻找西伯利亚到中国的海陆道路的兴趣。[①] 赫伯施泰因著作刊成的 1549 年也恰好是处在俄罗斯即将开拓东方的节点上。随着喀山汗国和阿斯特拉罕汗国在 1552 年和 1554 年的相继陷落，伊万四世（Иван Васильевич）立刻在 1559 年派遣了联络中亚、打探通往中国通路的詹金森（Anthony Jenkinson）使团。按巴托尔德的观点，俄罗斯对中国的广泛兴趣恰好是从 16 世纪开始的。[②]

1619 年佩特林（И. Петлин）的中国行纪就掺杂着两个层面的马可·波罗：作为马可·波罗知识来源的蒙古地理知识，以及马可·波罗式的知识。佩特林其人同马可·波罗有一点极其相似，两人的个人生平都甚不清晰。17 世纪初期俄罗斯使者从首领自称阿勒坦汗的和托辉特部那里得到的有关"鞑靼"地理知识，和佩特林使团报告就有大量的相似性。15 世纪奥地利人赫伯施泰因的俄罗斯游记中关于鄂毕河流域地带的叙述，同佩特林也有某种程度的相似性。而佩特林出使的两个俄文版本都是 19 世纪后出现的。

从文本上来看，赫伯施泰因的传说构成了佩特林的基础。1619 年，佩特林在此报告中声称：

> 从谦河到彼得罗夫所说的，富有宝石的大湖 3 日路程，骑马绕湖一周需 12 日。4 条河流从东南西北四方向注入此湖……从大湖出发沿

---

① 娜·费·杰米多娃、弗·斯·米亚斯尼科夫：《在华俄国外交使者》，黄玫译，北京：社会科学文献出版社，2010 年，第 4—5 页。

② Бартольд В. В.，*Сочинения. Том 9*，Москва：Издательство《Наука》，Главная редакция восточной литературы，1977，с. 368.

河（凯西河）到源头需 15 日，到达阿勒坦汗游牧的地方。[①]

佩特林报告起首处提及的四条大河汇入湖泊，米亚斯尼科夫等当代学者对其进行了现实主义解读，认为此湖指的是邻近托木斯克（Томск）的乌布苏诺尔（Убсу-Нур）。从 1617 年俄国同阿勒坦汗政权通使情况来看，从托波尔斯克（Тобольск）到阿勒坦汗牧地的确经过乌布苏诺尔。但此说也未必全面，同期史料中可见俄国人对乌布苏湖实际大小与周边地理有所掌握，不至将湖区大小和地位如此夸大。佩特林关于大湖的叙述中带有赫伯施泰因的影子，赫伯施泰因所言既可能有斋桑泊的现实成分，又不乏想象的因素在里面。以河流走向关系为基准的民族地理描写方法和大约 16—17 世纪之交的《昆古尔编年史》（Кунгурская Летопись）如出一辙。17 世纪上半期，俄罗斯同和托辉特部阿勒坦汗政权建立的早期联系就包括着对中国的想象。从文本中我们可以看到，来自马可·波罗的有关中国的形象，在同蒙古人的早期交往中又被重申。

佩特林有关"城"的描写，也遵循了商人式的传统。从马可·波罗到佩特林，描述"鞑靼"地区的旅行家几乎都会用城镇作为基本单位。对于商队而言，城镇是有商业价值的所在，也是地名容易被标注的地方。每到一座新的城市或者驿站，佩特林都声称绕城一周需骑行几日，并提及城中商铺、货物、酒馆的情形。佩特林的叙述在传统形象和现实间存在着不统一。佩特林提到了自阿勒坦汗所部到河套地区土默特部之间兀鲁思的实际分布形态，同时仍然保持着所谓"蒙古幅员辽阔，从布哈拉一直到大海"的信念。关于鞑靼地方临海的叙述，在 1617 年彼得罗夫的报告也有体现：

> 中国位于海边，城堡全是石头砌成的。环城一周至少需要 10 日。[②]

柏朗嘉宾和马可·波罗都提及了同蒙古相邻的海，此种观念或许来自由汉语进入蒙古帝国文化的"四海"。马可·波罗论及巴尔忽平原时，称其行四十余日抵于海洋，又称：

[①] 娜·费·杰米多娃、弗·斯·米亚斯尼科夫：《在华俄国外交使者》，第 47—48 页。

[②] *Русско-монгольские отношения. Т. 1, 1607-1636*, М.：Изд. вост. литературы，1959，док. № 22, с. 65-64.

北方诸州迄于地尽大海之处。①

元代测绘学文献中虽然有北海的提法，但是这个北海并无明确的地理实指。汉语文化中常常用瀚海指代北方地广人稀的区域。元代诗人陈旅《送多尔济（朵儿只）国王之国》一诗中形容辽王封地形势就提到：

辽天老鹤来城上，瀚海名鹰出日东。②

如此来看，"大海"或许来自柏朗嘉宾和马可·波罗的文化误读。对于这类早期旅行家来说，蒙古高原分崩离析的现实状态同观念中的大蒙古地方仍然并行不悖。当然，关于蒙古的这段套语也可能只是袭用前人之说。

佩特林的行记首先刊布的版本英译后收入《波查斯朝圣者之书》（*Purchas His Pilgrimes*）。这套文编满足了大航海时代英国人对探索未知世界的兴趣，搜录了从古至今包括英国和欧亚各国旅行者的行纪。佩特林使团报告被收录在这部书的第 4 册中。佩特林文书尤其是后流通的英译本，陷入了一些先入为主的印象中。如佩特林记载的游牧者兀鲁思，在英译中被单纯地解释为"牧场"。③佩特林报告原文中还有一处意义含混的叙述：

А городкитайской, гдецарь Тайбунживет, стоитнаровномместе…
А доморяот Большево Китаю, сказывают, 7 ден. ④
大明皇帝居住的中国城地处平原……据说从大中国城到大海七天
行程。

这段不清楚的概念，在《波查斯》的英译本中成为了更加混乱的表达：

---

① 马可·波罗：《马可波罗行纪》，冯承钧译，上海：上海书店出版社，2001 年，第 159 页。
② 陈旅：《安雅堂集》，清文渊阁四库全书本。
③ Samuel Purchas, *Purchas his Pilgrimes*, *The fourth*, *English Northerne Nauigations*, *and Discoueries*: *Relations of Greenland*, *Greenland*, *the North-west passage*, *and other Arctike Regions*, *with later Russian Occurrents*, London：Printed by William Stansby, 1625, p. 800.
④ *Первые русские дипломаты в Китае*（"*Роспись*" И. Петлина и статейный список Ф. И. Байкова）, М.：Наука, 1966, с. 52. 中文参见娜·费·杰米多娃、弗·斯·米亚斯尼科夫：《在华俄国外交使者》，第 56—57 页。

"the greatest Cities of all Cataya, called Catay"（契丹最伟大的城市叫作契丹城）①。由于关于佩特林的早期公开资料来自西欧，而俄文版本直到 19 世纪才被发现，佩特林是否来过中国曾经引起了学者的广泛争论，卡拉姆津（Н. М. Карамзин）等人就强烈怀疑过佩特林的可信性。② 但无论如何，俄罗斯同中国的现实交通联系在佩特林之后已经为人知晓了。

从知识学的传播来看，就在 1625 年佩特林使团的记载公布后不久，西伯利亚哥萨克对东方世界有了自己的认识。1636 年《叶西波夫编年史》（*Сибирская летопись Саввы Есипова*）提到了西伯利亚整体地理与民族分布。《叶西波夫编年史》尤其指出了额尔齐斯河沿岸有鞑靼人、卡尔梅克人和蒙古人。同时明确说鞑靼人信仰穆罕默德的宗教，而卡尔梅克人的信仰情况不明。③ 叶西波夫的文字叙述在 17—18 世纪之交时，④ 在《昆古尔编年史》中以示意图的形式表现了出来。示意图上南下北，在额尔齐斯下游草原地带标注卡尔梅克人和蒙古人，在托博尔河注入额尔齐斯河的位置分布着鞑靼人。⑤ 此时哥萨克编年史中的地图还较为粗糙，对东西伯利亚的知识也尚不充分，但是他们的世界观已经完全脱离了马可·波罗。当然，此时他们或许并不知晓传说中的马可·波罗。

三、巴伊科夫及以后

1654 年至 1658 年间巴伊科夫（Ф. И. Байков）的中国行记起到了对马可·波罗以来的东方神话的去魅作用。在巴伊科夫笔下，模糊不清的"鞑靼"缩小了，代之以卫拉特人的聚落与阿布赍汗的控制地区。对于佩特林一笔带过的从西伯利亚到库库河屯的沿途景观，巴伊科夫用了详细甚至琐碎的语言描

---

① Samuel Purchas, *Purchas his Pilgrimes*, *The fourth*, *English Northerne Nauigations*, *and Discoueries*：*Relations of Greenland*, *Greenland*, *the North-west passage*, *and other Arctike Regions*, *with later Russian Occurrents*, p. 802.

② 娜·费·杰米多娃、弗·斯·米亚斯尼科夫：《在华俄国外交使者》，第 36—37 页。

③ *Сибирская летопись Саввы Есипова*, СПб.：Изд.：Г. Спасский, 1824, с. 9.

④ 对于《昆古尔编年史》的作者，学界一般认为可能是列米佐夫（С. У. Ремезов），此编年史记载实事到儒略历纪元 7109 年（公元 1600 年），而列米佐夫的活动年代大体在 17 世纪后半叶和 18 世纪初。

⑤ *Краткая сибирская летопись（Кунгурская）со 154 рисунками*, Под ред. А. Зоста., СПб.：Тип. Ф. Г. Елеонского и Ко, 1880, с. 9.

写，诸如途经每条河流的名称，沿途居民分布与生活方式的变化，自然景观的变化等。巴伊科夫对城镇分布与商业交换也有更清晰切实的描写。佩特林笔记对中国城市中货物种类大加铺陈，却没有提及日常生活用品，也没有关于购买这些物资的记录。巴伊科夫的记述则不然，明确地写出了茶叶、香料和肉类的价格，瓜果蔬菜的上市期。巴伊科夫几乎已经填补了蒙古高原中部地理的知识，用现实知识替代了之前的幻象。"鞑靼"幻象此时仅仅在清朝发祥的东北地区仍然存在。按照巴伊科夫的知识，新近进入中原的清朝统治者仍然属于"蒙古人"。

巴伊科夫之后，托波尔斯克长官彼得·伊万诺维奇·戈东诺夫（П. И. Годунов）进一步落实了有关蒙古高原的实际知识。戈东诺夫的《西伯利亚地图》（*Годуновская карта*）中出现了东北亚较清晰的面貌。这幅坐北朝南视角的地图上勾勒出了阿穆尔河，黑龙江上源额尔古纳河及达赉湖，以及"开拉里"（Кайларь，即海拉尔河）的注记。"中国"（Царство Китайское）的位置放在地图的左上角一隅，而地图标注的"中国"同图中所示黑龙江之间有一块留白区域，[①] 这块留白就是西欧人乃至俄国人还不完全明了的清政权发祥之地。戈东诺夫 1669 年所编《中国和遥远的印度详情》（*Ведомость о Китайской земле и о глубокой Индии*）中关于蒙古、满洲和中原的关系的介绍，较前人理解也有了不小的进步。其中提到了如下一些细节：

> Богдохон... а природою они настоящее их китайских царей—дюрчитово роду, что кочуют возле Сибири, в Даурской земле, а доступил тот город отец ево войною. [②]
>
> 博格达汗……来自久切尔人的种类，曾经在西伯利亚周遭的达乌里亚游牧，他们的父辈通过战争夺取了这座城市。
>
> А царствующий город Камбалык, где живет царь Богдохон... [③]
> 国都汗八里城如今居住着博格达汗。

---

① John F. Baddeley, *Russia*, *Mongolia*, *China*, London：Macmillan and Company, Ltd., 1919, p. 125.

② "*Ведомость о китайской земле*" // *Страны и народы Востока*, Вып. Ⅱ, М.：Наука, 1961, с. 212.

③ Ibid., с. 213.

Приходил в Китайскоего сударьство калмыцкой начальной вере их Далай Лама, чтоб они китайцы приняли ево Далай Ламы веру, и устроен ему был под Китайским царством двор каменной, от города с версту.①

卡尔梅克人最为崇信的达赖喇嘛曾到中国，旨在让中国人接受他的信仰。他被安排在离城一俄里远的石头宫中。②

同学界公认的较早研究清朝早期历史的 19 世纪布道团成员戈尔斯基（В. В. Горский）比，戈东诺夫虽然对蒙古和女真的具体关系还不甚明确，但已经可称了解清初历史的先驱者了。

自从 17 世纪 50 年代，沙俄进入了黑龙江沿岸，"达乌里亚（Даурия，今日贝加尔湖至额尔古纳河之间区域）和"博格达人"（Богдойские люди，俄国人对八旗满洲的早期称呼）的概念开始出现，这宣告着俄罗斯完成对蒙古高原及周边地区地理知识开始趋于完善。1670 年米洛瓦诺夫（И. Милованов）较为清晰地梳理了长城、辽河、博格达皇帝等概念的关系。米洛瓦诺夫在报告中交替使用博格达王国和中国本部的概念，用"托尔果钦"（Торгочин，俄国人对黑龙江上游达斡尔人一部的称呼）与"达斡尔"（Даур）来指代大兴安岭内外的部族。③ 尽管他还没有明确提出蒙古高原同嫩江的地理联系，但是他提到了从嫩江经西拉沐沦到达长城的出使线路，实质上已经对高原东部的地理学状况进行了正确考订。米洛瓦诺夫对清朝城市的描写仍然较多溢美之词，考虑到他出身较低，这种夸张可能来自一位边疆低级军官的自发赞叹，而非是纯然的想象。

数年之后，在近代欧洲人东方知识形成过程中举足轻重的斯帕法里（Н. Г. Спафария）登上了历史舞台。1674 年，外务衙门汇总了当年的出使清朝报告，总结了蒙古、嫩江与中原的相互关系，明确了从托波尔斯克—库库河屯路线和涅尔琴斯克—嫩河路线之间的互通性。④ 汇总中还显示了从托波尔斯

---

① 此处指五世达赖喇嘛阿旺罗桑嘉措，他在 1652 年（顺治九年）来到京城。

② "*Ведомость о китайской земле*" // *Страны и народы Востока*, Вып. Ⅱ, М., с. 218.

③ *Русско-китайские отношения в ⅩⅦ в. Материалы и документы. Т. 1. 1608-1683*, М.: Наука, 1969, док. № 134, с. 273-274.

④ *Русско-китайские отношения в ⅩⅦ в. Материалы и документы. Т. 1. 1608-1683*, М.: Наука, 1969, док. № 176, с. 325-326.

克和涅尔琴斯克两路进入中国都会途经石墙。不论此时的俄罗斯人是否已经意识到这就是同一条长城，此时的信息已经足以在地图上涂抹掉幻想的迷雾。

在斯帕法里出发前夕，俄罗斯外务部在总结传教士关于清朝边界的叙述中，已经明确"蒙古""鞑靼"同清帝国的边界是在北方和西北，东北边界此处进行了留白。① 米洛瓦诺夫的报告还过于简略，斯帕法里担负的使命之一就是在达乌里亚和色楞格河一带探索哪些地方去中国较为便利。② 斯帕法里正式将"博格达人"同"中国人"视为一体。对于在达赉湖周边游牧、米洛瓦诺夫此前称为"属于博格达汗的托尔果钦人"的清朝藩属部落，斯帕法里直接将他们称为中国人。斯帕法里对大兴安岭的地理知识也已经成熟，谓之"山脉起自阿穆尔河延伸到托尔果钦岭，又从托尔果钦岭直达中国的长城"。③ 斯帕法里正确地区分了八旗满洲和外藩蒙古，明确了外藩蒙古同"脑温长官"（Наунские Воеводы，俄国人对康熙时期管理嫩江流域打牲部落的官员的称呼）的直接交界，他指出，在嫩江南岸：

> 脑温长官管辖的地方到此为止，从这里开始是一个蒙古台吉的辖区。④

斯帕法里还探明了松花江流向，以及它同嫩江和黑龙江的关系。不久后，斯帕法里在京城同代表中方的传教士们交流了地图与知识。到1692年，荷兰人尼古拉斯·维森（Nicolaas Witsen）所撰《北部与东部鞑靼》（*Noord en Oost Tartarye*）中有关东北亚东部的部分，已经用斯帕法里和张诚（Jean-François Gerbillon）的知识代替了马可·波罗时代的印记。

---

① *Русско-китайские отношения в XVII в. Материалы и документы.* Т. 1. 1608–1683, № 179, с. 331–332.

② *Русско-китайские отношения в XVII в. Материалы и документы.* Т. 1. 1608–1683, № 183, с. 350.

③ *Русско-китайские отношения в XVII в. Материалы и документы.* Т. 1. 1608–1683, № 183, с. 352.

④ *Русско-китайские отношения в XVII в. Материалы и документы.* Т. 1. 1608–1683, № 183, с. 358.

结　论

　　马可·波罗的时代意义在于带给西方人一个完整有形的东方形象，而俄罗斯人在 17 世纪历史中起到的作用则是为这个形象去魅，将东方尤其是东北亚地区新的形象传达给欧洲。俄罗斯人摆脱马可·波罗式东方观不仅是因为神秘的中国早在两国外交中揭下面纱，也和 17 世纪蒙古高原统一政治体的瓦解有关。马可·波罗开启了一个时代，俄罗斯人则在适当的世纪结束了这个时代。告别马可·波罗的影子后，欧洲对中国和游牧世界的认识渐渐由声闻转向更现实的触及。

　　（原载徐忠文、荣新江主编：《马克·波罗、扬州、丝绸之路》，
北京：北京大学出版社，2016 年，第 252—263 页）

世界近现代史研究

为启蒙和大革命"纠偏"

——基佐的宗教思想与实践初探

倪玉珍　首都师范大学历史学院副教授

摘要　作为法国复辟王朝和七月王朝时期享有盛名的史学家、举足轻重的思想家和政治家,基佐已得到国内研究者的关注;然而作为新教徒的基佐尚未引起国内学界注意。1814 年至 1848 年,基佐专注于政治思考和实践,不过从他对启蒙和大革命的反思、他任公共教育大臣期间颁布的《基佐法》以及他对天主教自由派争取教育自由的支持中,已经可以窥见宗教在其政治设想中的位置。1848 年退出政治舞台后,基佐专注于宗教思考与实践,在新教团体担任要职并出版了几部宗教著作。基佐对宗教问题的思考以及调和天主教会与新教会、基督教与现代社会的努力,构成了 19 世纪法国同情宗教的人士为启蒙和大革命的反宗教倾向"纠偏"的努力之一部分。他的成败折射了大革命后法国在政教问题上遭遇的困境。

关键词　互动　全球史观　西方中心论

一、引言:作为新教徒的基佐

作为历史学家,基佐(François Guizot, 1787-1874)的成就早已得到公认。关于欧洲和法国文明史的研究为他赢得了卓著的声名,他因而被歌德称为

19 世纪 20 年代末法国思想界引领风潮的人物之一，并且被乔治·古奇列为 19 世纪 "法国政治学派" 史家的代表。[①] 在国内学界，基佐的史学思想较早就得到研究者的重视。不过，作为法国波旁王朝复辟和七月王朝时期举足轻重的思想家和政治家，基佐保守的自由主义思想长期遭到贬低和忽视。1985 年法国当代著名学者罗桑瓦龙（Pierre Rosanvallon）的《基佐的时刻》一书的出版，标志着对基佐政治思想的研究开始在法国学界升温，基佐甚至被誉为理解 19 世纪法国政治文化 "迷宫" 的 "阿里安娜之线"。[②] 自 2006 年以来，国内史学界开始有学者著文研究基佐的政治思想及实践。[③] 然而，作为新教徒的基佐至今尚未引起国内学界注意。作为一位在 19 世纪法国政界和思想界颇有影响力的新教徒，基佐的宗教思想和实践在法国不乏研究者关注。在 1974 年举办的一次关于基佐的研讨会中，有 6 篇论文论及基佐的宗教面向。[④] 此外不少研究基佐或 19 世纪法国宗教史的著作也论及基佐的宗教思想及实践。[⑤] 不过，相关专著却很少见，至今仅有《基佐的宗教》就这一主题做过较全面的考察。[⑥] 此书的考察虽较为全面，却不甚深入。法国学界没有产生关于基佐的宗教思想及实践的质量上乘的专著，这一方面缘于基佐未受过系统的神学教育，而且其宗教思想 "折中主义" 色彩过浓、难以归类，因而其宗教思想得不到研究者重视。另一方面，基佐在对待与宗教相关的议题时，往往首先不是从新教徒的立场出发护教，而是从政治家的立场出发调和各方力量，这种做法在基督教信仰和大革命原则长期无法达成有效和解的法国，显然是两边不讨好。

尽管如此，就基佐的宗教思想及实践这一问题在国内学界做一个初步的介绍及探讨仍属必要。这是因为，首先，基佐本人曾自称有 "三重生命"：文学

①　Aurelian Craiutu, *Liberalism under Siege: The Political Thought of the French Doctrinaires*, Lanham: Lexington Books, 2003, p. 36. 乔治·皮博迪·古奇：《十九世纪历史学与历史学家》，耿淡如译，北京：商务印书馆，1997 年。

②　Pierre Rosanvallon, *Le Moment Guizot*, Paris: Gallimard, 1985, p. 30.

③　参见吕一民：《理性主权与妥协政治——法国空论派政治思想探析》，《浙江学刊》2006 年第 1 期；倪玉珍：《十九世纪上半叶法国自由主义的重要转向：从基佐 "贵族的自由" 到托克维尔 "平等的自由"》，《思想与社会》第六辑，上海：三联书店出版社，2006 年；崇明：《基佐论政治权力的社会基础和道德基础》，《北京师范大学学报》（社会科学版）2007 年第 6 期。

④　Société de l'Histoire du Protestantisme Français, *Actes du Colloque François Guizot*, Paris: Société de l'Histoire du Protestantisme Français, 1976.

⑤　André Encrevé, *Les Protestants en France de 1800 à nos Jours-Histoire d'une Réintégration*, Paris: Stock, 1985; Charles-Henri Pouthas, *Guizot pendant la Restauration*, Paris: Plon, 1923.

⑥　Pierre-Yves Kirschleger, *La Religion de Guizot*, Genève: Labor et fides, 1999.

的、政治的、宗教的。① 这意味着要真正理解基佐，不能不了解其宗教关切。其次，作为一位在复辟王朝和七月王朝时期举足轻重的政治家以及第二帝国时期在法国新教会颇有影响力的人物，基佐调和法国天主教会与新教会、基督教与现代社会的努力不应忽略。可以说，基佐的宗教思考和实践构成了19世纪法国同情宗教的人士为启蒙和大革命的反宗教倾向"纠偏"的努力之一部分。他的成败折射了大革命后法国在政治及宗教问题上遭遇的困境。再次，启蒙运动和大革命的反宗教倾向与法国的现代化转型之间的关联，长期以来很少得到国内学界关注。近年来已有学者探究这一问题，并对将宗教与现代性对立起来的传统思维提出质疑。② 笔者希望本文能在继续和深化这一研究方面有所贡献。

基佐1787年生于法国南部城市尼姆。作为一个约三分之一居民是新教徒的新教重镇，尼姆自16世纪中叶以来一直饱受教派冲突困扰。尼姆的教派冲突在《南特敕令》（Édit de Nantes）遭废除后尤为严重，大革命也没有给它带来宗教和平。基佐的父亲就是在大革命的"非基督教化运动"中死于断头台。尼姆浓厚的宗教氛围及母亲的虔信给基佐的心灵烙下深刻印记，而对尼姆的宗教冲突的厌恶也构成了基佐日后渴望宗教自由及和平的重要原因。③ 基佐12岁随母前往"新教徒的罗马"——日内瓦接受系统的学院教育。由于18世纪末以来卢梭的自然神论在日内瓦的传播以及加尔文教义影响的衰落，基佐在学院受到的教育主要是哲学和科学的，而非神学的。④ 1805年，基佐离开日内瓦前往巴黎修习法学。此时距1801年拿破仑与教皇签订《教务专约》已有数年，大革命造成的国家与教会的紧张关系已大为缓和。伴随着浪漫主义思潮的兴起，巴黎思想界的宗教情感开始复苏。1802年夏多布里昂（François-René de Chateaubriand）的《基督教的真谛》的出版，标志着法国思想界的一个重要转向：自启蒙和大革命以来在思想界占据主导地位的理性主义得到反思，基督教在欧洲文明中的地位获得重估。夏多布里昂用饱含情感和诗意的语言，表达灵魂对上帝的渴望，并把基督教描绘成将人类从古代社会解放出来的欧洲文明的

---

① Pierre-Yves Kirschleger, *La Religion de Guizot*, p. 5.
② 沈坚：《世俗化与法国天主教的现代定位》，《世界历史》2007年第1期；彭小瑜：《利奥十三〈政教关系通谕〉与19世纪法国宗教政治》，《北京大学学报》（哲学社会科学版）2010年11月第47卷第6期。
③ Pierre-Yves Kirschleger, *La Religion de Guizot*, pp. 19–21.
④ Pierre-Yves Kirschleger, *La Religion de Guizot*, pp. 31–36.

推动者。①

巴黎思想界这股"宗教觉醒"的潮流深深打动了基佐。在《回忆录》中，基佐自述阅读夏多布里昂的著作时情感的激荡，并称自己到达巴黎后的第一个热望就是给后者写封信。② 然而启蒙运动和大革命毕竟使法国的基督教大伤元气：③ 启蒙哲人及其信徒对天主教会甚至是宗教本身的长期猛烈批判促成了怀疑主义的盛行，基督教会的组织和人员在大革命中遭到折损，整整一代人疏离了教会组织的宗教生活。这些事实足以解释为何法国的 19 世纪初既是"宗教觉醒"的时代，同时也是伏尔泰的著作被阅读得最多的时代。在巴黎的知识精英中，"伏尔泰之子"仍居多数，这意味着其对宗教信仰持轻视或无所谓的态度，或者由于考虑到宗教有益于维护社会秩序而视其为民众所需，但自己并不信教，至多信仰"自然神"但不参加教会的活动。就连引领了法国思想界的"宗教觉醒"潮流的夏多布里昂也明显受到自然神论的影响：他在自然的奇观中寻找上帝存在的证据，他用炽热的语言诉说灵魂对无限的渴望，但他在"流着泪"皈依了宗教之后，却几乎从来不上教堂。④

在这样一种氛围里，从日内瓦来到巴黎的基佐，不久就遭遇了信仰危机：在加入新教徒兼康德信徒的斯塔普菲尔（Philipp Albert Stapfer）主持的沙龙后，尤其在加入了传播 18 世纪启蒙思想的几个沙龙后，基佐那得自幼年生活体验和母亲影响的、情感热忱但教义空疏的朴素信仰很快不敷使用。1810 年前后，基佐不再虔信，此后 20 年间他不再参加教会活动，他自称这一时期受到了 18 世纪的"理性主义"影响。⑤ 1814 年之后，基佐进入政界，成为"信条派"（les Doctrinaires）的重要成员，并推动复辟王朝进行温和的自由主义实践。1822 年复辟王朝局势"右转"，基佐不得不离开政界回到学院，与掌权的极端保王派论战。1832 年前后，基佐重新参加教会活动。然而此时他已开始在七月王朝的内阁担任要职，直至 1848 年他从首相的职位退下之前，他一直专注于政治思考与实践，很少专门著文论及宗教。不过即便在这一阶段，基佐仍然关

---

① Gérard Cholvy, Yves-Marie Hilaire, *Histoire Religieuse de la France：1800-1880*, Toulouse：Privat, 2000, p. 22.

② François Guizot, *Mémoires pour Servir à l'Histoire de mon Temps*, vol. 1, Paris：Michel Lévy Frères, 1858, p. 9.

③ Gérard Cholvy, Yves-Marie Hilaire, *Histoire Religieuse de la France：1800-1880*, p. 15.

④ Gérard Cholvy, *Christianisme et Société en France au XIXe Siècle, 1790-1914*, Paris：Seuil, 2001, p. 99.

⑤ Pierre-Yves Kirschleger, *La Religion de Guizot*, pp. 50-58.

注宗教问题，这主要表现为基督教在他关于法国革命后重建的政治设想中有着重要位置。

二、反思革命：基佐调和基督教与现代社会的努力

复辟王朝后期，以贡斯当（Benjamin Constant）、基佐等人为代表的自由派与主张恢复神权政治的极端保王派展开论战，努力捍卫 1789 年原则。就这一点而言，自由派是启蒙和大革命遗产的继承人。然而与 18 世纪的法国启蒙哲人相比，19 世纪初的法国自由派有一个重要的不同：他们比前者更为重视宗教。18 世纪的法国启蒙哲人（尤其是百科全书派）大多轻视宗教，他们把中世纪视为"黑暗"时代，并期待理性之光驱散宗教的蒙昧。然而 19 世纪初的法国自由派却大多对 18 世纪的理性主义持怀疑态度，并表现出对宗教的好感。仅举最著名的自由派为例：斯塔尔夫人（Madame de Staël）在她主持的沙龙里传播德国的虔敬主义；[1] 贡斯当在其晚年的著作中流露出深沉的宗教情感；基佐和托克维尔（Alexis de Tocqueville）虽然都曾因为阅读启蒙哲人的著作而发生过信仰危机，但他们都自视为基督徒。为什么会发生这种转变？浪漫主义的兴起固然促成了自由派对理性主义的反思，然而更重要的是，大革命遭遇的严重挫折使他们意识到了启蒙哲学的局限。大革命没有像孔多塞（Marquis de Condorcet）这样的启蒙哲人乐观地预见的那样，使法国步入理性和光明的王国，而是使法国长期在政治动荡与新型专制之间摇摆。这不仅使迈斯特（De Maistre）这样的极端保王派猛烈攻击 18 世纪的启蒙哲学并为神权政治招魂，而且使不少站在 1789 年原则一边的思想家们也开始反思启蒙和大革命。

尽管这些思想家为法国在动荡与专制之间摇摆这一"病症"找到的病因和解决方案各不相同，但他们却有一个重要的共识：法国要实现大革命的理想并获得自由，离不开宗教的支持。著名的共和派基内（Edgar Quinet）道出了他们的心声："法国大革命的悲剧，就在于它在构想人类的现代解放时，没有为之提供一个宗教的支点。"[2] 基佐在《英国革命为什么会成功？》中指出，英国

---

[1] Gérard Cholvy, Yves-Marie Hilaire, *Histoire Religieuse de la France：1800-1880*, p. 51.

[2] Edgar Quinet, *Le Christianisme et la Révolution*，转引自 Vincent Peillon, *Pierre Leroux et le Socialisme Républicain*, Latresne：Bord de l'eau, 2003, p. 162。

革命成功的一个重要保证在于革命者得到了"福音书"的指引，这个精神支点使他们不致陷入过度的革命激情中。① 就连曾经尊崇百科全书派哲人的贡斯当也在经历了大革命的非基督教化运动和恐怖政治之后，痛定思痛道："当宗教的观念离开人们的灵魂时，他们离失去自由就不远了，信仰宗教的民族可能成为奴隶，然而没有任何一个不信教的民族能够是自由的。"② 值得注意的是，作为深受启蒙思想熏陶的一代人，19 世纪初的自由派思想家所说的"宗教"，已经或多或少不同于传统基督教。那么，作为一位新教徒和一位自由派领袖，基佐如何反思启蒙哲学和大革命，如何看待基督教在大革命后法国社会中的位置？

在基佐看来，法国自大革命以来的突出"病症"在于它无法在秩序与自由之间获得平衡。这一方面表现为法国深受"不断革命"的困扰，无法确立稳固的自由政制，另一方面则表现为当人们厌倦了失序与动荡时，又转而接受铁腕政治家的独裁。二者一体两面，相互循环。为什么法国会陷入"不断革命"？为什么较温和的政体，如 1791 年的君主立宪制，甚至 1792 年的共和制在法国无法维持？为了寻找"不断革命"这一"痼疾"的病因，基佐首先反思滋养了大革命精神的 18 世纪的启蒙哲学。在 1820—1822 年间做的关于欧洲代议制政府的历史起源的讲演中，基佐把矛头对准了被一些大革命者誉为"革命圣经"的卢梭的人民主权学说。在基佐看来，卢梭的人民主权学说在起点上可以还原为这样一个基本原则："每个人是他自己的绝对主宰，对他来说唯一正当的法律是他个人的意志，除非得到他本人的同意，任何人任何时候都无权凌驾于他。"基佐认为，如果严格地推行这一原则，一切现存的政府和制度都将被谴责为非法。更有甚者，由于卢梭宣称意志不应当"使自身受未来的束缚"，这意味着法律和政府的权威永远都无法确立起来。③ 基佐相信他在卢梭的学说里找到了 1789 年以来长期困扰法国的"不断革命"的思想根源。他认为卢梭的学说蕴含着无政府主义的种子，因而最终只能用暴政来克服无序——"公意"对个体的绝对统治。

在批评了卢梭的人民主权学说之后，基佐提出了自己的理性主权学说。他

① Guizot, *Pourquoi la Révolution d'Angleterre a-t-elle Réussi*? Berlin：Librairie B. Behr, 1850, pp. 2–3.

② 转引自 Jean-René Derré, *Lamennais, Ses Amis et le Mouvement des Idées à l'Époque Romantique* (*1824–34*), Paris：Klincksieck, 1962, p. 111。

③ François Guizot, *The History of the Origins of Representative Government in Europe*, Indianapolis：Liberty Fund, 2002, pp. 287–288.

指出，人并非自身的绝对主宰，他的意志并非唯一正当的法律。在人的意志之上，有一种更高的理性法则。它不是人制定的，而是上帝为人类制定的永恒的正义法则。[①] 一项法律或一个政府之所以是正当的，并非由于它们获得了人们的同意，而是因为它们符合理性法则。那么，怎样才能确立起符合理性法则的统治呢？基佐认为，最高的理性为上帝所拥有，理性在尘世不可能以完满的形式出现，但理性会在人类世界中得到显现。每个社会都存在一些与理性相符的见解，这些见解分布于组成社会的个人之中，由于影响人类道德和理性发展的各种原因，它们是不平均地分布的。应当通过经常性的选举把这些分散的、不完善的理性收集和组织起来，以形成"公共理性"，并使它掌握权力。代议制正是达成这一目标的手段。[②] 在复辟王朝和七月王朝时期，基佐致力于实践其理性主权学说，极力捍卫君主立宪制。在他看来，由王权、贵族院和众议院分享统治权的君主立宪制既避免了仅仅建立在"人民的同意"基础上的民主制，也避免了以"上帝在尘世的代表"自居的神权政治。

从基佐倡导的理性主权学说不难看出，他反对神权政治，倡导用宪政约束王权，同时试图诉诸"上帝为人类制定的理性法则"来约束从神权政治中解放出来的个体意志，他的政治设想因而包含着一种调和自由主义与宗教的努力。[③] 自 1810—1832 年前后，遭逢信仰危机的基佐疏离了新教会，并受到"理性主义"的影响，因而他除了将上帝等同于"超越尘世的最高理性"之外，并没有更多关于上帝的论说。不过可以确定的是，此时的基佐确信存在着一个人类的智识无法完全企及的、超自然的最高理性。这一确信是基佐构想理性主权学说的根基。很显然，这一根基并不牢靠。在大革命打破了天主教会对信仰生活的垄断之后，不仅有许多人抛弃了基督教信仰，即便是仍然信仰上帝的基督徒，在如何理解"上帝"这一问题上，也产生了严重的分歧乃至斗争。例如，基佐本人在 1810—1832 年间对"上帝"的理解，在正统新教徒看来无疑就是"异端"。因而，基佐试图借助基督教信仰来支持他设想的自由主义政治方案，其中的困难可想而知。

1832 年前后，基佐重新参与新教会的活动，这表明他已重返新教信仰，[④]

---

① François Guizot, *The History of the Origins of Representative Government in Europe*, pp. 291-292.

② 弗朗索瓦·基佐：《欧洲代议制政府的历史起源》，张清津、袁淑娟译，上海：复旦大学出版社，2008 年，第 311 页。

③ Pierre Rosanvallon, *Le Moment Guizot*, p. 88.

④ Pierre-Yves Kirschleger, *La Religion de Guizot*, p. 151.

不过此时他已进入七月王朝内阁并专注于政治实践，直到 1848 年离开政治舞台之前，除了 1838 年在《法兰西杂志》上发表的三篇文章以外，他几乎没有专门著文论及宗教。在这三篇文章——《论灵魂的状态》《论现代社会中的宗教》《法国的天主教、新教与哲学》中，① 基佐不是以一个新教徒的身份，而是以一个政治家的身份，表明了自己对启蒙哲学、基督教、教会与国家关系的看法。基佐认为，自 1789 年以来，启蒙哲学已经在法国逐步取得胜利，它所宣称的大多数原则已经变成了事实上的权利并落实为制度。② 然而这并不意味着无须反省启蒙哲学对于人和宗教的理解的偏差。由于急于打倒天主教会的权威，许多启蒙哲人甚至对宗教和上帝本身也加以攻击。他们把上帝从神坛拉下来之后，拿什么来替代它呢？人。基佐认为，人是 18 世纪的神，是 18 世纪的启蒙哲人崇拜和喜爱的对象。他们称赞它、允诺它，却很少规定它和要求它。当人们失去了对人性之恶的自觉和基督教曾经赋予人的限度意识之后，就产生了一种"无法医治的急躁"和"没有终点的不安于现状"，这正是 1789 年以来法国"不断革命"的思想根源之一。同时，启蒙哲人对既有的一切信仰、义务的攻击和怀疑，导致了人们灵魂的空虚和精神的失序，这就为大革命中人性之恶的释放埋下了伏笔。③

基佐对于大革命后法国出现的"宗教觉醒"感到欣喜，认为这有助于法国结束政制和人心上的无序状态，同时也有助于法国人重建内在的精神生活。不过令他感到忧虑的是，大革命后重新站稳脚跟的天主教会，又表现出对自由和大革命后诞生的现代社会的敌视。这又引发了共和派反教权的运动，二者相互激发。④ 基佐因而一面呼吁站在大革命一边的人们不要把已经处于守势的天主教会视为敌人，一面又呼吁天主教会接受大革命所确立的教会与国家分离的原则，这意味着教会仅仅在宗教事务上拥有权威，而国家则保障信仰和思想的自由。此外，基佐还呼吁天主教会和新教会不计前嫌，在大革命确立的宗教自由原则的基础之上，共同为法国重返基督教信仰而努力。⑤

从上述三篇发表于《法兰西杂志》的文章，可以看出基佐对待宗教问题的基本态度：调和基督教与大革命后诞生的现代社会之间的关系，淡化自己的新

---

① François Guizot, *Méditations et Études Morales*, Paris：Didier et Cie Libraires，1856.

② François Guizot, *Méditations et Études Morales*, p. 84.

③ François Guizot, *Méditations et Études Morales*, pp. 5，8.

④ François Guizot, *Méditations et Études Morales*, pp. XI，14.

⑤ François Guizot, *Méditations et Études Morales*, pp. 67，79.

教徒身份，调和基督教内部天主教会与新教会的关系。基佐在七月王朝担任公共教育大臣和首相期间践行的正是这种调和主义的宗教政策。面对七月革命中和七月王朝初期仇视天主教会的"反教权派"的举动——推倒十字架、洗劫教堂和大主教宅邸、侮辱和威胁教士，基佐予以谴责。他认为这些受到"革命的狂热"驱使的过激行动侵害了宗教自由。[①] 在政教关系的问题上，基佐不主张实行完全的政教分离，而是主张在国家和教会之间建立友好并且相互支持的关系。基佐认为，在这个问题上并不存在绝对不可变更的原则，考虑到法国当时的社会政治状况和民情，法国不宜像美国那样实行完全的政教分离，而应当更多地借鉴英国的做法。长期以来，英国扶持国教会，同时又允许由信徒自主创建的自由教会与国教会并存。在基佐看来，英国对国教会的扶持赋予了基督教信仰一种稳定的特征，而自由教会的存在又使得国教会不得不与之竞争，这样就在稳定与变动之间保持了较好的平衡。[②] 复辟王朝倒台后，天主教从"国教"变成"大多数法国人的宗教"。在基佐及其他一些倡导走"中间道路"的政界人士的支持下，七月王朝继续扶持天主教会。政府给天主教会的宗教预算除了在1830—1832年间有所缩减以外，1832年后逐年上升。此外，一些教堂得以修建，法庭也于1837年重新出现了带耶稣像的十字架。[③] 基佐掌权期间不仅没有如多数新教徒期待的那样限制天主教会的影响，反倒处处显出对天主教会的"偏袒"，他甚至于1838年在《法兰西杂志》上宣称"法国不会变成一个新教国家"，这招致许多新教徒的不满。[④] 不过，对于长期受压制和迫害的法国新教徒而言，七月王朝仍是少有的令他们感到安全的好时光：一方面，宗教信仰自由获得了1830年宪章的保障；另一方面，复辟王朝倒台后，不少新教徒进入政界，其中基佐尤为引人注目：他被认为是继辅佐法王亨利四世的新教徒重臣絮利（Sully）之后，又一位在政界举足轻重的新教徒。[⑤] 总的说来，在七月王朝的大部分时期，无论天主教会还是新教会，与国家的关系都还算比较和睦。

基佐致力于使国家和天主教会相互接近，不过他也意识到，如果天主教会

①　François Guizot, *Méditations sur l'Etat Actuel de la Religion Chretienne*, Paris：Michel Lévy Frères, 1866, pp. 62–71.

②　François Guizot, *Méditations sur l'Etat Actuel de la Religion Chretienne*, pp. 168, 170.

③　A. Debidour, *Histoire des Rapports de L'Eglise et de l'Etat en France：de 1789 à 1870*, Paris：F. Alcan, 1911, pp. 436–437；Gérard Cholvy, Yves-Marie Hilaire, *Histoire Religieuse de la France：1800–1880*, pp. 34–35.

④　Société de l'Histoire du Protestantisme Français, *Actes du Colloque François Guizot*, p. 356.

⑤　Gérard Cholvy, Yves-Marie Hilaire, *Histoire Religieuse de la France：1800–1880*, pp. 34–35.

拒绝接受自由原则，那么国家与教会的结盟就很脆弱，而且这种结盟还会激起反教权派的仇视。他因而呼吁天主教会进行改革，并十分关注 1830 年后法国天主教界出现的一股寻求改革的力量，即以拉梅内（Lamennais）为首的主张"调和天主教与现代世界"的天主教自由派。在七月王朝任职期间，基佐致力于帮助天主教自由派争取教育自由，打破拿破仑第一帝国时期确立的国家对教育的垄断。初步确立了法国初等教育体系的 1833 年《基佐法》把道德和宗教课列为公立小学课程，并允许市镇自主选择小学教师，这就为教会人士敞开了公立小学的大门。同时该法案还允许私立小学与公立小学自由竞争，而前者在大多数情况下意味着是教会学校。[1] 1836 年，再次入阁任公共教育大臣的基佐又起草了一个中学教育法案，试图打破国家对中学教育的垄断，但此法案受到众议院的阻挠，最终未能通过。[2] 1840 年基佐主持内阁之后，一方面由于忙于议会的党派斗争，另一方面由于耶稣会士的介入使教育自由问题逐渐演变成"国家与教会之间的一场战争"，主张教育自由的人被反教权派指责为"秘密的耶稣会士"，因而基佐没有再着力推动教育自由。[3]

　　1848 年，二月革命爆发，七月王朝被推翻，时任首相的基佐被迫流亡英国。这意味着基佐设想的建立在"理性主权"基础上的政治方案遭遇失败。造成这一失败的原因相当复杂，笔者认为以下几个是主因：既非正统王朝也非源于"人民"授权的七月王朝缺乏合法性；过于惧怕民主政治的基佐未能及时扩大选民范围引发改革派不满；基佐走的调和折中的"中间道路"在已经形成激进革命文化的法国缺乏实践空间。此外，如前文所言，基佐的理性主权学说的成功有赖于基督教信仰——至少是对"超越尘世的最高理性"的信仰的支持，然而自大革命爆发以来，宗教领域本身已成为法国持不同政见和信仰的派别激烈斗争的战场，想要获得这种支持又谈何容易？

三、捍卫信仰：基佐在第二帝国时期的"护教"努力

　　政治上遭遇的"滑铁卢"并未使基佐改变想法。对于一个有信仰的人而

---

①　Jacques le Goff & René Rémond, eds., *Histoire de la France Religieuse*, vol. 3, *Du roi Très Chrétien à la Laïcité Républicaine*, Paris: Seuil, 1991, p. 119.

②　A. Debidour, *Histoire des Rapports de L'Eglise et de l'Etat en France: de 1789 à 1870*, p. 436.

③　Pierre-Yves Kirschleger, *La Religion de Guizot*, pp. 123–126.

言，失败永远不会摧毁希望。基佐为七月王朝的倾覆感到悲伤，但他内心同时还有一种安宁。他相信二月革命以及民主派建立共和国的尝试只是神意注视下的文明进程出现的暂时的混乱，他要耐心等待正义和上帝的法则在未来的实现。① 1851 年，第二共和国被普选产生的总统路易·波拿巴凭借军事政变推翻，次年法国恢复帝制。这个事变使基佐更加确信民主需要理性和信仰的指引。随着重返政治舞台的希望趋于破灭，基佐逐渐转向通过宗教思考与实践来实现他的抱负。基佐在 1853 年 4 月的一次演说中表明了心志："只有基督教能够拯救法国。怎么做呢，先生们？需要什么条件？通过什么途径？通过复苏和传播基督教，通过由基督教的信仰、希望和慈善支撑的行动。"②

自 1815 年 12 月以来，基佐一直是巴黎新教教务会议的成员，但他很少参与教会事务。1852 年之后，他开始更经常地参加教务会议并介入教会事务。他曾数次利用在政府高层的人脉，帮助新教会中的正统派得到政府任命的新教会职务以及神学院的教职。此外他还在几个新教团体担任要职。他是 1852 年创建的"法国新教历史协会"的荣誉会长，并于同年担任"法国新教徒初等教育促进会"会长。1855 年，他又担任"巴黎新教圣经协会"会长。③

自 1860 年起，基佐不再满足于参与新教会及新教团体的事务。他开始著书谈论宗教问题。1861 年年底，他出版了小册子《1861 年的教会与基督教社会》。此时正值意大利统一运动展开、教皇国的存在面临威胁之际，基佐写作此书为教皇的世俗权力辩护。他认为教皇保留俗权是天主教徒实践其宗教信仰自由的保障，同时也有利于新教会保持团结。他呼吁新教徒与天主教徒站在一起，共同抵御基督教面临的危机。④ 早在 1861 年年初，基佐已先后在法兰西学院和"法国新教徒初等教育促进会"公开表达过这一立场。基佐的发言和小册子得到天主教徒的欢迎，却引发新教徒的抗议。几位有影响力的正统派新教徒与基佐疏远，一些新教牧师和"法国新教徒初等教育促进会"的一位副会长甚至在报纸上公开声明与基佐决裂。在当时的法国，几乎所有新教徒都支持废除教皇的俗权，并乐于见到天主教的衰落。⑤ 身为新教徒的基佐顶住巨大压力为教皇的俗权辩护，这表明他不是一个投机取巧的政客，而是忠于他一贯的原

---

① Guizot, *Nos mécomptes et nos espérances*, Paris：Bureau de la Revue Contemporaine, 1855, pp. 15-20.
② 转引自 Pierre-Yves Kirschleger, *La Religion de Guizot*, p. 167。
③ Société de l'Histoire du Protestantisme Français, *Actes du Colloque François Guizot*, pp. 356-359.
④ François Guizot, *L'Eglise et la Société Chrétienne en 1861*, Paris：Michel-Lévy Frères, 1861.
⑤ Société de l'Histoire du Protestantisme Français, *Actes du Colloque François Guizot*, pp. 361-362.

则：扶持在现代社会中已经处于守势的天主教会，把天主教会和新教会视为命运休戚相关的共同体并调和二者的矛盾。

自 1864 年起，基佐相继出版三部宗教沉思录：《论基督教的本质》（1864年）、《论基督教的现状》（1866 年）以及《论基督教与社会及人心的现状之关系》（1868 年）。这三部著作涉及基督教的基本信条、对几种现代哲学思潮的批判、对基督教现状的述评等内容。它们可谓基佐的"护教"之作。尽管基佐是一位新教徒，但他从未受过严格意义上的神学教育，他为何要涉足神学这个他既不熟悉也不擅长的领域呢？这主要是因为，18 世纪 60 年代基督教信仰在法国乃至欧洲遭遇了新的攻击，基佐为此深感忧虑。自 19 世纪中叶起，德国的"历史批评学派"考证《圣经》的著作被陆续译介到法国，否定《圣经》是神启、否定耶稣的神性的潮流在法国逐渐兴盛。1862 年，达尔文的《物种起源》被译介到法国，上帝创世说遭到严重挑战。1863 年，曾是神学院学生，后因倾心于科学转而对《圣经》做"实证"研究的法国学者勒南（Ernest Renan）出版了《耶稣传》。他声称耶稣不是神，而是一个"无与伦比的人"。此书极为畅销，在一年之内出了 13 版，甚至"走进了最贫寒的茅草屋"。[①] 这些相继出版的著作，主要受到了新兴的科学主义和实证主义潮流的滋养。在法国，伴随着实证主义学说的普及和传播，科学俨然成为新的宗教。正是在这种情势下，基佐把捍卫基督教信仰、反驳科学主义和实证主义对"超自然"的攻击视为了最紧迫的任务。

在 1864 年出版的《论基督教的本质》中，基佐首先阐明了基督教得以存在的根基。他指出，人只要生存在这个世界上，自然就会产生出对无限和超越的向往、对人存在的意义以及正义和善恶等问题的追问。这种向往和追问是人性自然和普遍的需求，基督教很好地回应了这一需求，因而其存在具有坚实的根基。[②] 从基佐的论证思路来看，他与正统的新教神学家相距甚远：他没有花费笔墨探讨神圣秩序本身，而是从人性的自然需求出发论证神圣秩序的存在。这使得基佐看上去颇像 18 世纪那些倡导自然神学的启蒙哲人。不过，与后者十分不同的是，基佐坚持基督教的五个基本信条：创世、神恩、原罪、道成肉

① Marie-Paule, Caire-Jabinet, *Histoire des Religions en France*（*16e-20e Siècles*），Paris：A. Colin, 2000, pp. 104-105；Jacques le Goff & René Rémond, eds. , *Histoire de la France Religieuse*, vol. 3, p. 151.

② François Guizot, *Méditations sur l'Essence de la Religion Chretienne*, Paris：Michel Lévy Frères, 1864, pp. 2-5.

身、来世救赎，并捍卫耶稣的神性。① 对基督教信条和耶稣神性的确认使基佐显得颇为"正统"。19 世纪中叶，受德国"历史批判学派"的影响，法国新教会内部分裂加剧，正统派与自由派在关于基督教信条以及耶稣神性的问题上产生严重分歧。自由派反对由教会确立统一信条，极端自由派甚至否认耶稣的神性并拒斥原罪、三位一体等信条。② 面对这种分裂，基佐采取的是折中主义的态度：他捍卫基督教的基本信条，这表明他是站在正统派一边的，但他对 16 世纪的新教改革家坚持的信条，如三位一体、永罚等则保持沉默，同时他对五个基本信条的解释也不如后者严格。③

基佐在论述基督教信条时的折中主义态度，同样表现在他对科学主义的批判上。自 18 世纪以来，崇拜科学与人类理性、把神秘和超自然之物视为"纯粹的梦幻和人类的思想游戏"的科学主义日益盛行。④ 基佐把批判这一潮流视为己任，但他并未站在科学的对立面对其加以谴责。基佐强调了有限世界与无限世界、科学的真理与信仰的真理的区分。他指出，科学发现的仅仅是有限世界的真理，在这个世界之外，存在着一个科学"既无法拒绝亦无法穿透"的无限世界，这个世界是信仰的对象，而不是科学研究的对象。基佐所说的有限世界既包括自然界，也包括人的世界中的一部分。他认为科学可以用观察和实验的方法对人的行为和心理加以研究，但人的灵魂对无限、理想、完美、永恒的向往，却不是科学研究能企及的。⑤ 在强调科学的限度的同时，基佐也强调宗教应谨守自身的限度。有些虔诚的信徒宣称《圣经》中的每句话都来自神的启示，基佐认为这是混淆了有限世界与无限世界。上帝传授给摩西等人的，只是"照耀着无限世界的光"，即有关宗教与道德的法则、有关人与上帝的关系和人对上帝的义务的法则，至于有限世界的法则，上帝是让牛顿这样的科学家去发现的。混淆这两者导致了宗教对科学的僭越，并引发科学对宗教的敌意，最终累及教会及《圣经》的权威。⑥ 通过这一区分，基佐解释了为何《圣经》中存在着一些在今天的人们看来是谬误的知识：《圣经》所论及的，既包括有限世界的知识，也包括无限世界的法则，只有后一种才是神圣的启示，前一种只是

---

① François Guizot, *Méditations sur l'Essence de la Religion Chretienne*, pp. 19-89.
② Gérard Cholvy, *Christianisme et Société en France au XIXe Siècle, 1790-1914*, p. 168.
③ Société de l'Histoire du Protestantisme Français, *Actes du Colloque François Guizot*, pp. 381-382.
④ François Guizot, *Méditations sur l'Essence de la Religion Chretienne*, p. 9.
⑤ François Guizot, *Méditations sur l'Essence de la Religion Chretienne*, pp. 17-140.
⑥ François Guizot, *Méditations sur l'Essence de la Religion Chretienne*, pp. 156, 158, 155, 160.

反映了写作《圣经》的人及其同时代人在科学上的认知水平。①

　　在 1866 年出版的沉思录《论基督教的现状》中，基佐进一步对科学不谨守自身的限度可能带来的谬误与危险进行了分析。在这部著作中，基佐分别批判了理性主义、实证主义、泛神论、唯物主义和怀疑主义等几种哲学思潮。本文仅以他尤其着力批判的孔德的实证主义为例，来看看他如何"护教"的。在基佐看来，孔德是"人类的骄傲"最惊人的范例和"理智的自我沉醉"最真诚的受害者之一。② 基佐写作这部沉思录时，孔德已经辞世 9 年，他创始的实证主义学说在勒南、利特雷（Émile Littré）等人的普及和推广之下，影响日隆。和基佐一样，孔德也试图为大革命以来法国持续的政治与社会动荡提供一个解释，并寻求革命后法国和欧洲政治与社会重建的方案。孔德曾是著名的巴黎综合工科学校的学生，他所接受的严格的科学教育使他倾向于认为，如果把科学领域里运用的实证方法，即观察事实并寻找事实的内在规律的方法，运用于研究人类社会，就可以创立一门社会科学，这就是孔德所说的社会学。而一旦人类能够用实证的方法思考和行动，人类社会就可以从战争与动荡的阶段进入和平有序的阶段。在孔德看来，他所处的 19 世纪上半叶是由形而上学时代向实证时代过渡的时期。人类历史的终点是实证时代。③ 基佐重点批判了孔德的"三阶段理论"。他认为，孔德把人类历史划分为三个时期：第一个是神学阶段，在这一阶段，人类精神和社会处于"超自然"力量和神学的支配之下。不过在孔德看来，这二者只是人类创造出来帮助自己认识世界的暂时的工具；第二个是形而上学阶段，在这一阶段，启蒙哲学家试图用抽象的形而上学原则取代神学理论并指导行动，其结果是把人类精神和社会带入混乱无序的状态；第三个阶段是实证科学统治的阶段，这种科学旨在揭示事实与自然法则，它拒斥一切宗教或形而上学的努力。④

　　基佐认为孔德的"三阶段理论"是对人类历史的歪曲：孔德认为是相继的三个阶段，在任何一个历史时期和任何民族，都是或多或少并存的。基佐以希腊为例，指出希腊同时见证了形而上学和自然科学的兴盛。他又以 16 世纪为

　　① François Guizot, *Méditations sur l'Essence de la Religion Chretienne*, pp. 159-160.
　　② François Guizot, *Méditations sur l'Etat Actuel de la Religion Chretienne*, pp. 253-254.
　　③ 雷蒙·阿隆：《社会学主要思潮》，葛智强、胡秉诚、王沪宁译，上海：上海译文出版社，2005 年，第 54—55 页。
　　④ François Guizot, *Méditations sur l'Etat Actuel de la Religion Chretienne*, p. 282.

例，指出在科学的精神成长的同时，基督教信仰也得到了重生和巩固。① 接着，基佐给了孔德重重一击。基佐问道：我是否需要在历史上寻找三阶段并存的证据呢？孔德先生本人就是最佳的明证。这个一切宗教的不妥协的对手，在其短短的一生中就经历了三种不同的阶段。他把神学阶段视为人类知识演进的起点，把实证和科学的阶段视为终点，可他自己却反其道而行之。他曾经宣称他的实证哲学"与一切宗教或形而上的倾向截然对立"，然而仅仅几年之后，孔德自己就走上了神学之路：他要把实证主义改造成一种宗教。他把"人类"视为"伟大的存在，真正的、最高的和值得尊崇的存在"，用它来替代上帝，并宣称自己是大神父。他制作了一个实证主义的教义问答书，规定了新宗教的信条和崇拜方式，以及一个实证主义的教历，并用"人类的伟大仆人"的名字替代了基督教圣徒的名字。通过揭示出孔德"真诚的前后不一致"，② 基佐试图让人们看到，宗教信仰并非如孔德所说的那样，只是一个过时的历史的存在。人类追求无限和超越的内在需求，自然会把人引向宗教。否定宗教这种人性的自然需求，并不能摧毁宗教本身，只能把人类引向歧途，使人类转而膜拜伪神。

1868 年，基佐出版了第三部沉思录《论基督教与社会及人心的现状之关系》③。这是三部沉思录中写得较差的一部，其主题不甚连贯，其内容基本上是对前两部沉思录的补充。总体来看，基佐的三部宗教沉思录是一个未受过系统神学训练的普通信徒的"护教"之作，算不上严谨的神学著作，因而没有引起神学家的重视，也没有对当时的神学争论产生影响。此外，由于预设了立场，基佐在批判各种现代哲学思潮时，并未全面深入地探讨这些思想体系的内在理路，而是着眼于揭示其内在矛盾并批判之，因而它们也算不上严谨的哲学著作。④ 不过，由于基佐的知名度，其沉思录还是引发了不小的反响。一些天主教徒和正统派新教徒对基佐强调基督教信条重要性的努力表示赞赏，尽管他们并不同意基佐对信条的简化及"非正统"的阐释。一些自由派新教徒则攻击基佐无视德国《圣经》考证学最新的研究成果，并讥其为正统派首领。一些实证主义者发文批评基佐将"神话"当成信条，一些哲学界人士则讥其为罗马天主

① François Guizot, *Méditations sur l'Etat Actuel de la Religion Chretienne*, pp. 283-285.

② François Guizot, *Méditations sur l'Etat Actuel de la Religion Chretienne*, pp. 288-290.

③ François Guizot, *Méditations sur la Religion Chretienne dans ses Rapports avec l'État Actuel des Sociétés et des Esprits*, Paris: Michel Lévy Frères, 1868.

④ Société de l'Histoire du Protestantisme Français, *Actes du Colloque François Guizot*, p. 388.

教廷的守卫者。[①] 基佐写作沉思录的一个重要意图，是提出有助于各派达成基本共识的折中方案。然而由于著作本身的原因，加上法国论战氛围浓厚，基佐提出的方案不仅没有得到认真探究和严肃回应，反而成了各派表达自己宗教或政治立场的由头。

结　语

自 1814 年进入政坛到 1874 年辞世，基佐一直致力于为 1789 年以来饱受政治和精神动荡之苦的法国寻求一个恰当的人心秩序，以便为最终确立稳固的现代政制创造条件。基佐晚年"用基督教拯救法国"的努力和他早年的政治努力一样，并未取得预想的成功。基佐期待在法国确立一个得到基督教信仰支持的自由主义政制，并设想政治与宗教"相互支持又各自维持自己的领域和自由"[②]。然而在法国，大革命前的神权政治带来的沉重遗产——敌视自由的天主教会与敌视天主教会的共和派之间的严重对立，使基佐调和基督教与现代社会的努力困难重重。1905 年 12 月 9 日颁布的政教分离法案似乎表明，在法国，只有让政治与宗教彻底分离，才能避免天主教会与共和派之间持续了一个多世纪的争吵。那么，政教分离法案的最终颁布，能否说明基佐调和基督教与现代社会的努力没有价值呢？这样评价基佐，显然不够公正。倘能摆脱"成王败寇"的成见去看待基佐的努力，将不难发现，尽管基佐在处理政治和宗教问题时有不少失误之处，但他对启蒙运动和大革命在处理宗教问题上的偏颇的揭示，蕴含着丰富的启迪。他致力于在盛行激进革命文化的法国走折中调和的路线，也包含着良苦用心。基佐晚年对基督教信仰的捍卫，尽管在世俗化潮流盛行的今天显得"不合时宜"，但他揭示出的科学和人类理性的自负可能导致的危险，至今仍有警示作用。

（原载《世界历史》2014 年第 3 期）

---

① Société de l'Histoire du Protestantisme Français, *Actes du Colloque François Guizot*, pp. 336–338.

② François Guizot, *L'Eglise et la Société Chrétienne en 1861*, p. 50.

19世纪中后期灌溉知识交流网络的形成与演变

乔　瑜　首都师范大学历史学院讲师

摘要　19世纪中后期全球范围内存在以印度、美国、澳大利亚为重要节点，以工程师、科技官员和科研工作者的访问、派驻，灌溉工程学、农学与土壤科学研究的成果传播为主要内容的灌溉知识交流网络。这一网络以英国国内的学院科研为基础，在服务英国殖民印度的过程中诞生并辐射至美国西部和澳大利亚。伴随着美国面向澳大利亚的逆向输出，网络的互动方向更加多元，互动内容更加丰富。灌溉知识交流网络的运行依托于英帝国和白人移民殖民地内的既有权力结构和文化纽带，与资本扩张和殖民开拓相辅相成。三地遭遇的生态危机反映了资本主义工程与技术文化对自然内在价值的忽视与破坏。

关键词　灌溉农业　知识交流网络　工程技术　殖民科学

一、灌溉农业史的既有研究路径与问题的提出

19世纪中后期，英国殖民下的印度、边疆拓殖晚期的美国西部、尚未独立的澳大利亚东南部殖民地先后启动了境内的大规模灌溉农业进程。学术界对三地殖民时期灌溉农业史的既有研究主要是在三种路径下进行的。首先是本国的治水史、农业史和环境史框架。在印度，灌溉农业史的讨论与殖民主义密切联

系。殖民学派将英国人引入的现代水利技术视为帝国之光，也以此证明英国殖民的正当性。印度独立以来，殖民统治之下的灌溉农业成为后殖民主义解构"固有知识"（received wisdom）的重要议题。学者认为印度西北部半干旱地区常年不间断的灌溉导致了包括渗水和盐碱化在内的严重生态问题，也对印度传统水利设施和知识造成了破坏。① 治水中的水权分配、自然的宰制及其对美国西部社会特质的塑造是美国灌溉史研究关注的核心问题。唐纳德·沃斯特与诺瑞斯·亨得利等学者对水资源管理是否导致美国西部丧失了民主与自由，陷入了专制与阶级分野，进行过激烈的争论。② 20世纪60年代之前，澳大利亚灌溉农业的研究和撰写被整合进民族国家建构和现代化发展叙事。这一时期的农业史著作肯定了灌溉农业对澳大利亚经济繁荣的基础作用。③ 进入20世纪60年代后，生态退化和多元文化思潮的跌宕迫使学者不得不对殖民时期灌溉农业史中的进步叙事进行检讨。④ 在这两类价值取向迥然不同的研究中，殖民时期的灌溉农业都被认为是澳大利亚特定社会与自然环境孕育的产物，是澳大利亚国家经济身份认同的重要部分。

其次是农业环境史比较研究。这类研究得益于环境史兴起后与传统的白人

① 其中代表性著述有 E. Whitcombe, *Agrarian Conditions in Northern India*, University of California Press, 1972; Ian Stone, *Canal Irrigation in British India: Perspectives on Technological Change in a Peasant Economy*, Cambridge University Press, 1985; Imran Ali, *The Punjab Under Imperialism*, 1885–1947, Oxford University Press, 1987; M. Mufakharul Islam, *Irrigation, Agriculture and the Raj: Punjab, 1887–1947*, Manohar, 1997。

② 美国史学界对沃斯特使用魏夫特"治水社会"理论来解释美国西部旱区水资源管理，并提出"资本主义治水社会"一说颇为质疑。诺瑞斯在其著作中强调西部在实现水源合理分配的过程中也恰如其分地实践了平等与自由。参见 Donald Worster, *Rivers of Empire: Water, Aridity, and the Growth of the American West*, Pantheon, 1987; Norris Hundley Jr., *The Great Thirst: Californians and Water, 1770s–1990s*, University of California Press, 1992. 亦可参见 Paul Rhode, "Learning, Capital Accumulation, and the Transformation of California Agriculture," *Journal of Economic History*, Vol. 55, No. 1, December, 1995, pp. 774–782; James L. Kluger, *Turning on Water with a Shovel: The Career of Elwood Mead*, University of New Mexico Press, 1992。

③ 参见 John Andrews, "Irrigation in Eastern Australia," *Australian Geographer*, Vol. 3, No. 6, 1939, pp. 14–29; Samuel Wadham, *Australian Farming 1788–1965*, F. W. Cheshire Pty Ltd., 1967; Colin Clark, *The Economics of Irrigation*, Oxford University Press, 1967。

④ 其中较有影响力的论著有 R. O. Slatyerand, W. R. Gardiner, "Irrigation Potential and Problems," in Australia Academy of Science, *Water Resources, Use and Management*, Australia Academy of Science, 1964, p. 31; B. R. Davidson, *Australia Wet or Dry: The Physical and Economic Limits to the Expansion of Irrigation*, Melbourne University Press, 1969; J. M. Powell, *Watering The Garden State: Water, Land, and Community in Victoria, 1834–1988*, Allen and Unwin, 1989; Army Young, *Environmental Change in Australia since 1788*, Oxford University Press, 1996。

移民社会（settlers society）研究的交集共鸣，① 涉及区域主要是克罗斯比所言的新欧洲（neo-Europes）和杰弗里·博尔顿笔下的定居殖民地（colonies of settlement）。② 在这一研究框架中，美国与澳大利亚经常被用来比较。③ 莫瑞斯·威尔斯以美国的加利福尼亚和澳大利亚的维多利亚两个地区作为研究对象，探讨了19世纪中期以来两地都曾经历的三次相似事件：淘金热、小麦农业和灌溉拓殖。莫瑞斯将这三次事件称为两地历史上"渐进的边疆"，发掘了两地在土地规模、人口构成、社会历史、政治体制以及自然环境方面的相似性，但是莫瑞斯倾向于以美国为参照来对比澳大利亚，且对两者之间的联系与互动未做讨论。④ 伊恩·泰瑞的研究更进一步，他认为从19世纪70年代开始澳大利亚和加利福尼亚两地在灌溉技术、理念、植被和生物控制方面存在丰富的交流，这些交流都是围绕环境适应展开的，这是更接近现代环境保护主义的对可持续生产的追求。⑤ 伊恩对两地灌溉农业的生态效应有过度美化之嫌，而且他也忽略了同时期其他外力因素对美国和澳大利亚灌溉农业的影响。

最后是英帝国框架下的殖民时期灌溉农业史研究。此类研究起步于20世纪末，彻底超越了单一民族国家抑或中心—边缘的分析模式。詹姆斯·比蒂和卡特里娜·普鲁斯特重视帝国内的物种交换、人员流通对澳大利亚灌溉农业的塑造，以及英国本土作为殖民农学发源地、印度作为帝国农学和工程科学的实

---

① 这类研究中的代表作有 William Beinart and Peter Coates, *Environment and History: The Taming of Nature in the USA and South Africa*, Routledge, 1995; Thomas R. Dunlap, "Ecology and Environmentalism in the Anglo Settler Colonies," in Tom Griffith and Libby Robin, eds. , *Ecology and Empire: Environmental History of Settler Societies*, Edinburgh University Press, 1997, pp. 76-86。

② Alfred W. Crosby, *Ecological Imperialism: The Biological Expansion of Europe, 900-1900*, Cambridge University Press, 1987; Geoffrey C. Bolton, *Britain's Legacy Overseas*, Oxford University Press, 1973.

③ 可参见 Lawrence B. Lee, "The Canadian-American Irrigation Frontier, 1884-1914," *Agricultural History*, Vol. 40, No. 4, 1966, pp. 271-284; John Rutherford, "Interplay of American and Australian Ideas for Development of Water Projects in Northern Victoria," *Annals of the Association of American Geographers*, Vol. 54, No. 1, 1964, pp. 88-106。

④ Morris W. Wills, "Sequential Frontiers: The Californian and Victorian Experience, 1850-1900," *Western Historical Quarterly*, Vol. 9, No. 4, 1978, pp. 483-494.

⑤ Ian Tyrrell, *True Gardens of the Gods: Californian-Australian Environmental Reform, 1860-1930*, Berkley: University of California Press, 1999.

践地在知识和技术传播过程中对帝国内部各成员地的影响。[①] 但是在该框架下讨论灌溉农业史的具体问题时，时常会被束缚在帝国的疆土内。

而科学、技术和知识的流动会超出帝国边界，引发知识的制造和传播者未曾料想的更广范围和更深层次的效应。殖民时期灌溉知识以及与此相关的殖民科学的流动绝非线性的传播，也非单一点到点的传送，它是互动中交织繁衍的网络。它接近于托尼·巴兰坦曾提出过的帝国之网（webs of empire）[②]，托尼认为帝国内不同区域的人群进行持续的非线性的交流，随着交流内容的变化，交流的中心随之改变，有时是帝国本土的城市，有时候是殖民地。詹姆斯·比蒂等人又概括出生态文化网络（eco-cultural networks）[③] 的分析模式，将文化形成、物质交换与生态过程统合起来，本文的撰写亦受此启发。

从 19 世纪 50 年代开始，存在着以美国以及主要的英国殖民地印度和澳大利亚为节点，以农业水利工程技术、土壤科学知识、科技人员的交往互动为主要内容的交流网络。英国本地的科学研究是灌溉知识交流网络最初的启动基础，而灌溉知识的真正实践地是在海外。大量在英国、欧洲其他国家接受培训和教育的技术官员、工程师、科研工作者直接参与了印度的灌溉水利建设，灌溉的知识和技术也经由印度传播至美国，在美国西部特定的地理环境和政治文化中形成了独具特色的灌溉发展模式。1870 年起，澳大利亚成为灌溉知识交流网络中的新节点，伴随着印、美、澳水利科学和土壤科学研究的快速发展，三地之间开始了更加频繁的交流与互动。所以本文将突破地区和国家间的比较，追踪跨越帝国边界的知识技术和人员流动联系，探讨 19 世纪中后期灌溉知识交流网络的形成、发展和影响，分析其扩张的内在动力，并由此管窥移民社会的边疆生态以及帝国资源的管理和剥削系统。

---

① James Beattie, "Imperial Landscapes of Health: Place, Plants and People between India and Australia, 1800s-1900s," *Health and History Special Issue: Health and Place: Medicine, Ethnicity, and Colonial Identities*, Vol. 14, No. 1, 2012, pp. 100 – 120; Katrina Proust, "Salinity in Colonial Irrigation: British India and Southeastern Australia," *Australian Geographer*, Vol. 39, No. 2, 2008, pp. 131-147. 另可见: David Gilmartin, "Scientific Empire and Imperial Science: Colonialism and Irrigation Technology in the Indus Basin," *The Journal of Asian Studies*, Vol. 53, No. 4, 1994, pp. 1127-1149。

② Tony Ballantyne, "Race and the Webs of Empire: Aryanism from India to the Pacific," *Journal of Colonialism and Colonial History*, Vol. 2, No. 3, 2001, pp. 23-36.

③ James Beattie, Edward Melillo and Emily O'Gorman, eds., *Eco-cultural Networks and the British Empire: New Views on Environmental History*, Bloomsbury Academic, 2015.

二、19 世纪中后期灌溉知识交流网络的初步形成

英国本土水资源充沛且分配均匀，对灌溉的依赖并不明显。灌溉在印度的运用可以上溯到古代。整个印度大面积土地都会面临季节性的降雨不足，历史上出现过多次饥荒。在推进印度殖民和管理印度的进程中，英国本土的学院、科研所开设专门从事灌溉技术、土壤科学研究的机构，培养了大量的灌溉技术人员和水利工程相关的科学研究者。19 世纪 50 年代英国工程师在印度境内建造大坝，并开始将古老的灌溉水渠改造成现代供水分配系统。1860 年灌溉水利局开始挖掘大型的永久性水渠并对居民进行搬迁，[①] 水渠北部起自喜马拉雅山南麓，西至印度河三角洲，东至恒河。至此，印度被奉作"现代水利工程的发源地"，成为土木和水利工程师的国际学校。[②]

在灌溉知识交流网络的形成过程中，有两所专业院校处于重要位置，它们分别是 1851 年成立的皇家矿业学校[③]和 1847 年成立的印度托马森土木工程学院。皇家矿业学校的教员主要来源于大不列颠地质调查局的官员，他们从事基础的矿物、冶金方面的教学。皇家化学学院于 1853 年并入其中，1863 年更名为皇家矿业学院，由此开始更具综合性的化学和土壤研究。学校培养的科技人员也被输送到了帝国各地。印度的托马森土木工程学院是英国殖民当局在印度建立的第一所工程学院，学员毕业后进入公共工程部和下属的分支机构灌溉水利局工作。值得指出的是，学院课程资源的配置充斥着殖民主义的等级强权：最开始培训高级工程师的课只面向欧洲人，培养普通人才的课程面向欧洲人和印度人，培养最底层建设者的课程只面向印度人。除此之外格拉斯哥大学的托马斯·安德森实验室也在灌溉工程技术和土壤科学研究领域的知识生产和传播中扮演了重要角色。

灌溉知识交流网络的各节点都设立了专门的机构来推进、管理和维护灌溉工程。在印度主要表现为专业行政机构的设立，1851 年印度地质调查局成立，

---

① Imran Ali, *The Punjab under Imperialism 1885—1947*, Princeton University Press, 1988, p. 13.

② H. M. Wilson, "Irrigation in India," *Transaction of the American Society of Civil Engineering*, 25 August, 1891, p. 221.

③ 前身是 1841 年成立的经济地质博物馆，同时从事矿物、地图和采矿设备的收集整理和矿物学教学。

很快开展灌溉工程的前期水体和土壤调查工作。1854年印度殖民政府成立中央公共工程部,专门管理灌溉工程的组织和建设。大量的专家、技术官员在这些机构中供职咨政。这些成百上千的科技官员、不同层次的工程师和科研工作者也是灌溉知识交流网络得以铺陈的活力因子,下文略举其要。

亨利·麦迪科特兼具学者和官员两种角色,他是长期服务于印度地质调查局的地质官员,同时也是托马森土木工程学院的教授。[①] 他本人在都柏林大学三一学院读书时的导师是印度地质调查局第一任督察托马斯·奥德汉姆,在印度期间他曾多次陪同托马斯考察。此后,还有大量拥有英国教育和工作背景的学者、技术人员来到印度:贾森·赖塞在印度西北省研究农业化学,农学家弗兰克·克巴特关注农民对水的过度使用,并出版专著《上印度的气候和资源》。[②]

与此同时,印度的灌溉经验经由殖民地的工程师和科学家被推广到美国。1853年罗伯特在国王学院学习土木工程,毕业后被著名的工程和机械专家伊桑巴德·布鲁内尔收入麾下,参与桥梁、铁路的设计和建设,并开始接触、积累水利学相关的工作经验。1856年罗伯特来到印度,后升任为印度半岛铁路的总工程师,其间他曾对印度境内英国人改造和设计的灌溉系统进行研究。1870年铁路完工后,罗伯特接受威廉·罗尔斯顿的邀请来到加利福尼亚,负责统筹圣华金河谷灌溉工程的前期调查,制订具体的灌溉管道铺设计划。19世纪中期以来,美国出版了大量有关印度灌溉农业的学术文章和调研报告。[③]

起初,美国并未成立专门的行政管理机构,负责推进灌溉工作的是政府派遣的专业调查委员会。1873年,美国国会组织了专门委员会对萨克拉门托河谷的灌溉可行性进行深入调查,即亚历山大委员会。委员会最终提交的报告成为北美灌溉开发的指导性文件。戴维森·乔治就是亚历山大委员会的重要成员。他本人是美国著名的测绘专家、地理学家,曾经担任加州科学院的主席。1875年戴维森到印度考察,此时,印度刚通过1873年的《北印度运河与排水法案》不久,这一法案的颁布赋予了英国殖民政府对北印度水资源的绝对控制权。而当时的加州正存在激烈的水权之争,回到加州后戴维森主笔出版了调查报告

① H. B. Medlicott, "Note on the RehEfflorescence of North-West India, and on the Waters of the Rivers and Canals," *Journal of the Royal Asiatic Society*, Vol. 20, No. 34, 1863, pp. 326-344.

② E. Whitcombe, *Agrarian Conditions in Northern India*, pp. 79, 289.

③ C. E. Norton, "Irrigation in India," *Northern American Review*, Vol. 9, No. 77, 1867, p. 439.

《印度、埃及、意大利等地现行的农业灌溉和土地开垦》①，他认为《北印度运河与排水法案》妥善地解决了水权纠纷。随后戴维森主持了加利福尼亚境内灌溉可行性的调查，建议学习印度的重力灌溉技术，并模拟印度灌溉水利局，建立灌溉机构给官员赋权管理灌溉渠日常的运行，调解纠纷，保证用水的效率，加州的灌溉殖民地也由此兴盛。这正是威廉·查斐和乔治·查斐兄弟二人在加利福尼亚的安大略、埃特旺达建立起以灌溉果园种植为基础的园艺殖民地的背景。② 查斐兄弟还创办了查斐农学院对居住者进行技能培训，农学院还建立起与加利福尼亚大学、托马斯·安德森实验室的学术联系。

至此，灌溉知识交流网络已具雏形。网络的运行主要依托学院和实验室的专业技术人员的培养及其研究成果在多地之间的流动，这种流动客观上促成了知识交流；此外还依托帝国及美国等地行政机构的各级技术官员在网络各个节点间的派驻和考察，考察的成果一般会以调查报告和咨政报告呈现。这两种形式有时候发生重合，后者通常会直接影响水利工程的开展以及水利政策、法规的制定。从19世纪70年代开始澳大利亚作为新节点加入，灌溉知识的交流网络中信息传播的流向更多元，内容也更丰富。

三、灌溉知识交流网络的扩张和影响

由于地理距离的接近和同属英帝国，既存密切的政治与文化联系，澳大利亚较早接触的是来自印度的灌溉技术和土壤科学、农业化学知识。随着美国本地灌溉工程科学和土壤科学的迅速建立，美国成为重要输出地。正因为这一阶段澳大利亚的加入和美国的逆向输出，灌溉知识交流网络不仅持续传递着基本的灌溉操作知识、工程技艺，也开始交换着工程建设的理念与边疆开拓的意识形态，这在澳大利亚灌溉殖民地的建立和盐碱化的治理过程中尤为突出。

灌溉知识交流网络也是通过学术交往和行政派驻、官方考察等形式扩张至澳大利亚的。澳大利亚大量的灌溉工程师具有印度的工作或者考察经验，在东

---

① George Davison, *U. S. Coast and Geodetic Survey*, *Irrigation and Reclamation of Land for Agricultural Purposes*, *as Now Practiced in India*, *Egypt*, *Italy*, *etc.*, U. S. Government Printing Office, 1875.

② Bernice Conley, *Dreamers and Dwellers*, *Ontario and Neighbors*: *An Offering of the Years of Research into the Beginnings of the Model Colony and Its Neighbors in the Boom Years of Southern California*, Stump, 1982, pp. 49-50.

南部地区还有多位科学家对于印度的灌溉农业、在印度开展的盐碱化调查非常熟悉，并且掌握丰富的印度农业学知识。

19世纪70年代末澳大利亚的维多利亚、新南威尔士殖民地，都相继成立皇家供水委员会负责灌溉农业的推进和管理。1884年维多利亚工程师休·麦肯尼访问加利福尼亚，专程拜访萨克拉门托地区供水和排洪系统的设计师威廉·霍尔，就此建立长期联系。从1878年到1883年霍尔的主要工作就是与亚历山大委员会的成员合作，并将罗伯特·布利尔顿之前的计划付诸实践。紧随其后，时任维多利亚皇家供水委员会主席艾尔弗莱德·迪肯组团前往美国西部学习灌溉农业经验，并成功地说服已在加利福尼亚成功经营灌溉殖民地的查斐兄弟来到澳大利亚，直接介入新的灌溉殖民地的开拓工程。1890年迪肯访问印度，对当地的灌溉和水管理进行了全面的调查。两次访问后迪肯撰写的考察报告成为澳大利亚进行灌溉开拓的重要参考。①

殖民地官员的数次考察，尤其是在美国西部的调研促成澳大利亚灌溉农业史上的巨大转变——灌溉由基本的农业耕作方式演变成重要的殖民开拓手段。在澳大利亚境内尚未开发的地区建立灌溉殖民地被视作证明盎格鲁—撒克逊白人获取澳洲大陆土地合法所有权的最佳方式。1887年乔治·查斐来到米多拉，对土壤、降雨和河流情况进行全面的调查，并于年中确认了抽水地点和主要灌溉渠的结构。同年8月，里马克的情况调查和植被清除工作开始，并邀请长期为印度殖民政府服务的农业专家弗兰克·克巴特等人对居民的灌溉实践进行指导。米多拉和里马克遭遇了缺水、渗漏和严重的土壤盐碱化问题。北美的盐碱化问题出现较晚，查斐兄弟对此经验不足。来自印度的土壤学和化学知识更多地介入澳大利亚境内的盐碱化治理。

实际上在英国殖民之前，印度已经出现了盐碱化问题。当地语言中也有对这一现象的表述。② 从19世纪50年代开始，灌溉扩张引发的盐碱化问题带来了印度土壤科学和农业化学的建立，但是在工程学主导和钳制下，科学研究的

---

① Alfred Deakin, *Irrigation in Western America, so far as It Has Relation to the Circumstances of Victoria: A Memorandum for the Members of the Royal Commission on Water Supply*, Government Printer, 1884; Alfred Deakin, *Irrigated India, An Australian View of India and Ceylon: Their Irrigation and Agriculture*, W. Thacker and E. A. Petherick Co., 1893.

② 地表上沉积的白色盐霜被称为拉赫（reh），盐碱地被称为乌萨（usar）地。参见 B. H. BadenPowell, "Note on the Saline Efflorescence of Certain Soils, Known as Reh," *Hand Book of the Economic Products of the Punjab*, Thomason Civil Engineering College Press, 1868, p. 144。

成果并没有能够迅速为土壤的治理服务。主要的整治措施最后都指向了建立排水系统，澳大利亚也出现了土壤科学研究和实际盐碱化治理的脱节。

从 1860 年开始，印度的穆纳克（Moonak）和亚穆纳（Jumna）运河区陆续发生了土地盐碱化现象。1863 年，亨利·麦迪科特通过对亚穆纳运河的土壤和水体样本的检测，得出盐碱化的基本化学特征。他认为低效的排水和植被根区冲水的不充分是盐碱化的最根本原因。尽管灌溉运河加速了这一过程，但是这并非根本原因。麦迪科特建议用大量的水冲击作物根部。① 随后托马斯·安德森和皇家矿业学院的沃德也都得出相似的结论。② 所以从一开始，印度的盐碱化治理就出现了依赖工程学的特征。从业者也主要从工程师和地区技术官员那里接受农业教育。③ 罗伯特·耐特主办的报纸《印度农业学家》就曾指责：政府对于灌溉和排水的呼吁已经使得灌溉的开展完全变成工程而不是农业。他呼吁将农业科学的重要性提上议事日程，帮助农业进步。④ 这样的呼吁得到了回应，1877 年西北省和奥德政府专门成立了 "盐碱化土壤调查委员会"，⑤ 委员会要求盐碱化地区提高排水效率，进行土地恢复的实验。但是由于当时印度的土壤科学研究才刚刚起步，训练有素的科学工作者稀缺，这些建议并没有受到足够的重视，建议的落实也不顺畅。直到 1888 年，西北省才任命贾森·赖塞为首位政府专职农业化学家。⑥

悉尼科技大学的分析化学家威客·迪克森、矿业局的科学家亨特·明格耶和农业部的农业化学家福塞·格瑟瑞，都对印度境内的盐碱化治理非常熟悉。19 世纪 60 年代迪克森就曾跟随托马斯·安德森学习，在安德森实验室的工作任务就是分析印度政府收集的盐碱土壤样本。迪克森回到澳大利亚后继续展开灌溉条件下盐分累积效应的研究，但是当时澳大利亚还没有对灌溉用水进行过系统的化学检验。⑦ 美国加州灌溉区盐碱化现象初现于 90 年代，随后加州大学

---

① H. B. Medlicott, "Note on the RehEfflorescence of North-West India, and on the Waters of the Rivers and Canals," pp. 326-344.

② E. Whitcombe, *Agrarian Conditions in Northern India*, pp. 287-288.

③ B. H. BadenPowell, "Note on the Saline Efflorescence of Certain Soils, Known as Reh," p. 149.

④ E. Whitcombe, *Agrarian Conditions in Northern India*, p. 98.

⑤ North-Western Provinces and Oudh, *Report of the Reh Committee*, Delhi: Revenue Department, 1879, pp. 218-309.

⑥ J. A. Voelcker, *Report on the Improvement of Indian Agriculture*, Eyre and Spottiswoode, 1893, p. 55.

⑦ W. A. Dixon, "Wells and River Waters of New South Wales," *Journal of the Royal Society of New South Wales*, Vol. 23, No. 13, 1889, p. 473.

伯克利分校农学家海格德对地下水灌溉进行研究。[1] 悉尼的化学家亨特·明格耶借鉴了海格德的研究成果，了解到硝酸钙是对抗土地盐碱化的解药。[2] 随着土壤盐碱化问题的出现和网络内各节点盐碱化研究的推进，澳大利亚境内的灌溉农业研究对水、土壤之间的关系给予更多的关注。当地科学家也据此提出超越工程学范畴的更全面建议。化学家们更倾向于采取预防性的方法。

但是和印度相似，在官方大肆推行灌溉农业的过程中，澳大利亚东南部的科学研究最终被狭隘的工程技术关注所掩盖。作为殖民地内密集型灌溉农业的重要支持者和执行者，以休·麦肯尼为代表的灌溉工程师并未给予土壤科学足够的关注，甚至倾向于忽略土壤科学家的研究。19 世纪 70 年代麦肯尼曾在印度工作，他所在的恒河下游的法特加尔（Fatehgarh）也是受到盐碱化严重影响的地区。[3] 他认为盐碱化是澳大利亚农民需要承担的风险。[4] 迪肯在《印度的灌溉》中显然更关注澳大利亚该如何学习"在印度"实践的灌溉技术，而不是印度的农业耕作实践和土壤管理。[5]

四、灌溉知识交流网络运行的内在机制

（一）灌溉知识交流网络中的独特环境认知与权力

通过实地考察，结合土壤与地质调查的结果，美国与澳大利亚的技术官员和工程师大多认为，澳大利亚东南部、美国加州和印度干旱区在气候、土壤、降雨条件中存在诸多相似性。迪肯在美国考察后，更是确认了美国与澳大利亚

① H. Jenny, *E. W. Hilgard and the Birth of Modern Soil Science*, Farallon Publications, 1961, p. 78.

② J. C. H. Mingaye, "Analyses of Some of the Well, Spring, Mineral and Artesian Waters of New South Wales, and Their Probable Value for Irrigation and Other Purposes 1," *Journal of the Royal Society of New South Wales*, Vol. 26, No. 5, 1892, pp. 73 – 132; J. C. H. Mingaye, "Analyses of Artesian Waters of New South Walesand Their Value for Irrigation and Other Purposes 2," *Report of Australian Association for the Advancement of Science*, Volume 6, 1895, pp. 265–277.

③ H. G. Mckinney, "The Progress and Position of Irrigation in New South Wales," *Journal of the Royal Society of New South Wales*, Vol. 27, No. 6, 1893, p. 38.

④ H. G. Mckinney and F. W. Ward, "Report on Utilization of the River Darling," *New South Wales Votes and Proceedings of the Legislative Assembly 1892-93*, Part II, 1893, p. 23.

⑤ Alfred Deakin, *Irrigated India, an Australian View of India and Ceylon: Their Irrigation and Agriculture*, p. 23.

在自然环境、人口构成等方面的高度共性。这成为灌溉网络得以运行的"自然"基础，进而推动专业技术人员的培养和研究成果在各地的流动，促成知识交流，促进灌溉农业的发展。

戴维森认为旁遮普、印度河谷的地理特质与美国加利福尼亚大峡谷的地理特质很相似，印度河、亚穆纳河、恒河与萨克拉门托、圣华金以及费瑟河的规模可以等量齐观。罗伯特·布利尔顿也提出加利福尼亚和印度的共同点：干旱的气候、干燥的沙壤土。因此，尽管戴维森在印度观察到了生态退化，但是他更关注的是印度的灌溉方法如何推广至他认为有着相似自然禀赋的加州。印度灌溉农业取得的成效使他对工程技术充满信心，他将灌溉农业在印度的发展看作进步，灌溉设施使田野免于干旱，印度人免于饥荒。① 迪肯在从美国调查回来发表的第一份进度报告中谈及：美国西部在很多方面显示出与维多利亚的相似性。首先，在比较温暖的地方降雨的供给不充分或者不规律，使超过大半的区域内需要人工进行降水补充。其次，两地水资源都曾大量用于采矿，随后才被用于农业发展。最后，两地生产的产品也相似，并且产地均距离市场很遥远。迪肯还着重指出，美澳两地的人口构成也几乎一致，多为盎格鲁—撒克逊白人，这也成为他们倾向于向美国学习的最重要原因。

19 世纪中期种族环境学说盛行，这一学说认为每个种族都是在历史中积累而成的独特能量和能力的组合，种族的成员只有在自己一贯熟悉的地理环境中生存才能保持最佳状态，一旦离开了这个环境就会退化。他们认为欧洲的先进文明只适合于在气候温和的地带传播和繁荣。② 系统殖民论的著名倡导者爱德华·吉本·韦克菲尔德就指出了澳大利亚与亚洲相近的事实，他相信中国移民有能力把澳大利亚的荒芜之地变成多产的花园。此后，主要针对日本人和华人的亚洲威胁论兴起，约翰·帕森提出应该引进中日以外的有色劳工发展亚热带农业和畜牧业。③ 埃尔弗莱德·迪肯、休·麦肯尼等人则坚持反对。盎格鲁—撒克逊白人在加州等地成功建立了灌溉殖民地的事实更是给予他们巨大的鼓舞

---

① George Davison, *U. S. Coast and Geodetic Survey*, *Irrigation and Reclamation of Land for Agricultural Purposes*, *as Now Practiced in India*, *Egypt*, *Italy*, *etc.*, pp. 40-47.

② James Ranald Martin, *The Influence of Tropical Climates on European Constitutions*, Wood, 1846.

③ John Langdon Parson, "The Northern Territory of South Australia: A Brief History Account: Pastoral and Mineral Resource," *Proceedings of the Royal Geographical Society of Australasia. South Australian Branch*, 1892, p. 23.

和信心。① 维多利亚殖民地议会中也开始有更多人认为澳大利亚人应该向美国表兄学习，发展白人自己的农业文明，而不是依靠其他种族来实现这一目标。

尽管戴维森和迪肯等人对于本地和学习对象所在地的自然环境的相似性描述不尽相同，但是这种并未经过严格学术校验的环境认知，一经殖民地的技术官员确认立刻成为权威的官方科学知识，赋予美国和澳大利亚白人使用灌溉技术改造当地自然环境的正当性。在澳大利亚，这种自然认知还带有明显的种族主义色彩。它紧承亚洲威胁论而来，将殖民者对于澳大利亚环境气候的认识学说和殖民地的开拓政策结合起来，让白人顺理成章成为这片大陆独一无二的主人。

也正因为此，尽管皇家供水委员会的考察报告中赞赏古印度哈拉帕文明时期的水利工程，但是将其描绘成"早已毁坏不堪"。换言之，印度传统社会在环境认知、农业种植和灌溉治水方面的古老智慧被宣布"死亡"，工程师、各级官员用近代的科学知识与殖民话语体系取将其取代，继而消解了本土性知识。只有在英国的殖民统治下，通过建造永久性的灌溉渠才能治理洪水、干旱，缓解饥荒问题。但是实际上印度本土原有的蓄水池和水渠仍然在使用，并且比迪肯等人所称赞的英国所建的灌溉网络的规模要大一倍。尤其在马德拉斯等地，既有系统的利用极大降低了殖民时期灌溉的规模和建造成本。所以灌溉农业知识、技术交流网络是以帝国内部和北美既有的政治、权力联系为依托的，这种交往并不是单纯的知识流动，本身具有明显的殖民主义甚至种族主义特征。

（二）工程技术创造的灌溉"边疆"

灌溉知识交流网络所推进的工程技术催生了印度、美国西部和澳大利亚东南部境内的灌溉"边疆"，尽管三地的"边疆"拥有不尽相同的地理学含义，但是都以从事灌溉垦殖、稳定和加强农业生产为基本特征。灌溉"边疆"产生于各自境内特定的社会经济和生态背景中，灌溉知识交流网络的扩张与"边疆"推进相得益彰，同时这一切又与资本主义的世界体系、殖民主义密切联系。

在殖民时代的印度，"边疆"超越了通常的自然地理界限和概念，是工程

---

① Alfred Deakin, *Irrigation in Western America, so far as It Has Relation to the Circumstances of Victoria: A Memorandum for the Members of the Royal Commission on Water Supply*, pp. 7–8.

技术人为创设的农耕空间。1867 年开始，印度殖民政府大举公债扶植灌溉工程，借此新政开凿运河共计 6400 英里，灌溉面积扩大了 1200 多万英亩，使得广阔的国有荒地获得滋养，成为丰产的农田。随着加州灌溉农业的推进，它所展现的新边疆，不仅表现了卓越的生产力，还代表了优渥的生活方式和积极的意识形态。这与加州的自然禀赋和灌溉知识交流网络的驱动相联系，又成为推动灌溉网络触角延伸的新动力。

当英国的工程师在印度为当时世界上最长的灌溉运河系统奠定基石之时，加利福尼亚则是另一番景象：金矿开采已然衰微，小麦产业也受到来自大平原农场的冲击。美国人对于西部干旱地区的发展潜力曾经存在激烈的争论。[①] 而后，灌溉工程师充分利用了加州河流、阳光、气候、地貌特质打造了全新的经济生产模式——农业果园。南加州的土地投机也如火如荼。而以查斐兄弟为代表的怀揣着园艺学理想的企业家们所规划的不仅仅是简单的果物种植园，而是集农场种植、城镇生活和森林景观于一身的综合功能体，这一综合功能体比单一的小麦种植和金矿挖掘更具可持续性。园艺学的追求可以上溯到古典时代和中世纪的欧洲，农学、园艺被视为社会的根基。在新边疆，这一理想与美国西部的花园童话结合：分割大地产，高度依托机械化生产高附加值的农产品，成为名副其实的"田野里的工厂"。

工程师们迅速地将加利福尼亚的灌溉技术、社会结构、用水政策、现代乡村生活理念输出到太平洋盆地的另一侧。此时的维多利亚正经历着淘金热时的人口激增、社会动荡以及淘金热后土地的荒芜与生态破坏过程，其间曾一度衰落的崇尚田园牧歌的自然观迅速恢复。[②] 通过小农拓荒扩大灌溉面积，发展园艺农业，建设独立的小型家庭农场重塑现代乡村社区，被认作最具民主意味的田园构想，是盎格鲁—撒克逊白人中产阶级的最高文明，更是提升生态景观和社会道德的方式。[③] 灌溉殖民地的重要性在于它们承载了一种希冀——"用

① George Davison，B. S. Alexanderand，Major Mendell，*Report of the Board of Commissioners on the Irrigation of the San Joaquin，Tulare，and Sacramento Valleys of the State of California*，Referred to the Committee on the Public Lands and ordered to be printed 24March，1874.

② 在 18 世纪末到 19 世纪初，英国本土兴起的田园牧歌自然观标志着人们对工业革命与资本主义生产体系的朴素反思。参见基恩·托马斯：《人类与自然世界：1500—1800 年间英国自然观念的变化》，宋丽丽译，南京：译林出版社，2009 年，第 244—246 页。

③ Alfred Deakin，*Irrigation in Western America，so far as It Has Relation to the Circumstances of Victoria：A Memorandum for the Members of the Royal Commission on Water Supply*，pp. 7-8.

来自城市的手段让乡村生活更加舒适，"① 这也成为所有的"新英格兰殖民地"历史上的重要主题。灌溉工程师们助力了这样一个过程：在世界范围内传播灌溉技术以及边疆拓展的理念，并试图创造新的社会秩序。

但是灌溉边疆的推进中鲜有小农的田园牧歌。首先，正如上文所示，在印度、加州、维多利亚都出现了不同程度的包括土壤盐碱化在内的生态退化。工程师将灌溉的发展看成是开拓内陆的路径，殖民地的科学家则对土壤的可持续产出给予更多重视。所以在盐碱化问题出现的时候，工程师在意的是水量的补给和分配，科学家关心作物生产等更加复杂的问题。总体来说，工程师对灌溉的发展所持的态度更短视，科学家对农业系统的操作则持更长久的眼光，但提出的改良方式也多受制于工程学的影响。而当帝国内的灌溉工程被当作开发边疆的捷径时，后者的研究成果停留在了实验室内。无论是印度、美国抑或是澳大利亚，灌溉工程的进行不仅仅涉及水源的开发与分配机制，它们制造了新的自然与社会之间的互动关系。但是政府管理者没有能够充分考虑到问题的复杂性，以及应该通过怎样的框架来积极解决问题。他们更多关注的是灌溉农业本身的实现。

其次，灌溉边疆服务于资本的扩张，更难逃脱来自资本主义世界市场体系的冲击。在印度殖民政府灌溉新政之时，英国资本也迅速进入包括灌溉运河在内的相关基础设施领域的投资，与农业种植相匹配的市政交通、市场和城市建设也得到发展。灌溉用水不仅被用于基本的粮食生产，大量的土地也被开发用于经济作物如棉花、靛蓝、烟草和甘蔗的种植，这些初级产品的出口极大地平衡了印度在国际贸易中的逆差。从资本主义的扩张和增值角度来看，现代灌溉技术为英国资本打开了印度殖民地的全新资源边疆。事实上，在灌溉运河投入使用后，印度境内仍然出现过多次饥荒。在加利福尼亚和澳大利亚，灌溉的推进刺激了土地自由买卖和集约化农业发展，两地的农牧产业都逐渐转变成以大农场、牧场为基础的工业化农业。田园牧歌的生态实践宣告破产。在澳大利亚，园艺农业的用水还不断受到来自牧场和小麦带的冲击，灌溉运河被大量引调用于牧草和小麦灌溉，澳大利亚成为英国羊毛原材料的最大来源地，澳大利

---

① 参见 Miles Fairburn, "The Rural Myth and the New Urban Frontier," *New Zealand Journal of History*, 9 April, 1975, p. 10; Coral Lansbury, *Arcady in Australia*; *The Evocation of Australia in Nineteenth Century English Literature*, Melbourne University Press, 1970; E. JamesVance, "California and the Search for the Ideal," *Annals of Association of American Geographers*, 12 June, 1972, pp. 185-210。

亚的小麦种植地带不断北移供应出口。① 加利福尼亚与澳大利亚的灌溉边疆在本地农业更深卷入世界经济的过程中进一步扩张。

资本主义体系向全世界的扩张与殖民主义密不可分，从一开始使用工程技术企图将世界连接创造全新社会秩序的举动就是以征服非英语国家实现的。在印度，灌溉工程的建设使用了大量的强制劳动力。在澳大利亚，灌溉边疆的推进有时以土著失去家园和生命为代价。所以技术进步和种族镇压相伴而生，齐头并进。这种情况不是 19 世纪中后期才出现的，只不过这一时期工程师频繁地被卷入拓殖进程，将他们对自然的研究延伸到了社会领域和意识形态层面。

五、结 论

19 世纪中后期，印度、美国、澳大利亚等地灌溉农业的发展并不是孤立的历史进程，三地是当时以水利工程技术、土壤科学知识，科技人员的交流为主要内容的全球灌溉知识交流网络的重要节点。这一网络以英国国内的学院科研为基础，在服务英国殖民印度的过程中扩张，并辐射至美国西部和帝国的其他成员。羽翼渐丰的加利福尼亚工程师和农业企业家很快开始向澳大利亚为代表的白人移民殖民地逆向传播，开展灌溉拓展实践。澳大利亚作为灌溉知识交流网络中的新节点，其发展模式、动向与网络的其他节点密切联动。作为以盎格鲁—撒克逊白人为主体的游戏，灌溉知识交流网络的扩张有其内在逻辑。它的依托是帝国内部和北美既存的社会权力关系，支撑它运行的认知基础是一整套从属于资本扩张和殖民开拓的对自然的解释和环境知识。在澳大利亚，这种生态知识还与种族主义结合，成为独特的种族环境学说，鼓吹拓殖的正当性。在印度，灌溉农业亦被英国殖民者堂而皇之地视为利民工程，宣告殖民的正义性。近代工程学知识在两地的确立意味着本土环境认知的断裂，传统治水经验和少数族裔生态经验的失语。

19 世纪以来，英帝国和北美的工程师设计出蜿蜒盘旋的运河，翻山越岭的铁路，用精细的网络把世界联系起来，让深埋地下的金矿见诸于世，还将千里之外的水源用于浇灌荒芜。这些工程师和背后的决策者通常都相信科学与技术

---

① E. Dunsdorfs, *The Australia Wheat Growing Industry 1788-1948*, Melbourne University Press, 1956, pp. 78-89.

可以帮助人类在不毛之地定居，创造市场，进而进入世界市场；他们还认为技术可以为社会带来多重福利，工程师多自我标榜并也被标榜为光明和进步的使者。灌溉引发的环境退化本该是对工程学进步论的直接回击。但灌溉边疆的推进恰逢地理学意义的边疆消失和资本主义工业社会的形成，在日渐成为主流价值观的资本主义市场价值体系中，自然环境是资源，在工业主义的语言中，自然是需要被驯服的野兽。灌溉边疆遭遇的生态危机体现的正是资本主义工业文化对自然内在价值的扭曲和异化。

甲午战争期间日本的军费筹支[*]

崔金柱　首都师范大学历史学院讲师

　　摘要　近代战争不止是战场上的厮杀，更是交战各方国力及动员能力的较量。在甲午战争爆发初期，日本政府以及财界就巨额军费的筹措，有捐款说、内债说和外债说等主张，最终松方正义主张的内债说上升为国家意志。日本政府脱离和平时期的财政运作模式，在战争期间超常规地动员财政金融机器为战争筹资。明治政府在煽动国民民族主义情绪的同时，合理利用短期借贷、增加纸币供应、发行国债等近代金融手段，促使财界及民众在经济上支持战争，其中日本银行起到了关键作用。在中国大陆作战停止前，日军的绝大部分费用是通过日本银行短期周转，再以发行长期国债偿补的方式筹集。马关议和结束后，清朝的巨额赔款成为填补战争期间透支军费的财源。

　　关键词　甲午战争　财政动员　军费筹支　日本银行

前　言

　　甲午战争是近代以来中日两国综合国力的首次全面较量，它对此后的东亚国际格局产生了决定性的影响。近代战争会在短时间内极大消耗交战各方的人力、物力、财力，某种程度上可以将战争视作交战主体间动员各要素能力的博

---

　　[*]　本文撰写过程中先后得到王新生、三谷博、刘杰诸先生指正，谨此致谢！

弈。开战前的中方舆论多主张日本在人、财、物上均逊于清朝，在信息不充分的情况下陷入盲目乐观状态。[①] 而中国学界虽对甲午战争的研究已逾百年，但就笔者所见，尚未有专门从明治政府在战争期间的财政动员，特别是军费筹支这一角度研究甲午战争的论著。少数论及甲午战争中日本财政动员及军费筹措的研究或限于研究主题未做深入探讨，或因所依史料存在问题而做出不甚准确的判断。如有学者认为在甲午战争期间，因日本财界及民间无私地支援战争，日本才成功地筹集到战争所需经费。[②] 但此说过分强调感情因素的作用，忽视了政府的财政金融操作才是顺利实现军费筹措的根本。还有学者认为"如果中国能将战争久持下去，日本必定支撑不下去，胜利就会转到中国方面"，日本"是在军备不足、政局不稳、财政不敷"等情况下发动甲午战争的。[③] 该说依据的是时任英国驻日公使楚恩迟在 1895 年 1 月 4 日，就日本当时的财政形势向英国外交大臣提交的报告。[④] 但根据现已公开的日本档案，可以判断这份报告的准确性不高。该报告的分析所依据的财政数据来自和平时期，忽视了战争期间特殊财政动员的巨大潜力。在下文中，笔者将就战争前期日本官民关于军费筹措方式的论争、巨额军费的筹措机制以及战争费用的实际支出情况进行考察分析，以从财政金融动员的角度探析近代日本发动的首次大规模对外侵略战争的内部运作实态。

一、军费筹措的决策

1894 年 6 月 2 日，伊藤博文召开内阁会议，邀请参谋本部总长有栖川宫及

---

① 如《新闻报》认为"日本不自安于弱小，不自量其财力"，意图吞食朝鲜，"谋国之计左矣，亡国之机兆矣"（《论日本图朝鲜之非》，《新闻报》1894 年 6 月 27 日）；《申报》在开战前夜断定"日本国小地瘠、财尽民穷"（《论出战必持之以久》，《申报》1894 年 7 月 24 日），只要清朝停止对日贸易，则能不战而屈人之兵。

② 李廷江：《日本财界与甲午战争》，戚其章、王如绘主编：《甲午战争与近代中国和世界——甲午战争 100 周年国际学术讨论会文集》，北京：人民出版社，1995 年，第 347—363 页。

③ 戚其章：《国际法视角下的甲午战争》，北京：人民出版社，2001 年，第 193 页。

④ 英国驻日公使楚恩迟 1895 年 1 月 4 日电报《和平会谈》，文件号 6665/95，英国外交部：英国外交事务文件报告：外交部机密文件第一部分 E 集第 5 卷，《中日甲午战争与三国干涉还辽》（"Peace Talks", 4th Jan. 1895, by P. H. Le Poer Trench, Confidential Print and Piece No. 6665/95, in *British Documents on Foreign Affairs-Reports and Papers from the Foreign Office Confidential Print*, Part 1, Series E, Vol. 5, *Sino-Japanese War and Triple Intervention*），美国大学出版社 1989 年版，第 54—55 页。

参谋本部次长川上操六列席。阁议决定派遣一个混成旅团赴朝，并命令当时已回国的日本驻朝鲜公使大鸟圭介率领九艘军舰及海军陆战队回朝鲜赴任。① 次日，经时任大藏大臣渡边国武批准，自 1894 年度第二准备金中支出军舰费 14,019 日元②，这是日本为甲午战争支出的首笔军费。③ 6 月 4 日和 6 月 5 日，渡边藏相又分别批准自第二准备金中向拟派遣的第五师团及海军支出 41,080 日元和 26 万日元。④ 而清政府则是在 6 月 7 日，才依据中日天津条约的"行文知照"之规定，通知日本中方将接受朝方请求而出兵的决定。日本在中国出兵之前即已经做出出兵朝鲜的内阁决议，并提供经费保证。因当年度预算中的准备金数额有限，6 月 11 日天皇裁准并公布法律第 16 号，允许政府将 1893 年度总计 2600 万日元的国库结余作为军费使用。⑤

以上的军费支出，属于当年财政预算或往年财政余款的范围内，由大藏大臣判断可否、经天皇签署即可。但到 8 月初，随着中日甲午战争的全面爆发，日本政府内部为筹措巨额战争经费而产生不同意见。大藏省于 8 月 9 日就军费筹措召开会议，大藏大臣渡边、大藏省次官田尻稻次郎、主计局长松尾善、国债局长曾根静夫及主计官阪谷芳郎等参加会议并综合各自意见，制定出大藏省的《军费意见》。该意见书根据战争预设时间的不同，做了如表 1 的三种方案。

虽然最终的筹款并未依据上述意见书进行，但从中仍能看出当时作为日本财政实际操作者的大藏省官僚对筹集军费的基本认识。甲号方案将战争时间预设为半年，预计日本需要军费 5000 万日元；乙号方案将战争时间预设为 1 年，预计需 1 亿日元；丙号方案预设战争时间为 1 年半，所需军费为 1.5 亿日元。在该意见书中，大藏省对三种方案做了说明：在甲号方案的情况下，筹措军费之路较为容易。乙号方案则颇为困难。丙号方案则甚为困难。⑥ 大藏省提出的筹款方案，主要依据和平时期日本的财政状况，综合利用财政余款、增税、借

---

① 林茂、辻清明编：《日本内阁史录》第一册，第一法规出版株式会社，1981 年，第 216 页。

② 1885 年至 1897 年，日本实行银本位制，1 日元合银 26.95 克。日本银行金融研究所：《货币博物馆》，1987 年，第 68 页。

③ 日本大藏省：《临时补给一·第二准备金支出》，明治 27 年 6 月 3 日，日本亚洲历史资料中心：A01200765100。

④ 日本大藏省：《临时补给一·第二准备金支出》，明治 27 年 6 月 4 日，日本亚洲历史资料中心：A01200765400。

⑤ 日本内阁、大藏省：法律第 16 号《关于临时借贷国库款的法律文件》，明治 27 年 6 月 11 日，日本亚洲历史资料中心：A03020168000。

⑥ 明治财政史编纂会编：《明治财政史》第 2 卷，明治财政史发行所，1926 年，第 34 页。

款及公债等手段，试图用较为均衡的方式减少巨额军费对经济的负面影响。

表 1　甲午战争军费计划案　　　　（单位：万日元）①

	甲号		乙号		丙号	
时间预设	1894 年 7 月至 1894 年 12 月		1894 年 7 月至 1895 年 6 月		1894 年 7 月至 1895 年 12 月	
军费总额	1893 年结余	2600	1893 年结余	2600	1893 年结余	2600
	特别会计资金	1600	特别会计资金	1600	特别会计资金	1600
	借款、公债	800	预支 1895 年收入	1500	预支 1895 年收入	2000
			增征烟酒所得税	500	增征烟酒所得税	500
			募集公债	2000	增收地租	700
			借款	1800	募集公债	3000
					借款	4600
合计	5000		10,000		15,000	

　　但甲午战争是国家层面的重大事件，战争费用的决策权掌握在明治政府的高层领导者手中。当时日本政府由长州、萨摩出身的藩阀官僚控制。关于对清作战所需的巨额军费，时任内阁首相伊藤博文以及同为长州藩出身的井上馨主张"捐款说"，即向日本国内的富商发出号召，令其捐献军资。② 在日本举国沉浸在狂热的对外战争气氛下，该捐款说具有深厚的民意背景。当时流行着这样的说法，"全国人民向政府捐款，若每一国民都能捐献 1 日元以作军费，则4000 万人就能贡献 4000 万日元"。③ 伊藤估算在已有 2600 万日元财政结余的情况下，只要再募得 1500 万日元以上的捐款，即能保证当年内对清作战所需经费。对于此种意见，曾长期担任大藏大臣并对日本财政金融状况最为熟悉的松方正义坚决反对。松方在考察当时经济状况的基础上，认为劝诱国民特别是富商捐款，势必引起经济恐慌。他主张通过在国内募集公债的方式解决军费。为此松方专门到伊藤首相官邸拜访，历陈捐款说的弊端。他指出，不管国民的爱

---

　　① 明治财政史编纂会编：《明治财政史》第 2 卷，第 36—39 页。

　　② 公爵松方正义传记编纂会：《公爵松方正义传》坤卷，公爵松方正义传记发行所，1925 年，第515—516 页。

　　③ 阪谷芳郎：《战时及战后经济》，《东京经济杂志》第 798 号，1895 年 11 月 2 日。

国心如何强烈，也不会那么乐意将自己的钱白白捐赠。且回顾西南战争时政府军所需的军费亦不止 4000 万日元，那么对大国清朝的战争所需费用最低也不会少于 1 亿日元。面对伊藤的犹豫不决，松方又接连对山县有朋及井上馨等伊藤信任的实权人物做工作，终于实现了以在国内发行公债筹集军费的意图。[①] 8 月 13 日，天皇颁布敕令第 143 号，允许日本政府为筹措对清作战军费，采取挪用资金、借款及发行公债等特殊手段。[②] 同月 15 日天皇颁布敕令第 144 号，授权政府发行年利 6% 的军事公债 5000 万日元。[③]

　　诚如上述大藏省草案估计，5000 万日元仅能满足半年所需。临时国会即将召开的 9 月底，战争的长期化要求政府必须为此后的军费做准备，并需提交临时国会进行审议。此时，以东京的雨宫敬次郎、横滨的园田隆吉、大阪的藤田传三等为代表的实业家积极赞成募集外债的方法，并努力向伊藤首相及渡边藏相游说。[④] 当时的英国曾提议向日本提供年利 4% 的 2 亿日元贷款。[⑤] 尽管条件优厚，但是否接受如此巨额的外债，对日本最高决策层而言绝非轻易可下决断的事情。为此渡边藏相拜访松方，征求其意见。松方立即否定外债之说，并说"若万不得已，必须仰赖外债之时到来，我自会告知诸位"。[⑥] 松方当时并非阁僚，属下野赋闲之人。但因其在财政金融领域的权威地位以及明治天皇的信任，得以在决策军费筹措议题上发挥核心作用。但伊藤、渡边并未放弃，而是到京都拜访休养中的日本银行总裁川田小一郎，征求对外债一事的意见。与此同时，在得知伊藤将赴川田处征求意见后，松方提前指示川田"决不可同意借外债"。[⑦] 日银为日本中央银行，时任总裁川田小一郎被称为"明治的罗马教皇"，在财经领域权力巨大。川田作为顶尖的金融技术官僚，原本出身三菱财阀，与松方正义的关系密切。他能够深刻理解并听从松方的意见，这在后文探讨的筹款机制中表现得尤为充分。面对来自总理大臣的游说及松方正义的压

　　① 藤村通监修：《松方正义关系文书》第 4 卷，大东文化大学东洋研究所，1982 年，第 43—46 页。

　　② 日本明治天皇敕令第 143 号《关于朝鲜事件经费可在财政上作必要处理的法律文件》，明治 27 年 8 月 13 日，日本亚洲历史资料中心：A03020183300。

　　③ 日本明治天皇敕令第 144 号《军事公债条例》，明治 27 年 8 月 15 日，日本亚洲历史资料中心：A03020183400。

　　④ 藤村通监修：《松方正义关系文书》第 4 卷，第 46 页。

　　⑤ 雨宫敬次郎：《过去六十年事迹》，东亚印刷株式会社，1907 年，第 245 页。

　　⑥ 公爵松方正义传记编纂会：《公爵松方正义传》坤卷，第 522 页。

　　⑦ 藤村通监修：《松方正义关系文书》第 4 卷，第 47 页。

力，川田总裁充分利用自己所处的特殊地位及业务实力，劝说伊藤放弃借用外债的想法，并向伊藤表示日本完全可以靠本国财力筹集足够的对清作战资金。[1] 最终，松方的意见占了上风，此后的军费筹措仍以发行军事公债为主导方式。1894 年 10 月 23 日经临时国会审议通过，天皇裁准颁布总额为 1.5 亿日元的军费预算，其中包括追加认可在帝国议会未召开期间已支出的部分。[2] 尽管议会一致通过政府提出的临时军事费特别会计法案，但部分众议员对未经国会批准，以天皇敕令形式公布的非常预算是否合宪存有不同意见。1895 年 3 月 2 日，帝国议会又通过追加军费预算 1 亿日元，经天皇敕裁发布。[3] 在决策层面，日本的战争预算总计为 2.5 亿日元。考虑日本在战争爆发前三年的国家财政规模分别为 1891 年的 8000 万日元、1892 年 8700 万日元、1893 年 8500 万日元，[4] 上述临时军费预算，无疑是天文数字。如何保证巨额军事预算有效筹措，成为关键问题。

二、军费筹措机制

在甲午战争期间日本军费的来源主要有以下五种方式，即 1. 正常预算中的准备金及财政结余；2. 国民捐款；3. 占领地及杂项收入；4. 国债收入；5. 特别资金。其中，国库结余款 2343.9 万日元，占总收入的 10.4%；国民捐款 295 万日元，占 1.3%；占领地及杂项收入 307.9 万日元，占 1.4%；公债收入 1.16805 亿日元，占 51.9%；特别资金转入款 7895.7 万日元，占 35.1%。[5]

前三项的筹措方式较易理解，且在军费总额中所占比例较低，在此不做深入分析。国债收入和特别资金占到总额 87%，需指出的是，特别资金实际上是来自清朝的赔款，而这一收入是在中日签订《马关条约》，日本结束在大陆作战后一段时间才获得的。因此，从最终决算的数字看，在战争期间日本的军费

---

① 西野喜与作：《半世纪财界侧面志》，东洋经济出版部，1932 年，第 226 页。

② 日本内阁、大藏省：《临时军费预算》，明治 27 年 10 月 23 日，日本亚洲历史资料中心：A030 20189600。

③ 日本内阁、大藏省：《追加临时军费预算》，明治 28 年 3 月 2 日，日本亚洲历史资料中心：A030 20212200。

④ 明治财政史编纂会：《明治财政史》第 3 卷，明治财政史发行所，1926 年，第 538、613、723 页。

⑤ 日本内阁、大藏省：《临时军费收入决算明细书》，明治 30 年，具体日期不详，日本亚洲历史资料中心：A10110440100。

来源主要依靠的是国债收入。而对清朝作战期间日本政府实际只发行了两次总额 8000 万日元的军事公债，第一次为 1894 年 8 月发行 3000 万日元，第二次为 1894 年 11 月发行 5000 万日元。但巨额国债的募集势必对日本的金融市场带来激烈冲击，大藏省也考虑到当时国内经济的承载力有限，规定了分期付款的形式，分别将购买国债资金的缴纳期分成 8 次及 7 次。第一次自 1894 年 9 月至翌年 6 月，第二次自 1894 年 12 月至翌年 6 月。① 亦即军事公债虽在战争期间发行，但购买国债的资金要等到对清作战已结束的 1895 年 6 月才能全部缴纳，成为政府收入。考察日本自发动战争至马关议和的九个月内的军费开支，我们看到几乎每月支出都在 1000 万日元以上，但军费收入则远远低于这一数额。如 1894 年 8 月至 12 月的每月实际军费收入分别为：17.5 万日元、284.7 万日元、92 万日元、603.6 万日元及 759 万日元。② 探讨透支部分的来源，是分析日本在甲午战争期间筹措军费的核心问题点。这需要考察日本银行在军费筹措中所发挥的巨大效用。

日本银行成立于 1882 年 10 月 10 日，是在松方正义主导下设立的类似英格兰银行的中央银行。在此之前日本实行分散的国立银行体制，诸多民间资本银行在政府认可的情况下都具有发行纸币的权限。日银最初的使命，便是改善因不可兑换纸币的滥发导致的纸币不断贬值、恶性通货膨胀问题。松方采取整理纸币及通缩政策，在 1884 年后半年稳定了纸币价值。根据 1882 年颁布的《日本银行条例》及 1884 年颁布的《兑换银行券条例》③，日本银行取代原有的国立银行，发行可与金银等硬通货兑换的纸币，成为具有发行纸币权的唯一金融机构，且可根据政府的需要管理国库款项。在垄断纸币发行权及硬货准备金充足的状况下，日本银行成为日本金融的中心，其发行的纸币——日本银行兑换券——在国内市场具有的信用度极高。在对清朝作战军费难以通过发行军事公债及时获取的情况下，日本政府通过向日本银行短期借款的方式填补超支部分的军费，同时利用日本银行管理中央及各地国库的便利条件临时挪借存于国库的政府日常收入以支付战争所需。根据表 2，自 1894 年 10 月到 1895 年 3 月，对清朝作战军费的支出不足款项基本来自日本银行的借款或挪用国库款，最多

---

① 日本大藏省理财局编：《国债沿革略》第 2 卷（下），《明治后期产业发达史资料》第 313 卷，龙溪书舍，1996 年复刻版，第 535—545 页。

② 日本大藏省理财局：《金融事项参考书》，大藏省，1912 年，第 23 页。

③ 1882 年 6 月 27 日太政官布告第 32 号及 1884 年 5 月 26 日太政官布告第 18 号。日本银行百年史编纂委员会：《日本银行百年史》资料编，日本银行，1986 年，第 195—197 页。

月份为 1300 余万日元，较少月份也超过 300 万日元。至 1895 年 4 月，军费支出中来自日本银行的借款及挪用国库款的总额累计超过 4100 万日元。此外，从该表中还能发现，上述借款或挪用款项并非全部都用于支付军费。有部分日银借款用于归还挪用的国库款，同时部分国库挪用款项也用来归还日银借款。这是因为日本银行需要保证其发行的纸币与保有的用于兑换的硬通货数额的平衡，而国库款项也要用于原来的正常财政支出。因此，上述款项实际是利用短期的挪借，临时代替预期的国债收入。由于国库事实上也在日本银行的管理之下，日本银行掌握其收支数额及时间，可利用收支的时间差，在一定的时限内将闲置的资金贴补临时的军费需求。

表 2　国库挪用款及日本银行借款　　　　（单位：万日元）①

年月	支出缺口	国库挪用款	日银借款	军票
1894 年 10 月	-812.5	212.5	600	
1894 年 11 月	-1319	669	650	
1894 年 12 月	-618.6	-84.4	703	
1895 年 1 月	-764.4	875.4	-111	
1895 年 2 月	-343.4	-67.6	411	
1895 年 3 月	-807.2	632.3	-203	378
1895 年 4 月	29.2	270.8	-300	
1895 年 5 月	438.2	-88.2	-350	
1895 年 6 月	303.5	-153.5	-150	

　　日本银行不仅在短期贴补军费支出上发挥关键作用，而且在前述国债发行中也起到至关重要的作用。大藏省预见到国债数额空前巨大，但民间资本市场承受能力有限，因此采用分期付款的方式吸纳民间资金以充军费。但事实上，民间金融机构特别是各民间国立银行对国债的态度决定着募集的顺利与否。第一次军事公债的招募期间为 1894 年 9 月 10 日至 13 日，为此大藏大臣渡边国武

　　①　日本银行内部资料《明治廿七八年战役临时军费始末概况》，日本银行百年史编纂委员会：《日本银行百年史》第 1 卷，日本银行，1982 年，第 467 页。表 2 中，支出缺口栏有负号的数据表示实际挪借额，无负号的数据表示归还挪借款额；国库挪用款及日银借款栏中，有负号的数据表示接收归还款额，无负号的数据表示挪借给军费支出的实际款额。另，1893 年 3 月通过发行 378 万日元军票亦属透支。

请求关东同盟银行干事、日本财界大佬涩泽荣一带头应募，并在 8 月 23 日召集关东、大阪、九州、中国、四国、名古屋及北海道同盟银行的代表举行会议。大藏省方面要求与会的民间银行协助募集 3000 万日元国债，对此银行方面的态度消极，担心从市场抽取巨额资金会带来金融动荡。① 为消除民间银行方面的顾虑，日本银行方面在 9 月 11 日做出承诺，允许民间金融机构以公债为担保，自日本银行贷款（每 100 日元公债可贷款 95 日元），保证公债具有流动性。② 第一次军事公债发行额为 3000 万日元，规定年息 5%，每百日元公债最低购买价为 100 日元，应募总额达 7700 万日元。第二次军事公债发行额为 5000 万日元，规定年息同为 5%，但每百日元公债最低购买价为 95 日元，应募总额达 9030 万日元。③ 可以说国债发行取得了空前的成功。除在对外侵略战争的狂热气氛下，日本国民的爱国心暴涨因素外，日本银行对国债流动性的保证乃是国债发行成功的更重要原因。对此，当时任日本银行支店长的高桥是清曾回忆认为，"积极购买军事公债的各地国民，并非是接受了为国家效力的教育，只不过是从银行借钱来购买国债"。④ 换句话说，日本银行作为中央银行保证民间银行可以国债为担保贷款，而民间银行又以同样的方式向私人贷款，从而推进国债发行的顺利进行。

此外，日本银行在战争期间向政府提供的短期借款及国库挪用款除了保障军费支出外，另一重要功能是向民间注入巨额资金。尽管甲午战争的主战场在朝鲜半岛及中国大陆，但日方军费支出的大部分都以薪金、服装费及购粮款的形式回流到日本国内。参考表 3，至 1895 年 5 月 10 日止的统计表明，除武器弹药、舰船等主要从海外购买外，绝大部分的军费都在日本国内消费。这笔巨额资金的注入，令日本国内的金融市场规模扩大，民间资本总额也迅速提高。

---

① 东京银行集会所编：《银行通信录》第 106 号（1894 年 9 月 10 日），第 42 页。
② 日本银行百年史编纂委员会：《日本银行百年史》第 1 卷，第 464 页。
③ 日本大藏省理财局编：《国债沿革略》第 2 卷（下），第 539 页、第 545 页。
④ 上塚司编：《高桥是清自传》下卷，中央公论社，1976 年，第 51 页。

表 3　临时军费敕裁支出细目

（1895 年 5 月 10 日，单位：日元）①

项目	陆军省	项目	海军省
薪金	9, 677, 885	薪金	1, 319, 131
粮款	23, 683, 077	粮款	1, 028, 602
服装费	17, 325, 575	服装费	287, 710
武器弹药	6, 900, 279	舰艇营需	4, 288, 600
马匹费	6, 428, 001	武器弹药	10, 326, 319
伤病费	1, 778, 879	舰船费	10, 173, 711
阵地用具费	1, 091, 327	治疗费	61, 553
杂物费	3, 555, 325	俘虏费	3700
邮政电信费	734, 266	厅费	210, 393
运输费	15, 838, 100	旅费	179, 017
旅费	1, 669, 258	杂费	194, 134
佣款	10, 075, 549	运输	1, 319, 540
建设费	3, 405, 978	营善	682, 355
杂件	2, 258, 802	杂件	38, 535
机密费	219, 772	机密费	77, 000
购买轮船费	3, 399, 303	特别军需	237, 525
民政厅	79, 985	架设费	1, 282, 840
		测量费	14, 835
合计	108, 121, 361	合计	31, 725, 500

1895 年 5 月 11 日，日银总裁川田小一郎在致松方正义的信中，对日本银行的短期借款及挪用款与公债的关系做了以下说明：

> 至迟在（1895 年）8 月，充作军费的余款将耗尽，那么只有再次募集公债或自日本银行短期拆借二途。以眼下经济社会之形势计，再次发行巨额公债将十分困难……现在并非发行公债的良好时机，不如由日本银行增发兑换券（纸币），谨记能在 10 月将其（增发纸币）收

---

① 伊藤博文编：《秘书类纂·财政资料》中卷，秘书类纂刊行会，1935 年，第 7—9 页。

回即可。前述公债发行之途，作为回收纸币之策，乃控制今日金融之应有之义。①

松方正义是甲午战争期间日本财政动员的指挥者，而日本银行总裁川田小一郎则是贯彻松方意图，利用财政金融手段筹措军费的核心操作者。上述川田向松方提出的筹款建议，其主旨是先由日本银行超额发行纸币充作军费，而军费的大部分将流入日本国内市场，然后再通过在国内发行公债，将上述流入市场的超额纸币收回国库，最终回流到日本银行。这一过程的本质，是日本银行依托其垄断发行的纸币信用向政府注入短期资金，同时与国库款项作短期拆借，利用短期资金为周期较长的国债收入赢得时间，最终依靠国债收入填补前述的短期借款或挪用款。1895 年 4 月 17 日中日两国签订《马关条约》，清朝被迫支付巨额赔款。自 1896 年 4 月至 9 月，总计 7895.7 万日元的清朝赔款以特别资金的形式充作军费收入。② 来自中国的赔款既填补了日银借款及国库挪用款的亏空部分，又通过购买军事公债的方式缓解民间市场的资本紧张问题。简言之，日本在对清朝作战中透支的巨额军费，靠战争结束后的清朝赔款实现收支平衡，并在最终的军费收支结算中出现黑字③。

三、日本军费支出状况

甲午战争期间日本设立临时军事费特别会计，始自 1894 年 6 月 1 日，终于 1896 年 3 月 31 日。该特别会计的收入及支出预算均为 2.5 亿日元，实际收入为 2.2523 亿日元。在考察了甲午战争期间日本筹措军费的内在机制后，笔者以下将主要依据《廿七八年战役临时军费特别会计始末》，整理日本军费的实际支出状况。④ 在通常预算的范围内，内阁各担当大臣可在预算范围内任意支出，但日本政府为规范军费使用及应对来自议会的质询，对临时军费的支出手

① 大久保达正监修：《松方正义关系文书》第 7 卷，大东文化大学东洋研究所，1986 年，第128 页。

② 大藏省理财局：《金融事项参考书》，第 24 页。

③ 即预算盈余，与赤字相对。

④ 日本大藏省呈送参谋本部：《廿七八年战役临时军费特别会计始末》，明治 37 年 1 月 27 日，亚洲历史资料中心：C09123117100。

续做了严格规定。遇有支出需要时，陆海军大臣须事先与大藏大臣商议，经大藏大臣调查后上报总理大臣。在总理大臣认可陆海军大臣的申请后，大藏大臣可在内阁会议上提出该军费支出申请，内阁批准后还须经天皇敕裁方可使用。与此同时，会计检察院可派检察官赴战场考察军费使用，大藏省可派遣主计官考察捐款支出状况。

在临时军事费特别会计的 22 个月的时间内，经天皇敕裁支出的军费金额为陆军省 1.71 亿余日元，海军省 3900 余万日元。上述金额实际支出额为陆军省 1.64 亿余日元，海军省 3500 余万日元，合计实际总支出为 2 亿余日元，剩余的军费收入的大部分转入 1896 年政府一般预算中。日本军费的实际支出数额是中日马关议和时谈判赔款数额的主要参考指标，对此学界颇有争论。① 根据日本公开的原始财政档案可知，至 1895 年 4 月中日议和时，日本陆海军总共支出 117,079,949.803 日元；至 1896 年 3 月日本在台湾及澎湖作战基本结束时，日本陆海军总共支出 200,483,650.976 日元。② 上述材料是战争期间担任大藏省主计官并实际管理政府军费支出的阪谷芳郎在 1904 年 1 月 27 日，日俄战争前夕呈送给当时任参谋本部次长儿玉源太郎之原始文书，用于对俄战争的财政参考，因此准确性极高。

另一待探讨的问题是日方在实际使用军费过程中的货币形态。甲午战争涉及中国、日本、朝鲜三个主要国家，同时日本在战争期间还需从海外购买舰艇及武器弹药。在日本国内的军费支出当然以日本货币进行。而在战争爆发前，大量日商及日货即已进入朝鲜，日本纸币及银币能在朝鲜部分地区流通，但在大部分地区需使用朝鲜铁钱（韩钱）。较早登陆朝鲜的第五师团，即痛感韩钱缺乏之不便。1894 年 8 月 11 日，该师团某野战监督长官曾向兵站长发电报建议"外务省应照会朝鲜政府，要求其发行纸币或汇票。但此时难以立即实现，暂时请求大藏省运送一日元面额银币及各类铜币五万日元"。③ 朝鲜铁钱面值小、重量大，携带非常困难。为此日本政府请朝鲜政府发行代替韩钱的纸币或

---

① 最新相关研究有戚其章：《甲午战争赔款问题考实》，《历史研究》1998 年第 3 期；蒋立文：《甲午战争赔款数额问题再探讨》，《历史研究》2010 年第 3 期。戚文认为自开战至马关议和时，日本军费支出不过 1.5 亿日元；蒋文主张自开战到议和，日本军费开支不超过 1.25 亿日元。

② 《廿七八年战役临时军费特别会计始末》，第 31 页。

③ 第五师团兵站监督部：《阵中日志》，明治 27 年 7 月 28 日至 8 月 31 日，日本防卫省防卫研究所：日清战役阵中日志 M27-14-159。

汇票，以供日军使用，但未能实现。[①] 日军在朝鲜的军费支出以日本货币为主而辅以朝鲜货币。在侵入中国大陆作战前，日本政府准备了辽东地区流通较多的墨西哥银圆及马蹄银，同时命令日本造币局铸造部分银板以供日军使用。但令日军未料到的是，日本纸币及银币逐渐在清朝被占领地区流通开来，而预先准备的上述墨西哥银圆等货币的必要性大大降低。日军在中国大陆的军费支出仍以日本货币为主。如前所述，日本银行发行的为可兑换纸币，而日本军费中相当一部分支出是来自日银超发纸币。在日本以外地区使用的日本纸币也可兑换金银等硬通货，因而可能引起硬通货外流。为此，在准备进攻直隶前，日本曾印制总额为378万日元的军票供日军携带使用，但因中日议和完成而未能实际使用。[②] 因此，日本在中国大陆的军费支出是以日本货币为主，辅以墨西哥银圆、马蹄银及银板。根据档案统计，超过97.5%的日本军费是以日本本国纸币、铜钱或银圆为货币中介支出，而银板、墨西哥银圆、马蹄银等辅助银货仅占实际使用额的2.42%。[③] 可以说，清政府因未能统一货币发行而吃了大亏。

结　语

1894年6月初，日本进入对清对朝作战状态。如何及时充分地保障军事活动的经费，成为明治政府需要解决的重要议题。财政准备金及财政结余作为常规财政的一部分，在战争初期起到了过渡作用。但随着中日间的战争全面爆发，关于如何筹措巨额的军费，在政府官僚内部以及财界人士中产生了不同的意见，主要包括捐款说、内债说和外债说三种。这些不同意见背后既有在职阁僚、阁外重臣，也有央行总裁及财界大佬。最终，长期执掌日本财政金融大权的松方正义主张的内债说上升为国家意志。日本政府脱离和平时期的财政运作模式，在战争期间最大限度地动员财政金融机器。政府在煽动国民的民族主义爱国心的同时，利用近代金融手段，促使财界及民众在经济上支持战争，其中日本银行起到了关键作用。日本银行作为中央银行，不仅掌握货币发行权，且负责管理各地用于政府收支的金库。对中国大陆作战停止前，绝大部分军费是

① 《廿七八年战役临时军费特别会计始末》，第47页。
② 《廿七八年战役临时军费特别会计始末》，第47—48页。
③ 《廿七八年战役临时军费特别会计始末》，第49—50页。

通过日本银行短期周转，事后再以国债填补。而中日议和结束后，清朝的巨额赔款成为填补战争期间透支军费的财源。考察甲午战争期间，日本财政动员的史实，我们得一窥民族主义宣传的巨大威力。同时，我们须承认爱国感情与理性盘算的双重刺激，才是日本民众在经济上积极支援对清作战的动力机制，而后者起到的作用更具决定性。自战争爆发至对清作战结束的 1895 年 4 月为止，日本完全依靠国内力量及时筹措到巨额军费，支出高达 1.17 亿日元。充分的资金保障，是日本取得对清作战胜利的核心因素之一。透过本文的分析我们也须认识到在甲午战争爆发前，日本已具备了适应大规模对外战争的财政动员体制和能力。

（原载《世界历史》2015 年第 2 期）

论小马丁·路德·金非暴力策略的演变[*]

于　展　首都师范大学历史学院副教授

摘要　小马丁·路德·金的非暴力思想和策略在实践过程中经历了从非暴力劝说到非暴力强制再到非暴力"革命"的过程。金早期的非暴力策略希望通过黑人的受难牺牲唤起白人的良知觉醒，但这过于理想主义，不可能改变根深蒂固的种族主义，没有成功。金中期的非暴力强制策略则通过非暴力斗争引起了白人种族主义者的暴力抵制，吸引了媒体关注，引发了危机，最终迫使联邦干预。这一策略以理想主义的手段对联邦政府施加了相当大的压力，取得了很现实的理想的结果。金晚期的非暴力"革命"策略则在目标和手段上都过于激进，不能得到联邦政府和白人自由派的支持，最终失败。可见能否把理想和现实紧密结合起来是非暴力策略成功与否的关键。

关键词　小马丁·路德·金　非暴力劝说　非暴力强制　非暴力革命

小马丁·路德·金 1929 年 1 月 15 日出生于美国佐治亚州亚特兰大市的一个中产阶级黑人牧师家庭，从小受到良好的教育，并于 1955 年在波士顿大学获得博士学位。金的非暴力思想来源于美国黑人宗教传统与西方哲学及基督教思想的完美结合。金一出生，他的家庭就把他与非裔美国人的宗教传统联系在一起。但他的大部分思想是从正规的严格的学术训练中获得的。在莫尔豪斯学

---

　*　本文系 2014 年北京市教委面上项目 "美国民权运动斗争策略研究"（SM201410028002）和 2015 年国家社科基金一般项目 "冷战对美国民权改革的影响研究"（15BSS025）的阶段性成果。

院期间，金学习、接受了梭罗的公民不服从理论。在克鲁泽神学院时，金博览群书，阅读了很多伟大的哲学家以及当代著名教授的作品。在此期间，尼采哲学和甘地的思想对金影响最大，尤其是甘地的爱与非暴力的思想影响了金以后的人生历程。金在甘地的爱与非暴力的哲学中，发现了社会改革的方法。在波士顿读博期间，金又学习了个人主义哲学与黑格尔哲学，从黑格尔那里学到了理性和辩证的思考。至此，金形成了基于爱的非暴力抵抗思想，并信奉终生。[①]但金的非暴力思想和策略不是一成不变的，在实践过程中经历了从非暴力劝说到非暴力强制再到非暴力"革命"的过程，本文力图在前人研究的基础上[②]对此进行具体论述。

一、非暴力劝说

在 1955 年蒙哥马利公车抵制运动的斗争实践中，金的非暴力思想得以初步形成和发展。当时金刚博士毕业，在蒙哥马利德克斯特大街浸礼会教堂做了一名牧师。不久，公车抵制运动就发生了。在公车抵制开始的同一天下午，牧师们会面准备晚上的会议。他们决定建立一个新的组织，即蒙哥马利改进协会来领导这场抵制运动。26 岁的小马丁·路德·金博士被选为主席。在领导公车抵制运动的过程中，金迅速成长为一名主张非暴力斗争的魅力型领导人。他的非暴力思想也由此渐具雏形。

首先他认为基督教的博爱思想是其非暴力斗争的基础。他深信"博爱是一种无私性而有创造性的爱，是一条亘古不变的真理。博爱应用到社会领域就会

---

① Martin Luther King, Jr., *Stride Toward Freedom*, New York: Harper & Row, 1958, pp. 96-101.

② 很多著作致力于论述金的非暴力思想，不过侧重点有所不同。有的从传记研究的角度论述金非暴力思想的产生和发展，如 James A. Colaiaco, *Martin Luther King, Jr.: Apostle of Militant Nonviolence*, Houndmills, Basingstoke, Hampshire: Macmillan Press, 1988; 有的从哲学层面对金的非暴力思想进行阐释，如 Greg Moses, *Revolution of Conscience: Martin Luther King, Jr., and the Philosophy of Nonviolence*, New York: Guilford Press, 1997; 有的则从国际比较的视野分析金非暴力思想的来源与影响，如 Mary King, *Mahatma Gandhi and Martin Luther King, Jr.: The Power of Nonviolent Action*, Paris: UNESCO Publishing, 1999; 有的集中探讨金公民不服从思想的特点等，如 Nathan W. Schlueter, *One Dream or Two?: Justice in America and in the Thought of Martin Luther King, Jr.*, Lanham, Md.: Lexington Books, 2002; 也有一些学者关注金后期思想的演变，如 Michael Dyson, *I May Not Get There With You: The True Martin Luther King Jr.*, The Free Press, 2000。这些论著为本文提供了重要的借鉴，但其中大部分著作还缺少整体和宏观的分析和评价，本文力图在综合各种二手成果和参考大量一手文献的基础上得出自己的结论。

实现所有人都是兄弟关系，促成社会和谐，最后走向大同世界"。① 金不厌其烦地向黑人宣扬爱的哲学："爱必须是我们通常所向往的理想。我们一定要再一次听取基督的告诫：爱你的敌人，为诅咒你的人祝福，为罪恶对待你的人祈祷。"② 他认为真正的爱（agape）是超越了罗曼蒂克的爱，超越了友谊之爱，它是一种相互理解的、创造性的、救赎性的、对所有人的善意。它的突出表现是爱做邪恶之事的人，但恨此人所做的邪恶之事，这就是耶稣所说的"爱你的敌人"。③ 在此基础上，金认为非暴力是爱和真理转化成社会改革的强大工具，是实现基于爱的基督教共和国这个理想的有效方法。它的基本原则包括：非暴力抵抗并非一种懦夫的手段，而是一种有效的抵抗，它在肉体上是消极的，但在精神上是积极的；非暴力的特点并不是谋求击败并侮辱对方，而是赢得其友谊与了解；非暴力要求消除非正义，而不是消灭那些可能是非正义的白人；非暴力抵抗运动宁愿受难而不施行报复，忍受敌人的打击而不进行反击；非暴力斗争不仅能避免对外部躯体的暴力行动，而且也能避免对内在精神的强暴行为。非暴力并非软弱和怯懦的象征，而是把弱点变为长处，在面对危险时使人产生勇气。④ 金在坚持非暴力原则的同时，坚决反对暴力和仇恨。在爱和非暴力结合的基础上，金提出黑人斗争的目标"从来不是击败和羞辱白人，而是要赢得他们的友谊和理解，由此创造出一个所有人都友爱相处的社会。我们必须寻求一种建立在双方尊敬基础上的融合"。⑤ 简言之，"基督提供精神和动力，甘地提供方法"。⑥ 金把基督教的爱与甘地的非暴力方法紧密结合起来，开始形成比较系统的思想。

总之，金在这一时期的思想可概括为非暴力劝说。这种道德劝说基本上是非强制的，它强调通过理性和说服的方法改变白人种族主义者。金相信，通过

---

① 罗伯特·威廉：《带枪的黑人》，陆任译，北京：世界知识出版社，1962 年，第 100 页。

② Martin Luther King, Jr., *Strength to love*, Philadelphia：Fortress Press, 1963, p. 47；August Meier, Elliott Rudwick, Francis L. Broderick, *Black Protest Thought in the Twentieth Century*, Indianapolis：Bobbs-Merrill, 1971, p. 135.

③ Martin Luther King, Jr., *Stride Toward Freedom*, pp. 104-106；Philip S. Foner, eds., *The Voice of Black America：Major Speeches by Negroes in the United States, 1797-1973*, New York：Capricorn Books, 1975, pp. 328-331.

④ Martin Luther King, Jr., *Stride Toward Freedom*, pp. 102-104；August Meier, et al., *Black Protest Thought in the Twentieth Century*, pp. 264-268.

⑤ Philip S. Foner, eds., *The Voice of Black America*, pp. 305-307.

⑥ August Meier, et al., *Black Protest Thought in the Twentieth Century*, p. 135.

非暴力劝说，黑人能最终改变种族主义压迫者的心灵。这一思想在他 1958 年的著作《迈向自由》中有过详细阐述，他认为非暴力抵抗并不是寻求击败或羞辱对手，而是要赢得他的友谊和理解。它在劝说对手认识错误的同时，寻求唤起其道德耻辱感。他在书中这样写道：

> 非暴力最终是一种说服的方式，它通过唤起大多数正派人的良知来实现正义。……我们要和平地、公开地、愉快地行动，因为我们的目标是说服。我们要竭力用自己的话语说服对手，但如果这种方法失败了，将会采取必要的行动。我们愿意通过谈判寻求公平的妥协，但也时刻准备受难甚至献出生命。面对黑人的团结、自尊、甘愿受难和拒绝还击，压迫者便会发现自己的残忍。……我们将以忍受苦难的能力与你们施加苦难的能力竞赛。……我们不恨你们，但不能遵守你们不正义的法律。无论你们做什么，都爱你们。炸毁房子，威胁孩子，……把我们打得半死，我们仍旧爱你们。但我们不久便会通过受难的能力去溃你们。在我们赢得自由的同时，唤起你们的良知，最终战胜你们。①

因此，即使在自己的房子被炸以后，金仍以德报怨，用演说平息了围在他身旁携带武器的黑人群众的怒火，避免了暴力的发生。他这样说："如果你有武器，请带它回家，我们必须以非暴力对抗暴力。记住耶稣的教诲：'依靠刀剑而活的人必死于刀剑之下。'我们必须爱我们的白人兄弟，无论他们对我们做什么。"② 这种"爱压迫者这个人，但反对他的邪恶的行为"以及以受难、牺牲、宽恕和说服为特点的非暴力，被称之为诉诸良知的非暴力。

后来，金和南方基督教领导大会在 1961—1962 年的奥尔巴尼运动中对此思想进行了实践。在这场运动中，南方基督教领导大会的抗议主要体现为非暴力劝说，以使敌人放弃隔离。金写到，抗议的目标是改变压迫者的观念，使他们认识到，真正的尊严、爱和平等不该因人的肤色而异。③ 但大量的抗议者遭到了当地警察的逮捕，其间没有发生暴力冲突。警察局长劳里·普里切特研究

---

① Martin Luther King, Jr., *Stride Toward Freedom*, p. 217.

② Martin Luther King, Jr., *Stride Toward Freedom*, pp. 134-38.

③ David J. Garrow, *Protest at Selma: Martin Luther King, Jr., and the Voting Rights Act of 1965*, New Haven, Conn.: Yale University Press, 1978, p. 221.

了金的方法，并有针对性地采取了大规模非暴力逮捕的策略，有效地瓦解了运动。而且，为了最大限度地削弱金的影响，在金等人被宣判几天后，普里切特特意安排了一名神秘的陌生人把他们保释出狱。警察们这种不采用暴力手段的做法，既没引起新闻媒体的兴趣，也没激发那些有可能支持运动的人的愤怒，因此没有引起公众关注与联邦干预。奥尔巴尼的种族主义者对道德和宗教的劝说也根本无动于衷。结果这场运动没有产生太大的影响，最后以失败而告终。

运动的最终失利使金的道德理想主义开始破灭，他和他南方基督教领导大会的同事意识到，不能单纯依靠白人良知的觉醒来开展运动，幼稚的非暴力劝说在种族主义根深蒂固的南方很难奏效，也不能迫使联邦干预。金和沃克等人对肯尼迪总统的表现很不满，批评他没有对奥尔巴尼地方官员施加足够的压力。扬回忆说：

> 我们认为肯尼迪政府反对我们，似乎只有当由像自由乘车引发的类似的暴力危机产生时，重要的联邦行动才会出现。普里切特能够非暴力地维持种族不正义，使总统和其他美国人愿意接受这一局面。政府和全国对奥尔巴尼的反应表明，和平的隔离很少引发像种族主义者攻击自由乘客那样激起的愤怒。[1]

南方基督教领导大会由此意识到，赢得全国性的关注并不意味着联邦政府会采取措施保护民权。金向他的同事们强调事先计划、训练和选择一个特别目标的重要性。金告诉他的手下，他想要南方基督教领导大会有一个坚实的基础，他不想再做一个消防队员。[2] 南方基督教领导大会由此学会更谨慎地选择目标，它把目光投向伯明翰，那里具备一切合适的条件：不仅有地方黑人的积极支持，还有臭名昭著的种族主义警察的抵制。

---

[1] David J. Garrow, *Bearing the Cross: Martin Luther King, Jr., and the Southern Christian Leadership Conference*, New York: W. Morrow, 1986, p. 217.

[2] Sanford Wexler, *The Civil Rights Movement: An Eyewitness History*, New York, NY: Facts on File, 1993, p. 143.

二、非暴力强制

1963 年，金和南方基督教领导大会选择伯明翰作为第二个主要运动地点。这场运动从奥尔巴尼运动中吸取了一些教训，最重要的一点是，非暴力劝说策略试图改变对手的观念是不现实的。金开始意识到，如果要取得成果，必须使用强制性的非暴力手段，以迫使南方当局实施进步的变革，而不能寄希望于说服白人对手认识错误。他也认识到，联邦立法是有效变革的一个途径，而立法需要得到全国媒体和公众的帮助和支持。①

伯明翰是美国种族岐视最严重的城市之一。当地一位黑人牧师和民权积极分子佛瑞德·沙特尔史沃斯已经同伯明翰的隔离主义分子斗争了 7 年。他极力邀请金与南方基督教领导大会到伯明翰来领导运动，发起大规模非暴力斗争。南方基督教领导大会为此做了很多细致的准备工作，其执行主任沃克是具体负责人。在吸取经验教训的基础上，沃克为伯明翰运动制定出新的计划——"C（Confrontation）计划"，意思是对抗。抵制的目标慎重地选为市区的百货商店，并考虑了每一个可能发生的细节，包括为大规模逮捕准备的保释金。4 月 3 日，黑人开始行动，每天均有游行、请愿、抵制、静坐等示威活动。由于警察的逮捕和法官的禁令，"C 计划"遭到了严重的挫折，金等领导人也很快被捕入狱。金在狱中写了著名的"从伯明翰监狱发出的信札"，详细说明了他的非暴力哲学，解释了激进的非暴力抗议的有效性。虽然不久他们获保释出狱，但他们发现抗议正失去支持。民权领导人开始规划运动的下一阶段。詹姆斯·贝弗尔设计了一个新策略，他要求使用伯明翰黑人学校的孩子作为示威者。金同意这一策略。不久，很多十几岁的青少年们涌入教堂中的非暴力讲习班进行培训。5 月 2 日，孩子们在伯明翰开始了示威。1000 多名黑人孩子从第 16 大街浸礼会教堂出发，到大街上去游行示威，结果全被逮捕。第二天，警察在第 16 大街浸礼会教堂设置路障，那里 1000 名黑人学生正在集会游行。警察局长公牛康纳命令警察用警犬和消防龙头对付示威学生，很多孩子受到严重的伤害。全国人在电视上看到了孩子们被水龙冲击和被警犬撕咬的画面，国内外的新闻杂志把伯明翰事件放到了他们的头版头条。这一暴力事件使美国公众大为震惊，也

---

① Garrow, *Protest at Selma*, p. 221.

引起华盛顿的高度关注。5月4日，司法部派负责民权问题的司法部长助理马歇尔到伯明翰敦促金和城市商界领导人进行谈判。[①] 随后的几天中，游行规模不断扩大。5月6日，2000多名示威者入狱。警察不断地用消防水龙头、警犬和棍棒竭力把游行者赶回城市的黑人区。在马歇尔到达伯明翰的时候，许多伯明翰商人已经感觉到抵制和骚乱造成了他们销售额和利润的下降，意识到持续的混乱会破坏市区商业，因此在马歇尔的斡旋下，他们开始与民权领导人进行谈判。最终经过各方妥协，协议达成，伯明翰的隔离被取消，运动基本取得自己的目标。

伯明翰运动产生了重大影响，推动了遍布南方各地非暴力直接行动浪潮的兴起，有力促进了联邦干预和立法，为后来1964年民权法的制定和通过铺平了道路。据司法部统计，伯明翰运动后10个星期内，在南方的186个城市至少发生了758次示威活动。接近1.5万人因为抗议被逮捕。[②] 南方基督教领导大会的示威活动对肯尼迪政府提出民权法案起了重要的作用。伯明翰震惊了整个南方，肯尼迪政府担心示威导致骚乱和流血，害怕不负责任的极端分子的暴力取代非暴力抗议，因此开始积极支持金等负责任的黑人领导人。不久肯尼迪总统向全国发表关于民权问题的电视讲话，首次承认黑人民权问题是一个道德问题，他说："我们主要面对着一个道德的问题。它像《圣经》一样古老，像美国宪法一样清晰明了。问题的核心是，是否所有的美国人都会被给予平等的权利和平等的机会。"[③] 他许诺很快向国会提出民权立法。6月19日，肯尼迪向国会提交了一个新的民权法案，它覆盖了公共设施、学校、选举权和平等就业等各方面的问题，是一个非常强有力的法案。

可见，非暴力直接行动引发暴力，制造危机事态，最终能迫使联邦进行干预与立法。此前，美国联邦政府一直未承担保护黑人公民权利的责任。黑人通过自己的政治经验意识到，只有产生"危机"，才能解决问题。1963年伯明翰运动以后，金和南方基督教领导大会成为在南方城市中制造政治"危机"的高手。金经常提到，在任何对抗中，公众的同情通常会倾向于受害者。因此，南方基督教领导大会慎重选择它的目标，并充分利用臭名昭著的种族主义对手的残暴。每一次运动中，人们都能容易地把英雄和恶棍区分开来。白人日益增多

---

① Garrow, *Bearing the Cross*, p. 250.

② Peter B. Levy, *Let Freedom Ring: A Documentary History of the Modern Civil Rights Movement*, New York: Praeger, 1992, p. 116.

③ Peter B. Levy, *The Civil Rights Movement*, Westport, Conn.: Greenwood Press, 1998, p. 173.

的暴力行为迫使联邦政府与地方当局与黑人谈判，做出有价值的让步。肯尼迪总统为什么在 1963 年提出了全面的民权法案？罗伊·威尔金斯认为，他这样做的原因是马丁·路德·金和他的同事们在伯明翰做的事情使国家意识到了危机的来临，这要求国家在更高层次上予以重视。①

金在 1963 年伯明翰运动及其后来一系列非暴力运动中获得了宝贵的经验，到 1965 年塞尔玛运动时，金的思想就彻底完成了从非暴力劝说向更激进的非暴力强制的转变，这次的主要目标是确保选举权法案的制定与实施。

塞尔玛的地方警长克拉克常常对黑人施以暴力侵害。南方基督教领导大会的领导人确信，和平的抗议一定会激怒克拉克，引发暴行。这样，南方基督教领导大会可以借此吸引全国的注意，从而支持联邦政府制定强有力的选举权法案。运动的计划是：实行和平示威，争取黑人与生俱来的公民权，引发南方白人的暴力，吸引来自全国的新闻报道，唤起全国民众和领导人的觉醒，从而赢得他们的支持，取得民权立法的成功。金曾公开强调，塞尔玛运动的目标就是通过新的联邦选举权法案，这个目标的前提是呼吁公众与国会的觉醒。② 具体该如何做呢？金写道，"南方黑人必须迫使压迫者在光天化日下实施暴行"。因为"这些暴行可以唤起其他美国白人的觉醒，否则单靠黑人的力量是不足以推动国会和政府行动的"。他列出非暴力的四个步骤：1. 非暴力示威者到大街上去行使宪法赋予他们的权利；2. 种族主义者通过向他们施加暴力进行抵制；3. 美国民众觉醒，要求联邦干预和立法；4. 政府在大众的压力下，立即采取措施进行干预和实行补救性的立法。运动成功的关键是迫使种族主义者采取暴力行为，吸引全国公众的关注。③ 金认为，这样的策略会使反对者失去理智，从而对黑人实施暴行，致使其名誉受损。无论什么时候，在媒体进行现场报道的情况下，种族主义者以暴力来攻击非暴力的示威者，都会激发民众对他们的愤怒，从而削弱公众对他们的支持。

在此过程中，媒体报道对唤起公众觉醒至关重要。因为广大读者与观众会因此而决定是否支持运动。所以，积极利用媒体，有利于运动的发展。到 1965 年，金和南方基督教领导大会决定努力激发对手的暴力行为。这种有意引发警察暴行的非暴力挑衅，将吸引全国和国际上的注意，以争取联邦干预。安德鲁·扬

① James A. Colaiaco, *Martin Luther King, Jr.: Apostle of Militant Nonviolence*, pp. 142−143.
② Garrow, *Protest at Selma*, p. 223.
③ James Melvin Washington, *A Testament of Hope: The Essential Writings of Martin Luther King, Jr.*, San Francisco: Harper & Row, 1986, p. 127; Garrow, *Protest at Selma*, p. 225.

就指出，南方基督教领导大会的策略就是要使种族主义者在主要街道上、在大中午、在哥伦比亚广播公司（CBS）、全国广播公司（NBC）、美国广播公司（ABC）的电视摄像机前攻击和平的抗议者。① 可见，南方基督教领导大会非常清楚电视等新闻媒体在向全国揭露南方白人暴行方面的重要性。但同时，它又要利用电视限制种族主义者使用过度的暴力，从而达到引发暴力和限制暴力的平衡，实现以较小的牺牲换取较大利益的目标。正如亚当·费尔克拉夫所写的那样："通过仔细寻找它的目标，南方基督教领导大会把白人的镇压暴行公开化，并尽可能地扩大其影响。但它努力这样做的同时，又尽量把白人的暴力控制到最低程度。南方基督教领导大会在记者和摄影师队伍的陪伴下，有效地约束了白人警察，限制他们使用暴力。"②

塞尔玛运动基本按照金所设计的步骤开展起来。运动成功的关键是需要南方种族主义者行使暴力以引发全国的愤怒。这样的暴力事件很快发生，尤其是"流血星期天"的发生，举国震惊。当时游行群众遭到警察的野蛮攻击，很多人受到严重的伤害。阿米莉娅·博恩托不仅脖子受到警棍的严重击打，还被催泪弹熏得昏迷不醒。刘易斯的头骨骨折，是 17 个住院治疗的示威者之一。还有 40 人只是在医院里做过紧急处理就出院了。那天晚上，美国广播公司电视网中断原来的节目，播放了亚拉巴马警察在埃德蒙皮特斯桥攻击美国市民的场景。很多观众看了电视后，义愤填膺。③ 约翰逊总统马上发表了谴责暴行的演说，并很快启动了制定选举权法案的程序，最终选举权法在几个月后就迅速在国会通过。

金和南方基督教领导大会最终取得了塞尔玛运动的胜利，这证明了其策略的有效性。他们激发种族主义者以暴力来对待和平的抗议者，制造"危机"，吸引媒体对黑人遭遇的关注，得到来自公众的支持，迫使地方当局谈判和联邦政府干预。从某种程度上说，南方基督教领导大会的非暴力策略最终依靠暴力取得了成功。

南方基督教领导大会这种有意引发暴力的做法难免遭到非议，有人批评它操纵地方运动，使之成为白人种族主义者反对的目标，以此来博取公众的

---

① James A. Colaiaco, *Martin Luther King, Jr.: Apostle of Militant Nonviolence*, p. 141.

② Sasha Torres, *Black, White, and in Color: Television, Policing, and Black Civil Rights*, Princeton, N. J.: Princeton University Press, 2003, p. 24.

③ Clayborne Carson, et al., *The Eyes on the Prize: Civil Rights Reader: Documents, Speeches, and Firsthand Accounts from the Black Freedom Struggle, 1954-1990*, New York: Penguin Books, 1991, p. 214.

同情。这种批评其实并没什么道理。首先，不能因为压迫者的暴行而谴责和平的示威者。而且，金和他的同事们事先已清楚地告诉了人们非暴力行为可能引发的危险，从而使人们能面对和克服恐惧。南方基督教领导大会还教导人们如何应对暴力，它的态度是强硬的，但结果是有效的。具体说来，在公共抗议中，南方基督教领导大会一方面尽量引发白人的暴力，但同时把损失控制在最低点。媒体在这一策略中发挥了关键作用。广泛的媒体报道使执法官员谨慎从事。如果记者和摄像人员在场，警犬、消防水龙头和成队的士兵比谋杀和爆炸更有影响。南方基督教领导大会就这样在引发暴力与控制暴力之间维持了绝妙的平衡，它产生了一定程度的暴力而不是致命性的暴力，恰到好处。①

总之，从 1955 年到 1965 年，金的非暴力策略经历了从幼稚的道德理想主义（非暴力劝说，单纯依靠白人的良知）到注重现实和实效的理想主义（非暴力强制，依靠联邦干预的强制力）的转变，其目标是联合联邦政府和自由派，反对南方的种族主义，取消隔离，获得选举权。金最初把非暴力看作一种说服的方法，一种使种族分子道德觉醒的方法。奥尔巴尼抗议运动失败以后，金抛弃了他非现实的看法，采取了非暴力强制的策略，开始寻求把隔离分子的暴行展示在公众面前，从而对联邦政府施加压力。伯明翰运动和塞尔玛运动正体现了这种非暴力强制策略的成功。新闻媒体发挥了重要作用，南方基督教领导大会利用媒体实现目标，这种利用也是抗议的中心策略。

金与南方基督教领导大会的非暴力强制策略可概括为：南方基督教领导大会的任务不光要解决某个地方社会的隔离问题，而且还要从根本上废除整个隔离体制。它通过地方抗议给联邦政府施加压力，促使联邦政府采取行动来反对白人至上主义。它还寻求把白人暴力转化为对自己有利的条件，一方面激发白人种族主义者实施暴力，让媒体爆光，唤起公众觉醒；另一方面，借助媒体的现场报道，控制白人警察的施暴行为。② 在强压之下，联邦政府被迫做出反应，回应改革的要求，提出民权法案，运动至此达到了其基本目标。

---

① Adam Fairclough, *To Redeem the Soul of America*: *The Southern Christian Leadership Conference and Martin Luther King*, *Jr.*, Athens and London: The University of Georgia Press, 1987, pp. 225–229.

② Adam Fairclough, *To Redeem the Soul of America*, pp. 7–8.

<h1 style="text-align:center">三、非暴力"革命"</h1>

随着民权运动形势的发展，尤其是黑人权利运动的兴起与北方贫民窟中黑人骚乱的蔓延，金的思想又随之发生变化。1965 年以后，金到纽约黑人区讲话时，嘘声四起，甚至有人向他投掷臭鸡蛋。这些贫民窟里贫穷的年轻黑人直截了当地告诉金："不要对我们唱非暴力的歌，也不要唱进步的歌，因为非暴力和进步只属于中产阶级的白人和黑人，我们对你不感兴趣。"① 金大受触动，1965 年，他在与阿里克斯·哈利（Alex Haley）会见时说："我们必须面对这个事实，白人温和派喜欢用来证明其渐进主义的所谓黑人的进步，其实是微不足道的。尤其对黑人大众来说，几乎没有取得什么进步，即使民权法案也只是适用于中产阶级黑人。在黑人大众中，尤其是在北方的贫民窟里，境况没什么变化，甚至更糟。"② 在这艰难而关键的时刻，金毫不退缩，进行了新的积极的探索。

1966 年，金携带全家离开南方，搬入芝加哥的黑人贫民区，开始接近和了解黑人社会的最底层。在芝加哥贫民区充满成见甚至敌意的环境中，金发动了以非暴力游行抗议反种族隔离及降低房屋租金和结束贫民窟的芝加哥运动，结果却失败了。运动最终草草收场，没有取得预期的目标：开放住宅的协议成为一纸空文，没有实施。而且，随着贫民窟持续呼喊"黑人权利"以及种族骚乱的发生，白人对黑人事业的同情被恐惧所取代，1966 年开放住宅法案因此没有得到通过。运动之所以失败，首先是因为芝加哥的黑人不同于南方黑人。他们不是隔离的，他们有投票权，虽然其选票经常不得不投给市长戴利。他们会来听金的演说，但不会留下来游行。尽管金强调非暴力，但芝加哥黑人在此期间采取了一些暴力行为，金无法阻止它。争取种族平等大会的成员琳达·布赖恩特就指出：参加金领导的芝加哥游行的民众从来没参加任何非暴力的讲习班，他们从来没听过任何"爱你的敌人"的演讲，他们只是一些愤怒的人们。他们

---

① Martin Luther King, Jr., *Where Do We Go from Here: Chaos or Community*, Boston: Beacon Press, 1968, p. 55.

② C. Eric Lncoln, *Martin Luther King, Jr.: A Profile*, New York: Hill and Wang, 1984, p. 252.

游行时，如果遭到白人的砖头和瓶子的袭击，就会捡起砖头，朝白人扔回去。① 第二，戴利市长不同于"公牛"康纳和克拉克。他并不反对金来到他的城市，并严令禁止城市警察使用暴力或恐吓手段。金依赖他对手的残暴来引发全国愤怒的策略，被戴利轻而易举地化解了。② 金的策略还削弱了白人自由派对他的支持，他们对运动产生的混乱及骚乱的蔓延日益感到不满，也对消除住房隔离可能引起的房产贬值和生活条件恶化感到不安。由此可见，改善北方贫民窟的条件比早期南方的非隔离斗争更艰难。芝加哥运动深刻暴露了非暴力方法在北方的局限性。

芝加哥运动后，金对美国社会的基本看法和美国民主的信念都发生了变化。他认为，种族主义不仅是一个南方问题，更是一个全国问题；种族主义不仅仅是非理性的偏见，它也深深扎根于国家的经济与社会体制中。芝加哥运动教会他这一点。他懂得需要国家经济结构的根本变革，才能铲除贫穷，其思想开始从自由主义向民主社会主义转变。金开始把种族问题和贫穷问题联系起来。他说："这些社区成为贫民窟，并非仅仅是黑人不喜欢卫生或不保护它，而是因为整个制度使它走了这样一条路。我们把这条路叫作贫民窟之路——糟糕的住宅不仅仅是住宅本身，而且它还意味着糟糕的学校和糟糕的工作。它还意味着三代人所共同走的路，即三代人共同忍受着糟糕的住房和糟糕的教育。"③ 因此他呼吁，"黑人必须得到他应得到的东西，必须给黑人特殊的待遇，这可能与传统的平等机会与平等对待的思想相冲突，但一个几百年来一直'虐待'黑人的社会，必须给黑人以补偿和优待，才能确保黑人在一个正义与公平的基础上竞争"。④ 可见金开始怀疑现有制度的合理性。1967 年夏，他告诉一名记者："这些年来，我一直是在为改革现存的社会结构而工作。在这里搞一点，在那儿搞一点。现在我的感觉不同了，我认为我们必须将整个社会加以重建，并且来个价值观上的革命。"⑤ 他深信他所生活的社会是个病态的社会，从而开始把民权、财富分配和战争联系起来。他说："资本主义有些部分

① Henry Hampton and Steve Fayer with Sarah Flynn, *Voices of Freedom: An Oral History of the Civil Rights Movement*, New York: Bantam Books, 1990, p. 318; Clayborne Carson, et al., *The Eyes on the Prize*, p. 315.

② John A. Salmond, *My Mind Set on Freedom: A History of the Civil Rights Movement*, *1954-1968*, Chicago: Ivan R. Dee, 1997, pp. 140-141.

③ C. Eric Lncoln, *Martin Luther King, Jr.: A Profile*, p. 192.

④ Martin Luther King, Jr., *Where Do We Go from Here: Chaos or Community*, p. 90.

⑤ C. Eric Lncoln, *Martin Luther King, Jr.: A Profile*, pp. 201-202.

是错误的。""运动必须使它自己转向整个美国社会的重建。"金已经意识到，要重新选择方向。①

金开始制定新的策略，但他不能得到老的民权联盟的支持，因此他开始努力在一个更激进原则的基础上争取创立一个新的联盟，他把更多重点放在了阶级政治上。他指出：

事实上有更多的贫穷白人。……当我们谈论我们将往哪里去的问题时，我们要坦诚地面对这个事实：这场运动必须转向重建整个美国社会的问题。为什么美国有4000万穷人？当你开始问这个问题时，你正在提出一个关于经济制度的问题，一个更广的财富分配的问题。当你问这个问题时，你开始怀疑资本主义经济。共产主义忘记生活是个人的，资本主义忘记生活是社会的，友爱的王国是建立在两者更高的综合之上的。②

金日益成为一名西方资本主义的反对者，或者用他的话来说，变成一名民主社会主义的宣扬者。③ 这种呼吁财富与权力的重新分配以及社会经济结构重新改造的要求就像一场"革命"，对黑人运动的联盟来说是不可接受的，因为他们不愿意削弱他们自己的权力和利益。

在此"革命"思想指导下，1967年秋，金宣布在第二年春开展"穷人运动"计划。针对当时此起彼伏的城市骚乱，他认为它们发生的真正原因是白人社会的巨大罪恶的结果——白人的激烈抵制、严重的黑人失业、种族歧视和越南战争，而非暴力直接行动提供了一个针对骚乱的建设性选择："使一个城市的运作混乱而不破坏它，比骚乱更有效，因为它能持续更长的时间，可以耗费更大的社会资金，却并不会导致严重的灾难。"④ 他警告，"要么是激进的大规模非暴力，要么是骚乱"。⑤ 当记者们问金抗议计划的情况时，他回答说，南方

① C. Eric Lncoln, *Martin Luther King, Jr. : A Profile*, p. 236.
② Philip S. Foner, eds. , *The Voice of Black America*, pp. 461-462; Martin Luther King, Jr. , *Where Do We Go from Here: Chaos or Community*, p. 187.
③ C. Eric Lincoln, *Martin Luther King, Jr. : A Profile*, p. 230.
④ David R. Weber, *Civil Disobedience in America: A Documentary History*, Ithaca, N.Y. : Cornell University Press, 1978, p. 222; Garrow, *Bearing the Cross*, p. 574.
⑤ James Melvin Washington, *A Testament of Hope*, p. 69.

基督教领导大会计划通过把成千上万的贫穷居民带到华盛顿，在那里搭建帐篷，等待联邦行动，从而把非暴力提升到公民不服从的水平。具体来说，"穷人运动"计划从全国的 10 个城市和 5 个农村社会招募 3000 名贫穷的黑人、白人、波多黎各人、墨西哥裔美国人和印第安人，集中进行非暴力训练，然后去华盛顿进行游行。运动也包括遍及全国、在一些重要工业和商业城市进行的支持性示威和抵制活动。运动的直接目的是推动国会通过金提议的照顾弱势群体的权利法案（需要 120 亿美元拨款），内容包括结束住房歧视、确保穷人就业以及贫民窟重建等。运动还计划在首都搭建帐篷，建立"复活城"，然后从城中出发，不断向立法者进行游说，开展大规模游行，把全国的注意力集中在弱势群体的困境上。金强调，虽然运动的性质和目标仍将保持非暴力和融合，但抗议者将开展大规模的公民不服从运动，通过在国会和政府大楼前进行静坐和中断交通等措施，使国家首都停止运作。由于运动现在挑战了整个美国的体制，要求财富与收入的重新分配，因此金甚至直接对《纽约时报》的一个记者说："在某种意义上说，我们正在从事的是阶级斗争。"他相信，大规模的非暴力直接行动一定会迫使美国政府和大多数的美国白人做出让步，带给穷人所需要的经济正义。① 正当金开始努力开展他的"穷人运动"计划时，不幸遇刺身亡，其梦想最终没有实现，民权运动也从此走向衰亡。

金努力运用公民不服从来解决社会经济问题，不啻一场革命，难度很大。首先，他的目标过于激进，要求完全的、实质性的经济平等和美国社会的结构性变化，强迫政府进行政治、经济权力的重新分配，直接触动了政府和白人自由派的利益，所以不可能得到他们的支持。金对美国资本主义进行了激烈的批评，他认为，"美国资本主义的一些东西是错误的，我们对整合进这个价值体系不感兴趣。一个激进的权力的重新分配必须发生，我们必须做一些事情来改变它们"。因此，"我们必须形成一个计划，我们必须制定新的策略，它不依赖于政府的好意，而是要强迫不情愿的当局屈从于正义的要求"。计划最重要的目标"包括保障性年薪和铲除贫民窟"，而保障性收入实现的条件是，它"必须以社会的平均收入而不是最低收入为标准，它必须是动态、变化的，随社会总收入的增长而增长"。② 只有这样，才能确保黑人在经济上的平等。

其次，目标的激进也导致手段上的激进。在斗争手段上，金强调"非暴力

---

① James A. Colaiaco, *Martin Luther King, Jr.: Apostle of Militant Nonviolence*, pp. 189-190.

② Martin Luther King, Jr., *Where Do We Go from Here: Chaos or Community*, p. 164.

必须适应城市的条件和民众的情绪，非暴力抗议必须达到一个新的水平——大规模公民不服从。……大规模公民不服从是唯一的选择"。具体来说："我们将找到一种方法，在必要的时候扰乱我们的城市，创造'危机'，强迫国家注意这样的形势，把它揭示出来，但同时不破坏生命和财产。""我们将安营扎寨——把帐篷搭建在白宫前面，直到国会开展行动。我们要让它知道，除非我们的问题得到解决，否则，美国将长久地被麻烦所困扰。这个国家将不得安宁，除非它限期解决我们的问题。"[1]

事实上，金的这个非暴力计划难以具体实施。因为，首先他已经从主张直接的"公民不服从"（违反不正义的南方隔离法）转向强调间接的"公民不服从"（违反交通法等普通法规）[2]。在美国重视法治的环境中，这种违法行为很难得到大多数人的认同。其次，金的态度也日趋强硬，使白人感到不舒服。金在早年对公民不服从的辩护中，比较同情隔离分子，认为他们只是愚昧的受害者，强调黑人通过满怀爱心地面对压迫者的邪恶说服和改变他的能力，相信这最终会导致救赎与和解，其结果就是博爱社会。但他也承认，不开展强有力的斗争，没有人会放弃他的特权。后面的观点在他后期的言辞中占了优势地位，他越来越强调力量而不是说服。他坦率地阐明了非暴力的强制性特点："非暴力直接行动寻求引发'危机'和制造压力，以迫使一个经常拒绝谈判的社会面对问题。"[3] 这种非暴力强制的策略通过吸引媒体关注与迫使联邦干预，取得了很大的成就。但后来金的目标越来越激进，手段也逐渐升级，超出联邦政府和白人自由派可接受的程度。以前的斗争经历已经表明，没有联邦政府的干预，南方黑人难以取得胜利。金开始挑战这一传统方法，直接与联邦政府对抗而不是获得它的支持，因此很难获得成功。此外，金力图把反战运动与民权运动结合起来，他 1967 年后公开发表反战演讲，批评联邦政府的越南政策，这进一步失去了自由派和联邦政府的支持。

同时，由于城市骚乱的影响，非暴力直接行动也越来越难以得到公众的理

---

① Garrow, *Bearing the Cross*, pp. 580-581; David R. Weber, *Civil Disobedience in America*, pp. 222-225.

② 直接的公民不服从指直接违反要抗议的法律，如黑人故意进入某些州法律禁止他们进入的地方；间接的公民不服从不是违反自己所抗议的法律，而是违反其他法律，旨在使这一抗议公开化并给政府和社会带来巨大压力，如通过违反交通法规来引起社会注意而表达自己的抗议。见何怀宏编：《西方公民不服从的传统》，长春：吉林人民出版社，2001 年，第 7 页。

③ Nathan W. Schlueter, *One Dream or Two*? p. 143.

解与支持。媒体在其中起了消极的作用：大众媒体尤其是电视本来在运动前期帮助唤醒了全国对黑人在大街上游行与唱歌的同情，但在后期它们对黑人骚乱的报道却阻碍了黑人的事业，它把公众的同情变成了抵制。[1] 因为电视是把双刃剑，观众会根据看到的电视画面对示威者表示支持或反对。当抗议者转向暴力，公众便不再支持他们了。电视帮助通过了民权立法，也在 1965 年城市骚乱后迅速动员了白人的抵制。[2] 因此，示威不再引起白人对黑人困境的同情。运动既失去强有力的联邦政府和自由派的支持，又得不到大多数公众的同情和理解，它的失败就在所难免了。

尽管如此，金的非暴力"革命"策略还是取得了一定的成效，联邦政府被迫采取肯定性行动计划来对黑人进行补偿和优待，以解决黑人的经济问题。虽然这一计划当时没有产生直接效果，但影响深远，在后来的实践中，有力地促进了黑人取得实质性的平等地位。

结　语

虽然金的一生都强调非暴力斗争，但其不同时期的具体内容还是有很大的不同，这主要与金的个人经历和斗争实践有关。金出生在一个中产阶级的家庭，衣食无忧，并受到良好的教育。当金在北方求学时，他惊奇地发现可以和白人学生相互交往，并可任意进入城里的餐馆或戏院，这在南方是办不到的，即使在相当开明的亚特兰大也不例外。[3] 金乐观地认为："黑人和白人这种健康的关系使我相信，我们可以和许多白人结成同盟……我原先对整个白色人种抱憎恨态度，但当我接触的白人愈多，我的这种愤懑情绪就愈加缓和，代之而起的是一种合作精神。"[4] 因此金早期的非暴力斗争寄希望于白人能良知觉醒。但奥尔巴尼运动的失利让金意识到单纯的理想主义并不能感动白人，必须有强制性的压力才能迫使联邦政府进行干预。因此此后的伯明翰运动和塞尔玛运动，

---

① William Brink and Louis Harris, *Black and White：A Study of U. S. Racial Attitudes Today*, New York, Simon and Schuster, 1967, p. 10.

② Garrow, *Protest at Selma*, p. 165.

③ Clayborne Carson, Ralph Luker, and Penny A. Russell, eds., *The Papers of Martin Luther King*, *Volume I：Born to Serve, January 1929-June 1951*, Berkeley：University of California Press, 1992, p. 36.

④ Ibid., pp. 362-363.

金都采用了引发暴力的非暴力强制策略，改变了舆论，促使了联邦政府的干预和地方政府的妥协，取得了成功。但金后来去芝加哥等北方城市尤其在贫民窟开展斗争的经历使他的思想又变得越来越激进，越来越关注贫穷、经济平等以及社会改造的问题。他开始把种族问题和贫穷问题联系起来，开始怀疑现有制度的合理性，认为，制度性的种族主义只能通过激进的经济权力的再分配来铲除，利益集团不得不放弃他们的一些美元，美国也必须向民主社会主义前进。[①] 金对白人的看法也发生改变，以前他相信大多数美国人投身于种族正义的事业，仅仅少数南方白人和北方顽固者阻碍它。但是芝加哥运动以后，他明白仅仅少部分美国白人真正奉献于黑人事业，主要是校园里的学生，而大部分美国人是没有觉醒的种族主义者。[②] 这也导致金后期斗争策略的日益强硬，不再依赖于政府和白人的好意，而是直接与之对抗。

可见，金早期的非暴力策略希望通过黑人的受难牺牲唤起白人的良知觉醒，但这过于理想主义，不可能改变根深蒂固的种族主义，没有成功。金中期的非暴力强制策略则通过非暴力斗争引起了白人种族主义者的暴力抵制，吸引了媒体关注，引发了危机，最终迫使联邦干预。这一策略以理想主义的手段对联邦政府施加了相当大的压力，取得了很现实的好的结果。金晚期的非暴力"革命"策略则在目标和手段上都过于激进，不能得到联邦政府和白人自由派的支持，最终失败。可见能否把理想和现实紧密结合起来是非暴力策略成功与否的关键。非暴力劝说策略和非暴力"革命"策略都是因为没有解决联邦干预这一现实的问题而告失败。非暴力强制策略之所以成功，一方面是它通过直接行动和引发危机确保黑人成为有力量的平等的一方，而不是请求与建议的弱者来与地方当局、联邦政府谈判，迫使地方当局不得不做出让步，联邦政府也不得不进行干预。而且它又灵活机动，在关键时刻进行妥协谈判，确保运动成果。同时另一方面，它又采取非暴力这样高尚的道德方式，触动了白人自由派的良知，获得了他们的同情与理解。这样它就把强制力量与道义力量、理想与现实紧密地结合在一起，最终取得了理想的效果。但需要注意的是，这种压力必须适中，不能超出联邦政府可承受的程度，否则容易引起反作用，非暴力"革命"并没有达到自己的目标就说明了这一道理。

另外要强调的是，尽管金的策略从劝说到强制再到"革命"，手段上越来

---

① C. Eric Lncoln, *Martin Luther King*, *Jr.*: *A Profile*, p. 236.
② C. Eric Lncoln, *Martin Luther King*, *Jr.*: *A Profile*, pp. 201-202.

越激进，但其核心仍是非暴力，这一点是始终坚持不变的。即使当民权运动到了新的阶段，要求完全的、实质性的（经济）平等时，面对盟友的消失和"黑人权力"的挑战，金仍坚持非暴力是最好的方法。他认为"黑人权力"是一个没有计划的口号，没有一个确定的将来。他仍相信，非暴力直接行动是社会变革最有效的动力，即使在北方城市也不例外。[1] 而且，金爱的哲学与融合的最终目标也基本未变，这也是他坚持非暴力的基础。因此他面对黑人权力主张的暴力革命的挑战，仍坚持反对暴力，认为暴力解决不了任何问题，反而会成为政府镇压的借口，他仍反复强调，"非暴力是黑人争取自由最切实可行的、道德上最完美的方式"，[2] "是黑人在这个国家里争取正义的最强大的武器"。[3] 他甚至表示："如果地球上只有一个人坚持非暴力的信念和实践，那人就是我。"[4] 可见金对非暴力的信念是至死不渝的。而且，金的三种非暴力策略相比其他的策略仍有其共同的特点，即都是动员组织大众，开展大规模的直接行动。虽然它们在推动联邦政府干预和民权立法方面有所不同，但在改变民众思想观念方面的作用却是相似的。它们在运动过程中通过举办非暴力讲习班、召开大众会议、进行游行示威、唱自由之歌、建立公民学校与自由学校以及利用媒体等方法，不仅影响了参与运动的精英上层，也极大地改变了黑人民众的思想，提高了他们的觉悟，克服了他们的恐惧，提升了他们的尊严，并赋予他们以力量；同时在一定程度上改变了社会文化心理与公共舆论，削弱了根深蒂固的种族主义，使自由、平等、民主和法治的观念深入人心。这些巨大的成就也是金始终坚持非暴力的重要原因。

（原载《武汉大学学报》2017 年第 3 期，
《人大复印报刊资料（世界史）》2017 年第 8 期全文转载）

---

[1] Martin Luther King, Jr. , *Where Do We Go from Here: Chaos or Community*, p. 21.

[2] Martin Luther King, Jr. , *Where Do We Go from Here: Chaos or Community*, p. 63.

[3] Philip S. Foner, eds. , *The Voice of Black America*, p. 461.

[4] Henry Hampton and Steve Fayer with Sarah Flynn, *Voices of Freedom*, p. 456.

国际关系史研究

17 世纪中叶—19 世纪早期
英国的商业护航

杜　平　《首都师范大学学报（哲学社科版）》编辑

摘要　作为一个岛国，英国从事海上贸易的历史非常久远，其海上贸易商船的保护问题亦可追溯至诺曼征服之前。在相当长的一段时间里，英国商船主要依靠结伴航行来抵御旅途中被劫掠的风险。但在 17 世纪中叶，随着英国海外贸易的扩张及其重要性的提高，英国开始为商船提供护航。之后直至 19 世纪前期，护航都是英国保护海上贸易的主要形式。从 17 世纪中叶至 19 世纪前期，护航经历了商船自愿基础上的护航和强制性的护航两个阶段。在保护英国海上贸易的安全方面，护航在这一时期发挥了相当大的积极作用。但随着英国海上贸易的扩张、商船数量的不断增加等，护航的缺陷日益显露，其有效性也日渐被质疑。

关键词　英国　护航　海上贸易　商船　海军

作为一个岛国，英国从事海上贸易的历史久远，在相当长的一段时间里，英国商船主要依靠结伴航行来抵御旅途中被劫掠的风险。17 世纪中叶英国官方力量开始介入海上贸易的保护，对商船提供护航，之后直至两次世界大战，英国海上贸易保护政策的发展历程大致可以划分为三个阶段：第一阶段是 17 世纪中期到 19 世纪前期，即本文探讨的这一时段。此时期，护航是英国主要的海上贸易保护政策，① 而且经过长期的发展和完善，英国在 19 世纪初形成了一个较为成熟的护航体系。第二阶段是 19 世纪后期至 20 世纪初，这是一个护航被短暂摒弃的时期。在这一时期，英国逐步放弃了护航政策，并在 20 世纪初形成了一个以"争夺制海权"为先决、以"沿战时航线驻扎舰队"为特点的保护政策。② 第三阶段则是 20 世纪，主要是两次世界大战期间，英国重拾护航政策。国内学界③对二战期间盟国的商业护航问题关注较多，出版了《护航大海战》④《二战大西洋破交（护航作战经典系列）》⑤ 等论著，但是，对于二战之前英国的海上贸易保护问题，只是在一些论著中有非常简略的提及。⑥

一、英国早期海上贸易保护政策及 17 世纪中叶商业护航的发端

早在诺曼征服之前，英国就已经出现了进行海上贸易的商船。当然，那时英国海外贸易的范围非常有限，主要是向欧洲大陆运送羊毛等货物，从佛兰德

---

① 这一时期，除护航外，英国还有其他的一些辅助措施，例如在某一海域巡航的军舰有时会兼职保护途经该海域的商船；此外，当劫掠船的活动特别猖獗时，英国会直接去威吓或者剿灭私掠船。参见：Owen Rutter, *Red Ensign: A History of Convoy*, London: R. Hale, Ltd. , 1942, pp. 42, 53, 55.

② 参见杜平：《20 世纪初英国对战时海上贸易保护政策的探讨》，徐蓝主编：《近现代国际关系史研究》（第十三辑），北京：世界知识出版社，2017 年。

③ 国外学界对其时英国海上贸易保护政策的研究成果较为丰富，具体情况可参见杜平：《近代英国海上贸易保护政策的演变（17 世纪中叶—20 世纪初）》前言，博士学位论文，首都师范大学，2012 年。

④ 王志强：《护航大海战》（第二次世界大战全程纪实系列丛书），北京：外文出版社，2010 年。

⑤ 《二战大西洋破交（护航作战经典系列）》，是发表于 2003 年和 2004 年的《国际展望》上的一系列文章，具体包括：《二战大西洋破交/护航作战经典系列 猎潜英豪 二战英国著名护航指挥官沃克上校战记》《二战大西洋破交/护航作战经典系列 名狼之夜 HX. 72 护航船队之战》《二战大西洋破交/护航作战经典系列 壮烈的 22 分钟"贾维斯湾"号辅助巡洋舰和 HX. 84 护航船队之战》《二战大西洋破交/护航作战经典系列 冰海浩劫 PQ. 17 护航船队的悲剧》《二战大西洋破交/护航作战经典系列 最后的防御性护航 ONS. 154 护航船队之战》。

⑥ 例如，李兵在《国际战略通道研究》一文中，在谈及战后英国对海上通道的保护时，对英国以往的海上运输保护政策做了简单概括，称："（英国）通常借助于夺取制海权和护航两种方式"，参见李兵：《国际战略通道研究》，博士学位论文，中共中央党校，2005 年。

斯①运回纺织品，从加斯科涅②和阿基坦③的葡萄园运回酒等。④

在那个时期，对于贸易商船的保护实行这样一个古老的惯例：在需要时国王号召沿海岸各城镇提供船只和水手来护送贸易商船。⑤ 此外，船东也会在自己商船上采取一些增强船只防御性能的措施，并要求每一位水手自己配备护甲和武器，以便在需要时为船只的安全战斗。⑥

英王爱德华三世在位期间（1327—1377 年），行驶在海上的英国商船面临着非常严重的被劫掠的危险。在这种情况下，爱德华三世两次下令禁止英国商船单独出海，要求他们在海上必须多艘结伴航行。之后直至 17 世纪初，结伴航行成为保护英国海上贸易商船安全的主要办法。⑦ 其基本情形为：商船对自己进行武装，而后结伴出航，并从商船船长中推举出临时指挥官⑧统领整个船队；此外，在需要时，船队也可出资雇佣额外的护送船只，这种情况在 14 世纪时较为常见。⑨

除结伴航行外，英国还曾对海上的劫掠船进行直接打击，以降低商船航行时的危险。但是，我们需要认识到，17 世纪中叶之前的绝大多数时间里，英国商船在海上的安全还是依靠船队的协作和自身的武装，官方力量尤其是军事力量的介入非常有限。究其原因，应是此时英国经济基本能自给自足，海上贸易

---

① 佛兰德斯（Flanders），西欧的一个历史地名，泛指古代尼德兰南部地区，位于西欧低地西南部、北海沿岸，包括今比利时的东法兰德斯省和西法兰德斯省、法国的加来海峡省和北方省、荷兰的泽兰省。中世纪初期，毛纺织手工业在佛兰德斯发展起来；11 世纪的时候，它发展成欧洲最富有的地区，他们从英国进口羊毛，纺成面料卖给欧洲大陆；13—14 世纪时它成为欧洲最发达的毛纺织中心之一。

② 加斯科涅（Gascony），法国西南部一地区的古称，以酿造葡萄酒闻名。

③ 阿基坦（Aquitaine），位于法国西南部，是传统的葡萄酒酿造地。

④ Owen Rutter, *Red Ensign: A History of Convoy*, p. 10.

⑤ John Winton, *Convoy: The Defence of Sea Trade, 1890-1990*, London: M. Joseph, 1983, p. 12.

⑥ Owen Rutter, *Red Ensign: A History of Convoy*, p. 10.

⑦ 1576 年，在伊利莎白女王在位期间，由于与西班牙的战争而面临的海上危险，英王又颁布了"船只结伴航行条令"（Articles of Consortship），进一步强化了官方对于结伴航行的规定，称："为了更好地保护商船的安全，抵制侵扰和劫掠，为了使海洋在混乱和战争危险中仍能保持秩序，同一个船队中的船只和人员，必须结伴航行、互相保护、集体合作，不能擅自离开，直至他们到达目的地。"（Owen Rutter, *Red Ensign: A History of Convoy*, p. 24.）

⑧ 临时指挥官的数量一般由船队的规模而定，大规模船队一般为两位临时指挥官，英王授权他们分别第一指挥官和第二指挥官的权力，小规模船队一般选举一位临时指挥官。临时指挥官们从船队的商船那里收取一定费用作为酬金，开始时数额较高，在伊丽莎白时期已经降至所护送货物每桶收取 1 便士。（Owen Rutter, *Red Ensign: A History of Convoy*.）

⑨ Owen Rutter, *Red Ensign: A History of Convoy*, pp. 12, 24-25; H. A. Smith, *The Law and Custom of the Sea*, London: Stevens, 1959, pp. 205, 261.

于英国而言只是"奢侈品"而非"必需品",因此,英王认为他只需在必要时刻给出军事帮助即可。

从 17 世纪中叶开始,英国官方开始在需要时向商船提供护航,以加大对海上贸易商船的保护力度。英国采取这一举措的主要原因如下。

第一,随着英国殖民势力的扩张和海外贸易范围的进一步延伸,海上贸易给英国带来了丰厚利润,成为英国财政收入和国内资本原始积累的重要资金来源。大约从 16 世纪后期开始,随着国内商品经济的迅速发展和对重商政策的普遍尊崇,英国积极致力于拓展海外殖民地和海外贸易。到 17 世纪中期,英国的贸易触角已经逐渐深入到世界各地,与俄国、东印度、非洲西北部和西部地区、美洲殖民地等国家和地区都有贸易往来,并通过俄罗斯公司、东印度公司、黎凡特公司、非洲公司等特许贸易公司进行垄断性贸易。这给英国国家带来了丰厚的收益,据英国经济学家查尔斯·达维南特(Charles Davenant,1656-1714)的估算,英国的国家财富在 1600 年时是 1700 万英镑,在 1630 年是 2800 万英镑,1660 年已增至 5600 万英镑,到 1688 年则高达 8800 万英镑,而且,对外贸易是此时期英国财富增值的最主要来源;他还指出,在英国资产阶级革命期间(1640—1688 年),虽然英国国内经济状况不佳,但国家财富总额仍年均增值 200 万英镑,其中约 90 万英镑得自英国与其殖民地之间的贸易收益,约 60 万英镑来自英国与东印度的贸易收益,约 50 万英镑来自英国与欧洲诸国之间的贸易收益。[1]国家财富的积累,为日后英国向工业强国发展提供了重要的资本保障。伊丽莎白一世(1558—1603 年在位)的重臣雷利曾对当时海上贸易的重要性做出这样的评价:"谁控制了海洋,谁就控制了世界贸易,而谁控制了世界贸易,谁就控制了地球的财富和地球本身。"[2]

第二,新型劫掠船的出现,对结伴航行的有效性提出了严峻挑战,使英国海上贸易的安全面临严重威胁;这种情形迫切要求英国增强对其海上贸易的保护力度。在 17 世纪之前,由于造船水平的低下和造船技术发展的缓慢,船只间的性能差别并不明显,劫掠船其实就是装备上武器的商船,因此,结伴航行的商船船队凭借自己的武装便能够对付它们。但是,在伊丽莎白女王统治末期,佛兰德斯的一些港口开始建造一种被称为"敦刻尔克船"(Dunkirkers)的

---

① [英] 达维南特:《论英国的公共收入与贸易》,北京:商务印书馆,1995 年,第 160—161、236—238 页。

② T. K. Rabb, *Enterprise and Empire: Merchant and Gentry Investment in the Expansion of England, 1575-1630*, Harvard University Press, 1967, p. 15.

新型船只，它们专为劫掠商船的目的设计制造，装备有更强大的武器，其速度更快、动作也更加灵活，普通商船既难以与之抗衡，也难以从它的追击中逃脱。这些"敦刻尔克船"出现后，在英吉利海峡和北海海域对英国的海上贸易造成了严重的破坏，商船船东们为此曾多次请求英王提供军舰护航。

第三，英国海军将领的提议。17 世纪初，英荷关系日趋紧张，战争危险加剧，英国海军将领在探讨战时海军战略时曾提出护航的建议。比较有代表性的是英国海军将领威廉·蒙森，他提出，如果英荷战争爆发，为确保运煤船安全抵达英国，在运煤船结伴出航的同时，要派遣训练有素的军舰为它们护航。[1]

第四，英国海军实力的发展，使得英国官方具备了向商船提供护航的能力。由于战争和海外扩张的需要，亨利八世（1509—1547 年在位）和伊丽莎白一世（1558—1603 年在位）都积极重视海军建设，英国海军在军舰数量、武器军备、适航性、行政管理、水手素质以及战术等方面都有了长足进步。在 17 世纪，英国军舰的建造技术得到进一步发展，建造出更大规模、能够转载更多士兵和武器的军舰；而且，新型军舰所载舰炮的攻击力也有了较大的提高，能够打碎敌方船只的船壳。[2] 英国海军实力的发展，使得英国官方具备了向商船提供护航的可能性。

1652 年，由于北非海域海盗船的猖獗活动，英国的海上贸易遭受了严重损失，英国政府决定向往返于英国和黎凡特地区之间的商船船队提供军舰护航，英国的官方军事力量开始介入对海上贸易的保护。[3] 之后直至 19 世纪前期，护航一直都是英国主要的海上贸易保护政策，其具体的发展历程可以分为两个阶段：第一阶段从 17 世纪中叶至 18 世纪后期，是在商船自愿基础上的护航；第二阶段从 18 世纪后期至 19 世纪前期，在这一时期，强制性的护航政策形成。

二、17 世纪中叶—18 世纪后期
——商船自愿基础上的护航

从 17 世纪中期至 18 世纪后期，英国护航政策的基本情形如下：在战争时

---

① Owen Rutter, *Red Ensign*: *A History of Convoy*, pp. 34–35.

② Jon Tetsuro Sumida, *In Defence of Naval Supremacy*: *Finance*, *Technology and British Naval Policy*, *1889–1914*, Boston: Unwin Hyman, 1989, p. 4.

③ Owen Rutter, *Red Ensign*: *A History of Convoy*, p. 38.

期，国家一般会主动向商船提供军舰护航；在和平时期，则一般是商船在需要时向官方提出申请，官方视具体情况决定是否提供护航船只；为加强护航旅程的安全性，在起航之前，负责执行护航任务的海军将领要将本次航程的信号、暗语等内容形成护航秘密条令，发放到每一位商船船长手中；对于护航官兵职责的履行，官方有着较为严格的纪律；但是，对于商船一方，他们是否愿意听从将领的指挥，是否愿意跟随护航编队，基本上靠其自觉，如果他违反海军将领的命令，也不会对其进行处罚。"商船自愿"是这一阶段护航政策的一个显著特点。其具体情形将在下文——介绍。

（一）战争时期与和平时期的护航安排

从 17 世纪中叶至 18 世纪后期，当商船在战时面临敌方海军或私掠船的劫掠危险时，英国官方一般都会向商船提供护航，并制订出较为严密的护航安排。例如，在第一次英荷战争即将爆发之时，英王曾下令给多艘军舰的舰长，要求他们护送从泰晤士河前往苏格兰、爱尔兰、奥斯坦德①、雅茅斯②、赫尔和布列斯特等地的英国商船船队；官方在本土和海外指定一些港口作为商船的集结地，如在波罗的海等待返航的所有英国商船都要先在埃尔西诺③锚地集合；商船到达指定集结地后，应在那里等待护航船只到达，而后在护航船只的护送下出航或返航。对于一支船队一般会派遣一至两艘船只护航，用于护航的船只既有海军军舰，也有武装商船④。

除了护航本国商船外，英国海军还开始接纳盟国商船的护航请求。这种情况最早出现在英西战争期间。在这次战争中，为了照顾盟国荷兰，英国政府规定：如果盟国的商船提出申请，英国执行护航任务的海军将领应该接受其进入护航编队。⑤ 之后，这项规定逐渐成为战时惯例。

即使在和平时期，英国的商船也经常会面临海盗船的威胁，并向官方请求护航；但是，出于财政方面的考虑，在和平时期，英王一般不愿向普通商船提

---

① 奥斯坦德（Ostend），比利时西北部港口。

② 雅茅斯（Yarmouth），现加拿大新斯科舍省西南部海港。

③ 埃尔西诺（Elsinore），丹麦港口。

④ 武装商船（Armed Merchantman），亦称辅助军舰，是指国家将租借或者购买来的符合要求的商船进行改装，并装备上武器，作为军舰使用；也存在这种情况：在商船建造前，造船商便按照政府要求进行设计建造，以备该船只在战时被改装成武装商船。武装商船属国家海军序列，所以，在本文的内容中，武装商船也被统称为军舰。

⑤ Owen Rutter, *Red Ensign: A History of Convoy*, p. 62.

供护航。例如，17 世纪 70 年代，来自于奥斯坦德的劫掠船活动猖獗，前往敦刻尔克的一些英国商船因此向政府申请护航，但是，其申请被拒绝："考虑到国王现在的财政困难，现在不应再增加他的支出；……对于国王来说，这项开支，即在和平时期给予他臣民的每一艘需要保护的船只以护航，太过于沉重了。"①

当然，在某些紧迫时刻，面对商船的迫切要求，英王也同意提供护航。但为了减少开支，往往会非常紧密周全的安排护航行程。一份会议记录提到了1677 年对地中海海域的一次护航安排，非常之严密紧凑，具体内容如下："为了避免因杂乱的护航安排而导致国王开支的不必要增加，……特此决议：派遣两艘性能良好的军舰全速航行至意大利的加里波利②，去护送那里及周边港口的英国商船前往凯法利尼亚岛③会合，约翰·纳伯勒舰长将护航另一支船队于4 月 10 日到达凯法利尼亚岛，4 月 15 日，纳伯勒舰长将带领所有聚集在那里的船只返程。"④

此外，在这一时期，随着英国海外贸易的进一步扩张，大型的贸易特许公司纷纷建立；一般情况下，像东印度公司这样大型公司的商船无论是在装备上还是性能上都是比较优良的，所以，他们经常会在没有海军护送的情况下航行；但是，在一些危险时期，他们也会向官方申请护航；由于贸易公司的商业活动给英国带来了丰厚利润，所以，对于这些公司的护航申请，官方一般会批准。例如，1684 年，帝国非洲公司的商船曾成功申请到军舰的护航，⑤ 1777年，东印度公司也曾成功申请到军舰护航。

除了特许公司外，在这一时期，英国还曾为本国前往雅茅斯和纽芬兰的捕鱼船队提供过定期的护航。⑥

（二）护航的秘密条令与官兵的职责规定

为加强护航旅程的安全性，在起航之前，负责执行护航任务的海军将领会将本次航行中所要使用的信号、暗语等内容形成护航秘密条令，发放到每一位

---

① Owen Rutter, *Red Ensign*: *A History of Convoy*, p. 55.
② 加里波利（Gallipoli），意大利港口，位于意大利东南部城市塔兰托东南。
③ 凯法利尼亚岛（Cephallenia），希腊爱奥尼亚群岛中最大一岛，位于帕特雷湾以西。
④ Owen Rutter, *Red Ensign*: *A History of Convoy*, p. 56.
⑤ H. A. Smith, *The Law and Custom of the Sea*, pp. 113–114.
⑥ Owen Rutter, *Red Ensign*: *A History of Convoy*, pp. 56, 58.

商船船长手中。1675年6月，"帮助"号军舰护送6艘商船从普利茅斯①前往丹吉尔②，随行的一位海军牧师亨利·特恩格在他的日记中记下了威廉·霍尔登舰长颁布的各项秘密条令："在白天起锚时，军舰将升起前桅帆并鸣一枪；如果在晚上起锚，军舰将鸣一枪并且闪一下灯，船队中的每一艘船都要闪灯回应；如果在晚上抛锚，信号是军舰闪两下灯；如果在晚上发现周围船只互不认识，发现者要鸣一枪并要问：'那艘船是谁的？'对方应回答：'尊贵的国王陛下。'询问者则应回应：'繁荣昌盛。'以此来判断这艘船是否为本船队的船只。如果船只漏水或者遇到了其他麻烦，在白天，该船只应升起帆并发出一个能被清楚看到的信号；如果是在晚上，他应鸣一枪并且发出四道水平方向的光；在雾天，则以钟声和枪响作为联络方式。在夜里，每艘船都要装一盏灯，以作为保持相对位置的参照，在航行时，后面的船只不得超过它前面船只的灯……"③

在这一时期，对于护航官兵职责的履行，官方有着较为严格的纪律要求，如果他们渎职，将会受到惩罚。早在第一次英荷战争期间，英国议会就已通过了一系列"海上战争与军械法案"，其中第35条涉及执行护航任务的海军官兵所应遵守的纪律，具体内容如下：如果奉命去保护商船的官员、舰长或者海员没能够履行他的职责，没能够在保护船队的战斗中英勇作战，或者由于他们的疏漏使得船队暴露在危险之下，他们将可能被要求向商船船东进行赔偿，甚至可能会被处以"死刑或者其他更轻的刑罚"；如果护航官员以护航服务为理由从船东那里索取费用，该官员将被撤职。这项规定长期有效。④

（三）"商船自愿"

在这一阶段，护航政策的一个显著特点就是：护航对于商船来讲不是强制性的，如果商船船长不愿听从护航将领的指挥、不愿跟随护航编队，他们将"自己承担被劫掠的风险"，但不会因此受到任何惩罚。因此，在这一阶段，商

---

① 普利茅斯（Plymouth），在英格兰西南普利茅斯湾的中心部位、普利姆河与泰马河之间，临英吉利海峡。

② 丹吉尔（Tangier），摩洛哥北部海港，位于直布罗陀海峡的丹吉尔湾口，地处北纬35.7度，西经5.9度。

③ Teonge Henry, *The Diary of Henry Teonge: Chaplain on Board H. M.'s Ships Assistance, Bristol, and Royal Oak, 1675-1679*, London: G. Routledge, 1927.

④ Owen Rutter, *Red Ensign: A History of Convoy*, p. 44.

船违抗护航将领的命令、擅自脱离护航编队的例子比比皆是。①

护航既然有利于保护商船的安全，那么许多商船船长为什么不愿意服从护航安排？其原因主要有以下几点：

第一，商船船长们普遍认为，并不是整个航程都是危险的，所以，只需在危险海域跟随护航编队航行即可。英国海军将领威廉·康沃利斯在一次护航任务结束后，曾这样分析航行途中商船船长严重的逃离行为："我相信，这些商船船长认为，他们在旅程中唯一可能会遇到的危险的区域是进入并通过波斯湾时，……安全穿越这一区域后，就没有任何一艘商船愿意再跟随我们了。"②

第二，出于获取更大商业利益的考虑。整个护航编队一起到达目的地，一次运来的货物较多，必然会影响到这些货物的市场价格和商人们的收益。所以，商船往往在通过危险区域后便脱离护航编队，以比编队更早的到达目的地，将货物卖一个更高的价格。1776 年 11 月，英国海军部官员塞缪尔·佩皮斯曾这样分析一些英国捕鱼船的行为："他们在早于护航编队起航前离开纽芬兰，或者在航程中离开护航编队，就是为了能比其他的船只更早到达市场。"③英国历史学家约翰·温顿在分析这一问题时说："受到护航保护的商船所要缴纳的保险费，经常比单独航行的商船要低三分之二。许多商船试图好处全占，他们在绝大部分航程中跟随护航编队航行，然后逃离，赶在大批商船之前到达目的地，以使得货物能卖个最好的价格。"④

第三，商船船长对英国海军的护航能力存在怀疑。随着英国海外贸易的不断扩张和商船数量的不断增多，英国护航船只相对缺乏的问题日益严重，难以向商船提供足够的护航力量。到 18 世纪后期，就连官方自己也承认这一点，时任英国第一海军大臣（First Naval Lord）的桑维斯爵士在写给首相的一封信中这样说道："现在，海洋上的每一个区域都布满了私掠船，商船对护航军舰的需求如此之大，以至于我们不知道该怎样去满足他们。"⑤ 在这种情况下，一些商船船长自然会产生这样的担忧：大规模的船队本身就更容易引起劫掠船的

---

① A. T. Mahan, *The Life of Nelson: the Embodiment of the Sea Power of Great Britain*, New York, N. Y. : Haskell House Pub. Ltd. , 1969, p. 32.

② 海军将领威廉·康沃利斯护送一支船队从牙买加回国，起航时，整个编队有 100 多艘商船，但到最后，只剩下一艘商船。(Owen Rutter, *Red Ensign: A History of Convoy*, p. 72.)

③ Owen Rutter, *Red Ensign: A History of Convoy*, p. 58.

④ John Winton, *Convoy: The Defence of Sea Trade*, *1890-1990*, p. 14.

⑤ G. R. Barnes, *Sandwich Papers*, I, p. 294. 转引自 Owen Rutter, *Red Ensign: A History of Convoy*, p. 72.

注意，如果护航力量不足以保护船队的安全，单独航行反而可能会更加隐蔽和安全。

商船这种违反护航命令的做法增加了护航将领执行任务的难度，自然会引起他们的不满，海军将领皮特·玛瑟姆在给海军部的报告中曾这样抱怨道："我们尽我们所有的努力去保护他们（指商船船长们），但是，他们的作风却如此执拗……总想在晚上偷偷溜走。"而且，商船船长这种擅自脱离护航编队的行为对英国官方的声誉也产生了不好的影响，正如海军将领约翰·纳伯勒所说："他们（指商船船长们）对自己的放纵，他们的独自航行，不仅将他们自己置于巨大的危险之中，还招来了公众对于国王及其官员'处理失当'的不满和谴责。"①

为此，英国政府曾一度停止对一些航路的商船提供护航，但是很快又再次恢复。

英国官方这种较为宽松放任的态度，应与这一时期他们对于护航这一任务的认知有关。1711 年 8 月，"布里斯托尔"号军舰的舰长亨宁顿在执行护航任务时受到了"雅茅斯玛丽"号商船船长本杰明·克劳非常无礼的冒犯，此事提交给司法官员，询问他们是否可以通过合适的法律条文对克劳做出处罚裁决，首席检察官爱德华·诺西这样回复海军部："由于国王陛下的伟大和仁慈，他向他的臣民们提供护航，他们也因此从中获益；但是，没有任何法律迫使他们必须接受护航的保护，或者，当他们跟随护航编队航行时，规定他们不准离开。实施护航的目的是向需要被保护的国王的臣民们提供保护，而不是去强迫臣民们必须接受这种保护。即使在海军的纪律条令中，也只有关于护航将领们的行为规范，也没有内容涉及那些被护航的人们。而且，我认为，无论是从公众法律的角度还是从海军条令的角度出发，商船离开护航编队但并没有与敌人合作，都不应该是一项该受到惩罚的罪行。"第二检察官罗伯特·雷蒙德也在爱德华·诺西的回复书中签署了自己的意见："赞成。"② 这一事件表明，英国官方对于护航的认知是：英王保护其臣民生命财产的安全、向他的臣民提供护航，是他作为国王理应履行的一项义务；至于商船船长们是否接受这种保护，则是他们的自由，不应强迫。

后来，随着英国海外贸易重要性的日益增强，以及所面临的危险逐渐加

① Owen Rutter, *Red Ensign: A History of Convoy*, pp. 47, 56.
② H. A. Smith, *The Law and Custom of the Sea*, p. 220.

剧，英国出台了对商船实施强制性护航的政策，将接受护航确定为商船必须履行的义务。

三、18 世纪后期—19 世纪前期
——强制性的护航阶段

1792 年，面对日益加剧的战争危险和法国对英国海上贸易进行疯狂攻击的可能性，英国颁布了一项法案以规范护航编队航行途中商船的行为，法案规定：在护航编队航行途中，如果商船船长违背了护航将领的信号指令或者未经同意便擅自脱离船队，他将可能被处以 500 英镑的罚款或者一年的监禁。① 自此，英国开始对护航行动中商船的行为进行明确规范。

（一）两次护航法案及关于"皇家海军海上服役"的法令

法国督政府上台执政后，进一步加强了对英国海上贸易的攻势。在这种情况下，英国政府认为，应该对商船实施强制性的护航，以减少因商船独立航行而造成的损失。正如英国名将纳尔逊所说："所有的商船，无论是快的还是慢的，大的还是小的，都应该一直在护航中航行。"②

1798 年，英国议会通过了第一次护航法案，具体内容如下：除非有特别许可证，所有离开英国港口的商船都必须在护航下结队航行，否则将被处以 1000英镑的罚金，如果违规船只上装载的货物是英国政府的财产，罚金将升至 1500英镑；商船船长在出航前必须签署一项保证书，保证他不会独自出航、也不会在航行途中擅自脱离护航编队；他只有签署完保证书后，才能够从海关官员那里获得出入港口的许可证；在航行途中，如果商船船长发现自己的船只正处在被私掠船或敌舰人员登船的危险中，他要马上向编队发出信号，而且，如果敌方人员登船，商船船长必须要毁掉护航将领发给他的护航秘密条令，不能让它落到敌人手中，如果他没能这样做，他将被处以 100 英镑的罚金。此外，第一次护航法案还沿袭了 1792 年法案的一项规定：如果商船船长违背了护航将领的信号指令或者未经同意便擅自脱离船队，他将可能被处以 500 英镑的罚款或

---

① Owen Rutter, *Red Ensign: A History of Convoy*, p. 88.
② John Winton, *Convoy: the Defence of Sea Trade, 1890–1990*, p. 14.

者一年的监禁。①

这项法案规定了商船必须要在军舰的护送下航行，以往在商船自愿基础上的护航转变为强制性的护航。这项法案的颁布，首先大大提高了英国海上船运的安全性。这从海上保险商对船运征收的保险费数额可以看出来，由于英国船运安全性较高，保险费率被减少至 5%，而与之形成鲜明对照的是，对服务于法国的贸易商船②所征收的保险费率高达 20% 和 30%。此外，第一次护航法案产生的另一个影响就是护航将领的地位和受尊重的程度较之前有了较大提高。③

1803 年 5 月 16 日，英国对法国宣战。英国积极向法国施加海军压力，派遣康沃利斯和纳尔逊分别重新开始对法国重要海军基地布雷斯特和土伦的海军进行封锁；拿破仑则一方面开始准备对英国进行较以前更大规模的领土入侵，另一方面则继续对英国海上贸易展开激烈攻势。

在这个背景下，为了能够更好地保护英国海上贸易，英国政府颁布了第二次护航法案。该法案完全沿袭了第一次护航法案的基本内容，只有一项有区别，即如果商船船长在敌人登船时没有及时销毁护航秘密条令，他将要缴纳的罚款由第一次护航法案规定的 100 英镑升至 200 英镑。④

之后，在 1805 年 10 月，英国取得了特拉法加海战的胜利，法国的海军力量基本被摧毁，但是，法国私掠船对英国贸易商船的劫掠行动依然十分猖獗。1811 年 1 月 24 日的英国《大众晚报》曾这样描述道："在英吉利海峡内，每日都会发生敌人的私掠船对我们贸易商船的劫掠，这种情形迫切要求海军部对此严肃对待……法国的私掠船挤满了海峡，在前两个星期内，在靠近英国海岸的海域，大约有 20 艘英国商船确定已被私掠船俘获；而在那期间，我们只俘获了一艘法国私掠船。法国私掠船往往利用英国海军警戒时有发生的松弛，或者是部署上的失误，而展开行动……最近从西印度群岛返航的一艘商船的船长称：他的船只从进入海峡后直至到达目的地，在途中没有遇到过一艘英国军舰……英国常为它的海军优势而得意自豪，但是，它却不能保障在海峡内航行

---

① Owen Rutter, *Red Ensign*: *A History of Convoy*, p. 95.

② 到 19 世纪末，由于英国对法国的贸易攻击、法国私掠船活动的兴盛等因素，法国的海上航运业几乎消失。1799 年 1 月，就连法国自己也承认：在海上，已经没有一艘商船飘扬着法国的旗帜。所以，此时进出法国港口的商船主要是中立国的船只。

③ Owen Rutter, *Red Ensign*: *A History of Convoy*, p. 89.

④ Ibid. , p. 99.

的英国商船的安全……对于英国来说，这难道不是一件丢脸的事么？"①

面对此时法国私掠船的激烈攻势，英国海军部出台了一系列关于"皇家海军海上服役"的法令，其中就护航将领和商船船长的责任又做了一些更为细致的规定，其具体内容如下。

第一，关于护航将领的责任。法令规定，护航必须由一位现役海军将领组织负责，否则这支船队将不是合法的护航编队；护航将领要先为商船指定一个集合地，并将此次的保密指令发放给每一位商船船长，起航后如果环境需要，他将会随时增添新的指令；在起航之前，护航将领要向海军部提交一份表格，其内容包括此次护航编队中每一艘商船的名字及其船东和船长的名字，每一艘商船的建造、载重量、武器装备、船员、货物、目的地等信息细节，如果商船的信息未出现在这份名单上，它将不会被看作是护航编队的合法成员；当护航将领带领编队返回英国后，他要向海军部提供第二份表格，其内容包括随他回国的商船的信息以及在途中离开编队的商船的信息；护航将领及其手下官兵绝对不允许从商船船长或者船东那里为护航服务收取金钱；护航将领要将保护船队视为他最为紧要的职责，并做好抵御突然袭击的每一项预防措施；如果船队受到攻击，护航将领要"非常警觉地保卫船队，不能冒任何远离船队的风险"，要保持和他的船队在一起，也不能允许他手下的任何一艘船去追捕敌人，而要"尽可能迅速地离开、继续前进"；在航行速度上，护航将领要照顾到速度最慢的船只，确保它能够在航行中保持住在编队中的相对位置；如果编队中的船只遇到危难，护航将领必须给予帮助，如果危难是由于该船只自身的适航性差造成的，他必须向海军部报告此事；护航将领对于编队中的商船船长们仍然没有即时审判权，如果商船船长违背了他的信号指令，或者未经他同意擅自离开编队，护航将领要就此事向海军部提交报告，随航的其他官员将作为证人在报告上签字；如果违反规定的船只被私掠船捕获，保险商们将根据护航将领的报告来决定是否要向其船东赔偿损失；如果目的地不同的几个护航编队在途中同路航行或者相遇，为了更好地保护商船，他们应在旅程允许的情况下尽可能长久地结伴航行，护航将领中地位最高的那位将成为统率所有船队的最高指挥官，在分道扬镳之时，各船队的护航军舰要悬挂不同的旗帜，以方便商船辨别和跟随；如果英国盟国的商船船长提出请求，护航将领应将其商船置于保护之下，并与英国商船一样看待，但是，这不包括中立国或者交战国的商船，除非有特

---

① Owen Rutter, *Red Ensign: A History of Convoy*, p. 106.

别命令。

第二，关于商船船长的责任。商船船长要确保集合地点和护航秘密条令不会从他的船员那里泄露出去；一旦商船加入护航编队，商船船长应保证他的船只随队航行直至旅程结束；在航行途中，为了避免出现混乱，商船应保持住自己在整个编队中的相对位置。①

这些法令从法律制度层面对护航行动中护航官兵及商船的行为进行了规范，为英国的护航体系奠定了法律基础，而且，其中的一些条款长期有效。

总之，在18世纪末至19世纪初，随着两次护航法案等一系列法令的出台，英国逐步建立起强制性的护航体系。与之前"商船自愿"的护航政策相比，强制性护航体系下的商船在享受军舰保护的同时，还有服从护航将领命令、遵守护航相关规定的义务。

(二) 护航豁免权

第一次护航法案曾提到："除非有特别许可证，所有离开英国港口的商船都必须在护航下结队航行。"获得特别通行证，便意味着护航豁免权，即可以不用在护航下航行。

在这一时期，曾经享受过护航豁免权的主要是东印度公司、哈德逊湾公司等大型贸易公司的商船以及一些沿海岸航行的贸易商船。以东印度公司为例，东印度公司的商船经常是护航豁免权的享有者，它们往往在无护航的情况下结伴航行。这主要是由于：1. 东印度公司的商船一般吨位大，性能好，武器装备优良，该公司最好的船只吨位一般在1200—1500吨之间，是普通商船的4—5倍，并且比当时的许多军舰还要庞大；2. 其船员训练有素，身着统一制服，有着较强的组织纪律性，如果遭遇攻击，他们能够实施出色的反击；3. 东印度公司的商船船队一般比较庞大。所以，东印度公司的商船船队在海上航行时往往气势非凡，法国海军将领德利努瓦曾有一次在海上遭遇到东印度公司的运茶船队，却将其误认为是英国的海军舰队，急忙转向逃走，这一度成为整个欧洲的笑柄。

总之，在18世纪末至19世纪初连绵的战争期间，面对法国疯狂的贸易攻击战略，英国已经建立起一个比较成熟的强制性护航体系，并且逐步形成了一

---

① Owen Rutter, *Red Ensign: A History of Convoy*, pp. 105–106.

个较为详细的护航时刻表：从泰晤士河到南安普顿①之间的沿海岸护航，以及经北海到达爱尔兰或海峡群岛的护航，是每周至少一次；对前往波罗的海船只的护航，是每 14 天或者 21 天一次，偶尔还会有对前往格陵兰岛②和戴维斯海峡③渔场的船只的护航；对于以下航程的护航是每月一次：前往北美、纽芬兰和魁北克④的航程，前往西印度群岛和圭亚那的航程，前往东印度群岛、好望角、圣赫勒拿岛⑤和中国的航程，以及前往葡萄牙和西班牙的航程……这一时期的护航最远至中国，在时间上则一直持续到 1815 年。⑥

当然，无论采取怎样的护航措施，英国商船的损失都是不可避免的。在这 20 多年的战争里，英国总共损失了 1.1 万艘商船，⑦ 相比较当时英国的商船总数，这个损失不可谓不惨重。⑧ 但是，我们还应看到护航政策所起到的积极作用。在这一时期，由于交战国彼此间的贸易攻击，法国、西班牙、荷兰的商船已基本从海上消失，而英国商船的旗帜却依然在海上飘扬。海上贸易的畅通，不仅为英国长期持续的作战提供了重要的物质保障，而且由于法国、西班牙等国的航运业在战争期间损失惨重，英国在战后成为世界上首屈一指的航运大国。

四、护航的弊端及对其有效性的质疑

从 17 世纪中叶至 19 世纪前期，护航政策虽然在保护英国海上贸易方面发挥了积极的作用，但是，随着英国海上贸易的扩张和商船数量的增加，护航体

---

① 南安普顿（Southampto），英国英格兰南岸的城市与大海港，滨英吉利海峡中的索伦特峡，在泰斯特与伊钦两河口湾之间。

② 格陵兰岛（Greenland），世界第一大岛，面积 2,166,086 平方公里，在北美洲东北，北冰洋和大西洋之间。

③ 戴维斯海峡（Davis Strait），是巴芬岛和格陵兰岛之间的海峡，南接拉布拉多海，北连巴芬湾，南北全长约 650 公里，东西宽约 325—450 公里，平均水深 2000 米左右，是西北航道的一部分。

④ 魁北克（Quebec），加拿大东部重要城市和港口，位于圣劳伦斯河与圣查尔斯河汇合处。

⑤ 圣赫勒拿岛（Saint Helena），南大西洋中的一个火山岛，离非洲西岸 1900 公里，离南美洲东岸 3400 公里。

⑥ John Winton, *Convoy: the Defence of Sea Trade, 1890-1990*, pp. 15-16.

⑦ Paul M. Kennedy, *The Rise and Fall of British Naval Mastery*, London: Macmillan Pr. Ltd., 1983, p. 131.

⑧ 1815 年战争结束时，英国登记在册的商船总数为 21,861 艘。（B·R·米切尔：《帕尔格雷夫世界历史统计》（欧洲卷），北京：经济科学出版社，2002 年，第 750 页。）

系日益暴露出这样一个问题：英国用于护航的海军力量相对不足。

17世纪后期，随着英国海外贸易进一步扩张，一些较大规模的贸易公司纷纷建立。当劫掠船活动猖獗时，他们会向英王申请护航，而英王却往往难以充分满足他们的要求，英国护航力量的相对不足可见一斑。[①]

随着英国海外贸易的继续扩张和商船数量的增加，护航力量相对不足的问题愈加严重。

美国独立战争期间，北美殖民地在海上对英国商船频繁实施攻击，尤以北美和西印度群岛周边的海域为最。一时间要求海军部提供护航的申请持续不断。而此时的英国海军除了保护海上贸易外，还要承担对付北美殖民地的海军和私掠船、为在北美的英国陆军运输给养和军队等职责，护航力量相对不足的问题凸显。1777年5月，海军部委员会的休·帕利泽委员向海军部第一大臣报告道：利物浦的商人们"非常恳切地再三请求海军部增派派遣一艘护卫舰护航他们的商船航行一段特定的距离"，但是，海军部对此请求回应慎重，因为"如果这个请求被批准，其他港口的商人们也都会要求得到同样的待遇，而这是我们难以满足的"。在这场战争中，关于英国护航力量相对不足的问题，时任海军部第一大臣的桑维斯爵士这样说过："这（指护航力量的缺乏）是一个无法弥补的灾难。……我们的海上贸易已经暴露出对护航和护航军舰非常极度的需求。……（为了弥补护航力量的相对不足）海军部应该给所有能够购买到或者雇佣到的船只装备上武器，并一刻不耽误的派遣出去。"[②]

在美国独立战争期间，英国海军将领们所承担的护航任务的繁重也缘于英国海军力量的不足。以海军将领海德·帕克所承担的护航任务为例。帕克所率领的舰队由8艘军舰和一些小型护卫舰组成，他为从泰晤士河口前往波罗的海的英国贸易商船提供护航，在他们接近埃尔西诺时，他会将船队交给一些小型护卫舰并由他们继续护送航行；而他则率领其他军舰以最快的速度航行至苏格兰的福斯湾[③]，护送从苏格兰港口前往埃尔西诺的商船；随后，他还要带着他的舰队在周边海域巡航并等待从波罗的海回国的商船船队到达，然后护送他们前往目的地；此外，他还要为前往苏格兰东岸和哈德逊湾的贸易商船提供尽可

---

① Owen Rutter, *Red Ensign: A History of Convoy*, p. 56.

② Ibid., pp. 70, 74.

③ 福斯湾（the Firth of Forth），在英国苏格兰东岸，福斯河的入海口，河口湾从金卡丁到梅岛长77公里，最宽28公里。

能远的护航。①

在 18 世纪末 19 世纪初英国与法国的战争中，海军力量缺乏的问题也成为英国的一大困扰。1801 年 5 月，英国第一海军大臣在写给波特兰公爵的信中抱怨道："护航任务占据了如此多的军舰，以至于我们现在能使用的海军力量非常有限，在现在英国面临的侵略危险下，海军力量任何进一步的减少都将可能导致最为严重的后果。"英国海军将领纳尔逊也为商船持续不断的护航申请而苦恼，抱怨道："我快要被商船提出的护航要求扯成碎片了。"②

导致这一问题最为主要的因素应是英国海外贸易的进一步扩张和商船数量的大量增加。英国历史学家欧文·拉特在分析英美战争时期英国海军力量相对缺乏的原因时说："英国已经不再是一个小店主，而是拥有着许多商店的大业主，他的业务从地球一面的加勒比海延伸到另一方的印度洋。而此时他繁多的贸易需要海军的保护：运糖的船队和从西印度群岛来的船队需要被持续的护送，前往东印度的贸易商船也必须被护航至菲尼斯特雷角，③ 有时往来于本土和圣赫勒拿之间的商船需要护送，波罗的海贸易必须护送，运煤船以及沿海岸航行的所有商船也需要持续的保护，此外，还要为在美洲陆军的运兵船和供给船护航。……而这众多的任务耗尽了英国的海军力量。"④

英国用于护航的海军力量相对不足的问题日益严重，使得英国只能用较少的军舰护送更大规模的商船队。1794 年，英国军舰"猎户座"号上的见习军官威廉·帕克在给他母亲的一封信中提到有一支护航编队离开普利茅斯，这只编队中有 600 艘商船，但只有 34 艘军舰。此外，由于英国护航力量不足，护航的安排往往是环环相扣，非常严密紧凑，在这种情况下，一旦有突发事件，整个护航的部署都将会被打乱。正如纳尔逊所说："现在我们紧凑的护航安排，就像一个钟表，其中任一个环节被打破，都将使整个钟表停摆。"有一次，海军部曾临时调遣军舰"梅德斯通"号去执行其他任务，结果打乱了纳尔逊一系列的护航部署，他抱怨道："海军部（的做法）就像孩子推到了一排积木中的第一个，他打乱了随后一连串的任务安排，……要么违反海军部的命令，要么有 2 艘商船将要在没有护航的情况下返程。"⑤ 而这势必会影响到英国海上贸易

---

① Owen Rutter, *Red Ensign: A History of Convoy*, p. 76.
② Ibid., pp. 98, 100-102.
③ 菲尼斯特雷角（Cape Finisterre），西班牙西北部的一个海角。
④ Owen Rutter, *Red Ensign: A History of Convoy*, p. 74.
⑤ Ibid., p. 102.

的安全。

此外，一些相关人士也对护航提出了其他反对意见。

1811 年，一位资深商船船员理查德·霍尔·高尔出版了一本小册子，列举了他对于护航体系缺点的看法：第一，在被护航时，大批商船要先在指定地点集合，这势必会耽搁商船的时间。在航行时，船队的速度必须要照顾到速度最慢的商船，速度较快商船的航行时间则会被迫延长，它们在运输上的开支较之单独航行时势必会增加。而且，如果商船运载的是易腐烂的货物，这些耽搁所造成的后果可能更严重；第二，护航将可能导致更大的损失，因为，如果商船在单独航行时遭遇劫掠船，只有它自己会被俘获，但是，如果一支护航编队遭遇到劫掠船且劫掠船的力量强于护航力量，编队中全部或者大部分的商船将可能被俘获，这种情况在以往的战争中已经发生太多次，所以，"派出大型的护航编队是没有用的，除非护航力量强大到足够去应对任何攻击"；第三，如果护航编队受到来自海岸的攻击或者遭遇风暴而被驱散，剩下的商船只能任由敌人摆布；第四，在强制性护航政策实施后，由于对护航的依赖和护航编队普遍缓慢的航行速度，商船船东们已经对建造速度更快、性能更好、武器装备更优良的商船不感兴趣了，长此以往，势必会严重影响英国航运业的发展。

高尔最后总结道：护航没有给英国的海上贸易带来任何好处，"事实上，护航体系就是这个国家一项失败的政策，……因为，在护航体系中，耽搁和全部被捕获的风险对于商船所造成的损失，要超过商船单独航行所可能导致的损失"。①

除了高尔外，还有许多商船船东也对护航体系表示出不满。除了和高尔类似的观点之外，他们还提出：在被护航时，大量商船将在同一时间到达目的地，而大量货物的同时涌入势必会降低其市场价格、减少收益。所以，许多船东，特别是拥有较快速度商船的那些，更愿意他们的商船单独航行。②

结　语

首先我们应该认识到，在这一时期，护航在保护英国海上贸易的安全方

① Owen Rutter, *Red Ensign: A History of Convoy*, p. 106.
② John Winton, *Convoy: The Defence of Sea Trade, 1890-1990*, p. 14.

面，的确起到过相当大的积极作用，这是绝对不容否认的；此前已有论述，此处不再赘述。

但是，我们也应该认识到，随着英国海上贸易的扩张和商船数量的不断增加，使英国开始出现护航力量短缺的严重问题，且已经给海上贸易造成损失。而且，随着英国造船技术的不断发展，商船间性能、速度等的差异也在逐渐增大，高尔和一些商船船东因此而产生不满也是合理的。

到19世纪中后期，由于国际局势相对和平、工业革命进程进一步深入，英国的海上贸易迅速发展，商船数量快速增多。而且，在这一时期，蒸汽动力逐渐取代风帆成为船只的主要动力，在相当长的一段时期里，蒸汽船和帆船共存于英国的海上贸易中，商船间性能、速度等的差异较之前更大。在这种情况下，护航的有效性遭到更多的质疑。19世纪70年代以后，随着英国海上贸易重要性的日渐提高和国际局势的日趋紧张以及种种新情况的出现，迫使英国开始重新对海上贸易保护政策展开探讨，试图寻找一种更有效的保护方式。

（原载《历史教学》2016年第11期，本次发表时有增补）

国际关系理论视角下的
一战起源研究

梁占军　首都师范大学历史学院教授

第一次世界大战是 20 世纪初人类经历的一场空前浩劫，对 20 世纪国际政治的形态和世界历史进程的走向均产生了巨大影响。近百年来，国内外史学界对于一战爆发的原因进行了持续不断的研究，成果数量庞大，涉及问题的方方面面，探讨的角度各有不同，但迄今依然没有学界公认的权威结论。[①] 值得注意的是，第一次世界大战后兴起的国际关系学科从一开始就把侧重从理论分析层面探讨战争爆发的原因作为重要的研究课题，对一战起源的具体案例同样进行了分析探讨，产生了不少极富启示的研究结果，形成了不少战争理论分析的流派。如均势理论、权力转移理论、联盟、经济帝国主义、军国主义、进攻性支配、军事教条、无意性战争以及知觉和错误知觉等理论都是以第一次世界大

[①] 近百年来，国外学界关于一战起因的研究成果数量庞大，其中有两本专著专门从学术史的角度进行了总结和回顾：一本是英国学者安妮卡的《第一次世界大战的起源：争议与共识》，另一本是美国学者杰·温特的《历史上的大战：1914 年至今的辩论与争议》。对于一战的起因，史学界大体公认是由多方面因素共同导致的，其研究也采用了包括新老帝国主义争霸、民族主义、军备竞赛、军事同盟、外交的决策失误、个人心理、危机决策等多维角度。其研究的深度和广度已经达到相当程度，以至于从国别的角度对于各主要参战国与一战起源的内在关系的研究已经齐备，如《英国与一战的起源》《法国与一战的起源》《德国与 1914 年战争的来临》《俄国与一战的起源》《意大利与第一次世界大战的来临》《奥匈与一战的起源》《奥斯曼通往 1914 年战争之路：奥斯曼帝国与一战的起源》等。

战为证据的。① 值此一战爆发百周年之际，从跨学科吸取养分的角度，对国际关系理论框架下有关一战起因的研究进行梳理，对于推动史学研究无疑是有裨益的。本文拟围绕西方国际关系理论中有关一战起源的不同研究进行归纳和梳理，以就教于大家。

根据笔者收集的资料，特别是近年来国内学界翻译引进的西方国际关系理论著作中，把第一次世界大战作为重点案例进行解释或立论基础的理论学说主要有以下五种：即现实主义的层次分析理论、权力转移理论、动态差异理论、进攻防御理论和决策动机理论。这些理论建构分别从不同的角度对第一次世界大战爆发的原因进行了深入、具体的论证和解读。以下分别择要概述之。

一、层次分析理论（结构现实主义理论）

迄今为止，西方国际关系理论体系中关于战争原因的论述影响最广泛的就是现实主义的层次分析理论。该理论是第二次世界大战后创建的，奠基者是美国著名的新现实主义的理论学家、加州大学伯克利分校政治学系教授肯尼思·华尔兹。他在 1959 年出版的《人、国家和战争》（Kenneth N. Waltz, *Man, the State and War: A Theoretical Analysis*, New York: Columbia University Press, 1959）一书中，重点从人性、国家特性和国际体系性质等三个层次分析战争的起源问题：按第一个层次，战争源于人类的本性和行为；第二个层次是从国家的内部结构中寻找对战争原因的解释；第三个层次则强调国际社会无政府状态与战争

---

① 据学者统计，1980 年以来，国际学术界有关战争原因的理论探讨比较重要的著作包括：Francis A. Beer, *Peace Against War: The International Violence*, San Francisco: Freeman, 1981; Bruce Bueno de Mesquita, *The War Trap*, New Haven, CT: Yale University Press, 1981; Michael Howard, *The Causes of War*, Cambridge, MA: Havard University Press, 1983; Robert G. Gilpin, *War and Change in World Politics*, Cambridge University Press, 1981; Seyum Brown, *The Causes and Prevention of War*, New York: St. Martin's, 1987; Geoffrey Blainey, *The Causes of War*, 3rd ed., New York: Free Press, 1988; Melivin Small and J. David Singer, eds., *International War: An Anthology*, Chicago: Dorsey Press, 1989; Greg Cashman, *What Causes War? An Introduction to Theories of international Conflicts*, New York: Lexington Books, 1993; Lawrence Freedman, eds., *War*, New York: Oxford University Press, 1994; Robert A. Doughty and Ira D. Gruber, eds., *Warfare in the Western World*, Lexington, MA: D. C. Heath, 1996; Stephen Van Evera, *Causes of War: Power and Roots of Conflict*, Cornell University Press, 1999; Richard Ned Lebow, *A Cultural Theory of International Relations*, Cambridge University Press, 2008; Richard Ned Lebow, *Why Nations Fight: Past and Future Motives for War*, Cambridge University Press, 2010。

爆发间的相互关系。他在书中指出：在国际社会无政府状态下，由于主权国家数量众多，且国家之间并不存在具有强制约束力的法律体系，因此，每一个国家在与另一个国家发生争端时，都必须努力实现自身的利益和目标，并且要根据自身的情况做出判断，采取行动，这就使得冲突（包括战争）的出现不可避免。① 在书中，华尔兹专门用一章的篇幅来论述第一次世界大战爆发前欧洲各国国内的社会主义团体等反战力量是如何改变立场最终支持战争的，由此来论述影响战争爆发的国家层次的内部因素的作用。该著作问世后，一举奠定了国际关系研究层次分析法的基础，被誉为结构现实主义理论的代表作。二十年后，华尔兹又出版了《国际政治理论》② （Kenneth N. Waltz, *Theory of International Politics*, Boston：Addison-Wesley Pub. Co., 1979），全面升级了国际关系层次分析法，堪称结构现实主义的巅峰之作。

目前，华尔兹首先提出的国际关系研究的三个层次已经被学界广泛接受，并通常利用这三个层次来分析和解释各种战争爆发的原因。在为数众多的论著中，哈佛大学教授小约瑟夫·奈编著的国际关系教材《理解国际冲突：历史与理论》③ （Joseph S. Nye, *Understanding International Conflicts：An Introduction to Theory and History*, 1st ed., New York：HarperCollins, 1993） 在世界范围内都拥有很大的影响。特别值得一提的是，他在此书中借用层次分析法，从国际体系、国家和个人三个层次对于一战的起源进行了具体和深入的分析。他指出：第一次世界大战爆发的原因在国际体系层次上的表现是德国的崛起和同盟体系的僵化，这是导致国际均势结构变迁的两大决定性因素，而国际体系中新旧力量的博弈是导致一战爆发的深层原因；相似地，在国家层次上，同样有两个重要因素对于战争的爆发有影响：一个是奥匈帝国内部的危机，另一个是德国内部的政治形势，即德国内部社会矛盾紧张导致其领导人过于急切地追求世界霸权。这两个因素使得民族主义兴起以及霸权转换迫在眉睫；而在个人层面，小约瑟夫·奈指出，一战前各国的军事领导人都普遍有迷信进攻的观念，偏爱快

---

① ［美］肯尼思·华尔兹：《人、国家和战争：一种理论分析》，倪世雄等译，上海：上海人民出版社，1991 年、2012 年，第 125—127 页。

② ［美］肯尼思·华尔兹：《国际政治理论》，信强译，上海：上海人民出版社，2003 年。

③ ［美］小约瑟夫·奈：《理解国际冲突：理论与历史》，张小明译，上海：上海世纪出版集团/上海人民出版社，2002 年、2005 年、2009 年；［美］约瑟夫·S·奈、［加］大卫·A·韦尔奇：《理解全球冲突与合作：理论与历史（第 9 版）》，张晓明译，上海：上海世纪出版集团，2012 年（Joseph S. Nye, Jr., David A. Welch, *Understanding Global Conflict and Cooperation：An Introduction to Theory and History*, 9th edition, Longman, 2012）。

速动员和大规模决战，对战争的速战速决抱有不切实际的幻想，这加剧了事态向战争的演变。特别是作为主要决策者的奥匈帝国皇帝和德国皇帝及其军政领导人的平庸导致其对形势的估计失误，最终使得战前外交沦于失败，大战一触即发。萨拉热窝刺杀事件只是一个导火索而已。[①] 小约瑟夫·奈的论述比较全面地勾勒了导致一战爆发的三个层次的因素，是运用层次分析法解读一战起源的完美代表。

二、权力转移理论（防御性现实主义理论）

权力转移理论是美国密歇根大学政治学教授奥根斯基在 1958 年出版的《世界政治》（A. F. K. Organski, *World Politics*, New York: Alfred A. Konpf, Inc., 1958）一书中提出的。该理论继承了汉斯·摩根索的现实主义理论，即现实中的国际关系处于无政府状态，国家为了维护自身利益，总是在不断地追求权力。而国家对权力的追求就是不断地增强其政治、经济和军事实力，并以此为基础不断地扩大其在国际关系中的对外影响力。奥根斯基认为，国际社会体系较有秩序而非无政府形态，形象地说是金字塔状，等级分明。其中实力强大的支配性的大国位居塔顶，有能力控制体系内其他国家的行为。但是随着各国政治、经济、军事实力的发展变化，国际社会的权力分配也会随着发生变化，即所谓权力转移。根据这种理论，一旦体系内的国际实力发生变化，处于中层的崛起国家有力量重塑国际等级时，该国就有可能成为破坏国际体系的进攻者。权力转移的过程必然会伴随着新兴国家的冲击和挑战，战争和冲突几乎不可避免。奥根斯基认为：在权力转换过程中，崛起国和主导国都有先发制人发动战争的动机。其原因是崛起国担心主导国利用权力优势遏制其进一步发展；而主导国担心崛起国实力增长后会颠覆现有国际体系。但主导国和崛起国的权力转换过程是否会引发战争，取决于两个条件：第一，崛起国与主导国的实力是否接近，第二，崛起国对既有国际体系是否满意。事实上，战争通常会在崛起国实力接近或超过主导国的时间段内发生。一战的爆发实际上就是这种权力转移过程中发生的暴力悲剧。

---

① ［美］小约瑟夫·奈：《理解国际冲突：理论与历史》，上海：上海人民出版社，2012 年，第110—119 页。

　　此后，权力转移理论的继承者、深受肯尼思·华尔兹影响的美国学者、普林斯顿大学国际关系学教授罗伯特·吉尔平把经济学和国际政治学结合，开创了国际政治经济学，形成了国际关系学年轻的分支之一。他在自己的名著《世界政治中的战争与变革》① （Robert Gilpin, *War and Change in World Politics*, Cambridge：Cambridge University Press，1981）中进一步回答了华尔兹没有回答的问题：国际体系的变革和演化。他认为战争是国际体系演变的主要动因。② 为此他将第一次世界大战作为权力转移理论的主要案例来进行论证。他指出第一次世界大战是属于霸权转移的战争，是大国反对挑战者的战争。这场战争涉及战后国际体系的重新划定，是大国扩大其控制力或制定自己的霸权秩序的典型战争。这无疑从宏观上加深了我们对于第一次世界大战爆发的深层次原因的认识。

三、动态差异理论（权力转移理论的最新成果）

　　作为权力转移理论的最新成果，美国弗吉尼亚大学政府和外交事务系副教授戴尔·科普兰在世纪之交出版的《大战的起源》③ （Dole C. Copeland, *The Origins of Major War*, Ithaca and London：Cornell University Press，2000）一书中提出了所谓的动态差异理论，借以解释历史上大战的爆发。按作者的定义，所谓大战指的是具体大国参与、最高强度的全面冲突和战后体系重组等三个条件的战争。按照这个标准，欧洲历史上以往的 500 多次战争，只有 7 个符合标准。他在权力转移理论的基础上，将动态差异作为自变量吸收进来，并将权力一分为三：军事权力、经济权力和潜在权力，研究经济和潜在权力的衰落是如何对一个在军事上具有优势的国家的行为产生影响。他的理论要点是：当两个国家的实力对比出现消长时，战争最可能发生，而且往往是处于衰落中的国家更倾向于引发危机和战争。那些处于霸主地位但却正在衰退的国家最有可能发起大战，其目的是要避免国家出现衰退。大战往往是"正在衰退的国家为自己

---

① ［美］罗伯特·吉尔平：《世界政治中的战争与变革》，武军等译，上海：上海人民出版社，2007 年。

② ［意］马里奥·泰洛：《国际关系理论：欧洲视角》，潘忠岐等译，上海：上海人民出版社，2011 年，第 61 页。

③ ［美］戴尔·科普兰：《大战的起源》，北京：北京大学出版社，2008 年。

的未来而担忧而率先发动战争的。意识到可能失去霸权的国家才是战争的真正挑起者"。作为论证，他对第一次世界大战的起因进行了细致的考察，他通过对当时德国档案材料的详细解读，指出一战是德国担心俄国的崛起而发动的先发制人的战争。其根源是德国对俄国权力增长的担忧和对自身权力相对衰落的恐惧。科普兰的理论把大国兴衰与战争起源紧密联系了起来，进一步细化了权力转移理论的逻辑，为我们研究战争起源提出了一个新颖的理论视角。但该体系理论存在明显的缺陷，即把一战解释为德俄间力量消长的结果，忽略了英德之间的竞争和矛盾。同时不能解释其他一些重要的战争，如二战的发生都是源自德、日等主动挑战现有国际秩序的法西斯国家，并非衰退中的霸权国家，这使得该理论的适用性受到局限。事实上，霸权国家拥有比新兴的崛起国多得多的非战争手段，它可以凭借各种优势打压、排挤崛起国，最终逼迫崛起国率先挑起战争（如日本偷袭珍珠港就是典型的案例）。这是导致该理论建构与历史事实之间存在断层的根本原因。

四、进攻防御理论（结构现实主义理论的分支）

进攻防御理论的首倡者是美国马里兰大学政府与政策系教授乔治·H·奎斯特，他在 1977 年出版的《国际体系中的进攻与防御》（George H. Quester, *Offense and Defense in the International System*, New York: John Wiley, 1977）一书中系统探讨了自古希腊以来人类各个时期所呈现的攻防形态对战争与和平的重大影响，[①] 首次提出了国际体系中的进攻与防御问题。该书 1977 年出版后，先后于 1988 年、2003 年、2008 年多次再版，是攻防理论的重要代表作。次年，美国学者罗伯特·杰维斯发表的论文《安全困境下的合作》（Robert Jervis, "Cooperation Under The Security Dilemma," *World Politics*, 40, No. 1, 1978, pp. 167-214）进一步提出攻防平衡理论，对国际关系防御性现实主义理论的发展起到了巨大的推动作用。在关于攻防理论的研究中，第一次世界大战一直是最重要的历史基础和实证案例之一，该理论的许多假设和结论都与这次战争相关。如乔治·H·奎斯特在其书中就专门用一章的篇幅介绍了一战爆发的原因，

---

① ［美］乔治·H·奎斯特：《国际体系中的进攻与防御》，孙建中译，上海：上海人民出版社，2008 年。

其观点正如该章标题所写的一样明白无误："1914 年：整个世界都采取了攻势"。作者强调武器的技术发展对于战争的影响，他认为一战前的军事技术发展是有利于防御的，但欧洲大国却误判为有利于进攻，因此它们均采取进攻性战略，这最终导致了一战的悲剧性爆发。

该理论的后继者，美国麻省理工学院政治系教授斯蒂芬·范·埃弗拉 1998 年在《国际安全》杂志春季版上发表了《进攻、防御与战争的原因》（Stephen Van Evera, "Offense, Defense, and the Causes of War," *International Security*, Vol. 22, No. 4, Spring 1998, pp. 5-43）一文，提出了所谓"进攻崇拜"的观点。次年他在该文基础上出版《战争的原因：大国与冲突的根源》[①] 一书，进一步完善了攻防理论的建构。他认为一战前欧洲各国普遍流行进攻优于防御的信念，这使得各国政要对于打一场先发制人的战争盲目乐观乃至做出错误决策，这是导致一战爆发的重要原因。他把这种进攻占优的信念称为"进攻崇拜"，并依照这一思路，提出如下假设：即当攻占比防守容易的时候，战争发生的可能会大得多。根据他的验证分析，有以下十种情况会导致战争的爆发：第一，国家采取机会主义的扩张，因为发动战争者成功机会更多并获得更多收益；第二，面对不安全，国家会采取防御性的扩张，以加强边界扩张和防御的能力；第三，不安全感也会导致战争爆发；第四，抢先行动的利益变大时，大多引起先发制人的战争；第五，机会窗口和脆弱性窗口变大时，会引起预防性战争；第六，国家会更多地采纳既成事实的外交策略，从而引发战争；第七，国家间协商困难，谈判失败多时，战争容易来临；第八，国家的秘密外交和防务政策会引发误判；第九，国家对他国的错误反应迅速并好战，将使错误加剧；第十，军备竞赛加速且难以控制，将导致预防性战争的危险加大。该书把攻防理论进一步细化，其结论虽有流于简单之嫌，但是其假设来源于前人对于第一次世界大战起因的分析，而且他尝试从心理学角度分析战争爆发的原因，涉及决策者的知觉与错误知觉，有一定的启示。

五、决策动机理论（心理学的建构主义理论）

决策动机理论是近年来国际关系理论分析战争起因的最新研究成果。其代

---

① ［美］斯蒂芬·范·埃弗拉：《战争的原因》，何曜译，上海：上海世纪出版集团，2007 年。

表人物是现任英国国王学院战争研究系国际政治理论教授、美国学者理查德·内德·勒博。他在 2008 年和 2010 年连续出版了《国际关系的文化理论》①（Richard Ned Lebow, *A Cultural Theory of International Relations*, Cambridge: Cambridge University Press, 2008）和《国家为何而战？过去与未来的战争动机》（Richard Ned Lebow, *Why Nations Fight*: *Past and Future Motives for War*, Cambridge: Cambridge University Press, 2010）两部著作，对战争的原因进行深入分析，观点一反传统，学界反应热烈。他在第一部书中提出了决策动机理论的框架，在第二本书中进一步完善了其理论建构。在《国家为何而战？过去与未来的战争动机》一书中，他指出战争的深层原因可以归结为四个：安全、利益、地位和复仇。但历史上只有很少一部分战争是由安全或者物质利益所驱使的，相反绝大多数是对于地位、复仇——试图击败以前侵占自己领土的帝国以洗去耻辱——的追求。在《国际关系的文化理论》中，他引证了大量的具体史料对于第一次世界大战爆发的原因做出了扎实、详细的案例分析，进而对于一战爆发的起因给出了另类的结论。他指出：第一次世界大战经常被描述为预防性战争。这一论断的基础是所谓德国对于俄国的恐惧，这一观点是长期受到争议的。事实上，历史上任何主要的战争都是具有多重和互补的原因。其中既有深层次的历史原因，也有现实的直接原因，甚至被视为导火索的偶然事件也是不可或缺的重要一环。如一战前发生的萨拉热窝刺杀事件，其结果不仅导致了奥匈主要的反战派弗朗茨·费迪南的消失，而且激怒了奥匈帝国和德国皇帝，使他们更倾向于采取强硬政策；换句话说，主张与俄国和好的费迪南在政治舞台上消失，直接增加了欧洲大战爆发的可能性。② 此外，他还考察了当时人们对战争抱有盲目乐观的现象。他把盲目乐观的现象与战争决策者结合考察，用具体的例证说明谁乐观、为什么乐观，以此将理论分析与具体史实紧密结合，使得其结论更加有说服力。最终，他从战争决策者的动机角度分析认为，"战争与和平完全取决于领导人的政策和决定"。他用一战的例证说明，当时奥匈帝国、俄国和德国三国的决定的确直接事关战争与和平。如导致奥匈帝国选择战争的主要人物是总参谋长康拉德，他个人是抑郁性人格，且一直热衷战争。奥匈帝国皇储遇刺事件，他认为事关荣誉，必须惩罚塞尔维亚人才能帮助奥匈

---

① ［美］理查德·内德·勒博：《国际关系的文化理论》，上海：上海社会科学院出版社，2012 年。

② ［美］理查德·内德·勒博：《国家为何而战？过去与未来的战争动机》，上海：上海世纪出版集团、上海人民出版社，2014 年，第 56 页。

帝国找回大国的威信。① 而导致德国参战的主要原因是德国总参谋长小毛奇憎恨法国、希望惩罚法国，因此渴望发动战争。德国的军事实践表明毛奇的进攻性战略是不可能打败法国的，相反，一种好的防御政策却可以打败法俄的联合进攻。但是毛奇隐瞒了这一点，他夸大了德国在1917年前选择进攻性政策的必要性。而首相和德国皇帝之所以被说服采取亮剑政策，主要是出于荣耀和自我确认的原因。②

此外，澳大利亚的学者、墨尔本大学教授杰弗里·布莱内在他的著作《战争的原因》③（Geoffrey Blainey, *The Causes of War*, New York：The Free Press, 1973）中也强调心理因素对于战争决策者的影响。通过对1700年以来大量战争实例的分析，作者批评了现有的关于战争理论解释的不足和自我矛盾之处，同时列出了十多条有关战争爆发原因和战争模式等的新认识。他注重强调对决策者的心理层面分析，指出：事实上，导致战争的重要但常被忽视的因素是乐观的看法，即国家领导人怀抱对战争前景的乐观看法发动了大多数战争。作者用第一次世界大战来证实自己提出的观点，指出一战是由两个国家间的战争引发的，同盟的存在是两国战争演变为世界大战的客观条件之一。但是建立同盟的原因来自于双方对于自己打胜对手的不自信，而导致同盟各国纷纷快速加入战团的原因则是双方对于战争的短暂性的乐观预期。双方都相信战争通过一次决定性的战役将很快结束，因此都希望能够一举获胜。双方的判断都是乐观的，但都是错误的。总之，决策战争的人对于战争的未来前景抱有错误的乐观态度是导致一战爆发的重要原因之一。

与华尔兹的理论相比，上述侧重于心理动机分析的决策论对于战争原因的解释显得单一和单薄，缺少其他两个层次影响的分析。但是对于理解一战爆发的决策因素仍有指导意义。

总　结

本文前面论及的五种国际关系理论分属不同的理论流派，其中层次分析理

---

① ［美］理查德·内德·勒博：《国际关系的文化理论》，第277—280页。
② ［美］理查德·内德·勒博：《国家为何而战？过去与未来的战争动机》，第37页。
③ ［澳］杰弗里·布莱内：《战争的原因》，时殷弘译，北京：商务印书馆，2011年。

论、权力转移理论、动态差异理论和进攻防御理论都是西方国际关系理论中的支配范式——传统的现实主义理论流派——的分支，而动机决策理论属于后起的建构主义理论。它们对于第一次世界大战起源的分析和解读表面上差异很大：从微观考察决策者的动机到宏观分析国际体系中的权力分布和动态、从心理学的个案分析到军事攻防的抽象推断，但实际上内在联系紧密，都是以层次分析法为基础的补充和深化。其观点无不剖分细缕、见仁见智，对于深化和拓宽有关一战起源的认识和研究极具启示意义。

不过，在借鉴上述理论成果的同时，必须要看到这些成果的理论构建的局限。即它们对于第一次世界大战起源的考察，都是为建构各自抽象的关于战争起源理论服务的。因此，它们在论及一战爆发的原因时，都是先提出理论假设，然后进行验证，一战只是作为论证或检验其理论假设的实证案例来加以解读。这种科学主义的假设＋验证的方法与史学的实证主义方法不同，人为选择史料对象的痕迹比较明显，甚至有些理论假设本身就有需要完善的地方，某些得出的结论与历史事实的复杂性相比显得过于简单化，并不足以说明所有战争的起源。比如层次分析理论是立足于把国际关系当作一个相对静态的对象来研究，认为战争的爆发受某种国际体系结构的制约，但忽略了国际体系的动态变化因素；权力转移理论和动态差异理论补充了层次分析理论的不足，但是过于侧重抽象的理论分析，缺乏对战争的微观解释，因此无法解释战争爆发的内在机制。换句话说，是只考虑外部国际体系的结构，忽视了国家行为的能动性。[1]决策动机理论的分析属于层次体系的个人性格与心理学认知理论的结合，把国家决定战争的原因归结为决策者的意愿，虽然有充分的证据支持，但是显得过于单一和简单化，且忽视了推动或制约国家进行战争的其他因素。[2]

历史是复杂的，战争的起因尤其如此。尽管世界历史上战争不断，但涉及战争爆发的原因，则几乎没有完全一样的具体案例。其原因在于战争与否在本质上取决于人的选择，而不同的人在面对相同的现实时可能会选择不同的对策。战争从来不是单一原因导致的，在历史上无数的战争决策过程中，人的主观因素是与其可利用的条件等客观因素共同发挥作用的。它涉及政治学、经济学、军事学、外交学、社会学、地理学、生物学、心理学和伦理学等，是一个

---

① 林民旺：《选择战争：基于规避损失的战争决策理论》，北京：世界知识出版社，2010年，第6页。

② ［美］约瑟夫·S·奈、［加］大卫·A·韦尔奇：《理解国际冲突与合作：理论与历史（第8版）》，影印版，北京：中国人民大学出版社，2012年。

多学科研究的课题。因此，研究战争的起因就成了一个漫长的进展过程。我们持续不断地研究战争的原因，目的在于要深刻地了解战争，进而为避免战争、控制战争、限制战争乃至消除战争寻找正确的途径。传统史学关于战争起源的研究多侧重具体的战争分析，很难提炼出具有普遍意义的结论；而国际关系理论借鉴科学的研究方法，希望从抽象的理论层面给出答案，其路径虽然不同，但便于从具体史实中提炼抽象的结论。从这个角度来说，为更好地发挥史学鉴今功能，拓宽史学研究的思路和视角，关注和借鉴国际关系理论的相关成果显然大有必要。事实上，从理论上探讨战争的普遍原因能够加深我们对于具体战争的理解。值此第一次世界大战爆发一百周年之际，简单梳理西方国际关系理论学界有关一战起源的不同学说，希望借助多学科的探讨来深化和促进史学界关于第一次世界大战起源的研究，这是本文抛砖引玉的初衷。

（原载《历史教学问题》2014 年第 3 期）

国际联盟与
第一次世界大战后的国际秩序[*]

徐　蓝　首都师范大学历史学院教授

摘要　国际联盟是人类经过一场空前的"大战"之后建立的世界上第一个由主权国家组成的常设国际组织，是主要战胜国根据时代的发展和它们自身的需要，在吸收了欧洲协调体制及其他国际组织运作机制基础上，为维持战后世界和平所建立的国际秩序的典型代表。建立国际联盟的讨论主要在英国和美国之间进行，最终建立的国联以《国际联盟盟约》为国际法的主要依据，从组织机构和组织职能两大方面，构建了战后国际秩序。但是，《国联盟约》在保持和平、维护集体安全、制止战争等决策机制方面存在巨大漏洞和严重问题；国联权力极为有限；大国强权政治盛行，这一切使战胜国通过国联所建立的战后国际秩序残缺不全，在保卫世界和平方面没有做出应有的贡献，反而在客观上助长了侵略。第二次世界大战的爆发标志着以国联为代表的一战后建立的国际秩序彻底破产。

关键词　第一次世界大战　国际联盟　国际秩序　集体安全

国际秩序是指在一定的历史时期内，国际社会主要战略力量之间围绕某种目标和依据一定规则相互作用运行的机制，是指处理国与国之间关系的准则和

---

　*　本文为国家社科基金重大项目"20 世纪国际格局的演变与大国互动研究"（11&ZD133）的阶段性成果。

行为规范。① 近代以来，随着资本主义生产方式的形成、确立和发展，欧洲的民族国家在连绵不断的战争中兴起，经济联系日益紧密，主权意识愈加明确，国际关系也逐渐走出中世纪。以 17 世纪威斯特伐利亚体系②的建立和 19 世纪维也纳体系③的建立为标志，可以看到人类在建立新型国际关系和国际秩序方面的不断努力。第一次世界大战后建立的国际联盟，是一战后建立的凡尔赛—华盛顿体系的重要组成部分，也是战后国际秩序的典型代表。

　　国际联盟是人类经过一场空前的"大战"④ 之后建立的第一个由主权国家组成的常设国际组织，是 20 世纪国际政治的重大发展。学术界自其诞生之日起就开始了对它的研究。⑤ 国际学术界的研究主要集中在国际联盟对国际法发展的影响、美国在筹划战后世界新秩序和建立国际联盟中的作用、国联在寻求集体安全方面的努力、对国联历史的整体考察、国联与各大国之间的关系，以及国联各分支机构的活动等方面。⑥ 国内学术界对国际联盟的认识和研究，主要集中在中国人对国联的认识与活动参与、美国和英国在建立国联时的政策、

---

① 徐蓝：《20 世纪国际格局的演变———一种宏观论述》，《历史教学》2013 年第 10 期（下半月刊），第 3—13 页。

② 威斯特伐利亚体系是 1648 年欧洲在经历了三十年战争后建立的第一个具有现代意义的国际关系体系。它确立了国际关系中国家主权的独立性、统一性、不可分割性，开创了召开国际会议解决国际争端恢复和平的先例，但没有建立有效的解决和处理冲突的机制。

③ 有关维也纳体系的内容，详见本文第一部分。

④ 1939 年以前，人们从未使用"第一次世界大战"这个术语，而是将 1914—1918 年的战争称为"大战"（The Great War），直到 1939 年的大战在欧洲再次来临，才有了第一次世界大战这个术语。

⑤ 国际联盟于 1920 年建立，而国际政治学作为一门独立的学科，也正式形成于 20 世纪 20 年代，这并不仅仅是巧合，而是与以国际联盟为代表的国际政治的发展密切相关。

⑥ 如：John Eugene Harley, *The League of Nations and the New International Law*, New York City：Oxford University Press，1921；Alfred Zimmern, *The League of Nations and Rule of Law*, *1918-1935*, London, New York：The Macmillan Co.，1936；Lloyd E. Ambrosius, "Woodrow Wilson, Alliances, and League of Nations," *The Journal of the Gilded Age and Progressive Era*, vol. 5, no. 2, Apr.，2006, pp. 139-165；George W. Egerton, "Collective Security as political myth：Liberal Internationalism and the league of Nations in Politics and history," *The International History Review*, vol. 5, no. 4, Nov.，1983, pp. 496-524；F. P. Walters, *A History of The League of Nations*, vol. 2, London, New York, Toronto：Oxford University Press, 1952（华尔脱斯：《国际联盟史》上下卷，汉敖、宁京、封振声译，北京：商务印书馆，1964 年）；George Scott, *The Rise and Fall of the League of Nations*, London：Hutchinson & Co. Ltd. 1973；F. S. Northedge, *The League of Nations*, *Its Life and Times*, *1920-1936*, Leicester：Leicester University Press, 1986；Stephen Pierce Hayden Duggan, *The League of Nations*, *the Principle and the Practice*, Boston：The Atlantic Monthly Press, 1919（Read Books, 2008；Hardpress Publishing, 2012）；George W. Egerton, "The Lloyd George Government and the Creation of the League of Nations," *The American Historical Review*, vol. 79, no. 2, Apr.，1974, pp. 419-444，等等。

国联在"九一八事变"中的表现，以及国联对国际政治发展的影响等方面。①

可以看出，国内外学术界对国际联盟的研究已经有许多重要的研究成果，但是，把国际联盟与一战之后国际秩序联系起来进行研究的论述尚不多见，特别是国内学术界对国联的研究还有较大的拓展余地。本文力图在前人研究的基础上，通过对这一国际组织的产生背景和过程的勾勒，以及对国联盟约的文本分析，对国际联盟所代表的第一次世界大战后的国际秩序进行论述，以就教于方家。

一、国际联盟的起源

国际联盟作为一战后世界上第一个由主权国家组成的常设国际组织，并不是政治家凭空臆想出来的，而是一战的战胜国根据时代的发展和自身的需要，在吸收 19 世纪的欧洲协调体制以及其他国际组织的运作机制的基础上创建的。

19 世纪初，打败拿破仑帝国的战胜国英国、俄国、奥地利、普鲁士和复辟的法国召开维也纳会议。会议根据强权政治原则，通过战胜国对战败国财产的瓜分，任意安排小国领土、摆布小国命运，满足了战胜国瓜分领土的野心，重新划分了欧洲的政治版图，建立了维也纳体系。该体系依靠英、俄、法、奥、普的实力均衡共同维持着欧洲的稳定与和平，成为一个五极均势结构。在这个五极结构中，英国因其在各方面优势地位明显，几乎成为全球霸主。意大利、德意志则依然处于分裂状态。上述状态是五国形成均势的必要保证。

此外，为防止大国因意图称霸欧洲大陆而爆发新的大规模战争，欧洲国家开始采用"会议外交"的方式，即通过定期国际会议的形式对列强间的矛盾及

---

① 《顾维钧回忆录》第一分册，中国社会科学院近代史研究所译，北京：中华书局，2013 年（本书由中华书局 1983 年初版，经过修改错误、增加照片后，于 2013 年再版），第 153—154 页；唐启华：《顾维钧与北京政府对国际联盟的参与（1919—1922）》，载金光耀主编：《顾维钧与中国外交》，上海：上海古籍出版社，2001 年，第 86—112 页；韩莉：《新外交·旧世界——伍德罗·威尔逊与国际联盟》，北京：同心出版社，2002 年；徐蓝：《英国与九一八事变》，《北京师范学院学报》1989 年第 6 期，第 24—33 页；刘建武：《有关日本侵占东北后国际联盟调处的几个问题》，《抗日战争研究》1992 年第 1 期，第 95—109 页；吴于廑、齐世荣主编：《世界史》（全 6 卷），现代史编上册，北京：高等教育出版社，1994 年，第四章第三节；李一文、马风书编著：《当代国际组织与国际关系》，天津：天津人民出版社，2002 年，第一章第二节；于琳琦：《国际联盟的历程》，哈尔滨：黑龙江人民出版社，2003 年；李铁城：《联合国宪章与国联盟约的历史比较》，《世界历史》1992 年第 5 期，第 2—11 页，等等。

利益纷争进行仲裁与协商，以保持欧洲的协调，维护大国的利益、和平与均势。这一机制也被称为"欧洲协调"，① 亦称"共管均势体制"。这一机制要求欧洲大国遵守维持欧洲安宁与平衡的两项原则：其一，是各大国要克制在欧洲扩张领土的野心，尽量避免发生大规模战争；其二，当欧洲大陆的内乱或国家间争斗即将引发战争时，各大国要努力以和平的方式解决争端。其做法通常是举行国际会议。于是，这种合作共管方式使均衡、克制与合作成为拿破仑战争后 40 年的欧洲政治的标志。②

可以看出，为应对形势的变化，维也纳体系的缔造者已初步建立了一种定期会晤协商的程序，这表明，大国决策已兼顾多种因素并将其制度化了。③ 有学者认为，这种制度化安排是对潜在的国际冲突进行监督和控制的一种机制，实际上已成为当时管理欧洲国际关系事务的重要国际机构，④ 尽管 19 世纪后半期出现的一系列局部战争不断削弱"欧洲协调"机制，然而欧洲没有发生如拿破仑战争那样的大规模战争也是事实，从而使资本主义得以迅速发展。这种"会议外交"也成为 19 世纪国际和平组织的最初萌芽。⑤ 由此可见，尽管"欧洲协调"还不具备正式国际组织的形式和机构，对各国是否参加会议也没有约束力，但在力图维护欧洲的均势与安全方面，还是比威斯特伐利亚体系更胜一筹。

然而，任何的"实力均衡"都是相对的，而实力的不平衡则是绝对的。在维也纳体系维持了约一个世纪后，它既没有消除欧洲各大国的扩张野心，也没有停止它们之间的明争暗斗。随着 19 世纪 60—70 年代后欧洲列强实力对比的变化，美国的崛起和要求对美洲事务的独占控制以及东亚日本的崛起，从欧洲外部对维也纳体系构成挑战。列强竞相对外扩张瓜分世界，矛盾不断尖锐，最终把一个在欧洲历史上屡见不鲜的暗杀事件演变成一场"大战"。与此同时，以"欧洲协调"为其主要特征的维也纳体系也荡然无存。尽管如此，体现"欧

---

① R. W. Seton-Watson, *Britain in Europe, 1789 - 1914: A Survey of Foreign Policy*, Cambridge: Cambridge University Press, 1938, p. 48; Gordon A. Craig and Alexander L. George, *Force and Statecraft, Diplomatic Problems of Our Time*, Oxford: Oxford University Press, 1990, pp. 43-51.

② 迈克尔·曼德尔鲍姆：《国家的命运：19 世纪和 20 世纪对国家安全的追求》，军事科学院外国军事研究部译，北京：军事科学出版社，1990 年，第 4—5 页。

③ 参见 Kalevi J. Holsti, "Peace and War, Armed Conflicts and International Order 1648 - 1989," *Cambridge Studies in International Relations*, Cambridge: Cambridge University Press, 1991, p. 135.

④ Ibid., pp. 135-136.

⑤ 参见迈克尔·曼德尔鲍姆：《国家的命运：19 世纪和 20 世纪对国家安全的追求》，第 5—6 页。

洲协调"的"会议外交"，仍然是维也纳体系留给后世的遗产。

国际联盟的另一个参照物，是已经运作多年的国际行政组织。

19世纪随着工业革命向前推进，一些国际机构便根据行业的需要建立起来，其目的是促进各行政部门之间的国际合作，解决纠纷，并拥有监督成员国该行政部门的权力，如1865年建立的国际电报联盟、1973年成立的国际气象联盟、1874年创立的万国邮政联盟、1875年的国际度量衡组织、1883年成立的国际保护工业产权联盟，等等。这些组织，也被称为"国际行政组织"或"国际行政联盟"。到1914年这样的组织已经有30多个。此外还有一些非官方的国际团体，如1864年建立的国际工人协会（即第一国际）、1889年的第二国际和各国议会联盟，以及许多有关宗教、科学、文学、体育的团体。

这些国际组织的运作有一些共同特点。第一，它们建立了比较完善的常设机构，包括由全体成员国组成的大会和由部分成员国组成的理事会，以及类似国际秘书处的机构，如国际电报联盟设立的总秘书处。这三级机构一直为以后的各类国际组织所效仿。第二，在长期的发展过程中，它们制定和改进了各种程序规则，如各机构的投票程序，多边条约的起草、通过和生效程序等。第三，它们的工作仅限于行政技术事项，并不具有政治上的任何约束力。但是，这些国际组织的成立和运行具有重要意义，它们不仅规范和维护了相关的行政与行业之间的行为和利益，而且为以后新的主权国家政府之间的常设国际组织的成立和运作奠定了基础。

另外，自17世纪格劳秀斯（Hugo Grotius）出版《战争与和平法》（*The Law of War and Peace*）一书以后逐渐发展起来的近代国际法，特别是一直缓慢而不断发展的通过仲裁方法和平解决国际争端的观念，以及和平主义运动，也成为国际联盟起源的有机组成部分。1815年至1900年间，提交仲裁的国家之间的争端和分歧达两百次左右，其中绝大多数案件的争执双方都适当执行了仲裁员的仲裁；而且这些提交仲裁的问题，没有一件成为以后战争的起因。[①]1899年和1907年的两次海牙和平会议，分别签订了《和平解决国际争端公约》（Convention for the Pacific Settlement of International Disputes），规定"各缔约国承认仲裁是解决一般属于法律性质的争端和特别关于国际条约的解释或使用的

---

① 参见华尔脱斯：《国际联盟史》上卷，汉敖等译，北京：商务印书馆，1964年，第13—14页。

争端的最有效、同时也是最公允的方法"。① 不仅如此，出席 1899 年海牙和平会议的 26 国还签署了设立常设仲裁法院的公约。② 1903 年，英国与法国缔结条约，同意以仲裁方法解决所有不影响它们的重要利益、独立、荣誉或第三国利益的法律性质的争端。这一做法为其他许多国家所效法。

19 世纪的反战运动与世界和平运动也有所发展。1815 年，第一个和平协会在纽约成立，此后数年间，伦敦、日内瓦、巴黎也成立了类似的协会。这些和平协会的会员谴责一切战争，甚至包括自卫战争，并举行国际会议扩大他们的影响。③ 1889 年在巴黎召开了第一届国际议员大会和世界和平大会，并出版了奥匈帝国女作家、和平运动的先驱贝莎·冯·苏特纳（Bertha von Suttner）的反战长篇小说《放下武器》（*Down with Weapons*），在世界上引起了很大反响。④ 以后世界和平大会多次举行，成为大战前最重要的国际和平运动；国际议员大会后来改名为"国际议员联盟"，吸收各国议会中支持和平运动的议员，总部设在伯尔尼，大战前每年举行一次会议；它与两年后成立的国际和平署（总部也设在伯尔尼），成为这一时期最重要的国际和平组织。1895 年发明家诺贝尔在将其 920 万美元的遗产设立诺贝尔奖时，列上了一项和平奖，并于 1901 年开始颁授。一般来说，诺贝尔和平奖成为对那些为和平做出突出贡献者的最高奖励。⑤ 1911 年，美国钢铁企业家安德鲁·卡内基（Andrew Carnegie）设立了总额为 1000 万美元的卡内基和平基金会，主要用于资助战争与和平方面的研究，美国的大部分和平组织都获得过该基金的资助。据统计，到大战爆发前，欧美国家约有 100 万人参加过包括为和平募集资金、宣传和平并游说政客在内的和平活动。⑥

但是，在第一次世界大战前越来越狂热的帝国主义、民族利己主义、沙文

---

① 劳特派斯修订：《奥本海国际法》下卷第一分册，王铁崖等译，北京：商务印书馆，1981 年，第 18 页。不过公约未能规定签字国在承担仲裁方面的任何义务。

② 1902 年开始工作的常设仲裁法院至今仍然存在，它独立于其他国际组织之外，截至 2000 年该公约有 89 个签约国，其国际局设在海牙。见联合国网址、国际法院网址：http：//www.un.org；http://www.icj-cij.org。

③ 参见华尔脱斯：《国际联盟史》上卷，第 15 页。

④ 贝莎·冯·苏特纳是诺贝尔的老朋友，她的小说出版后，据说诺贝尔致信贝莎，称那是一部"值得景仰的杰作"。据研究，诺贝尔之所以设立和平奖，也是受到她的和平运动的影响并由她促成的。1891 年贝莎创立了奥地利和平组织。她本人也于 1905 年获得诺贝尔和平奖。

⑤ 需要指出的是，诺贝尔和平奖也由于评委的政治偏见发给了一些并不应该获得这一殊荣的人。

⑥ Sandi E. Cooper, *Patriotic Pacifism: Waging War on War in Europe, 1815 – 1914*, Oxford: Oxford University Press, 1991, p. 8.

主义和军国主义宣传面前，要求和平的呼声十分微弱，不足以对现实政治产生重大影响，而当时的大多数政治家和军事家也信奉用战争手段解决争端，因此，当 1914 年 8 月欧洲各国为一个具体的国家之间的争端而宣布参加到这场帝国主义的战争时，我们看到的是聚集在这些国家首都的人群欢呼雀跃，是支持政府进行战争的所谓"爱国主义"喧嚣。

然而，正是第一次世界大战，才将建立国际联盟提上了议事日程。

1914 年爆发第一次世界大战之时，资本主义大国已发展到垄断阶段，即帝国主义阶段，交战方均以重新瓜分世界和争夺全球霸权为最终目标。这就使得这场战争从一开始就具有双重性，即牵动全球的世界性和影响整个人类社会生活的总体性，成为人类历史上前所未有的"大战"。但是，战争的发展进程却出人意料。大战爆发之初，各国的文官政府主要考虑的是如何及时应战，以避免削弱自己，壮大对手；军方则仍然停留在 19 世纪的战争思维上，以为靠一两次关键性的战役便高下立见，就像当年的拿破仑战争或普法战争那样。但由于时代背景的变化，战争的发展轨迹却完全与各国决策者的主观意愿背道而驰：长期阵地战的僵局摧毁了他们速战速决的侥幸心理，长期消耗的总体战又将各国的全部国力及其殖民帝国也卷入其中，使整个社会基础受到了空前重创。

大战的爆发和战争的长期化，使全世界饱受战乱之苦的普罗大众对和平社会有强烈的期待，导致世界和平运动大大发展。与此同时，几乎所有交战国和中立国的政治家认为，"欧洲协调"已崩溃，应建立一个国际常设组织来防止战争爆发。1915 年 5 月英国成立的"国际联盟协会"（League of Nations Society）[①] 和几乎在美国同时成立的由前总统威廉·塔夫脱领导的"实现和平联盟"（League to Enforce Peace）都主张建立这种组织。政府的一些官员在支持本国进行战争的同时，也间接支持建立国际联盟的思想。例如，当时的英国首相赫伯特·阿斯奎斯（Herbert Asquith）和外交大臣爱德华·格雷（Edward Grey）不仅在公开演说和秘密通信中，并且通过非正式鼓励英国的"国际联盟协会"的行动表示支持组织国际联盟的主张。[②] 正如曾任国际联盟副秘书长的

---

① 国际联盟这个名称在 1914 年还不出名，到 1915 年春就已经很流行了。它可能是从已经用了多年的法国名词 Société des Nations（国际联合会）修改而来的，这个名词是曾于 1895—1896 年担任过法国总理的勒翁·布尔日瓦（Léon Bourgeois）1908 年发表的一本书的书名。见华尔脱斯：《国际联盟史》上卷，第 23 页注释①，第 21 页注释②。

② 参见华尔脱斯：《国际联盟史》上卷，第 23—24 页。

华尔脱斯所说："各国必须找出某种办法来保证以后不会再有这种事发生。这就是促使国际联盟成立的有效的原动力和动机。这个运动的确是由于憎恨战争的情绪所引起的，但它不是一个和平主义者的运动。与此相反，它在各处都根据这样一个信念，就是防止战争的任何有效体系都必须得到爱好和平国家的联合力量的支持。"①

二、英美等国关于建立国际联盟的讨论

建立国际联盟的讨论主要是在英国和美国之间进行的。

美国参战前，英美两国对建立新的世界秩序并没有具体的考虑，但是对建立国际联盟已经有了一定的共识，尽管它们的出发点并不相同。英国之所以首先向美国提出战后建立国际联盟的一个重要原因，是希望为美国参战寻找一个令人满意的理由。1915 年 9 月 22 日，英国外交大臣格雷致信美国总统威尔逊的密友兼顾问豪斯上校。格雷在信中问到，总统会对一个旨在削减军备、和平解决争端的国际联盟有多大兴趣？"总统会提出建立一个国际联盟吗？如果任何国家违反协定，或在有争端时定要诉诸武力解决的情况下，联盟将把各国联结在一起，共同抗之。"② 当时的美国尚未参战，以中立的立场调解欧洲的冲突，③ 因此，威尔逊既要继续在战争中保持中立，又希望战后建立国际联盟。1915 年 12 月 24 日，威尔逊在给豪斯的关于调解的指令中，第一次提到国际联盟："我们只关心未来的世界和平，只对此做出保证。唯一可能的保证是（A）陆军和海军的裁军以及（B）一个确保每一个国家都反对侵略和维持海上绝对自由的国际联盟"。④ 1916 年 5 月 16 日，威尔逊在给豪斯的信中，再次申明美

---

① 华尔脱斯：《国际联盟史》上卷，第 23 页。

② 参见亨利·基辛格：《大外交》，顾淑馨等译，海南：海南出版社，1997 年，第 199—200 页；H. F. Hinsley, *British Foreign Policy under Sir Edward Grey*, Cambridge：Cambridge University Press, 1977, p. 474. 后者引用的原文较前者更详细些。

③ 大战爆发前夕和战争爆发后，豪斯上校曾以私人身份多次到欧洲调解欧洲各国的冲突。但是美国的既要保持中立不承担任何义务，又要对交战双方进行调解而实际参与欧洲事务的矛盾态度，使交战双方都不可能接受美国的调解，美国的调解也绝不可能成功。1917 年 1 月 31 日，德国通知美国政府它决定进行无限制潜艇战，标志美国调解的彻底失败。

④ Charles Seymour, eds., *The Intimate Papers of Colonel House*, vol. 2, Boston & New York：Houghton Mifflin, 1926, pp. 109-110.

国关于战后国际联盟的基本观点，即国际联盟应该是通过多国合作来防止战争和侵略的国际组织，其要点是保证主权独立和领土完整。① 由此可见，美国的本意是通过集体安全来维护战后的世界和平。

但是，英国并不接受集体安全原则，而是坚持传统的以欧洲协调和均势来维持战后的国际秩序。例如，1917年年初，英国战时内阁（War Cabinet）和帝国战时内阁（Imperial War Cabinet）的秘书莫里斯·汉基（Maurice Hankey）② 准备了一个提供内阁讨论的文件，其中确定了战争爆发以来已经出现的有关建立未来国际组织的三种选择：1. 包括建立"一个类似'促进和平联盟'（League to Enforce Peace）那样的国际组织"；2. 构建"一个1815年以后形成的以'欧洲协调'（Concert of Europe）为特征的联盟"；3. 简单的回归"一个势力均衡性质的组织"。③ 在这三种选择中，完全看不到美国所希望的集体安全的影子。

1917年4月7日，美国终于放弃中立立场，参加到协约国一方对德奥集团作战。于是，对美国政府来说，建立国际联盟就成为美国作为参战国的主要战争目标之一。1917年11月7日俄国爆发的十月革命和列宁提出的"和平法令"（Decree on Peace），则从另一个方面促使英、美等国对战后国际秩序的考虑具体化。

十月革命后的第二天，布尔什维克就提出了列宁起草的"和平法令"。该法令建议所有交战国立即停战，并宣布俄国退出战争，要求进行和平谈判，并宣布了布尔什维克的民族自决权思想，要求立即缔结的和平条约。由于协约国没有回复苏俄政府的要求，苏俄便开始与德国谈判。

在这种情况下，英国和美国的领导人也被迫在战争目的上表态，以树立起自己的和平形象。正如当时英国联合内阁的首相劳合-乔治在其回忆录中所说："俄国工人政府的态度对我们的工厂工人产生了干扰。所以我们认为需要就协约国的战争目的发表一个详尽的、精心制定的和权威性的声明，以便消除公众的疑虑。"④

---

① Charles Seymour, eds., *The Intimate Papers of Colonel House*, vol. 2, pp. 296-297, note. 1.

② 莫里斯·汉基在英国政府中担任过各种重要的秘书职务，在政策制定过程中拥有很大的影响和权力。有关汉基的生平，参见 Stephen Roskill, *Hankey: Man of Secrets*, vol. 2, London: Collins, 1970, 1972。

③ George W. Egerton, "The Lloyd George Government and the Creation of the League of Nation," *American Historical Review*, vol. 79, no. 2, Apr, 1974, pp. 419-444.

④ Lloyd George, *The Truth about the Peace Treaties*, vol. 1, London: V. Gollancz, 1938, p. 67.

1918 年 1 月 5 日, 劳合-乔治在与工会代表见面时, 发表了关于战争目的的声明。他表示, 英国的作战目的之一就是 "通过建立某种国际组织来设法限制军备的负担和减少战争的危险"。[①] 1 月 8 日, 美国总统威尔逊也在国会众参两院联席会上发表了建立 "世界和平的纲领", 即阐明美国作战目的的 "十四点" 原则, 其中他特别强调最后一点—— "为了大小国家都能相互保证政治独立和领土完整, 必须成立一个具有特定盟约的普遍性的国际联盟", 并认为 "这是达到永久和平的全部外交结构的基础"。另外, "十四点" 中的第 1 点至第 4 点也与国联的计划密切相关, 即: 公开外交; 海上自由, 只有通过国联的行动才能进行封锁; 消除贸易壁垒; 裁减军备。[②] 在这里, 威尔逊再次强调了集体安全原则。接着, 英、法、美继续研究并分别制定了组织国际联盟的方案。

到巴黎和会召开前, 英国对建立国际联盟的问题已经形成了一些重要文件, 包括 1918 年 3 月 20 日提出的费立摩尔报告,[③] 12 月 16 日南非国防部长史末资将军发表的小册子《国际联盟: 一个切实的建议》,[④] 以及 12 月 17 日公布的罗伯特·塞西尔勋爵的 "塞西尔方案"。[⑤] 这些文件反映了英国政府对国际联盟的一些重要考虑: 1. 国际联盟的建立是为了保障和平; 2. 国联应包括绝大多数国家, 但不包括战败国; 3. 如果有关各方愿意, 应该通过大国仲裁解决国

---

① 这篇讲演的全文, 见 Lloyd George, *The War Memoirs*, Vol. V, London: Ivor Nicholson & Watson, 1936, pp. 2515-2527。其中还谈到恢复比利时独立、阿尔萨斯和洛林归还法国、俄国问题以及民族自决权等问题。实际上, 劳合-乔治为了选举的需要, 曾经向选民承诺 "把国际联盟变成现实"。Trevor Wilson, *The Downfall of the Liberal Party, 1914-1935*, Ithaca, NY: Cornell University Press, 1966, p. 145.

② "十四点" 及美国官方对它的注解, 见齐世荣主编:《世界通史资料选辑·现代部分》第一分册, 北京: 商务印书馆, 1998 年第二版, 第 3—12 页。有关第一次世界大战后期协约国和美国围绕苏俄与德国媾和及和平问题展开的外交活动和斗争, 详见齐世荣:《论 1917 年底至 1918 年初真假和平的斗争》,《世界历史》1982 年第 1、2 期, 分别见第 1—7 页、第 48—55 页。

③ 罗伯特·塞西尔曾任英国外交部政务次官和联合内阁封锁大臣, 后受封为子爵, 是英国负责起草国联方案的主要负责人, 他先后制订了几个方案。1917 年 11 月又成立了以费立摩尔勋爵为首的、包括外交家、律师和历史学家的委员会, 以塞西尔的方案为基础展开工作。参见华尔脱斯:《国际联盟史》上卷, 第 29、34 页; George W. Egerton, *The Lloyd George Government and the Creation of the League of Nation*, p. 428. 英国的考虑, 还可参见 Kenneth Bourne and D. Cameron Watt, eds., *British Documents on Foreign Affairs (BDFA): Reports and Papers from the Foreign Office Confidential Print*, Part Ⅱ: *From the First to the Second World War*, Series J: *The League of Nations, 1918-1941*, vol. 1, *Britain and the League of Nations, 1918-1941: Attitudes and Policy*, University Publications of America, 1992, pp. 299-301。

④ *BDFA*, Part Ⅱ: Series H: The First World War, 1914-1918, Vol. 4, The Allied and Neutral Powers: Diplomacy and War Aims, Ⅳ: July-November 1918, University Publications of America, 1989, pp. 247-250.

⑤ George W. Egerton, *The Lloyd George Government and the Creation of the League of Nations*, p. 433.

际争端；4. 在争端经仲裁员或仲裁会议考虑之前，签约国不应进行战争，无论如何不应该对遵守仲裁裁决或会议报告的任何签约国进行战争；5. 如果有任何签约国破坏它所做的保证，其他国家应该认为它们对这个国家处于战争状态，它们将联合采取陆军的、海军的、财政的以及经济的手段，去阻止对盟约的破坏；6. 与非签约国之间的争端，也应以同样的方法解决；7. 裁减军备；8. 俄罗斯帝国、奥匈帝国和奥斯曼土耳其帝国的殖民地实行委任统治；9. 国际联盟的组织体系和决策机制，包括在国联建立行政院和一个常设秘书处来处理日常行政事务；10. 大国会议是国联的轴心，举行大国首脑和外交部长会议处理威胁世界和平的问题；11. 在行政院中大国要占有绝对优势，等等。

可以看出，英国的方案仍然不主张集体安全，它不仅将战败国排除在外，也没有各国相互保证领土完整和政治独立的内容，英国希望建立的是一个大国讨论与仲裁的国际机构，这恰恰是 19 世纪的大国势力均衡的遗产。在关于殖民地的委任统治方面，该方案并不包括德国的殖民地，其目的是排除英国在战后获得德国殖民地的障碍。

在法国，以勒翁·布尔日瓦为领导的法国委员会也提出了自己的国联草案。其内容包括：通过仲裁解决国际争端；对破坏盟约国家实行各种制裁；设立一个拥有常设总参谋部的总司令；初步提出了一个常设组织的设想，如要求全体成员国每年开会一次，并任命一个较小的机构，对其赋予某些有限的秘书任务等。①

美国的国联方案出台较晚。美国在提出国联方案之前推动的泛美盟约的谈判，对其后来提出的国联盟约方案具有直接的影响。1914 年底至 1916 年底，美国在与拉美国家进行的断断续续的泛美盟约谈判的过程中，提出了重要的集体安全主张：美洲各共和制的政府共同且相互保证政治独立和领土完整；以和平方式解决一切边界及领土争端；如果发生争端的双方无法自身解决，须先将争端提交一个国际委员会，该委员会将对争端进行为期一年的调查，如果调查仍然不能解决问题，则通过仲裁方式解决；美洲国家不得允许在其领土内装备

---

① 参见华尔脱斯：《国际联盟史》上卷，第 34 页。但是，法国关于建立一支国际军队或成立一个国际参谋部的建议，遭到了英美的一致反对。他们害怕这个参谋部会落到法国元帅福熙手中，因为他们不同意福熙对德国的过于强硬的态度。让-巴蒂斯特·迪罗塞尔：《外交史（1919—1978）》上册，李仓人等译，上海：上海译文出版社，1982 年，第 60 页。

反对其他国家的革命武装，并禁止以军火接济邻国和反政府的革命者。①

美国参战后，陆续提出了几个有关国联的重要文件，包括 1918 年夏天的"华盛顿草案"、1919 年 1 月 8 和 18 日威尔逊的两个"国联盟约巴黎草案"。② 这些文件是在美国自己主张的基础上，吸收了英国的一些思想而形成的。主要内容包括：1. 支持成立国际法庭；2. 以仲裁作为解决国际争端的主要方法；3. 提出全面封锁作为制裁手段，并同意用武力去实施封锁；4. 坚持国联成员国相互保证领土完整与政治独立；③ 5. 同意在保证领土完整和政治独立的同时，在民族自决的原则下进行必要的领土调整，但对领土调整要进行补偿；6. 各国军备必须裁减，裁军由行政院直接负责；7. 规定行政院由大国外交代表和少数几个小国的代表组成，并提出通过大国的一票否决权而使大国能够在行政院中起到领导作用；8. 将德国的前殖民地包括在委任统治之中，同时强调在委任统治地区实行门户开放、"种族平等"和"宗教信仰自由"政策，等等。可以看出，美国仍然主张集体安全。

1919 年 1 月 18 日，巴黎和会正式开幕。1 月 22 日，经过英美协商，确定了盟约起草委员会的组成，其中英、美、法、意、日五个大国各派出 2 名代表，其他小国共派出 5 名代表，美国总统威尔逊为该委员会的主席，从而使大国主宰了国联盟约的起草。④

1 月 25 日，会议就建立国际联盟问题做出决议：1. 为了维持参战国目前会议所要达到的世界安定，必须建立一个国际联盟来促进国际合作，保证公认

① Charles Seymour, eds., *The Intimate Papers of Colonel House*, vol. 1, Boston & New York: Houghton Mifflin, 1926, pp. 207-234. 该著作收录了 1915 年 11 月的泛美盟约草案 1917 年 4 月美国参战，终止了泛美盟约的谈判。

② 这三个文件分别见 Charles Seymour, eds., *The Intimate Papers of Colonel House*, vol. 4, Boston & New York: Houghton Mifflin, 1928, pp. 27-36; Arthur S. Link, eds., *The Papers of Woodrow Wilson*, vol. 53, *November 9, 1918-January 11, 1919*, Princeton, NJ: Princeton University Press, 1986, pp. 678-687; *The Papers of Woodrow Wilson*, Vol. 54, *January 11-February 7, 1919*, Princeton, NJ: Princeton University Press, 1986, pp. 138-148.

③ 美国代表团内部对威尔逊的国联原则存在异议，例如国务卿蓝辛就不同意相互保证政治独立和领土完整，希望以强制仲裁取代保证。因此威尔逊在第二个巴黎草案中，曾一定程度上考虑了蓝辛的意见，把原来的相互保证政治独立和领土完整改为"反对外来侵略"。但威尔逊最终坚持将相互保证政治独立和领土完整写进了盟约中。

④ 盟约起草委员会中包括中国代表顾维钧。小国代表抗议大国代表过多，又吸收了 4 个小国的代表，使小国代表增加到 9 人。

的国际义务的实施和提供防止战争的保证。2. 这个联盟的建立应该作为总的和平条约的不可分割的一部分，凡相信可以促进它的目标的文明国家都可以参加。3. 国联会员国应该定期举行国际会议，并应设立一个常设的组织和秘书厅在会议休会期间处理国联的事务。①

威尔逊总统对巴黎和会抱有很大希望。他在赴欧洲前曾对当时中国驻华盛顿的公使、参加巴黎和会的中国代表团成员顾维钧"反复申述他在著名的'十四项原则'中论述过的原则，他说，要想世界永久和平，必须有一个新秩序。不应再用老一套的外交方式来解决战争问题，战胜国不应要求割地赔款；应该废除秘密外交，应该通过建立维护世界和平的组织来创立新秩序"。② 但是，面对协约国之间的错综复杂的秘密条约，面对一定要通过德国割地赔款而彻底削弱德国的法国政府，面对希望维护势力均衡的英国当局，威尔逊的打算不可能全部实现。

从 2 月 3 日起，国联委员会召开一系列会议，讨论以英、美两国国联盟约草案为基础的联合提案。各主要战胜国都力图使自己的利益体现在盟约当中。美国主张允许德国和小国加入国联，指望它们由于在经济上依赖美国而采取追随美国的政策，以体现美国的集体安全原则，还要求由国联管理德国的前殖民地和前奥斯曼帝国的领地，对抗英、法独占殖民地的政策，达到利用这一国际组织实现世界领导权的目的。英国仍然希望国联成为几个大国之间仲裁纠纷的体现势力均衡的组织，用以维护其殖民帝国的利益。法国规定德国不得加入国联，并极力要求得到大量战争赔款和吞并盛产煤、铁的德国萨尔地区，还要求在国联建立一支国际部队，设立国际总参谋部指挥这支部队，监督各国兵力并在必要时采取军事行动，企图通过由法国控制这支部队争霸欧洲，防止德国卷土重来。日本不仅要求得到德国在中国山东的利权，还要求吞并德国在太平洋上的岛屿（包括美国坚持不让的关岛），并要求把种族平等列入盟约，以使日本能无阻碍地向西方移民。意大利则要求吞并阜姆（Fiume）。其他一些恢复或新成立的国家如波兰、捷克斯洛伐克、南斯拉夫等，也都提出了领土要求。一些拉丁美洲国家还希望把门罗主义写进盟约。于是，在国联委员会中各国为了实现自己的目的而展开了讨论甚至是十分激烈的争吵，威尔逊则为了国联的顺

---

① 华尔脱斯：《国际联盟史》上卷，第 39 页。
② 顾维钧：《顾维钧回忆录》第一分册，第 160 页。

利成立，对各国的要求都做出一定的让步。直到 4 月 28 日，威尔逊才代表该委员会提出国联盟约的最后文本。但这个文本已经与威尔逊最初的构想有了很大差别。

1919 年 4 月 28 日，巴黎和会通过了国联盟约，并把它列为《凡尔赛条约》和对奥地利、匈牙利、保加利亚各国和约的第一部分内容。1920 年 1 月 20 日《凡尔赛条约》生效，国际联盟正式成立。当时的会员国是 44 个，战败国和苏俄暂被排除在外，以后发展到 63 个。但是对国际联盟的诞生贡献良多的美国却始终没有加入国联。

尽管在创建国际联盟的整个过程中，美国总统威尔逊起了很大作用，但美国在"十四点"中的许多想法并没有体现在包括《国际联盟盟约》的《凡尔赛条约》中，这就引起了美国统治集团内部的争吵。曾一度支持威尔逊国联计划的共和党领袖亨利·凯博特·洛奇，尤其反对盟约的第十条，而该条款恰恰是威尔逊始终坚持的集体安全条款。该条款规定："联盟会员国担任尊重并保持所有联盟各会员国之领土完整及现有之政治上独立，以防御外来之侵犯。如遇此种侵犯或有此种侵犯之任何威胁或危险之虞时，行政院应筹履行此项义务之方法。"洛奇等人认为，这样的安排使美国承担了更多的义务，可能使美国的外交受到国联的控制，不仅可能使国联染指门罗主义所划定的美国的势力范围，而且最终将引导美国陷入与欧洲事务相关的义务与环境之中，甚至把美国拖入一场情非所愿、与自身重要利益和安全无涉的战争。威尔逊则重申，正在出现的国际秩序不是恢复军备和结盟的旧世界，而是所有国家都应当为其他国家的集体防卫做出贡献的新秩序，此外，他还强调指出如果没有第十条，整个国联的国际主义大厦将难以自立。① 但是，最后共和党还是操纵参议院，以国联盟约没有体现美国的战略目标，却使美国承担了许多义务，从而损害了美国的利益为主要理由，拒绝批准威尔逊已经签了字的《凡尔赛条约》，也拒绝加

---

① William C. Widenor, *Henry Cabot Lodge and the Search for an American Foreign Policy*, University of California Press, 1980, pp. 326-327; Robert James Maddox, *William E. Borah and American Foreign Policy*, Louisiana State University Press, 1969, p. 62; 孔华润（沃沦·I·科恩）主编：《剑桥美国对外关系史》下，张振江、王琛等译，北京：新华出版社，2004 年，第 58 页。

入国际联盟。①

三、以国际联盟为代表的一战后的国际秩序

第一次世界大战的战胜国以《国际联盟盟约》② 为国际法的主要依据，从组织机构和组织职能两大方面，构建了战后的国际秩序。

首先，为了保证这一新建的国际政治组织能够正常运转，并及时而有效地处理世界范围内的重要事务，国际联盟健全了它的主要组织机构和定期召开会议的制度，并对其主要组织机构的职能和决策机制做出规定。

盟约规定：国联的主要机构是会员国全体代表大会，行政院和常设秘书处，这是一个三级体制。代表大会每年9月在日内瓦召开常会一次，必要时可召开特别会议。每个会员国所派代表不得超过3人，但只有1票表决权。行政院由美、英、法、意、日五个常任理事国③和经由大会选出的四个非常任理事国（后来增加到9个）组成，每年至少开会一次，后改为每年开会四次。代表大会和行政院有权处理"属于联盟行动范围以内或关系世界和平之任何事件"（第三条第三款），其决策机制是："除本盟约或本条约另有明白规定者外，凡大会或行政院开会时之决议应得出席于会议之会员国全体同意"（第五条第一款），即"全体一致"原则，或曰"普遍一致"原则、"普遍否决权"。常设秘书处由行政院指定的一位秘书长领导，负责准备大会和行政院的文件、

---

① 美国国会不批准《凡尔赛条约》的主要原因还有两点。一个是大选之前的党派之争，面对共和党控制的国会，批准条约并不容易；另一个是对巴黎和会对中国山东问题的处理不满。1919年7月18日参加巴黎和会的中国代表团长陆征祥电外交部报告其事曰："近日美国上议院关于山东问题争辩甚力，前日开会，某议员至谓与日本宣战亦所不惜，断不能因日本以不入国际联合会，一再要挟，遂将中国数百万之友邦人民，让与日本，义气激昂，深堪钦佩"。顾维钧也在其回忆录中写道："中国的抗议和拒签则在舆论界和参、众两院议员中间得到普遍支持。换言之，美国人民对国联盟约的愤懑原已郁积心头，而和会未能对中国山东问题公平处理一事，无异于对此火上浇油"，"我深信，美国，特别是如果共和党在1920年的选举中获胜的话，不管对国联盟约如何，必将寻求某种有利于中国的办法来修改山东条款"。见王芸生编著：《六十年来中国与日本》第7册，北京：三联书店，1980年，第355页；中国社会科学院近代史研究所译：《顾维钧回忆录》第一分册，第201、203页。

② 本文所引《国际联盟盟约》的内容，均见《国际条约集（1917—1923）》，北京：世界知识出版社，1961年，第266—276页，以下不再注明。

③ 由于美国最终未加入国联，所以国联行政院实际上只有四个常任理事国。后来德国于1926年加入国联并成为常任理事国。

报告和新闻发布工作。

其次，规定了建立国际联盟的主要目的和达到这些目的的手段。从《国际联盟盟约》来看，建立国际联盟的主要目的有三个。

一是维持战后世界的和平与安全，这也是建立国际联盟的根本目的。盟约宣称，国联成立的宗旨在于"为增进国际间合作并保持其和平与安全起见，特允承受不从事战争之义务"（序言）。为了保证这一目标的实现，盟约坚持了美国主张的集体安全原则，规定了会员国应尽的主要义务与职责。包括：

1. 裁减军备。规定会员国"承认为维持和平起见，必须减缩各本国军备至适足保卫国家安全及共同履行国际义务的最少限度"；行政院承担组织裁军的工作，"应在估计每一国家之地理形势及其特别状况下，准备此项减缩军备之计划，以便由各国政府予以考虑及施行"（第八条第一、二款）。

2. 维持和平。为了维持和平，会员国有义务尊重并保持所有联盟各会员国之领土完整及现有之政治上独立，以防御外来之侵犯（第十条）；如果有任何战争或战争威胁，联盟"应采取适当有效之措施以保持各国间之和平"（第十一条）；如果发生争端，应将争端提交仲裁或依司法解决，或交行政院或大会审查（第十二、十三、十五条），并对破坏盟约而进行战争的国家采取经济、军事、政治上的制裁（第十六条）。①

3. 公开外交。会员国要"维护各国间公开、公正、荣誉之邦交"，任何国联会员国所订立的条约或协议应送秘书处登记并由秘书处从速发表，凡是各国之间订立的与国联盟约不符合的条约均应废止（前言、第十八条第一款、第二十条）。

4. 国联有权监督出于对某些国家公共利益之考虑的军械军火的贸易（第二十三条丁款）。

二是管理前奥斯曼帝国领地和德国前殖民地的委任统治制度。

盟约规定了"委任统治"制度，把前奥斯曼帝国的领地和德国的前殖民地委托给国联，由国联再把它们委任给英、法、比、日等主要战胜国进行统治。国联依据这些地区"人民发展之程度、领土之地势、经济之状况、及其他类似

---

① 盟约第十六条并没有出现对违反盟约从事战争者实行"制裁"的字眼，而是使用了"立即与之断绝各种商业上或财政上之关系，禁止其人民与破坏盟约国人民之各种往来，并阻止其他任何一国，不论其为联盟会员国或非联盟会员国之人民与该国之人民财政上、商业上或个人之来往"，以及"遇此情形，行政院应负向关系各政府建议之责，俾联盟各会员国各出陆、海、空之实力组成军队，以维护联盟盟约之实行"等字句。

情形"而将它们分为三类：第一类包括原属奥斯曼帝国的阿拉伯领土，虽然"其发展已达可以暂认为独立国之程度"，但还不能自立，故暂由受委任国给予"行政之指导及援助，至其能自立之时为止"。第二类包括德国在中非的前殖民地，由受委任国"负地方行政之责"，但要担保当地的信仰及宗教自由，并保证其他会员国在该地区"在交易上、商业上之机会均等"。第三类包括德国过去在西南非洲的殖民地和在太平洋上的岛屿属地，受委任国可将它们作为本国领土的一部分，根据本国法律进行管理。盟约还规定，无论是哪一种委任统治，"受委任国须将委任统治地之情形向行政院提出年度报告"；国联成立了常设委任统治委员会，"专任接收及审查各受委任国之年度报告，并就关于执行委任统治之各项问题，向行政院陈述意见"（第二十二条）。但是对于这三类地区何时才能独立，并未做出明确规定。

三是国联成员国的其他义务和责任。

盟约规定：成员国应努力"确保公平、人道之劳动条件"；承允对委任统治地的土著保持公平的待遇；应采取必要的办法，"确保并维持会员国交通及过境之自由，暨商务上之平等待遇"；应"努力采取措施，以便在国际范围内预防及扑灭各种疾病"，鼓励、促进在国内设立志愿者红十字会并与之合作（第二十三条甲、乙、戊、己款，第二十五条）；国联有权监督有关贩卖妇女、儿童，贩卖鸦片及危害药品等各种协定的实行（第二十三条丙款）。

为达到上述目的，国联成立了一些附属机构，包括国际劳工组织、财政经济组织、交通运输组织、卫生组织、难民组织、国际常设法院六个常设机构处理上述问题，还成立了知识委员会等专门委员会以及许多辅助机构，以处理国际范围内的其他问题。

国际联盟的出现不仅反映了 20 世纪的世界已经成为一个息息相关的整体的现实，更表达了人类在经历了一场空前浩劫的大战之后对世界和平的追求与向往。作为世界上第一个主权国家的政府之间组成的常设国际组织，国际联盟是史无前例的国际政治和国际法的重要发展，是各国维护和平、努力用协商和仲裁方式解决国际争端的理念的继续实践。它在推进国际社会有序化，促进国际合作，伸张中小国家正当诉求，以及促进人权与社会福利、改善劳工劳动条件和待遇等方面所做的有益工作，都是人类社会取得的文明进步，并成为人类社会的共同财富，对现代国际组织的运作与发展亦具有重要的影响和深远的意义。正如华尔脱斯所说："国联不论在成功或失败的时候，始终以宪章的形式体现了人类向往和平和一个合理组织起来的世界的热望"。① 英国史学家 E·H·卡尔也认为，国际联盟的"主要宗旨是确保维持和平；它建立国际劳工组织以规定劳工的状况；还建立了对德国放弃的殖民地的政府委任统治制度。1919 年以后，这些机构和制度便成为新的国际秩序的正常的和基本的组成部分了。"②

但是，国际联盟是在一场帝国主义战争之后，作为由战胜国对战败国的媾和条约的组成部分而建立的，因此国联盟约所规定的"为促进国际合作，保证国际和平与安全，承担不从事战争之义务"的宗旨，主要是为了维护以英法为代表的战胜国的既得利益和它们所建立的"国际新秩序"，这是国联的本质，并由此带来了国联与生俱来的缺陷和弱点。这些缺陷和弱点也是那个时代的产物。

首先，盟约在保持和平、维护集体安全的机制上存在巨大漏洞。这里主要指出三点。

1. 盟约在裁减军备方面的规定是空泛的，对各国政府都没有真正的约束力。事实上列强对此也不予理睬，反而时时以国家安全的需要和实行所谓的"国际义务"为由而不肯裁军。因此，尽管自国联成立后就将裁军列入了议事日程并成立了裁军委员会专事裁军工作，但是由国联主导的裁军断断续续进行了十几年而毫无进展，无果而终。③

2. 盟约在制止战争方面存在严重漏洞，主要有两点。

第一点，盟约对国联成员国发动战争留有余地，使制裁发动战争者成为空话。盟约规定，"倘联盟会员国间发生争议，势将决裂者，当将此事提交仲裁或依司法解决，或交行政院审查"（第十二条第一款），"行政院应尽力使此项争议得以解决"（第十五条第三款），"倘争议不能如此解决，则行政院经全体或多数之表决，应缮发报告书，说明争议之事实及行政院所认为公允适当之建议"（第十五条第四款）；但同时规定，"联盟会员国并约定无论如何，非俟仲裁员裁决或法庭判决或行政院报告后三个月届满以前，不得从事战争"（第十

---

① 华尔脱斯：《国际联盟史》上卷，第 6 页。

② E. H. Carr, *International Relations between the Two World Wars 1919-1939*, p.5. 也可见中译本：E·H·卡尔：《两次世界大战之间的国际关系 1919—1939》，徐蓝译，北京：商务印书馆，2009/2010 年，第 3 页。

③ 1922 年 2 月 6 日英、美、法、意、日五国在华盛顿会议上签订的《五国海军条约》，对五国的主力舰总吨位和航空母舰的总吨位规定了限额，对英、美、日三国在亚太地区的军事基地做出了限制。该条约可视为 20 世纪大国之间的第一个裁军协议，但它并不是国联工作的结果。

二条第一款），"如行政院除争执之一方或一方以上之代表外，不能使该院理事一致赞成其报告书，则联盟会员国保留权利施行认为维持正义或公道所必需之行动"（第十五条第七款）。这些规定就意味着所有国联会员国在遵守了三个月的延迟后（即提交争端三个月后）仍然有权进行战争。在这种情况下，盟约所规定的对不顾仲裁或国际法庭判决或行政院审查后提出的报告书而发动战争的会员国实施制裁（第十六条第一款），便成为一句空话，从而给侵略者以可乘之机。

第二点，国联的决策机制存在严重问题。前文已经提到了国联大会和国联行政院形成决议的"全体一致"原则，但同时又规定，"如行政院报告书除争执之一方或一方以上之代表外，该院理事一致赞成，则联盟会员国约定彼此不得向遵从报告书建议之任何一方从事战争"（第十五条第六款）。后者实际上又包含了行政院的一致同意规则的主要例外情况，即争执各方所投的票数不计算在一致同意票之内这一极重要的规则。① 但是这两项规定，不仅使大会和行政院的决策机制矛盾，导致这两个机构的权限分不清楚，而且容易使二者相互掣肘，无法有效工作，还可能使操纵国联的列强对条文做出任意解释，使国联实际失去对侵略行为采取任何有效行动的可能性，因为任何一个会员国都可以阻挠关于制裁侵略的决议通过，同样使制裁侵略的规定成为一句空话。这一根本机制上的问题，不仅使国联无力保护受到侵略的国家，更无法制止战争的发生。② 1931 年日本侵略中国的"九一八事变"及其国联对这一侵略事件的既不援助中国也不制裁日本的做法，特别能够说明这个问题。"九一八事变"发生后，中国政府将其诉诸国联，但是国联或是要求中日双方撤军，或是呼吁双方尽量避免形势恶化，或是慢吞吞地派出调查团，直到 1933 年 3 月日本炮制的伪"满洲国"宣布成立，国联始终没有谴责日本是侵略者。不仅拒绝对其制裁，更拒绝援助中国，实际上是在鼓励日本不断扩大侵略。国联维护世界和平这一重要的宗旨成了一纸空谈。③ 曾任英国首相的温斯顿·丘吉尔在其回忆录中对

---

① 华尔脱斯：《国际联盟史》上卷，第 61 页。这一规定，可视为对美国曾经提出的"一票否决权"的一种有限采纳。

② 《联合国史》的作者埃文·卢亚德深刻地指出，国际联盟的关于保护其他受到侵略的国家的承诺是纯粹自愿的，因此极其软弱无力，而且没有任何价值。Evan Luard, *A History of the United Nations*, vol. 1：*The Years of Western Dominations*, *1945-1955*, New York：St. Martin's Press, 1982, p. 6.

③ 有关国联对"九一八事变"的处理，参见拙著《英国与中日战争 1931—1941》，北京：北京师范学院出版社，1991 年，第二章。该书于 2010 年由首都师范大学出版社再版。

国联在"九一八事变"中的无所作为甚至偏袒日本的处理方式提出批评，认为"正当世界局势非常需要国际联盟的活力和力量的时候，国际联盟在道义上的权威却显出缺乏任何实质的支持。"[①]

还要特别指出的是，在殖民主义仍然存在、殖民地和半殖民地人民无权做出决定，而殖民地宗主国视殖民地事务为自己的国内事务的年代，更无法制止战争。换句话说，"国联盟约给战争造成机会，这不仅在当事国不在场就不能对一个争端做出一致判断的情况，而且还在于争端的起因被判定属于争端一方的国内司法权限范围的情况下"。[②]

其次，国联的权力极为有限，大国强权政治依然主导国际秩序。盟约规定，"国际协议如仲裁条约或区域协议类似门罗主义者，皆属维持和平，不得视为与本盟约内任何规定有所抵触"（第二十一条）。尽管美国最终没有加入国联，但这一对美国的让步，使国联对美国视为其势力范围的中南美洲不能发挥自己的作用。例如，当1926年尼加拉瓜政府指责墨西哥政府涉嫌支持尼加拉瓜的政治反对派并将墨西哥告上国联时，美国政府立即向尼加拉瓜派出了一支舰队，借口是要保护美国人和外国人的生命和财产，而国联则接受了美国的这种暗示，即维持中美洲的和平与秩序不是国联本身需要关心的事情。又如：尽管1922年的埃及已经是一个独立国家，但由于它刚刚摆脱的英国的殖民统治而独立，因此被排除在国联成员国之外。同时，国联也没有将埃及和英国之间的争端作为国际争端来处理。此外，对于一战后划归意大利统治的蒂罗尔的奥地利人所受到的不公正待遇，以及德国境内的犹太人所受到的迫害，国联也无权过问。

第三，盟约标榜要实行公开外交，但是并未废除战胜国之间此前订立的各种秘密条约，相反，在战胜国对战败国的和约中的许多条款，恰恰是这些秘密条约的体现。例如，在巴黎和会上，英美等国为兑现第一次世界大战期间与日本签订的秘密条约，包括英、日共同瓜分一些太平洋德属岛屿、英国承认日本有权继承德国战前在中国山东特权的《英日密约》，美国承认日本在华有"特殊利益"、日本承认美国对华"门户开放、机会均等"政策的《兰辛—石井协定》，便不顾中国的正当要求，强行做出了把德国在中国山东的利权给予日本

---

① 丘吉尔：《第二次世界大战回忆录》第1卷上部第一分册，第130页。
② E. H. Carr, *International Relations between the Two World Wars 1919-1939*, p. 90.

的决定。又如，对前奥斯曼帝国领地和德国前殖民地的委任统治国的选择，也与大战期间协约国于 1915—1917 年达成的一系列瓜分"奥斯曼帝国遗产"的秘密协定和备忘录，[1] 以及《日俄密约》和《英日密约》等，直接相关。因此国联盟约所标榜的公开外交，实际上变成了对世界舆论的一种欺骗。

第四，国联的委任统治制度，是帝国主义列强在战后世界被压迫民族风起云涌的反帝反殖斗争的形势下，被迫对旧的殖民体系进行的改造。它反映了时代的进步，但并没有改变殖民统治的实质。之所以如此，正如 E·H·卡尔所说，因为在"实际上，受托国在多大程度上能宣称它们代表国联行动，是令人怀疑的。这些讨论中的领土是由德国和土耳其割让给协约国和主要参战各国的，它们负责选择委任统治国。国联批准了委任统治条款，并接受来自受托国的有关在它们保护之下的那些领土状况的年度报告。但是国联的作用仅仅限于温和的批评。因为国联并未转让这种托管权，但是显然它也不能取消委任统治。对被委任统治的领土的主权归属于哪里的问题，是一个解决不了的法律难题"。[2] 在这种情况下，委任统治国就把被它们委任统治的领土当作不同程度的殖民地来对待，特别是在第三类委任统治地，其殖民地的性质更为明显。

第五，由于美国始终拒绝加入国联，[3] 苏联长期被拒之门外，日本、德国和意大利相继退出，不受盟约的约束，国联并不具有真正的普遍性和权威性，从而使集体安全更加有名无实。

第六，国联成立的财政经济组织，由来自不同国家的专家组成财政经济委员会，该委员会每年在日内瓦开会，并指导国联秘书处的财政和经济部门的工作，还负责发行和监督国联发行的各种公债。1920 年和 1927 年，该委员会分别召开过涉及大战后的财政金融重建的财政金融会议和涉及减少关税及其他贸

---

① 1915 年 3 月，英法俄三国以相互交换备忘录的形式，秘密达成瓜分土耳其的协定，规定战争结束后英法获得土耳其所属的阿拉伯地区领土，俄国则拥有对君士坦丁堡、黑海海峡和马尔马拉海诸岛屿的所有权，但君士坦丁堡应开辟为自由港，并保证商船在海峡的自由通行。1916 年，在经过英法谈判和英法俄谈判之后，三国进一步把美索不达米亚和巴勒斯坦划入英国的势力范围，把叙利亚和南部小亚细亚划入法国的势力范围，把亚美尼亚和库尔德斯坦划入俄国的势力范围；1917 年英法又将整个小亚细亚半岛的地中海沿岸划归意大利，这样土耳其就只剩下小亚细亚半岛的中部和东北部地区了。

② E. H. Carr, *International Relations between the Two World Wars 1919-1939*, p. 16.

③ 美国虽然没有参加国联，但是至少参加了国联附属机构国际劳工组织，常设国际法院和知识合作组织的一系列活动，并出席了所有有关军备问题的会议和大多数有关经济和商业问题的会议。

易壁垒的经济会议，但成效不大。因此，尽管该委员会为经济领域中的合作提供了一个新的运作模式，列强却未能建立起第一次世界大战后的新的国际经济秩序，这也从一个重要方面反映了列强的矛盾与短视。

四 、 结 语

第一次世界大战后，战胜国通过国际联盟所建立的战后国际秩序是残缺不全的。这个国际秩序无法完成维护战后世界和平的宗旨与任务。它对日本发动侵华战争束手无策，对纳粹德国的扩军备战反应乏力，对意大利侵略阿比西尼亚（今埃塞俄比亚）的制裁半心半意，对被侵略国家的支持缺乏诚意。因此国际联盟在保卫世界和平方面没有做出应有的贡献，实际变成了维护战胜国利益的"战后新秩序"，反而在客观上助长了侵略。第二次世界大战的爆发标志着一战后建立的国际秩序的彻底破产，国际联盟也名存实亡。1946 年 4 月 19 日国际联盟正式宣布解散。

就在国际联盟正式解散之前，在国联的基础上重建的代表第二次世界大战后国际政治新秩序的联合国已经于 1945 年 10 月 24 日正式成立。在创建联合国的过程中，联合国的缔造者将"维持国际和平及安全；发展国际间以尊重人民平等权利及自决原则为根据之友好关系；促成国际合作，以解决国际间属于经济、社会、文化及人类福利性质之国际问题，增进并激励对于全体人类之人权及基本自由之尊重"等内容写入宪章，体现了二战结束之时人类呼唤世界和平与要求共同发展的时代特征和应当完成的历史任务。而且，宪章第一次把维护和平与解决社会发展和经济发展问题紧密地联系在一起，彰显了其缔造者深刻的战略思考。不仅如此，联合国所规定的和平解决国际争端和制裁侵略的机制，并以"大国一致"原则将制裁侵略的权力集中于安理会，也反映了二战结束时的世界政治力量对比，体现了大国的协调与合作，从内部机制上有利于保证集体安全。另外，联合国所规定的对德、日、意的殖民地和国际联盟的委任统治地实行国际托管计划，以及其实施的结果，使联合国关于在进入 21 世纪的时候不再有殖民制度的目标也基本实现。特别要指出的是，联合国之所以维护了战后世界 70 年的整体和平并促进了全球的经济与社会发展，正是因为克服了国际联盟的一些重要缺陷，才成为维护二战后国际秩序、推动世界和平与发展的重要国际机构。对于国联的缔造者之一、英国的罗伯特·塞西尔子爵的那句名言"国联死亡了，联合国万岁"，①我们当做这样的理解。

（原载《中国社会科学》2015 年第 7 期）

---

① 华尔脱斯：《国际联盟史》下卷，第 407 页。这是罗伯特·塞西尔子爵在 1946 年 4 月 8 日国际联盟大会上所做简短演说的结束语。后来他担任英国联合国协会终身荣誉主席。

从公使到大使：
中瑞外交关系的建立与发展*

姚百慧　首都师范大学历史学院教授

摘要　面对中国的变革，瑞士于 1950 年 1 月承认新中国。经过四次建交谈判，两国于 1950 年 9 月建立外交关系。两国建交后互设领事馆，并把各自驻对方的公使馆升格为大使馆，表明中瑞关系的进一步发展。瑞士对其经济、政治和文化利益的综合考虑，对中国形势的客观评估，以及传统的中立外交等，是其承认并与新中国建交的原因。中瑞建交，不仅促进了双边关系的发展，也拓宽了各自的外交舞台。

关键词　中国　瑞士　中瑞关系　中瑞建交

冷战时期中国和瑞士的关系在两国外交史上均占有重要地位。瑞士是 1964 年中法建交之前唯一承认并与中国建立正式外交关系的西欧国家，从 1950 年两国建交一直到 20 世纪 70 年代初，中国驻瑞士大使馆除发展两国政府和人民之间的友好合作关系外，还担负着中国同法国、联邦德国、意大利等西欧国家，乃至拉丁美洲等国家的联系工作，成为中国在西欧开展外交工

* 特别感谢为本文提供帮助的以下师友：侨居瑞士的王檠女士协助拍摄了瑞士联邦档案及部分图书；德国莱比锡大学的陈易同学帮助搜集了部分德文资料；北京外国语大学的王鲲老师、田丽娜老师为笔者查阅法文系瑞士研究中心的资料提供了帮助，王鲲老师并就中瑞关系研究提供了中肯建议；同济大学陈弢老师、北京师范大学杜轶伦同学协助翻译了本文使用的德文资料。

作的"桥头堡"。① 发展与中国的关系，则与瑞士的中立外交传统、摆脱外交孤立、拓展经贸市场等有密切联系。因此，中瑞关系才成为周恩来总理所形容的那样，是"和平共处的一个范例"。②

　　对于冷战时期的中瑞关系，国际学术界已有几本著作专门予以讨论。③ 在中国学者撰写的中国外交史、瑞士史的著作中，也有零散涉及。④ 在中瑞建交

---

　　① 谢汝茂、周振东：《在日内瓦大学学习和生活的日子》，欧美同学会·中国留学人员联谊会瑞士分会主编：《在瑞士的岁月》，北京：华文出版社，2005年，第35页；李斐仪：《忆出使瑞士的冯铉》，外交部外交史研究室编：《当代中国使节外交生涯》（第1辑），北京：世界知识出版社，1995年，第173—174页。

　　② 这是周恩来1960年8月出席瑞士驻华大使纳维义举行的国庆招待会时的讲话中提到的。王泰平主编：《中华人民共和国外交史（1957—1969）》（第2卷），北京：世界知识出版社，1998年，第399页。

　　③ 目前尚无中文的学术专著和论文专门讨论中瑞关系，重要成果主要是用法语、德语和英语写成。杜波依斯（Haward Dubois）的著作是关于中瑞关系的唯一一本通史性著作，但由于成书时间早（1978年），瑞士与新中国关系部分尚无档案可用。格拉夫（Christoph Graf）和彼得（Maurer Peter）在一篇讨论瑞士与冷战的文章中用一定篇幅（约5页左右）讨论了中瑞建交过程，把瑞士承认中国问题放在了冷战的背景下考察，这也是首次利用瑞士档案的研究。施滕普夫利（Regula Stämpfli）补充了这一研究，分析了1945—1950年间瑞士对中国内战的反应、瑞士同国民党的关系、瑞中经济关系及中瑞建交。科杜里（Michele Coduri）讨论了1945—1955年的中瑞关系。在中瑞建交问题上，其主要贡献在于分析了瑞士的决策，并把瑞士承认中国的过程放在一个国际史的角度下探讨。施图贝尔（Nicole F. Stuber）的学位论文是目前唯一专门研究瑞士承认中国问题的著作，分析了瑞士政治家、外交官对中共和中国局势的看法如何影响了其决策，重点讨论了瑞士承认中国的原因。克努塞尔（Ariane Knüsel）讨论了英国、美国和瑞士三国媒体在20世纪前半期对中国的认识。Haward Dubois, *Die Schweiz und China*, Verlag Peter Lang AG, Bern, 1978; Christoph Graf und Maurer Peter, "Die Schweiz und der kalte Krieg 1945-1950," *Studien une Quellen*, Band 11 (1985), S. 5-82; Regula Stämpfli, "Die Schweiz und China, 1945-1950," *Studien une Quellen*, Band 13/14 (1988), S. 163-224; Michele Coduri, *La Suisse Face à la Chine: Une Continuité Impossible? 1946-1955*, Academia-Bruylant, Louvain-la-Neuve: Academia-Bruylant, 2004; Nicole F. Stuber, *The Establishment of Diplomatic Relations between Switzerland and the People's Republic of China: An Analysis of the Swiss Side of the Story*, Mémoire, Université de Genève, 1998; Ariane Knüsel, *Framing China: Media Images and Political Debates in Britain, the USA and Switzerland, 1900-1950*, Farnham, Surrey, England; Burlington, VT: Ashgate, 2012.

　　④ 如裴坚章主编：《中华人民共和国外交史（1949—1956）》（第1卷），北京：世界知识出版社，1994年，第300—302页；王泰平主编：《中华人民共和国外交史（1957—1969）》（第2卷），第398—399页；王泰平主编：《中华人民共和国外交史（1970—1978）》（第3卷），北京：世界知识出版社，1999年，第331—332页；王泰平主编：《新中国外交50年》（中册），北京：北京出版社，1999年，第1149—1152页；他石：《瑞士联邦700年》，北京：中国国际广播出版社，1990年，第234—245页；姚宝主编：《当代瑞士社会与文化》，上海：上海外语教育出版社，2007年，第84—87页；任丁秋、杨解朴等编：《列国志：瑞士》，北京：社会科学文献出版社，2012年，第449—454页。

50 周年之后，开始有部分资料性的论著出版。① 但这些研究型著作有两点不足：一是在史料上，基本未利用中国方面的档案，② 因此在解释中方的外交决策时有明显缺憾；二是在内容上，讨论中瑞政治关系的建立时，往往只涉及公使级关系，而忽略了互设领事馆、互换大使等内容。鉴于学界的这种研究状况，本文拟以中国外交部档案和瑞士联邦档案③为基础，探讨新中国和瑞士外交关系确立的进程，侧重于讨论双边外交机构的形成。

一、走向承认：中国的变革与瑞士的决定

中瑞两国关系源远流长。早在 17 世纪，两国就有民间接触。1912 年，瑞士在上海设立贸易代表处。1913 年 10 月，瑞士正式承认中华民国政府。1918 年，中瑞两国代表在日本东京签订《中瑞友好条约》。次年初，中国在瑞士设立公使馆。1921 年，瑞士把在上海的贸易代表处改为瑞士驻沪总领事馆，该馆成为瑞士首个在华官方机构。1922 年和 1939 年，瑞士分别在广州和香港设立

---

① 瑞士驻华使馆编选了一本介绍与回忆性的资料，瑞士学者分别编选了反映 20 世纪 20 年代至 90 年代中国人在瑞士的见闻和 19 世纪中叶至 20 世纪 80 年代末瑞士人在中国的亲身经历的两本小册子，中国官方和学者出版了两本中瑞建交以来两国外交关系、经贸往来、文化交流和民间交往等方面的图片集。瑞士驻华大使馆编：《中瑞关系（1950—2000）（中英文本）》，北京：瑞士驻华大使馆，2000 年；［瑞士］伊维纳·波林·博德贝克编：《交流中的两种文化：中国与瑞士》，陈壮鹰译，瑞士：奥费欣出版社，2005 年；［瑞士］冯铁等编：《走进中国——瑞士人在华见闻录》，陈壮鹰译，北京：东方出版中心，2000 年；郭长建主编、中华人民共和国国务院新闻办公室编：《中国—瑞士（中德文本）》，北京：五洲传媒出版社，2007 年；时青、贾如梅编：《中国和瑞士建交 60 周年（中德文本）》，北京：世界知识出版社，2010 年。

② 一个例外是以裴坚章、王泰平等领衔主编的 3 卷本《中华人民共和国外交史》。该套书的编者群体多为外交官，编写过程中得到外交部档案馆及其他各司的帮助，因此应该使用了一定的档案资料。但对中瑞关系的讨论仍过于简略，1949—1978 年中瑞关系只有约 5 页内容；而且该书没有列出任何文献来源。

③ 本文利用的瑞士档案包括三个来源：一是位于伯尔尼的瑞士联邦档案馆（Archives fédérales，以下简称 AF）未刊档案；二是瑞士外交部开发的"瑞士外交文件集"数据库（Documents Diplomatiques Suisses，以下简称 Dodis），其网址为 http://www.dodis.ch/en/home；三是瑞士官方出版的纸本《瑞士外交文件集》（Documents Diplomatiques Suisses）。

领事馆，1945 年在南京建立公使馆，三年后在天津设立名誉领事馆。①

1946 年中国内战爆发，但内战很快演变成"解放战争"，国民党全线败退，1949 年年初不得不把政府总部从南京迁往广州。1948 年 3 月，美国驻华人员认为，中共将在整个中国取得胜利，瑞士驻华公使托朗泰（H. de Torrenté）立即把这一情况汇报瑞士国内。② 南京解放前夕，瑞士驻华使馆人员同其他大多数国家驻华外交官一样，未随迁广州，而是留在南京。③ 当时瑞士在广州只保留一个名誉领事、商人托曼（Werner Adolf Thomann）同国民党外交部保持联系。瑞士驻广州的领事馆自 1948 年临时关闭，托曼亦于 1949 年 5 月底离去。自此以后，瑞士与国民党统治区事实上的关系宣告完全断绝。④ 与此同时，由于预见到北京将来可能是新中国的首都，瑞士驻南京公使馆代办热基耶（Jean-Pierre Jéquier）于 1949 年初向伯尔尼建议，在北京先行购买一栋房屋，以供将来的使馆之用。⑤ 在瑞士国内，瑞士当局也有意无意冷落国民党驻瑞士外交人员。1945—1946 年政治部部长彼蒂彼爱（Max Petitpier）每年接待国民党公使 4 次，1947 年和 1948 年逐年降为 2 次和 1 次，1949 年则一次也没有。⑥

中共在取得全国政权的同时，也确立了新的外交方针。其中之一就是"另起炉灶"。所谓"另起炉灶"，就是不承认国民党同各国建立的旧的外交关系，

① 姚宝编：《当代瑞士社会与文化》，第 84—85 页；《瑞士驻香港总领事馆》，http://www.switzerland65china.com/cn/swissinsititution-14.html；本报讯：《瑞士办事处升为名誉领事馆》，《益世报》1948 年 4 月 22 日，第 5 版。驻香港领事馆 1942 年关闭，1945 年重新开馆，1959 年升格为总领事馆。在上引姚宝的书中，把瑞士在上海设立领事馆的时间误作 1922 年。领事分为职业领事和名誉领事两类，其区别见《新中国领事实践》编写组：《新中国领事实践》，北京：世界知识出版社，1991 年，第 1—2 页。

② "Le Ministre de Suisse à Nankin，H. de Torrenté au Chef du Département politique，M. Petitpierre"，2 Mars 1948，Commission nationale pour publication de documents diplomatic Suisses，*Documents Diplomatiques Suisses*，Vol. 17（1. Ⅵ. 1947-30. Ⅵ. 1949），Zürich，Chronos Verlag，1999，p. 192.

③ 当时只有苏联大使随国民党政府去了广州，其余国家的使节仍留在南京。黄华：《亲历与见闻——黄华回忆录》，北京：世界知识出版社，2007 年，第 81 页。

④ 《宦乡关于中瑞第一次建交谈判情况报告》，1950 年 5 月 26 日，廉正保主编：《解密外交文献：中华人民共和国建交档案（1949—1955）》，北京：中国画报出版社，2006 年，第 394 页；Michele Coduri，*La Suisse Face à la Chine：Une Continuité Impossible? 1946-1955*，p. 162.

⑤ Michele Coduri，*La Suisse Face à la Chine：Une Continuité Impossible? 1946-1955*，pp. 99-100.

⑥ Nicole F. Stuber，*The Establishment of Diplomatic Relations between Switzerland and the People's Republic of China：An Analysis of the Swiss Side of the Story*，p. 47. 当时瑞士主管外交的叫"政治部"（the Department of Political Affairs），直到 1978 年才改名为"联邦外交部"（the Federal Department of Foreign Affairs）。Jürg Martin Gabriel & Thomas Fischer，eds.，*Swiss Foreign Policy，1945-2002*，Houndmills，Basingstoke，Hampshire：New York：Palgrave Macmillan，2003，p. 47.

而要在新的基础上同各国另行建立新的外交关系；对于驻在旧中国的各国使节，只把他们当作普通侨民，不当作外交代表。① 针对对象国的不同，"另起炉灶"的具体实施又有所区别。对于资本主义国家在华的大使馆、公使馆及其所属外交机构和外交人员，在建交前"一概不予承认"，只把他们当作外国侨民对待，但应予以切实保护，对美、英、法等国驻华领事等，甚至采取"挤走"政策；对于苏联和新民主国家的使领馆及其所属的外交机关和人员，中共的态度从"根本上不同于资本主义国家"，但在建交前也只能作非正式地外交往来。②

瑞士原驻华机构由此丧失了正式地位，驻华人员只能以"个人名义"工作。在中国逐步解放的情况下，如果不与控制实际局面的中共政权建立关系，则无法很好地保护瑞士在华利益。但瑞士要承认新政权，在国内外都面临一定的压力。从国内来说，瑞士公众相当保守，激烈反共。③ 公众的这种情绪可能对承认中共造成障碍，但不是瑞士决策者担心的主要问题，因为公众对中国的情况所知甚少，他们影响决策的能力不大。④ 瑞士更担心的是国际因素尤其是美国的反对。由于在中国内战中偏向国民党，美国不仅自己不想很快承认新中国，也不愿意其他国家这样做。1949 年 5 月，美国国务院指示其驻外使领馆：美国不主动承认共产党政府，也不对中共寻求承认的活动表示欢迎；西方在承认问题上应建立联合阵线。⑤ 6 月 29 日，美国驻瑞士公使、著名的"中国通"范宣德（John Carter Vincent）把国务院的这两点指示转达瑞士当局，并补充说：如果小国需要承认，出于某种政治理由，要等到其他大国承认之后才能进

---

① 《我们的外交方针和任务》，1952 年 4 月 30 日，中共中央文献编辑委员会编：《周恩来选集》（下卷），北京：人民出版社，1984 年，第 85 页。

② 《中央关于外交工作的指示》，1949 年 1 月 19 日，中央档案馆编：《中共中央文件选集（一九四九年一月至九月）》（第 18 册），北京：中共中央党校出版社，1992 年，第 45 页；中共中央文献研究室编：《周恩来年谱（1898—1949）》，北京：中央文献出版社，1989 年，第 796 页。

③ Ariane Knüsel, *Framing China*：*Media Images and Political Debates in Britain, the USA and Switzerland, 1900-1950*, pp. 239-240.

④ Nicole F. Stuber, *The Establishment of Diplomatic Relations between Switzerland and the People's Republic of China*：*An Analysis of the Swiss Side of the Story*, pp. 34-38；Michele Coduri, *La Suisse Face à la Chine*：*Une Continuité Impossible? 1946-1955*, p. 109.

⑤ "The Secretray of State to Certain Diplomatic and Consular Officers", 6 May 1949, U. S. Department of State, eds., *Foreign Relations of the United States*, *1949*, Vol. 9, *The Far East*：*China*, Washington D. C.：United States Government Printing Office, 1974, p. 17.

行。① 在这样的压力下，瑞士承认新中国的进程显得步履蹒跚。

1949 年 10 月 1 日，中华人民共和国成立，毛泽东在天安门城楼向世界发表公告，中华人民共和国中央人民政府为代表中华人民共和国全国人民的唯一合法政府，"凡愿遵守平等、互利及互相尊重领土主权等项原则的任何外国政府，本政府均愿与之建立外交关系"。② 当天，周恩来把中方愿同世界各国建立正常外交关系的愿望拟成公函，通知各国政府。③ 4 日，南京市军事管制委员会外侨事务处处长黄华把该公函送达热基耶（当时公函中称为"叶箫"）。④

在新中国成立两个多月前，仍留在南京的热基耶就建议，为减少损失，瑞士越早承认中共越好。不过，由于新中国尚未成立，所以瑞士尚未将承认问题正式提上日程。⑤ 接到周恩来公函后，热基耶随即转呈瑞士联邦当局。⑥ 1949 年 10 月 7 日，瑞士联邦委员会决定，一旦有二三十个国家承认新中国，瑞士亦将予以承认。瑞士不愿是最早的，也不愿成为最晚的。联邦委员会授权政治部研究关于承认的具体建议。⑦ 根据这一指示，政治部起草了两个承认方案。一是"机会主义式"方案，在社会主义国家承认后、其他西方国家承认前予以承认。二是"并入式"方案，把瑞士的承认包含在一系列非共产党国家的承认当中，瑞士只是作为"滚雪球"（avalanche）似的承认中的一员。政治部建议采取第二方案，因为这样可以避免让瑞士显得过于突出。⑧ 因此，当时瑞士所要确定的是一个合适的承认时机，尤其要看英国在承认中国问题上的态度和行动。⑨ 与此同时，瑞士关闭了在南京的公使馆，瑞士驻华外交人员只剩下了在

---

① "Notice de Zehnder," 29 Juin 1949, AF, E2001（E）, 1967/113, Vol. 154, Part 3.

② 《中国政府和外国政府建立外交关系的原则》, 1949 年 10 月 1 日，中华人民共和国外交部、中共中央文献研究室编：《毛泽东外交文选》，北京：中央文献出版社，1994 年，第 116 页。

③ 中共中央文献研究室编：《周恩来年谱 1949—1976》（上），北京：中央文献出版社，1997 年，第 1 页。

④ 《黄华致热基耶的信》, 1949 年 10 月 4 日，AF, E2001（E）, 1967/113, Vol. 154, Part 3。

⑤ "Le Chargé d'Affaires de Suisse à Nankin, J.-P. Jéquier, au Ministre de Suisse à Londres, H. de Torrenté", 14 juillet 1949, Commission nationale pour publication de documents diplomatic Suisses, *Documents Diplomatiques Suisses*, Vol. 18（1. Ⅶ. 1949-30. Ⅵ. 1952）, Zürich, Chronos Verlag, 2001, p. 15; "Lettre du DPF à Jéquier", 16 juin 1949, AF, E2001（E）, 1967/113, Vol. 154, Part 3.

⑥ "Lettre de Cuttatà Stiner", 15 octobre 1949, AF, E2001（E）, 1967/113, Vol. 154, Part 3.

⑦ "Notice de Petipierreà Zehnder", 7 Octobre 1949, AF, E2001（E）, 1967/113, Vol. 154, Part 3.

⑧ "Notice pour le Chef du Département-Reconnaissance du gouvernement communiste chinois", 27 Octobre 1949, E2001（E）, 1967/113, Vol. 154, *Dodis-8207*.

⑨ Regula Stämpfli, "Die Schweiz und China, 1945-1950," *Studien une Quellen*, Band 13/14（1988）, S. 104.

上海的总领事。①

1949 年 12 月 15 日，英国内阁决定承认中国，并把这一决定告知瑞士。②英国最初定的承认日期为 1950 年 1 月 2 日。这个消息让瑞士有些兴奋，因为它觉得英国的决定会影响印度、锡兰、巴基斯坦、澳大利亚、新西兰等英联邦国家，荷兰、比利时、斯堪的纳维亚半岛国家、法国等也会很快跟进，"滚雪球"似的承认局面似乎就要发生。③瑞士告诉英国，瑞士决定在英国宣布承认后一周或十天左右在法律上承认中国，在一系列"滚雪球"似的承认之后，瑞士的承认将不会引起别人太多的关注。④1950 年 1 月初，瑞士给其驻华盛顿、巴黎、伦敦的公使馆发送的第 1 号电报中表示，在英国承认几天后，只要再有几个国家承认新中国，瑞士即将予以承认。⑤

1950 年 1 月 6 日英国承认新中国，⑥但瑞士期待的"滚雪球"效应并未发生。除英联邦国家外，只有挪威和丹麦分别在 1 月 7 日和 9 日承认中国。瑞士改变了承认计划，9 日，瑞士与英国沟通，表示虽然瑞士仍打算尽早承认，但由于它在华利益相对有限，所以不想过于突出自己。瑞士打算等一两周或者再长一点时间看看局势的发展，尤其是想观望其他欧洲小国如荷兰和瑞典的行动，因为这两个国家国内情况和美国对之的关注程度与瑞士类似。⑦1 月 10 日和 13 日，联邦委员会两度开会，与会委员分歧严重，未就承认问题达成一致。之后，芬兰和瑞典分别在 1 月 13 日和 14 日承认了中国。虽然联邦委员仍有争议，但 1 月 17 日的联邦会议，还是授权瑞士联邦主席兼政治部部长彼蒂彼爱

① Nicole F. Stuber, *The Establishment of Diplomatic Relations between Switzerland and the People's Republic of China: An Analysis of the Swiss Side of the Story*, p. 7.

② "Aide-mémoire de la Légation du Royaume-Unisà Berne au DFP", 19 décembre 1949, AF, E2001 (E), 1967/113, Vol. 154, Part 3.

③ "Notice pour le Chef du Département", 19 décembre 1949, AF, E2001 (E), 1967/113, Vol. 154, Part 3.

④ "Telegram from Berne to Foreign Office", No. 317, 19 December 1949, FO 371/75827, in Foreign Office Files for China, 1919-1980（数据库，国家图书馆藏，以下引 FO 文件均来自该数据库）。

⑤ "Télégrammes du DPF aux Légations de Suisse à Londres, à Paris et à Washington", 6 janvier 1950, AF, E2001 (E), 1967/113, Vol. 154.

⑥《贝文致周恩来的照会（译文）》，1950 年 1 月 6 日，《解密外交文献：中华人民共和国建交档案（1949—1955）》，第 462 页。

⑦ "Telegram from Berne to Foreign Office", No. 8, 9 January 1950, FO 371/83280.

在法律上承认中国。①

就这样，面对着中国局面的变革和新中国的成立，瑞士终于做出了承认的决定。虽然瑞士决定的过程一波三折，但对中国来说这种承认也并非姗姗来迟。继英国和斯堪的纳维亚半岛国家之后，瑞士成为承认中国的第 6 个西方国家。

二、公使级关系的建立：中瑞谈判时间的"短"与"长"

1950 年 1 月 17 日，彼蒂彼爱以瑞士联邦主席名义致电中华人民共和国中央人民政府毛泽东主席，表示瑞士"决定在法律上承认中华人民共和国中央人民政府"，并准备与新中国政府建立外交关系。② 当天，瑞士告知国民党驻瑞士"公使"吴南如，称瑞士已决定承认共产党新政府，因此正式断绝与国民党的"外交关系"。20 日，国民党在瑞士的"公使馆"关闭。③ 值得注意的是，彼蒂彼爱在致毛泽东的电报中，把承认问题和建交问题分开来谈，这明显是受到了新中国外交实践的影响。在同资本主义国家发展关系上，中国的政策是"必须经过商谈"。到 1950 年初，中国已在同缅甸、印度、英国、锡兰、挪威、丹麦

---

① Michele Coduri, *La Suisse Face à la Chine：Une Continuité Impossible? 1946-1955*, pp. 118-119. 马克斯·彼蒂彼爱，中国外交部档案记录中又译作马克斯·波蒂彼爱、马克斯·柏帝皮爱。《解密外交文献：中华人民共和国建交档案（1949—1955）》，第 391 页注释 1。瑞士系联邦制国家，联邦委员会是国家最高行政机构，由七名委员组成，分任七个部的部长，实行集体领导。联邦委员会主席由联邦委员轮任，任期一年。关于瑞士的联邦行政机构，参阅吴志成：《当代各国政治体制：德国和瑞士》，兰州：兰州大学出版社，1998 年，第 233—259 页。

② "Télégramme du Président de la Confédération suisse Max Petitpierre à Mao Zedong", 17 janvier 1950, E 2001（E），1967/113, Vol. 154, *Dodis-8016*. 中译本见《解密外交文献：中华人民共和国建交档案（1949—1955）》，第 390—391 页。

③ "Notice 'Entretien avec M. Wu, Ministre de Chine, le 17 janvier 1950, à 11 h. 30' de M. Petitpierre", 17 janvier 1950, AF, E2001（E），1967/113, Vol. 160; Regula Stämpfli, "Die Schweiz und China, 1945-1950," *Studien une Quellen*, Band 13/14（1988），p. 75. 根据瑞士外交部的一份报告，与国民党"断交"日期为 1 月 16 日。"Notice pour le Chef du Département", 28 avril 1950, AF, E2001（E），1967/113, Vol. 154, Part 3. 有的学者误把瑞士承认中国的日期当作两国建交日期。牛军：《"第二中间地带"：1955—1965 年的中国对西欧国家政策研究》，杨凤城主编：《中共历史与理论研究》（第 1 辑），北京：社会科学文献出版社，2015 年，第 140 页。

的建交活动中推行了这一政策。①

但新中国对瑞士 1 月 17 日的电报迟迟未做回复。② 这让本来做出承认决定就很艰难的瑞士当局既着急又气恼。2 月 6 日，瑞士决定再次尝试。这次是彼蒂彼爱以政治部部长名义通知周恩来外长，瑞士已任命其驻香港领事司丁纳（Sven C. Stiner）③ 为驻华临时代办，赴北京与中国外交部联系，询问中方是否同意此项任命。④ 这种缓和的语气甚至在瑞士政治部内引发争议，认为它有辱瑞士尊严。⑤ 这封电报的出台表明瑞士的焦急态度。如果这封电报再无回音，瑞士则认为整个事情已经完结。⑥

中国终于有了回应。中国外交部认为可接受与瑞士建交的提议。由于彼蒂彼爱分别以两个名义来电，外交部在回复电文中，也起草了两个方案。第一方案是以毛泽东主席名义回复，第二方案是以周恩来外长名义回复。当时毛泽东、周恩来都在苏联访问，瑞士的建交要求和外交部拟复电均发到苏联。毛泽东最初回复拟用第一方案，但中方最终决定还是在第二方案的基础

---

① 《资本主义国家同中国建交必须经过商谈》，1949 年 12 月 19 日，《毛泽东外交文选》，第 117 页；《关于同缅甸建交等问题给毛泽东的电报》，1949 年 12 月 21 日，中共中央文献研究室、中央档案馆编：《建国以来周恩来文稿（1949.6—1949.12）》（第 1 册），北京：中央文献出版社，2008 年，第 691 页；裴坚章主编：《中华人民共和国外交史（1949—1956）》（第 1 卷），第 96、120、143、298、305、308—309 页。

② 新中国的这种政策，估计与毛泽东"不急于与帝国主义国家建交"即"不承认"的决策有关。1949 年 1 月的政治局会议上确定了这一政策。3 月，毛泽东在西柏坡会议上指出："关于帝国主义对我国的承认问题，不但现在不应急于去解决，而且就是在全国胜利以后的一个相当时期内也不必急于解决。我们是愿意按照平等原则同一切国家建立外交关系的，但是从来敌视中国人民的帝国主义，决不能很快地就以平等的态度对待我们，只要一天它们不改变敌视的态度，我们就一天不给帝国主义在中国以合法的地位。"胡乔木：《胡乔木回忆毛泽东》，北京：人民出版社，1994 年，第 546 页；《在中国共产党第七届中央委员会第二次全体会议上的报告》，1949 年 3 月 5 日，毛泽东：《毛泽东选集》（第 4 卷），北京：人民出版社，1991 年，第 1435 页。

③ 中国外交部档案记录中又译作施裋纳。《解密外交文献：中华人民共和国建交档案（1949—1955）》，第 391 页注释 2。司丁纳为中国问题专家，他的基本情况参见 Michele Coduri, *La Suisse Face à la Chine: Une Continuité Impossible? 1946-1955*, p. 102。

④ "Télégramme de Petitpierreà Chou en-lai", 6 février 1950, AF, E2001（E），1967/113, Vol. 154, Part 3. 译文见《解密外交文献：中华人民共和国建交档案（1949—1955）》，第 390—391 页。

⑤ Michele Coduri, *La Suisse Face à la Chine: Une Continuité Impossible? 1946-1955*, p. 133。

⑥ "Letter from British Legation in Berne to Scarlett", 10 February 1950, FO 371/83285。

上予以回复。① 1950 年 2 月 10 日，中国外交部副部长李克农复电彼蒂彼爱，承认已收到瑞士的两封来函，表示在瑞士"与中国国民党反动派残余断绝关系之后"，新中国愿在平等互利及互相尊重领土主权的基础上，与瑞士建立外交关系，并接受司丁纳为谈判代表。②

瑞士对中方的这个回复并不满意。首先，它提出了与国民党"断交"这个前提条件；其次，中方只接受司丁纳为谈判代表，而不是瑞士希望的代办身份；最后，这封信还是以李克农副外长名义回复的，比彼蒂彼爱两份去函身份都低。③ 不过，瑞士仍决定派遣司丁纳前往中国。政治部评估了中方可能提出的一些问题并提前做了预案。在中国加入国际组织的问题上，瑞士的态度是：赞同中国加入国际组织，在驱逐国民党问题上弃权；希望技术性的组织不讨论政治问题。在中国在瑞士的财产问题上，国有财产一律归新中国所有，如有争议则提交瑞士法院解决；私有财产则归原财产所有人。政治部还指示司丁纳，谈判要基于互惠的原则，要为使馆人员获得豁免权，保持瑞士在上海、天津、广州的领馆。此时瑞士仍持有比较谨慎的态度，它希望看看中英谈判的进展。在给司丁纳的指示中特别说明，要他随时告知中英谈判的情况。④ 所以在近三个月的时间里，司丁纳并未从香港赶赴中国大陆。⑤

1950 年 5 月 16 日下午，司丁纳携两个同事抵达北京，外交部交际处科长

---

① 《毛泽东致刘少奇电》，1950 年 1 月 29 日，中共中央文献研究室、中央档案馆编：《建国以来周恩来文稿（1949.12—1950.6）》（第 2 册），北京：中央文献出版社，2008 年，第 28 页；《毛泽东致刘少奇电》，1950 年 2 月 8 日，《建国以来周恩来文稿（1949.12—1950.6）》（第 2 册），第 29—30 页；《我方致瑞士政治部主席彼蒂彼爱的复信》，1950 年 1 月 21 日—2 月 10 日，中国外交部档案，档案号：110-00011-03。

② 《我方致瑞士政治部主席彼蒂彼爱的复信》，1950 年 1 月 21 日—2 月 10 日，中国外交部档案，档案号：110-00011-03。此件复电正稿日期为 2 月 10 日，草稿日期为 2 月 9 日，在《解密外交文献：中华人民共和国建交档案（1949—1955）》中（第 392 页），误把草稿日期当作了正稿日期。

③ Michele Coduri, *La Suisse Face à la Chine: Une Continuité Impossible? 1946-1955*, p. 134.

④ "Lettre de Petitpierre à Stiner (Hongkong)", 23 mars 1950, AF, E2001（E），1967/113, Vol. 154, Part 3.

⑤ 司丁纳 5 月 7 日才离开香港赶赴北京。"Télégramme de Stiner (Hongkong) au DPF", 25 avril 1950, AF, E2001（E），1967/113, Vol. 154, Part 3. 在中方看来，瑞士未能尽早磋商建交问题是因为瑞士国小，"无人可派"。《史白夫与周恩来会谈纪要：出席电信联盟国际会议》，1950 年 3 月 23 日，沈志华主编：《俄国解密档案选编：中苏关系》（第 2 卷），上海：东方出版中心，2015 年，第 365—367 页。

韩叙赴站迎接。① 随后，中国外交部副外长章汉夫②同司丁纳进行了四次建交谈判，最终达成了建交协议。

1950 年 5 月 26 日，中瑞第一次谈判开始。章汉夫宣读口头谈判中文稿，提出了中方认为需要"先行解决"的两个问题：一是"瑞士政府对中国国民党反动派残余的关系的问题"，二是瑞士对现在瑞士的"中国的一切国家资财所持之态度如何"。司丁纳初步答复说，自 1950 年 1 月，瑞士同国民党的"外交"关系已完全断绝；瑞士政府已将前国民党驻伯尔尼使馆及其中财产档案封存，准备移交与中华人民共和国的代表，就其所知，中国在瑞士并无其他国家财产。最后，司丁纳表示将就中方所提问题向瑞士政府请示，并于数日内答复。③

司丁纳把首次谈判结果向国内做了汇报，并得到新的谈判指示。④ 6 月 9 日第二次谈判中，司丁纳代表瑞士政府正式答复中方，瑞士承认中华人民共和国政府为代表中国的"唯一合法政府"，自 1950 年 1 月 17 日决定承认中华人民共和国之日起，"即与以前之所谓国民政府残余的所有各项关系，在法律上与事实上均经断绝"，"所有国民党反动派残余之各种机构，均因此而丧失其正式地位与承认"；"一般而论，所有现在瑞士之中国的一切国家资财，依照瑞士联邦政府意见，唯一之中国政府为瑞士所承认者即中华人民共和国中央人民政府具有合法之资财所有权"。司丁纳对中方表示，"中国在瑞士之唯一国家资财，为前国民党政府驻伯尔尼使馆中之家具档案等"；前国民党"公使"吴南如已将这些资产移交瑞士，"由瑞士联邦政府政治部负责保管，准备将来移交中华人民共和国中央人民政府所委派之代表"。司丁纳并主动向中国提交了移交记录。不过，关于中国在瑞士财产，司丁纳又称，"有时因某件之所有权问题，须经法律讨论者，则按一般法律原则办理。因解决争执问题，其权属于司法"。

① 新华社 16 日讯：《瑞士派遣代表来京谈判建立外交关系》，《人民日报》1950 年 5 月 17 日，第 1 版；Michele Coduri, *La Suisse Face à la Chine：Une Continuité Impossible? 1946-1955*, p. 139。

② 章汉夫是当时新中国三个副外长之一，负责领导亚洲司，1950 年 6 月朝鲜战争爆发后，李克农副外长赴朝鲜工作，章汉夫实际上成为常务副外长。李达南：《怀念章汉夫》，郑言编：《外交纪实》（一），北京：世界知识出版社，2007 年，第 134—135 页。

③ 《宦乡关于中瑞第一次建交谈判情况报告》，1950 年 5 月 26 日，《解密外交文献：中华人民共和国建交档案（1949—1955）》，第 393—395 页；"Télégramme de Stiner（Peking）au DPF", No. 5, 27 mai 1950, AF, E2001（E）, 1967/113, Vol. 154, Part 3。

④ "Télégramme du DPF à Stiner（Peking）", 1 juin 1950, AF, E2001（E）, 1967/113, Vol. 154, Part 3.

司丁纳对此解释说，此系"按照瑞士法律而作之保留，且系纯理论性的"，据他所知，"此刻并无任何中国国家资财在瑞士引起了任何法律问题"。①

对瑞士6月9日的答复和相关行动，中国基本满意，所不满处在于两点。其一，对在瑞士的中国财产问题，瑞方提出了保留法律解决的途径。不过，这并不是什么大问题。中国根据可获得的资料判断，在瑞中国国家资产除使馆内之档案文件及家具外，并无其他官方财产。其二，在某些国际组织问题上，瑞士立场消极。5月30日在佛罗伦萨举行的联合国教科文组织第5次大会上，当讨论到捷克斯洛伐克与匈牙利两国代表建议的驱逐国民党代表议案时，瑞士代表曾投弃权票。6月12日在成功湖举行的联合国技术援助会讨论邀请新中国政府参加时，瑞士代表又投弃权票。中国外交部有人一度建议，在建交谈判时，可以口头提出这是瑞士政府的不友好方式，要求瑞士在中国代表权问题上承担义务。但周恩来在章汉夫的建议下，未采纳这一建议。② 因为瑞士本身并非联合国会员国，对联合国及其附属机构的影响有限。③ 而且，在5月15日万国邮政联盟执行与联络委员会上，瑞士曾建议新中国代表参加，并对新中国出席该会的代表予以便利。④

这次，中方的反应又一次拖延了三周，直到6月30日才开始第三次谈判。中国对瑞士6月9日的声明表示满意，并感谢瑞士提供的财产移交记录。双方遂进入商谈互换使节的阶段。由于瑞士当时派驻驻外使节，向例均为公使，司丁纳在6月30日谈判中，也提醒中方这一点，并询问中国向瑞士是派遣大使

① 《宦乡关于中瑞第二次建交谈判情况报告》，1950年6月9日，《解密外交文献：中华人民共和国建交档案（1949—1955）》，第396—398页。

② 《章汉夫传》编写组：《章汉夫传》，北京：世界知识出版社，2003年，第165页。在该书中，把司丁纳译为"司文"，把中瑞建交谈判次数误作"两次"。

③ 受中立外交之影响，加之之前参与国联的糟糕经历，瑞士长期以来并未加入联合国，但参与了联合国的专门机构，对联合国采取"技术参与""政治隔离"的态度。据瑞士联邦宪法，瑞士欲签订条约和加入国际组织，必须交付全民公决，取得选民和各州的双重多数。瑞士曾就加入联合国问题在1986年和2002年两度举行全民公决，最终在2002年9月10日成为联合国第190个成员国。Jürg Martin Gabriel & Thomas Fischer ed., *Swiss Foreign Policy, 1945-2002*, pp. 46-73; Michael M. Gunter, "Switzerland and the United Nations," *International Organization*, Vol. 30, No. 1 (Winter, 1976), pp. 129-152; Franz A. Blankart, et al., *La Suisse et la Diplomatie Multilatérale*, Genève: Institut universitaire de hautesétu de sinternationales, 1976, pp. 39-58.

④ 《我就谈判过程中提交的有关问题的答复》，1950年6月17日—6月30日，中国外交部档案，档案号：110-00011-07。

还是公使。双方均表示将这次谈判情况汇报各自政府，再行决定。①

谈判成功在即，瑞士却再次陷入犹豫的状态。远东局势因朝鲜战争的爆发而遽然紧张起来，以美国为首组建的"联合国军"的军事介入让中美关系更加恶化。面临这种情况，瑞士当局想等远东局势明朗后再做决定，以免让其他西方国家觉得瑞士过于积极。政治部指示司丁纳，以政治部已休假为由，表示在9月份之前无法给出具体指示，但司丁纳在原则上可以确认互惠的原则。② 对于这一指示，司丁纳强烈抵制。他认为，远东局势的发展反而要求迅速与中国建交，没有外交关系就无法保护瑞士在华利益；此时瑞士延缓谈判只能让人认为瑞士政策因朝鲜局势已发生变化，让中国怀疑瑞士与美国站在一边，从而削弱瑞士中立的可信度。司丁纳建议，可先维持代办级水平，暂时避开互换公使。③ 政治部行政事务司司长策恩德（Afrend Zehnder）同意司丁纳的看法，认为要在8月初开始新的谈判。他建议，可以通过"迂回的"方式，向中国派出公使。④

司丁纳和策恩德的建议为瑞士政治部所接受。8月8日第四次谈判时，司丁纳先是说因瑞士联邦主席兼政治部长忙于开会，而他自己又生病了，所以拖延了一段时间；瑞士已决定在双方互派公使的前提下，向中国派驻公使，但因人选尚需经过议会的手续，需要在9月份才能提出；在瑞士派驻公使前，希望中国能承认司丁纳为驻华代办或临时代办，如果需要的话也可先互换代办。章汉夫回答说，在瑞士派驻公使前希望派代办或临时代办一节，由瑞士自行决定；关于互换公使问题，将报告政府。⑤ 从司丁纳这次谈判中的发言看，所谓"迂回的"方式派出公使，也即先暂时派出代办，稍后任命并派遣公使。

对于瑞士这种"迂回"方式，中国是有不少疑惑的。这种疑惑导致8月19

① 《宦乡关于与瑞士建交谈判有关问题的请示》，1950年6月17日，《解密外交文献：中华人民共和国建交档案（1949—1955）》，第400—401页；《宦乡关于中瑞第三次建交谈判情况报告》，1950年6月30日，《解密外交文献：中华人民共和国建交档案（1949—1955）》，第401页。

② "Télégramme du DPF à Stiner（Peking）", No. 10, 20 Juillet 1950, AF, E2001（E）, 1967/113, Vol. 154, Part 3.

③ "Télégramme de Stiner（Peking）au DPF", No. 15, 24 Juillet 1950, E2001（E）, 1967/113, Vol. 154, *Dodis-8272*.

④ "Notice de Cuttat pour le Président de la Confédération", 1 août 1950, AF, E2001（E）, 1967/113, Vol. 154, Part 3.

⑤ 《宦乡关于中瑞第四次建交谈判情况报告》，1950年8月8日，《解密外交文献：中华人民共和国建交档案（1949—1955）》，第402—403页。

日中国外交部欧非司司长宦乡与司丁纳的进一步商谈。针对瑞士建议中一些不太明确的地方，宦乡希望司丁纳能予以解答。第一，中国政府在原则上同意与瑞士交换公使。但在瑞士政府尚未派定瑞士驻华公使之前，如果中国先派公使去瑞，不知瑞士政府意见怎样？第二，关于司丁纳的身份问题，中方的了解是，在瑞士驻华公使尚未命定之前，司丁纳是以瑞士临时代办的身份驻华，等待瑞士公使一到，临时代办的身份就自动消失？第三，在交换使节问题的谈判完成之后，纵使瑞士要在九月才派公使，而暂时派司丁纳先生以临时代办身份驻华，这也可以发表新闻的，瑞方以为怎么样？对于这三个问题，司丁纳回复说，第一，交换公使正是瑞士政府的愿望。瑞士政府极为欢迎中国先派公使去瑞，因为瑞士驻华公使必须要在九月至十月间才能任命。第二，以前瑞士政府任命司丁纳为临时代办，但中国政府一直称呼其为谈判代表，瑞士希望在瑞士驻华公使未经任命之前，明确司丁纳临时代办的身份，在瑞士驻华公使到任以后，司丁纳自然就只是公使的随员了。第三，可以发表新闻，但需要在北京和伯尔尼两地同时发表。同时发表新闻的原则获宦乡同意。①

在瑞方这些澄清的基础上，中国政府正式回复，赞同瑞士政府 8 月 8 日第四次会谈中所提建交方案，并任命冯铉为驻瑞士公使，请瑞士政府惠予同意。②9 月 11 日，瑞士政府会议通过决议，同意冯铉的公使任命。中方也承认了司丁纳驻华临时代办的身份。双方确定 14 日为建交日期，并于次日上午发表建交公报。9 月 15 日，《人民日报》头版以"新华社 14 日讯"的方式公布了中瑞建交的情况。③ 这样，中瑞建交成了外交史上奇特的"不对等"案例，在宣布建交时，一方派驻的是公使，而另一方只是派驻了临时代办。

---

① 《宦乡与司丁纳谈话记录》，1950 年 8 月 19 日，《解密外交文献：中华人民共和国建交档案（1949—1955）》，第 403—404 页。

② 《中国政府对瑞士政府关于互派使节问题的答复》，1950 年 8 月 19 日，《解密外交文献：中华人民共和国建交档案（1949—1955）》，第 405 页；"Télégramme de Stiner（Peking）au DPF"，No. 23，21 août 1950，AF，E2001（E），1967/113，Vol. 154，Part 3。

③ 《瑞士政府关于瑞中互派使节的意见（译文）》，1950 年 9 月 13 日，《解密外交文献：中华人民共和国建交档案（1949—1955）》，第 406 页；《宦乡关于中瑞互派使节问题谈判情况报告（节录）》，1950 年 9 月 13 日，《解密外交文献：中华人民共和国建交档案（1949—1955）》，第 406—407 页；宋恩繁、黎家松主编：《中华人民共和国外交大事记（1949 年 10 月至 1956 年 12 月）》（第 1 卷），北京：世界知识出版社，1997 年，第 49 页；新华社十四日讯：《我与瑞士建立外交关系，冯铉受任为我驻瑞士公使》，《人民日报》1950 年 9 月 15 日，第 1 版。部分著作将建交日期误作"9 月 4 日"，如裴坚章主编的《中华人民共和国外交史（1949—1956）》（第 1 卷）第 301 页、王泰平主编的《新中国外交 50 年》（中册）第 1150 页。

10月2日，瑞士告知中方，瑞士任命当时驻巴基斯坦常任代办任佐立（Clemente Rezzonico）①为驻华公使。这一任命获中方同意。②12月2日，冯铉抵达伯尔尼，8日向彼蒂彼爱主席递交了国书；12月21日，任佐立抵达北京，28日向朱德副主席递交了国书，中瑞建交最终完成。③

中瑞建交谈判从时间上来看，存在着"短"与"长"的一组矛盾。"短"是指每次谈判的时间，四次正式谈判均持续20分钟，总计也就是一个多小时。这种"短"说明，中瑞在具体问题上并无重大的利益分歧。"长"是指从承认到最终建交，两国走了将近一年时间，即便从第一次正式谈判开始算，也超过半年多。这种"长"固然有中国某种拖延的因素在内，但更多的是瑞士方面的原因。

三、互设领事馆：中瑞的不同考虑

瑞士驻华使馆虽因中瑞建交而得以恢复，但与中国的领事关系尚需重新谈判。当时，瑞士公司在华商号情况为：在沪35家，津7家，京2家，渝1家，武汉1家。散布在各地的瑞侨，计云南省数十名（传教士），他地不详。④1950年中瑞经由上海的贸易额为7700万法郎。苏黎世海外贸易公司在沪有分公司，

---

① 任佐立，伯尔尼大学政治学及经济学博士。他1879年生于瑞士伯尔尼州散特音米，1916年入政治部开始从事外交职务，以后继续不断充任瑞士驻英意法各国使馆馆员。在巴黎期间，他任馆长的第一参赞。他1949年被任命为驻巴基斯坦卡拉奇的常任代办，迄就华公使为止。《复关于瑞士任命驻华公使的事》，1950年9月27日，中国外交部档案馆，档案号：110-00009-02；《瑞士驻华公使任佐立到任、个人简历》，1950年12月21日—12月27日，中国外交部档案馆，档案号：117-00015-03；新华社二十八日讯：《瑞士驻我国公使任佐立简历》，《人民日报》1950年12月29日，第4版；Michele Coduri, *La Suisse Face à la Chine*: *Une Continuité Impossible? 1946-1955*, pp. 144-145。

② 《瑞士联邦委员会致中华人民共和国主席的国书（译文）》，1950年10月2日，《解密外交文献：中华人民共和国建交档案（1949—1955）》，第415—416页。

③ 递交国书的基本情况，参见《人民日报》1950年12月13日第4版、12月22日第1版、12月19日第4版；中共中央文献研究室编：《朱德年谱（新编本）（1886—1976）》（下），北京：中央文献出版社，2006年，第1398页；Lettre de Rezzonico à Pititpierre, janvier 15, 1951, AF, E2001（E），1967/113, Vol. 154, Part 3。双方递交的国书、递交国书的颂词及答词，见《解密外交文献：中华人民共和国建交档案（1949—1955）》，第408、410—411、415—417页；AF, E2001（E），1967/113, Vol. 154, Part 3。有的著作记载，任佐立是22日抵京。宋恩繁、黎家松主编：《中华人民共和国外交大事记（1949年10月至1956年12月）》（第1卷），第67页。

④ 《瑞士在我上海设领事馆谈判过程及换文》，1950年11月24日—1952年4月8日，中国外交部档案，档案号：118-00010-01。

瑞侨的 300 人中大多数在沪。① 为了照顾这些瑞侨的利益，瑞士以前在华沪、穗、津三地均有领馆，尤其以驻上海总领馆最为重要。

早在 1950 年 3 月，瑞士政治部就指示其谈判代表司丁纳同中方商谈承认瑞士在华领馆的问题。但在建交谈判时中方表示，在互换使节的谈判结束前，无法讨论领馆的问题。② 中瑞建交后，瑞士立即把在华开设领馆事宜提上日程。1950 年 11 月 24 日，瑞士驻华公使馆向中国外交部提交照会，提请中国注意瑞士外交部三名官员留在上海：前瑞士总领事高贺（Adalbert Koch）、斯端特（Jean Studer）、福拉蒂（Celestino Ferretti）。照会称，瑞士将在近期与中国商谈在沪设立总领事馆事宜，在商谈期间，希望中方能将上述人员视为瑞士公使馆留沪人员。照会并附上三人及斯端特夫人（Katherine Studer）之名单。考虑到瑞士公使此时尚未到任，瑞士的此种态度亦表明了瑞士对领事问题的重视。此项要求获得中方同意，中方回复说，在两国开始互设领事馆的谈判尚未开始前，为照顾瑞士在上海之侨民，可同意瑞士方面要求。外交部又指示上海外侨事务处，在高贺等人办理侨务时，可予以必要协助。③ 这虽然让高贺得以更方便开展工作，但其身份又限定在"极为临时"的基础上，对中瑞将来关于领事问题的谈判没有任何影响。④

1951 年 1 月 22 日，瑞士驻华公使馆向中国外交部提交备忘录，正式提出互设领事馆问题。备忘录提出，瑞士有一部分侨民在上海，上海、广州、天津同为中瑞之间的贸易中心。从促进两国的经济发展考虑，瑞士希望在上述三地设立领事馆，而中国也可以在瑞士领土上设立领馆。当时接待瑞方的中国外交部副部长章汉夫表示，对瑞士提议将予以认真研究。⑤ 瑞士驻华使馆并向伯尔

---

① 《瑞士行政事务司代司长 HEGG 谈瑞士在中国设领事馆问题》，1951 年 4 月 7 日，中国外交部档案，档案号：118-00029-08。1930—1958 年瑞士人在华数量情况，见 Nicole F. Stuber, *The Establishment of Diplomatic Relations between Switzerland and the People's Republic of China：An Analysis of the Swiss Side of the Story*, Appendix 2, "The size of the Swiss colony in China 1930-1958"。

② "Lettre de Stiner (Peking) au DPF", 16 août 1950, AF, E2001 (E), 1968/83, Vol. 55.

③ 《瑞士在我上海设领事馆谈判过程及换文》，1950 年 11 月 24 日—1952 年 4 月 8 日，中国外交部档案，档案号：118-00010-01。

④ "Télégramme de Stiner (Peking) au DPF", No. 56, 13 décembre 1950, AF, E2001 (E), 1967/113, Vol. 154, Part 1.

⑤ 《瑞士在我上海设领事馆谈判过程及换文》，1950 年 11 月 24 日—1952 年 4 月 8 日，中国外交部档案，档案号：118-00010-01；"Télégramme de Rezzonico au DPF", 22 Janvier 1951, AF, E2001 (E), 1967/113, Vol. 154, Part 1.

尼建议，应同时向中国驻瑞士使馆提出这个问题，并保证设立领馆的互惠原则。[1] 由于迟迟得不到中方答复，4月5日，瑞士政治部行政事务司司长专门约见冯铉，催问瑞士在华设领问题。瑞方表示："瑞士是经济重于政治，故领事馆的重要性就不减于公使馆的重要性"，瑞士方面迫切需要恢复在沪的领事馆。[2] 5月，瑞士公使馆又以互惠为条件，表示希望在上海设立总领事馆，在天津、广州设立领事馆。[3]

中方认为，在上海瑞士侨民较多（约151人）、工商业利益集中，可同意瑞士在上海设立总领事馆；而在广州则无一侨民，在天津侨民少、工商业也不多，且津京距离不远，北京使馆也可以照顾，因此暂不同意在此两处设立领馆。中国在瑞士侨民仅60余人，为节省人员经费，在瑞士暂不设领事，但应保留设领事之权利。[4] 此外，瑞士国土较小，一公使馆一领事馆足矣，不必设立两个领事馆。[5] 中方当时考虑将来可设领事的城市有二。一是日内瓦。日内瓦为瑞士经济中心，人口14万左右，为瑞士第三大都市；在政治上，是众多国际机构所在地，且环境优美，外来人口比较多，也是国际活动频繁的场所；有华侨约18人，多在国际组织中工作。二是苏黎世。苏黎世亦为瑞士经济中心，工商业极发达，铁路四通八达，人口30多万，为瑞士第一大都市；政治上为国际间谍活动之中心；有华侨约17人，多为弗里堡大学学生。两者相较，中国驻瑞士使馆认为应以日内瓦为首选，外交部欧非司则建议选择苏黎世。最终，中方决定以后在日内瓦设立领馆。[6] 6月12日，中国外交部复瑞士驻华使馆，同意瑞士在上海设立总领馆，同时保留在日内瓦设立总领事馆之权利。[7]

---

[1] "Télégramme de Rezzonico au DPF", 27 Janvier 1951, AF, E2001 (E), 1967/113, Vol. 154, Part 1.

[2] 《瑞士行政事务司代司长 HEGG 谈瑞士在中国设领事馆问题》，1951年4月7日，中国外交部档案，档案号：118-00029-08。

[3] 《瑞士在我上海设领事馆谈判过程及换文》，1950年11月24日—1952年4月8日，中国外交部档案，档案号：118-00010-01。

[4] 《瑞士在我上海设领事馆谈判过程及换文》，1950年11月24日—1952年4月8日，中国外交部档案，档案号：118-00010-01。

[5] 《关于我在瑞士、丹麦、瑞典设领问题的意见》，1951年7月27日，中国外交部档案，档案号：118-00037-50。

[6] 《关于在瑞士何地设领事馆的征询和回复函》，1951年1月25日—1月30日，中国外交部档案，档案号：118-00029-07；《关于我在瑞士、丹麦、瑞典设领问题的意见》，1951年7月27日，中国外交部档案，档案号：118-00037-50。

[7] 《瑞士在我上海设领事馆谈判过程及换文》，1950年11月24日—1952年4月8日，中国外交部档案，档案号：118-00010-01。

中方照会中完全没有提及瑞士原在天津和广州的领事馆问题，瑞士驻华使馆将之理解为这是对瑞在这两个地方重开领馆要求的拒绝。[①] 对于中方的这种态度，瑞士曾有心理准备。司丁纳认为，因驻广州领事馆自1949年6月以来已停止运转，要求三地同时重开领馆不切实际。[②] 任佐立向伯尔尼建议接受中方的这个条件，瑞士当局虽然原则上同意互惠，但对于中方将来在日内瓦设领的要求有些犹豫。瑞士的拖拖拉拉与初期的积极主动形成鲜明对比，甚至引起中国外交部的某些怀疑。[③] 不过，政治部认为，由于日内瓦是众多国际组织所在地，中国要求在此地有个观察窗口有其合理性。彼蒂彼爱最终同意互惠。[④] 1951年10月23日和10月30日，瑞士公使馆和中国外交部达成协议，瑞士同意中国在日内瓦设立总领事馆，由中国自行决定设立时间；中国同意瑞士在上海设立总领事馆。[⑤] 11月，瑞驻上海总领馆正式设立。[⑥]

瑞士任命高贺为其驻上海总领事，任命驻沪总领事馆主事斯端特为一级副领事。但瑞士在高贺的任命书中，给其开了一个庞大的领事范围，即驻沪总领事可在除了河北、察哈尔、绥远、山西、山东以外所有中国境内行使领事职权，瑞士并在给中国外交部的照会中，明确提出了这种领事范围。[⑦] 以往外国

---

① "Télégramme du Swisslegat（Peking）au DPF"，No. 67，12 juin 1951，AF，E2001（E），1967/113，Vol. 154，Part 1.

② "Lettre de Stiner（Hongkong）à Pititpierre"，12 avril 1950，AF，E2001（E），1967/113，Vol. 154，Part 3.

③ "Télégramme du Swisslegat（Peking）au DPF"，No. 103，3 septembre 1951，AF，E2001（E），1967/113，Vol. 154，Part 1；Michele Coduri，*La Suisse Face à la Chine：Une Continuité Impossible? 1946-1955*，p. 162.

④ "Notice de Zehnder aux Affaires administratives"，14 septembre 1951，AF，E2001（E），1967/113，Vol. 154，Part 1.

⑤ 《新中国领事实践》编写组：《新中国领事实践》，第19页。

⑥ 《关于我增设苏黎世总领馆的文电》，1959年11月28日—1960年9月16日，中国外交部档案，档案号：110-01026-01。1951年中国同意瑞士在上海设立总领事馆后，实际上并未明确瑞士在天津和广州领事馆之地位，两地的牌匾仍然保留，并为瑞士侨民办理侨务。直到1957年1月和2月，瑞士驻华使馆才向中方递交照会，要结束其前驻天津和广州领事馆。1962年底，瑞士驻上海总领事馆闭馆，1995年重新开馆。2006年，瑞士在广州开设新的总领事馆。这样，瑞士今天在华三地（上海、广州、香港）有总领馆的局面形成。《外交部领事司关于瑞士关闭瑞驻广州、天津领事馆事的请示报告》，1957年12月7日，中国外交部档案，档案号：118-00586-04；［瑞士］汉斯·雅各布·罗特：《瑞中经济关系》，［瑞士］伊维娜·波林·博德贝克编：《交流中的两种文化——中国与瑞士》，第195页；姚宝编：《当代瑞士社会与文化》，第86页；［瑞士］伦志民：《忆瑞士驻上海总领事馆的重建》，瑞士驻华大使馆编：《中瑞关系（1950—2000）（中英文本）》，第23页。

⑦ 《瑞士在我上海设领事馆谈判过程及换文》，1950年11月24日—1952年4月8日，中国外交部档案，档案号：118-00010-01。

驻华各领事馆的管辖区问题，一般会在谈判中先行划定。如未划定，也需要双方相互同意。这次中瑞谈判设立领事馆问题时，并未涉及领事馆辖区问题。瑞士在任命书中提出这一点，造成了中方的被动。中方认为，同意高贺的任命和同意领事辖区范围是两回事，不同意辖区范围并不等于否定对高贺的任命。外交部提出了两种处理意见。其一，同意瑞士提出的领事辖区，可告诉对方，领事辖区的范围虽未同中方商量，但中方可以同意，不过要保留中方在派驻瑞士的领事时其范围也将扩大的权利。因瑞士领土不大，可以其全国为范围。不过还是要指出，瑞方委任状指定全中国华北五省以外为范围，此种规定过于宽泛，所以可在发给的领事证书中正面列举各省省名的办法。其二，不同意对方所设辖区范围。在发给的领事证书中，缩小其辖区范围。如对方坚持，可能会再提出要求在中国其他地方设立领事馆。而中方在瑞士并无此项要求。① 最终，中方只同意瑞士驻上海总领事馆辖区为上海地区。1952 年 2 月 13 日，瑞士驻华公使馆向中国外交部递交备忘录，解释说原先设想的辖区范围"属于内部性质"，"其目的仅在规定总领事关于领事日常工作如瑞士侨民之登记、婚姻、出生、死亡之登记等事务方面之职权"，提醒中方注意以上说明，"以免对于高贺先生之权限发生任何可能之误会"。②

中国在 1951 年初开始考虑在瑞士设立领事馆问题。在和瑞士换文、达成互设总领事的协议后，中国驻瑞士使馆和外交部都建议，尽快在日内瓦设立总领事馆，以作为驻瑞士使馆对外活动的据点，并兼办当地及来自法、意方面侨民的工作（日内瓦在法瑞边境，临近意大利）。③ 但由于中方当时在瑞士侨务不多，此项建议被搁置。1954 年 2 月 22 日，外交部再次提出设立领馆问题。报告提出三点理由。其一，4 月 26 日将于日内瓦召开五大国会议，在会议召开之前如能在日内瓦设立领馆，对中国届时参加五大国会议的工作，将有所便利。其二，当时中国驻瑞士公使馆负有教育在瑞士、英、法、荷、比等国华侨的责任，此项工作相当繁重，人少事多，侨务工作尚未能全面开展，在日内瓦设领后，可由该馆专门负责侨务工作。其三，设立领馆也有助于今后国际活动

---

① 《瑞士在我上海设领事馆谈判过程及换文》，1950 年 11 月 24 日—1952 年 4 月 8 日，中国外交部档案，档案号：118-00010-01。

② 《瑞士在我上海设领事馆谈判过程及换文》，1950 年 11 月 24 日—1952 年 4 月 8 日，中国外交部档案，档案号：118-00010-01。

③ 《瑞士在我上海设领事馆谈判过程及换文》，1950 年 11 月 24 日—1952 年 4 月 8 日，中国外交部档案，档案号：118-00010-01。

之开展。报告建议立即在日内瓦设立总领事馆，新的领事可为使馆参赞。① 这份报告获得批准。3 月 3 日，外交部以加急电指示驻瑞士公使馆，要其与瑞士方面联系。②

1954 年 3 月 5 日，中国驻瑞士公使冯铉向瑞士政治部部长彼蒂彼爱递交了中方要在日内瓦设立领事馆问题的照会。随后，瑞士政治部又打电话给中国驻瑞士使馆，询问中国驻瑞士领事馆辖区问题。③ 关于领馆辖区，中方考虑，瑞士国小，中方侨务不多，不必扩大，也担心如辖区扩大易遭瑞士报复提出反要求，所以仍限定于日内瓦市。④ 1954 年 4 月 1 日，中国驻日内瓦总领事馆开馆，当时在驻瑞士使馆任政务参赞的温朋久任首任总领事。⑤

中瑞互设领馆过程中两国政府的考虑略有差异：中国更重视领馆的政治意义，而瑞士更重视其经济意义。这种差异在某种程度上也是各自对两国外交关系可能影响的预期。

四、使馆升格：中瑞关系的发展

中瑞建交后，双方的外交关系最初维持在公使级，这与瑞士同其他国家的建交情况类似：瑞士驻建交国的都是公使馆，在外国没有大使馆。而部分国家在与瑞士建交时派驻了大使，设置了大使馆，这包括美国、英国、法国、意大利、比利时、加拿大、土耳其、梵蒂冈、埃及、巴基斯坦、印度、日本 12 国。⑥ 中瑞建交谈判时，瑞士曾提示了这种情况，表示中方既可向瑞士派遣大

---

① 《中国与瑞士互设领事馆情况》，1954 年 2 月 22 日，中国外交部档案，档案号：118-00029-01。

② 《关于我在日内瓦设立总领事馆事》，1954 年 3 月 6 日，中国外交部档案，档案号：118-00029-02。

③ 《瑞士电话询问我日内瓦总领事馆辖区问题》，1954 年 3 月 9 日，中国外交部档案，档案号：118-00029-04。

④ 《关于我驻日内瓦总领事馆辖区问题》，1954 年 3 月 6 日，中国外交部档案，档案号：118-00029-03。

⑤ 宋恩繁、黎家松主编：《中华人民共和国外交大事记（1949 年 10 月至 1956 年 12 月）》（第 1 卷），第 133 页。1988 年 9 月，中国驻苏黎世总领事馆开馆，同时关闭驻日内瓦总领事馆，形成了今天在瑞士一个大使馆、一个总领事馆的格局。

⑥ 《中国、瑞士两国公使馆升格为大使馆及任命使节事》，1953 年 2 月 24 日—1957 年 4 月 30 日，中国外交部档案，档案号：110-00332-01。

使，也可派遣公使。

但是，向建交国派驻大使和设置大使馆，已成为国际通行惯例。不少国家也向瑞士表示，希望能派遣大使代替全权公使。鉴于这种情况，瑞士政府开始考虑使节和使馆的升格问题。1955 年 2 月 24 日，瑞士向其他国家驻瑞士使馆递交普通照会，告知当晚将发表关于使馆升格的公告，并附公告全文。当晚瑞士政府发表的公告称，出于国际礼节和惯例，瑞士愿意考虑各国升级驻瑞使馆的要求，但是否能将瑞士驻外公使馆改成大使馆，将由联邦议会决定，所以现阶段瑞士政府还不能适用对等的原则，但一旦联邦议会有所决定，瑞士政府也许要适用这一原则。① 该公告实际告知，瑞士愿意其他国家驻瑞士使馆升格，但瑞士未必能给予互惠，升格其驻相关国家之使馆级别。

上述公告发出后，瑞士政治部交际处处长曾两次向中国驻瑞士公使馆表示：中国是大国，应当设立大使馆。中国认为，自 1954 年日内瓦会议后，中瑞关系有所改善，既然瑞士提出这种愿望，可以同意将中国驻瑞士公使馆升格为大使馆。② 1955 年 12 月 17 日，驻瑞士使馆代办彭华奉外交部之命，访问瑞士政治部部长彼蒂彼爱。彭华告知瑞士方面，为促进中国同瑞士间友好关系进一步的发展，中国政府决定将驻瑞士公使馆升格为大使馆，征求瑞士政府的同意，也欢迎瑞士将驻华公使馆升格为大使馆。彼蒂彼爱对中国政府的这一决定甚为感谢；至于瑞士驻华使馆升格事，他说联邦委员会已就某些公使馆升格为大使馆事咨文议会，估计次年三月间议会可做决定，这个问题大致将在六月间解决。最后他说：升格的结果将增强瑞士和中国间业已存在的良好关系；瑞方一俟有原则决定即告中方。③ 1956 年 1 月 3 日，中瑞双方相约共同发表公报："中华人民共和国政府和瑞士联邦政府为了增强两国间业已存在的友好关系，已达成协议，将中华人民共和国驻瑞士公使馆升格为大使馆。"④ 中方后任命当时的驻瑞士公使冯铉⑤为驻瑞士大使，获瑞士同意。7 月 13 日，冯铉向瑞士联

① 《中国、瑞士两国公使馆升格为大使馆及任命使节事》，1953 年 2 月 24 日—1957 年 4 月 30 日，中国外交部档案，档案号：110-00332-01。
② 《中国、瑞士两国公使馆升格为大使馆及任命使节事》，1953 年 2 月 24 日—1957 年 4 月 30 日，中国外交部档案，档案号：110-00332-01。
③ 《中国、瑞士两国公使馆升格为大使馆及任命使节事》，1953 年 2 月 24 日—1957 年 4 月 30 日，中国外交部档案，档案号：110-00332-01。
④ 新华社 3 日讯：《我国驻瑞士公使馆升格为大使馆》，《人民日报》1956 年 1 月 4 日，第 1 版。
⑤ 据中方提供给瑞士的简历，冯铉当年 41 岁，江苏省武进县人，历任延委大学教授、西北公学副校长、东北辽南区专员、东北财政经济委员会委员、中华人民共和国驻瑞士联邦公使等职。

邦主席费德曼（Markus Feldmann）递交了国书。①

1955 年 12 月 8 日，瑞士联邦委员会发表致议会咨文，要求议会授权将瑞士驻外公使馆升为大使馆，至于瑞士在哪些国家设立大使馆则由联邦委员会以后决定。该咨文称，在这一问题上联邦委员会更多的是从国际意义考虑，如果从国内考虑也可以不设大使馆，因为在瑞士内部大使不成为一级，与公使没有区别，瑞士使节只有出任大使馆馆长时才有大使职位，离开大使馆后仍为公使。1956 年 3 月，瑞士议会讨论这份咨文，9 日以 127 票对 3 票通过了将瑞士驻外公使馆改为大使馆的提议。②

瑞士议会的决定扫清了瑞士驻外使馆升格的障碍。中国关心的是，瑞士在初期是否会把驻中国公使馆列入升格范围的问题。而瑞士对此问题的回复是模糊的，有时甚至是否定的。1955 年 12 月 27 日，彼蒂彼爱在回答苏联公使提问，瑞士准备升格的一些使馆中是否包括驻苏使馆时，给了肯定回复，但对中国同样的问题却避而不答。1956 年 5 月 1 日，彭华代办再向瑞士政治部政务司副司长询问这一问题，后者答道：瑞士在外国第一批将先设立五六个大使馆，其中有美、苏、英、法、意等国，至于中国，可一步步来（意即第一批不包括中国）。他还表示，有的国家如巴基斯坦在瑞士有大使馆，但瑞士在对方不一定设大使馆。③

中方认为，瑞士在外设大使馆第一批不包括中国是对中国不够尊重的表现，对中国影响不好。瑞士这样做，除了所谓"与西方团结"的政治原因外，可能还与中国大使馆设立后迟迟未任命大使有关，因为最近两三个月来，瑞士官方一有接触，就问大使任命否，对此十分重视。驻瑞士使馆建议，一方面可迅速任命大使，另一方面可向瑞士方面正式提出要求互惠，希望其第一批大使馆中包括中国。不过，外交部认为，提出互惠要求显得比较生硬，鉴于冯铉大使任命事已解决（5 月 1 日瑞士已同意，5 日中方将发任命消息），可以在告知瑞士此消息的同时，表示中方获悉瑞士政府准备将若干公使馆升格为大使馆，

---

① 新华社 4 日讯：《冯铉被任命为我国驻瑞士联邦大使》，《人民日报》1956 年 5 月 5 日，第 1 版；《中国、瑞士两国公使馆升格为大使馆及任命使事》，1953 年 2 月 24 日—1957 年 4 月 30 日，中国外交部档案，档案号：110-00332-01；宋恩繁、黎家松主编：《中华人民共和国外交大事记（1949 年 10 月至 1956 年 12 月）》（第 1 卷），第 274 页。

② 《中国、瑞士两国公使馆升格为大使馆及任命使事》，1953 年 2 月 24 日—1957 年 4 月 30 日，中国外交部档案，档案号：110-00332-01。

③ 《中国、瑞士两国公使馆升格为大使馆及任命使事》，1953 年 2 月 24 日—1957 年 4 月 30 日，中国外交部档案，档案号：110-00332-01。

中国政府希望瑞士驻华公使馆能早日升格。[1]

1956 年 5 月 4 日，彭华访瑞士政治部秘书长陈特尔。在彭华遵照中国外交部指示发言后，陈特尔称：瑞士派遣大使的原则（互惠还是根据瑞士利益）尚未确定，但无论如何一定有驻华大使，瑞士一般派大使的根据是经济关系、金融投资、侨民多少及政治上的重要性，中瑞贸易额也许并不太大，金融投资因中国国有化已经没有，侨民也几乎没有，但中国是亚洲的政治中心，第一批大使（预计 9 月间任命）估计会有驻中国大使。9 月 15 日，驻瑞士使馆报告说，据瑞士官方透露，瑞士驻外使馆升格事已内定第一批在苏、中、美、英、法、意六国设立大使馆。[2]

1957 年 3 月 27 日，瑞士政治部部长彼蒂彼爱约见冯铉大使，递交备忘录一份，称瑞士拟将驻华公使馆升格为大使馆，公使贝努义[3]升格为大使，征求中国意见。瑞士提议及大使提名迅速获中方同意，双方在 4 月 12 日发表公报。[4] 4 月 22 日，贝努义向毛泽东主席递交了国书。[5]

---

① 《中国、瑞士两国公使馆升格为大使馆及任命使节事》，1953 年 2 月 24 日—1957 年 4 月 30 日，中国外交部档案，档案号：110-00332-01。

② 《中国、瑞士两国公使馆升格为大使馆及任命使节事》，1953 年 2 月 24 日—1957 年 4 月 30 日，中国外交部档案，档案号：110-00332-01。

③ 瑞士第一任驻华公使任佐立于 1954 年 7 月 4 日奉调回国，新公使贝努义当年 9 月 7 日抵达北京。范南·贝努义（Fernand Bernouilli）生于 1950 年，系巴勒州公民，曾就读于巴勒、巴黎及伯尔尼的大学，获哲学博士学位。1934 年进入外交界，为瑞士驻布宜诺斯艾利斯公使馆的随员，后相继在联邦国民经济部（商务部）、驻贝尔格莱德公使馆（二等秘书）、里约热内卢公使馆（一等秘书、参赞）、布宜诺斯艾利斯、伦敦、华盛顿（公使馆一级参赞）、政治部（国际组织司副司长）任职。新华社五日讯：《瑞士公使任佐立奉调回国》，《人民日报》1954 年 7 月 6 日，第 1 版；新华社七日讯：《瑞士联邦新任驻我国公使贝努义到达北京》，《人民日报》1954 年 9 月 9 日，第 1 版；《瑞士新任驻华公使贝努义简历》，1954 年 1 月 1 日—12 月 31 日，中国外交部档案，档案号：117-00357-06；《中国、瑞士两国公使馆升格为大使馆及任命使节事》，1953 年 2 月 24 日—1957 年 4 月 30 日，中国外交部档案，档案号：110-00332-01。

④ 《中国、瑞士两国公使馆升格为大使馆及任命使节事》，1953 年 2 月 24 日—1957 年 4 月 30 日，中国外交部档案，档案号：110-00332-01；新华社 12 日讯：《瑞士驻华公使馆升格为大使馆》，《人民日报》1957 年 4 月 13 日，第 1 版。

⑤ 《接受瑞士大使贝努义呈递国书时的答词》，1957 年 4 月 22 日，中共中央文献研究室编：《建国以来毛泽东文稿》（第 6 册），北京：中央文献出版社，1998 年，第 438—439 页；新华社 22 日讯：《瑞士大使向毛主席递交国书》，《人民日报》1957 年 4 月 23 日，第 1 版。

五、结束语

瑞士是西方国家中继瑞典、丹麦后第三个与中国建交的国家。考虑到此时美、英、法等大国均未与中国建交，瑞士独立于大国的这一步骤就值得仔细分析。瑞士之所以能抵制内外压力做出承认中国并与之建交的决定，首先是瑞士对其经济、政治和文化利益综合考虑的结果。经济考虑是瑞士承认中国的最重要原因，同中国建交有利于保障在中国（尤其是在上海）的瑞士人的利益，加强瑞士和中国的经济联系。从政治上而言，二战时期处于轴心国包围状态下的瑞士同纳粹国家关系暧昧，战后一度在国际政治中受大国冷落。同中国建交，有助于打破瑞士的孤立状态，提高瑞士的国际声望，进而成为东西方的协调者。从文化上而言，承认也有助于保护瑞士在华传教事业。① 其次，承认也是瑞士对中国局势客观评估的结果。在最初决策时彼蒂彼爱就认为，中共已经在中国建立了有效控制，按照国际法，一个政府当它有牢固的政治结构并且对其领土行使实际而持久的控制，就应当被承认。② 他也曾对捷驻瑞士公使称，瑞士承认中国已引起别人不满，但瑞士是现实主义者，不管爱与恨均须承认中国；中国肃清了贪污，出现了中国历史上第一个好政府，提高了人民生活，已成了一个强大国家，这是事实。③ 而且，中国也会是未来的国际强国之一，会对东亚局势产生重要影响，在朝鲜和印度支那形势紧张之际与中国建交才有可能让瑞士在冲突双方之间发挥外交调节作用。④ 最后，瑞士长期以来奉行的中立主义也对这种超越意识形态的承认起到了一定的影响。中立主义引申来的

---

① "Der Chef der Abteilungfür Politische Angelegenheiten des Politischen Departements, A. Zehnder, an den schweizerischen Geschäftsträger in Peking, S. Stiner", 19. Juli 1950, *Documents Diplomatiques Suisses*, Vol. 18（1. Ⅶ. 1949-30. Ⅵ. 1952），pp. 156-159；他石：《瑞士联邦 700 年》，第 220—223 页；Ariane Knüsel, *Framing China：Media Images and Political Debates in Britain, the USA and Switzerland, 1900-1950*, p. 248。瑞士在二战时期的内政、外交情况，可参见 Georg Kreis and David Cesarani, eds., *Switzerland and the Second World War*, London：Frank Cass, 2000。

② 他石：《瑞士联邦 700 年》，第 240 页。

③ 《瑞士主席谈瑞士承认中国后的反应》，1950 年 12 月 26 日—1952 年 12 月 26 日，中国外交部档案，档案号：110-00192-01。

④ Christoph Graf und Maurer Peter, "Die Schweiz und der kalte Krieg 1945-1950," *Studien une Quellen*, Band 11（1985），p. 76；Nicole F. Stuber, *The Establishment of Diplomatic Relations between Switzerland and the People's Republic of China：An Analysis of the Swiss Side of the Story*, pp. 60-63.

"普建邦交"（Universalität）原则成为抵制外在压力推进承认与建交的动力之一。承认中国因而成为冷战年代检验瑞士中立政策可信度的一块试金石。①

在平等互利、尊重主权和领土完整的基础上同一切国家建立友好关系，本是新中国对外政策的应有之义和重要任务。新中国成立之初面对以美国为首的西方国家的遏制环境，拓展邦交的活动并不十分顺利。到 1950 年上半年，同中国建交的只有 11 个社会主义国家、3 个亚洲国家（印度、印尼和缅甸）以及 2 个北欧国家（丹麦、瑞典）。② 瑞士作为西方发达国家在 1950 年 1 月就声明承认新中国，对后者而言无疑是非常友好的外交举动。③ 因此，中国政府也不失时机地与瑞士建立正式外交关系。

中瑞建立正常外交关系，首先对两国关系的发展起到了推动作用。这种推动作用体现在双边政治、经济、文化领域的交流不断拓展与加强。以瑞士关心的贸易为例，1949 年双边贸易额仅为 156 万美元，1950 年为 617.1 万美元，1952 年突破 1000 万美元，1953 年再上一个台阶，超过 3000 万美元，此后 1956 年、1957 年都维持在 3600 万美元以上。中国和瑞士的贸易额在社会主义各国，包括苏联在内，占第一位。④

中瑞建交也拓宽了双方的外交舞台。就中国而言，在中法建交前，瑞士是西欧国家中唯一与中国建交的国家，中国驻伯尔尼的外交使团成为其在西方的一个重要窗口，在中法建交前它几乎是中国在西欧的唯一外交机构。⑤ 中国驻瑞士使馆成为沟通中国与西欧甚至是美洲、非洲未建交国家的重要桥梁。这些未和中国建交国家的政界、商界、记者等人士多先和中国驻瑞士使馆取得联系

---

① Nicole F. Stuber, *The Establishment of Diplomatic Relations between Switzerland and the People's Republic of China: An Analysis of the Swiss Side of the Story*, pp. 63—65.

② 宋恩繁、黎家松主编：《中华人民共和国外交大事记（1949 年 10 月至 1956 年 12 月）》（第 1 卷），第 353—354 页。

③ 他石：《瑞士联邦 700 年》，第 241 页。

④ 李清泉：《瑞士七年》，《外交学院学报》1997 年第 1 期，第 60—64 页；《我国同西方和拉丁美洲国家贸易情况资料（增订本）》（节录），1960 年 9 月，中国社会科学院、中央档案馆编：《1958—1965 中华人民共和国经济档案资料选编：对外贸易卷》，北京：中国财政经济出版社，2011 年，第 492 页。李清泉在回忆中，把解放前两国贸易额写作 25 万美元左右，估计有误。其他统计数字，见 Christoph Graf und Maurer Peter, "Die Schweiz und der kalte Krieg 1945-1950," *Studien une Quellen*, Band 11 (1985), pp. 75—76; Nocole F. Stuber, *The Establishment of Diplomatic Relations between Switzerland and the People's Republic of China: An Analysis of the Swiss Side of the Story*, Appendix 3.

⑤ 周铎勉：《外交关系五十年》，瑞士驻华大使馆编：《中瑞关系（1950—2000）（中英文本）》，第 7 页。

再前往中国；而中国相关人士也通过瑞士中转前往未建交国家。此外，利用瑞士中立国的地位和众多国际组织所在地的地理优势，中国也在瑞士开展多方面的官方的、民间的交流活动。驻瑞士使馆成为中国开展对外活动的重要基地。①和中国这样一个大国建立外交关系，也提高了瑞士的国际地位，让瑞士进一步摆脱外交上的孤立地位，在解决与中国密切相关的远东问题时瑞士有了一席之地。1953 年，瑞士成为朝鲜半岛"中立国监察委员会"和"中立国遣返委员会"的成员。曾任瑞士驻华大使的周铎勉（Dominique Dreyer）坦陈："这表明瑞士中立国的价值和她致力于国际和平的努力得到了国际社会的承认。而如果瑞士没有在这以前与北京政府建立起信任关系，就不可能得到这样的国际承认。"②

（原载《当代中国史研究》2016 年第 5 期，收录本书时略有增补、修订）

---

① 李清泉：《瑞士七年》，第 60—64 页。
② 周铎勉：《外交关系五十年》，第 7 页。

"冷战纸弹"：
美国宣传机构在香港主办中文书刊研究

翟　韬　首都师范大学历史学院副教授

摘要　20世纪50年代，美国政府以香港美国新闻处为主要机构，依托香港在大中华区传媒中心的位置，针对东南亚华人展开了浩大的宣传运动。由于宣传的主要对象是受过教育、有知识的人群，文字出版物《今日世界》杂志和"书籍项目"策划出版的图书成为了美国宣传部门在港主办的最重要媒介。这一快一慢两种媒介渐成"合流"之势，逐渐演变为快慢结合、"寓教于乐"的"冷战纸弹"：一份思想性强的时政杂志和一批阅读起来轻松有趣的反共小说。用比较的视野观察，美方对华侨宣传针对受过教育的精英人群、依靠文字出版物的策略，区别于其对西欧盟友和苏联东欧社会主义国家宣传中主要针对大众和依靠视听媒介的做法，这在更大意义上饶有意味地反映了美国对第三世界国家宣传手段和策略上的独特性。

关键词　宣传　香港美国新闻处　书籍　刊物　中美关系

对于冷战时期美国对外宣传史的研究主要集中在三个方面。首先是宣传政策及其实施情况，这方面研究成果最多。① 其次，关于宣传主题和内容也有一

---

① 代表作有 Walter L. Hixson, *Parting the Curtain*: *Propaganda*, *Culture*, *and the Cold War*, *1945-1961*, Houndmills, Basingstoke, Hampshire and London: Macmillan Press Ltd., 1997; Nicholas J. Cull, *The Cold War and the United States Information Agency*: *American Propaganda and Public Diplomacy*, *1945-1989*, Cambridge: Cambridge University Press, 2008。

些论著出现。① 近年来，对于宣传目标如何转化为宣传主题、宣传政策如何转换为宣传文本的中间环节——尤其是宣传媒介的研究渐为学界注意，尤其是书刊研究成为研究热点。② 而就冷战时期美国对华宣传研究而言，大体也是如此。③ 本文将考察美国对华宣传的主要媒介——文字出版物（书刊）及其文本生产过程，以弥补不足、推进相关研究。

一、美国对华宣传的重点人群与媒介选择

1949 年新中国成立，由于意识形态上的敌对和冷战战略需要，美国政府对大中华区展开了以诋毁新中国、促进台湾国民党政权声誉、正面宣传美国为主要目标和主题的宣传和意识形态心理战运动。美国宣传部门以驻香港和台北的新闻处④为主、驻东南亚各国新闻处为辅，运用广播、书刊、电影、新闻、展览、文化外交、教育交流等多种媒介和形式，对东南亚、港澳、台湾和中国大陆的华人展开了声势浩大的宣传攻势。这场运动最核心的部分是 20 世纪 50 年代这十年之间，以香港（美国新闻处）为基地，针对东南亚华人，主要运用文字出版物（书刊）媒介的宣传活动。⑤

美方之所以以香港为中心开展对华宣传活动，主要是因为它具备几方面的优势：香港距离中国大陆地理位置最近，可以获取新中国的最新信息；香港具备大陆以外最丰富的传媒资源，对大陆以外华人圈拥有巨大影响力，美方可以

---

① 这方面成果相对较少，代表性的有 Laura A. Belmonte, *Selling the American Way*: *U. S. Propaganda and the Cold War*, Philadelphia, Pennsylvania: University of Pennsylvania, 2008。

② 代表作是 Alfred A. Reisch, *Hot Books in the Cold War*: *the CIA-Funded Secret Book Distribution Program Beyond the Irion Curtain*, Budapest: Central European University Press, 2013。冷战广播研究一直比较受重视。

③ 政策与活动的研究，见张杨：《"海外华人项目"与美国反华保台之心理战政策初探》，《东北师大学报（哲学社会科学版）》2010 年第 3 期。宣传主题和形象研究，见翟韬：《新"华夷之辨"：冷战前期美国对两岸政权形象的塑造与宣传》（会议论文），"公开较量、秘密争夺与东西方冷战"国际学术会议，中国西安：陕西师范大学，2014 年 10 月。

④ 美国对外宣传中枢部门在 1945—1949 年为国务院公共事务部门，1953 年之后为美国新闻署，其所对应的海外宣传站点名为"美国新闻处"（United States Information Services, USIS），设立在美国驻外使领馆之下，与政治处和经济处等平行，宣传官员被称为"公共事务官员"（Public Affair Officers）。本文主要论述的是美国驻香港领事馆下辖的新闻处，一般称为香港美国新闻处（USIS-Hong Kong），以下简称香港美新处。

⑤ 翟韬：《美国对东南亚华人宣传政策的演变，1949—1964》，《美国研究》2013 年第 1 期。

依托这种资源制作中文汉语宣传材料；香港还拥有庞大的大陆赴港"流亡者"群体，这不仅可以作为宣传主题来"推广"，且这一群体还是美方可以利用的传媒人才资源；在香港，各国非政府的反共组织云集，美方可以依托和利用其开展宣传活动。① 美国驻港新闻处和其他分支部门积极利用这些优势，于是在1949年之后，香港迅速成为美国辐射整个大中华区的宣传和心理战中心和基地。主要宣传政策的制定和宣传材料的生产，都由香港美新处主导。美方把东南亚华人作为主要宣传对象，则是因为1949年之后美国媒介很难渗透进中国大陆，台湾和香港华人人数相对又较少，同时美国政府极为担心东南亚华人群体成为"红色中国"在东南亚"扩张"的"第五纵队"，于是当时已逾千万之众的东南亚华人成为了50年代美国对华宣传最主要的针对对象。②

香港美国新闻处依托传媒资源在港主办有多种中文汉语宣传媒介，除了刊物、书籍等文字出版物之外，还有广播、电影、展览等视听媒介，还为其他媒体提供新闻和消息。其中新闻服务、电影、广播由于一些原因不是重点运用的媒介，作用比较小。新闻服务在1949年之前非常重要，但是在之后却逐渐被"边缘化"了。由于1945—1949年间美国在华通信网络能够较少受战争影响，美新处系统能为其他媒体大量提供新闻和消息，因而新闻服务在彼时美国对华宣传媒介中是最为重要的形式。③ 但1949年之后香港的传媒环境大异于内地，那里民间传媒业极为发达，不太需要美国宣传部门提供新闻，所以新闻服务并非当时美国对华宣传的重点媒介。④ 电影在香港美新处运用的媒介当中也不是重点。一方面，美国宣传部门在这方面投入严重不足，因为专门制作适合华人口味的原创性的影片费时、费力、费钱；另一方面，美国对东南亚华人的宣传主要针对的人群重心不在大众，而电影受众主要被定位在不通过阅读文字即可

---

① Guide Lines for United States Programs Affecting the Overseas Chinese in Southeast Asia, December 11, 1957, RG 59, Records Relating to Participation in the Operations Coordinating Board (OCB), 1953–1961, Lot 62D430, Box 28, The U. S. National Archives and Records Administration at College Park, MD (NACP).

② Johannes R. Lombardo, "A Mission of Espionage, Intelligence, and Psychological Operations: The American Consulate in Hong Kong," Richard J. Aldrich, Gary D. Rawnsley, Ming-Yet T. Rawnsley, eds., *The Clandestine Cold War in Asia, 1945 – 65: Western Intelligence, Propaganda and Special Operations*, London, Portland, OR: Frank Cass & Co. Ltd., 2000.

③ 翟韬：《战后初期美国新闻处在华宣传活动研究》，《史学集刊》2013年第2期。

④ USIS-China Central Office Report for January 1950, February 14, 1950, RG 59, Central Decimal Files 1950–1954, 511.93, Box 2532, 511.93/2 - 1550, NACP; USIE-Hong Kong Monthly Report for December 1949, January 12, 1950, RG 59, Central Decimal Files 1945–1949, 811.20200 (D), Box 4567, 511.00/ 1–1250, NACP.

接受宣传的低识字率人群，所以也就不作为主要的媒介而过多投入。广播媒介也远不如文字出版物重要，这是由于美方宣传最主要的广播媒介——"美国之音"（VOA）——并非香港美新处直辖，因而投入有限，另外也是由于广播主要针对低识字率人群，而这并非是对华侨宣传中重点针对的对象。①

而以刊物和书籍为主的文字出版物，则是香港美新处的重点媒介。香港美新处用在这两类文字出版物上的费用占到其针对东南亚华侨宣传经费的绝大部分。如在1955年、1956年的时候，香港方面就大约有一半的经费和精力都用在为东南亚华侨华人生产制作文字出版物的工作上，到了1957年、1958年，仅仅是《今日世界》等主要针对华侨的刊物就用去业务经费的46.6%，占全站点经费近四分之一。② 再如，以1959年的情况为例，刊物占总经费比例是32.6%，"书籍项目"占14%，这两者的经费额度分别位列香港站点媒介支出经费数额的前两名。③ 在1950—1962年美国最着力对东南亚华人宣传的十几年中，经费比例差不多就是如此。

美国针对华侨宣传活动中如此注重文字出版物这种媒介，主要是由宣传对象——青年学生、知识分子和媒体人——群体的性质和特点所决定的。美国针对东南亚华人宣传目标人群（target group）的设定，一开始是商人、知识分子和学生、劳工这三大类，④ 但是美方评估，教师和学生这个群体总体上是"亲共"的，是新中国宣传的主要目标，而且是中国共产党"渗透"东南亚的主要工具（principal wedges），所以美方的宣传工作就渐渐地转向了以教师和学生为主。⑤ 后来到1953年修订宣传计划的时候，香港方面又根据实际情况增加了东

---

① Inspection Report: USIS Hong Kong, November 3, 1959, NACP; Inspection Report: USIS Hong Kong, April 10, 1962, NACP. 如在1959年，香港站点的新闻工作大约占到总经费的5.8%，电影项目占到3.8%，广播和电视一共占到8%。

② Assessment of USIS-Hong Kong Operations Since November 20, 1956, February 20, 1958, RG 306, Country Plans 1953-1961, Box 51, NACP; Inspection Report of USIS Hong Kong, September 23, 1955, RG 306, Records of the Inspection Staff-Inspection Reports and Related Reports, 1954-1962, Box 4, NACP. 美新处站点费用分为业务经费和行政经费两大类，一般来讲各占一半，这里说的刊物制作费用的"46.6%"指的是占到业务经费的比例，大致测算占到总经费近四分之一。

③ Inspection Report: USIS Hong Kong, November 3, 1959, NACP.

④ USIS Plan for Overseas Chinese in Southeast Asia, May 28, 1952, RG 59, Records Relating to International Information Activities, 1938-1953 (Assistant Secretary of State for Public Affairs), Lot 53D126 & 53D196, Box 100, NACP.

⑤ USIS Hong Kong Semi-Annual Report for May 31, 1951, August 27, 1951, RG 59, Central Decimal Files 1950-1954, 511.46g, Box 2575, 511.46g /8-2751, NACP.

南亚中文"媒体人"这个目标，原因是这个群体可以影响和塑造整个东南亚华人的舆论（opinion molder）。① 后来在实际的宣传过程中，美方基本就以青年学生（中学生和大学生）、知识分子和教育工作者（以大学教师为主）、媒体人这三部分人群为主要对象，在这其中高中生和大学生为主的青年学生是重中之重；② 在宣传计划中，商人和劳工群体不再作为宣传对象出现，美方指望由主要宣传对象来影响他们。③

以上青年学生、知识分子和媒体人这三部分人群有一定交叉，他们的共同特点是都是受到过相对完备的教育、具备一定思想和知识层次，这就直接决定了美方宣传重点所采取的媒介形式。在美方宣传机构的工作习惯当中，一般采取广播、电影等媒介针对文盲和受教育不多的人群（劳工等），而文字出版物主要用来对受教育程度相对高的人群展开宣传。而且，美国对华侨的宣传很大程度上是要推广理念、塑造观念，而不是简简单单陈述事实和新闻，诸如向华侨宣扬美国的价值观和生活方式、从学理上败坏共产主义意识形态、借用传统的"华夷之辨"这种伪文化民族主义"理论"来动员华侨对于国共两党的好恶等，都是这种塑造理念的宣传特征的体现；而青年学生和知识分子也恰是执着于理想信念的群体，对价值观和意识形态问题远比其他人群更敏感和更感兴趣，所以采用文字出版物当然要比广播和电影等媒介更加适合阐述话题和塑造观念。

因此，美国宣传部门在香港投入了巨大的经费和力量主办中文文字出版物。由美方直接和间接策划、主办和资助的书籍与刊物种类繁多、销量巨大、传播广泛、影响深远，已经成为东亚冷战中蔚为壮观、不可忽视的政治和传媒现象。而这些书籍和刊物也超出了其文化传媒载体原本的职能，为美方所用，成为了名副其实的扩展话语霸权、操纵观念、适应政治需要的"冷战纸弹"。

---

① Draft Plan for USIS Hong Kong, June 9, 1953, RG 59, Central Decimal Files 1950-1954, 511.46g, Box 2575, 511.46g/6-953, NACP.

② 香港美新处多次表述其主要宣传对象是高中（含）文化以上的人群，如 USIS-Hong Kong Country Plan, September 10, 1961, RG 306, Records of the Office of Research, Foreign Service Despatches, 1954-1965, Box 3, NACP；台北美新处曾经多次表述过其主要宣传对象是有一定文化，但知识层次又不是特别高的读者，如 USIS Country Program Assessment Report for Taiwan (1959), March 10, 1960, NACP；而旗舰媒介《今日世界》刊物则明言读者群设定在 22 岁以下青年学生，见 USIS Hong Kong Semi-Annual Report, October 9, 1952, RG 59, NACP。

③ USIS Country Program Assessment Report for Taiwan (1959), March 10, 1960, RG 59, Country Files of the Planning and Development Staff, 1955-1964 (Bureau of Cultural Affairs), Lot 66D499, Box 43, NACP.

二、以《今日世界》为代表的刊物

美国在港主办的报刊类媒介当中最重要的就是《今日世界》杂志，是1949年之后美国对华宣传的"旗舰"媒介。这份刊物1952年由香港美新处创刊，1980年停刊；1952—1972年期间是半月刊，1972年之后改为月刊，总共发行598期；1952—1957年期间是以"美国新闻处"名义刊行，之后改为以隐蔽的方式，以商业出版机构"今日世界出版社"的名义发行直至停刊。《今日世界》针对整个华人世界进行宣传，在东南亚、港澳台和在全世界华人圈子中均有流通，是冷战前期中国大陆以外发行量最大的中文杂志，在20世纪50、60年代每期发行十几万份，一年下来累计发行量可达200万—300万份，在大陆以外的华人世界拥有巨大影响力，是香港美新处在冷战前期资金和人力重点投入的媒体。香港美新处应用的媒介形式不下十种，自身主办媒介和牵涉的民间媒介有上百个，但在50、60年代每年总活动经费有四分之一要投入到这份刊物上。①

《今日世界》的前身是《今日美国》（America Today）月刊，从1949年10月开始出版，到1952年4月左右停刊，共出版了60期左右。该刊物由美国驻华新闻处（USIS-China）在中国大陆时创刊，新闻处离开大陆迁到香港之后继续发行，每期能够达到10万册左右的散发量。从名称就可以看出，《今日美国》主要以正面宣传美国（"扬美"）为主，也有一定的"反苏"内容，但很少直接涉及亚洲和中国的话题。这与这份刊物的组稿方式有关系，刊物所用的新闻、专论和图片素材基本上也由美国国务院公共事务部门提供，绝大部分内容是美国根据对欧洲宣传的要求设计，香港美新处把这些材料翻译为中文之后编辑成刊物。但面对日益紧张的亚洲冷战局势，这份刊物就显得非常"不合时宜"了。香港美新处自己都评价说，《今日美国》以正面宣传美国为主，而且主要是编译国务院和美国媒体的材料，这样使得它更像是一份翻译成中文的美

---

① Assessment of USIS-Hong Kong Operations Since November 20, 1956, February 20, 1958, NACP; Inspection Report: USIS Hong Kong, November 3, 1959, RG 306, Records of the Inspection Staff-Inspection Reports and Related Reports, 1954-1962, Box 4, NACP; 1962年明确统计《今日世界》占到所有经费的28.04%，见 Inspection Report: USIS Hong Kong, April 10, 1962, RG 306, Records of the Inspection Staff-Inspection Reports and Related Reports, 1954-1962, Box 4, NACP。

国刊物，而不能很有效进行"宣传"（propaganda）。①

在东亚冷战日趋激烈的背景下，香港美新处大幅调整了刊物编辑的政策，采取了"本土化"的编辑方针。首先是宣传话题和刊物定位的"本土化"，美新处把《今日美国》改为《今日世界》，就说明该刊物已经从主要宣传美国自身转向了更多介绍世界其他国家地区的动态。实际上虽然名称叫"世界"，但是自1952年创刊之后，该刊物绝大部分内容是关于华人世界和亚洲局势的"本土"话题。

题材和内容的"本土化"有赖于刊物编辑方式和编辑队伍的"本土化"。香港美新处早就发现国务院提供的宣传素材主要涉及欧洲的话题，太过偏重于欧洲人的口味，对在华人区进行宣传帮助不大，所以呼吁国务院要"欧亚平衡"，另外要少一些统一宣传话题的硬性规定，给香港美新处以更多的自主权。② 国务院相关业务部门确也做过一些改进，但是更多地开发和利用"本土资源"的工作还是由香港方面自己来做。香港美新处拥有几十名中国雇员，这本身就是一个规模不小的中文编辑团队，而且新闻处还在香港"流亡者"群体中动员了一大批"签约写手"（contract writer），来直接用中文对华人世界的话题和亚洲局势进行专门的编译和创作，内容涉及新闻报道、深度评论、文学创作、图片和漫画制作等多方面。这样一来，除了"扬美"宣传的材料仍由国务院统一提供之外，香港美新处已经基本上实现了宣传素材和编辑方式的"本土化"。新闻处也自我评价到，《今日世界》已经成为一份由中国人编辑写作、给中国人看的刊物了，这份刊物越来越"中国化"（more Chinese type）了。③

美方在《今日世界》的可读性和娱乐性方面也下了相当大的功夫，把它办成了一份极为"吸引眼球"的刊物。《今日世界》中图片占的比率相当高，据称美新处一开始设计的是该刊物要80%以上都是图片，文字仅占20%，④ 虽然后来图片比例并未如此之高，但每期都有80张左右的图片，很像是一份画报。另外就是刊物的装帧风格具有中国文化特色和娱乐性，⑤ 杂志封面经常登载中

---

① USIS Hong Kong Semi-Annual Report, October 9, 1952, RG 59, Central Decimal Files 1950-1954, 511.46g, Box 2575, 511.46g/10-952, NACP.

② USIS Hong Kong Semi-Annual Report for May 31, 1951, August 27, 1951, RG 59, Central Decimal Files 1950-1954, 511.46g, Box 2575, 511.46g/8-2751, NACP.

③ USIS Hong Kong Semi-Annual Report, October 9, 1952, RG 59, NACP.

④ USIS Hong Kong Semi-Annual Report for May 31, 1951, August 27, 1951, RG 59, NACP.

⑤ USIS Hong Kong Semi-Annual Report, October 9, 1952, RG 59, NACP.

国传统艺术（如国画）的图片，到了春节前后刊物封面还会装帧为大红色和刊登节日图片来突出喜庆气氛。当然，封面用的最多的还是电影女明星的大幅照片，像是红极一时的李丽华、林黛、乐蒂、尤敏等，甚至当时刚刚崭露头角的郑佩佩都经常作为封面女郎出现。而且《今日世界》每期的封面和封底会有四幅彩页，有时刊物中间还会有若干彩页，专门登载中国艺术品的彩色照片。《今日世界》在栏目设置上也比较广泛和均衡。香港美新处自己形容《今日世界》是一款综合性刊物（general interest），题材主要集中在科学、时事及其背景、新闻图片、"扬美"、台湾"进步"的信息、运动、电影、"自由世界华人"的成就、中国文化、小说、学生文章、读者来信、猜谜等。① 总的来看，这份刊物是一个时政类杂志，兼顾文化和娱乐信息，的确是照顾了华人方方面面的口味。

1953 年上半年，香港美新处与台北美新处达成协议，此后《今日世界》上关于台湾和国民党政权的稿件和图片均由台北方面提供，每期都会为台北方面预留一定版面，任何未经台北美新处批准的关于"自由中国"的稿件都不得在该刊物登载，以防止损害美台关系。② 港台美新处一方面通过这种做法有效地协调了双方的宣传立场和口径，另一方面台北方面的用意也是为了增加台湾民众对《今日世界》的关注和更好地向东南亚华人群体宣传台湾的消息。③ 此后台北美新处一再增加对《今日世界》的投稿量，尤其是在 1961 年台北美新处基本不再专门进行对东南亚华人的宣传活动之后，又把对该杂志提供的材料和图片数量增加了一倍，④ 1961 年，台北美新处所提供的台湾方面的信息已经占到《今日世界》总内容的四分之一。⑤ 这样一来，《今日世界》就成为了主要报道香港和台湾、兼顾海外华人信息的刊物，这便比较全面地涉及大陆以外主要华人居住区的动态。

---

① Assessment Report-USIS Hong Kong-Objectives Ⅰ & Ⅱ, February 10, 1960, RG 306, Records of the Office of Research, Foreign Service Despatches, 1954-1965, Box 3, NACP.

② USIS Hong Kong Semi-Annual Report, August 19, 1953, RG 59, Central Decimal Files 1950-1954, 511.46g, Box 2575, 511.46g /8-1953, NACP.

③ IIA (Taipei) Semi-Annual Evaluation Report, December 1, 1952-May 31, 1953, June 22, 1953, RG 59, Central Decimal Files 1950-1954, 511.94a, Box 2538, 511.94a/6-2253, NACP.

④ USIS Taiwan Annual Assessment Report: 1961, February 2, 1962, RG 306, Country Plans FY 1961-1962, Box 110, NACP.

⑤ Inspection Report of USIS Taiwan, October 20, 1961, RG 306, Records of the Inspection Staff-Inspection Reports and Related Reports, 1954-1962, Box 9, NACP.

正是因为《今日世界》更多地实现了"本土化"的编辑方针，可读性和娱乐性较强，栏目设置均衡，同时题材涉及主要华人居住区的话题，因而该刊物甫一面世就成为全世界发行量最大的中文刊物。而且据称，其流通范围遍布全世界任何华人居住的地方，① 即便后来没能守住"世界第一"，也是长时间雄踞大陆之外发行量最大的中文刊物的位置。美方宣传部门自己也总结了《今日世界》如此受欢迎的原因，认为主要还是由办刊的高质量决定的，具体说来就是：第一，完全的"中国式"刊物风格，符合华人欣赏习惯；第二，材料有趣、可读性强；第三，图片和文字均十分丰富，《今日世界》每期有5万字和80张图片，不仅图片极为丰富，就文字信息量来说也在美国主办的各种刊物中居领先地位。②

由于拥有以上优势，《今日世界》对其最主要目标群体——22岁以下青年学生——具有相当大的影响力。《今日世界》发行仅一年之后，其作为一个反共刊物就拥有了比较大的名气，而且有证据表明青年学生群体已经相当程度上接受了这份刊物。刊物举办了"学生园地"栏目，开始登载学生读者的文章，每周就能收到几百封学生的投稿信件。③ 该刊物一直在华人学生群体中拥有超高人气，到20世纪50年代末，香港美新处又做了一次调查，据称每周《今日世界》读者来信数量达到2000封，其中有200封左右是学生读者的投稿信，美新处评估称这部分学生的"思想一定程度上受到了该杂志的塑造"。香港方面注意到这份刊物对学校教育很有帮助，很多华人学校把其作为教学材料，因而才具有如此广泛的影响力。台北美新处还专门对在台湾接受中学教育和高等教育的东南亚华侨学生做过调查，结果显示他们几乎全部阅读过《今日世界》杂志5年以上，而且到台湾之后还继续保持这种阅读习惯。台北美新处认为，这证明东南亚华侨学生已经成了《今日世界》的"一个固定的读者群体"（regular reading group）。华侨学生大都十分喜欢这份刊物，原因也和香港方面的结论一样，消息时新、材料有趣，而且对学习有帮助。④

① USIS Hong Kong Semi-Annual Report, October 9, 1952, RG 59, NACP.
② 美方主办的《美国画刊》月刊每期字数是38,000字，《自由世界》月刊为29,000字；而且《今日世界》还是半月刊，合计每月有10万字的信息量，见 USIS Hong Kong Assessment for 1961, January 15, 1962, RG 306, Records of the Office of Research, Foreign Service Despatches, 1954–1965, Box 2, NACP。
③ USIS Hong Kong Semi-Annual Report, August 19, 1953, NACP.
④ Assessment Report-USIS Hong Kong-Objectives Ⅰ & Ⅱ, February 10, 1960, RG 306, Records of the Office of Research, Foreign Service Despatches, 1954–1965, Box 3, NACP.

　　各个东南亚新闻处站点反馈的信息也证明了《今日世界》的效果。据称泰国曼谷的华侨每四人中就有一人读过《今日世界》，泰国南部的华侨则是每两人中就有一人读过此刊物。台湾一所聋哑学校、香港基督教青年会等社会机构来信请求重印《今日世界》上的文章，一位台湾作家还想把一篇文章改编成剧本。香港美新处在全世界舆论进行反中共宣传的"中国报道项目"和台北美新处在全世界舆论促进台湾声誉的"台湾报道项目"，也都使用《今日世界》中的文章报道作为素材。《今日世界》还促进了美国主办的事业，比如其对1962年西雅图世界博览会进行了大幅报道，促进了华人读者对该世博会的了解，这得到了主办方的大力赞扬。《今日世界》还成为了美新处"书籍项目"比较倚重的广告媒介，香港和台北主持出版的原创或翻译的书籍很多都在杂志上登载书评，以扩大影响，甚至远到欧洲的巴黎、波恩，拉丁美洲的哈瓦那、圣保罗都有订阅《今日世界》的读者。因而美方认为，该刊物不仅对美国针对东南亚华人的宣传有用，而且对全球华人都有影响力，能够覆盖2600万华人之众（其中东南亚1200万人、台湾1100万人、香港300万人和零星其他地区的华人）。①

　　《今日世界》的发行工作同样值得一提，其中反映了美国对外宣传的某些重要技巧和思路。《今日世界》（包括《今日美国》）刚创刊发行的时候，也和大多数美国宣传品一样是免费发放的，但这样会出现很多浪费的情况，据说有的香港报刊零售商免费得到《今日世界》之后直接卖废纸获小利；比起这种极端的例子，其实最严重的是无效散发，很难保证散发出去的刊物能准确到达迫切想要阅读的人手中。后来香港美新处积极做出改变，一部分刊物开始采取商业售卖的方式发行，即以成本价把杂志销售给报刊零售商，促进其在市场上售卖赚取利润；只给一部分学校和劳工团体免费发放《今日世界》，每期限免费赠阅5册，有一部分可以免费得到该刊物的个人用户也每年象征性地收费4美元，总之就是不让读者不付任何代价就能轻易得到美方宣传品。香港美新处认为，这样操作可以增加刊物的流通性（popularity），即增加该杂志的受众接触面。因为香港美新处自己的发售或散发渠道毕竟有限，商业销售的方式因有利可图而被散发到更多的角落、触及更多的人群。另外一个好处就是它使得《今日世界》更具"宣传价值"（propaganda value）。美新处知道"上赶着不是买卖"，主动、免费的"硬推销"（hard selling）反而会适得其反，而把《今日

---

① USIS Hong Kong Assessment for 1961, January 15, 1962, NACP.

世界》按照纯粹的商业杂志那样营销，让读者主动购买阅读。① 这当然是"愿者上钩"的最高宣传"境界"。

此后，商业销售逐渐成为《今日世界》杂志的主要发行模式。在1953年之前，有偿销售的刊物占到《今日世界》发行总量的三分之一，这部分主要集中在向港台人群散发的期刊上，另外三分之二还是基本免费散发给东南亚的华人学校和其他机构。② 面对港台纯商业中文杂志的竞争，《今日世界》丝毫不落下风，几万册基本上是一售而空，体现了较强的商业潜力。到50年代中期，《今日世界》有三分之二都由商业销售形式发行，③ 到1960年，商业售卖的比例达到了75%。④ 在台湾的发行状况更是异常"火爆"，《今日世界》通过台湾的600家书店、书摊组成的零售系统广泛传播，最高纪录一期卖出55,300册。⑤ 据称，其仍是供不应求，居然还出现过涨价销售和黑市销售的情况。⑥

无论就其发行量、受欢迎程度还是宣传技巧来说，《今日世界》均是美国对外宣传"现象级"的媒介，当然作为一份官办宣传刊物，其办刊方针高度体现了美方的宣传政策，⑦ 因而更是实现美国对东南亚华人（乃至整个华人世界）宣传目标的最主要载体和最重要的宣传工具。⑧ 台北美新处也多次表示"严重依赖"该刊物：⑨ 该刊物是"最重要的媒介"，对在台湾学习的东南亚华侨学生宣传方面"最有效"，⑩ 以至于1960年之后成了台湾方面触及海外华人的"唯一手段"。⑪

---

① USIS Hong Kong Semi-Annual Report, October 9, 1952, RG 59, NACP.

② USIS Hong Kong Semi-Annual Report, March 26, 1953, RG 59, Central Decimal Files 1950–1954, 511.46g, Box 2575, 511.46g/3-2653, NACP.

③ Assessment of USIS-Hong Kong Operations Since November 20, 1956, February 20, 1958, NACP.

④ Assessment Report-USIS Hong Kong-Objectives Ⅰ & Ⅱ, January 24, 1961, RG 306, Records of the Office of Research, Foreign Service Despatches, 1954–1965, Box 3, NACP.

⑤ Inspection Report of USIS Taiwan, October 20, 1961, NACP.

⑥ Assessment Report-USIS Hong Kong-Objectives Ⅰ & Ⅱ, January 24, 1961, NACP.

⑦ USIS Hong Kong Assessment for 1961, January 15, 1962, NACP.

⑧ Assessment of USIS-Hong Kong Operations Since November 20, 1956, February 20, 1958, NACP.

⑨ USIS Country Program Assessment Report for Taiwan (1959), March 10, 1960, NACP.

⑩ 1960 Assessment Report for Taiwan Country Program, January 27, 1961, RG 59, Country Files of the Planning and Development Staff, 1955–1964 (Bureau of Cultural Affairs), Lot 66D499, Box 43, NACP.

⑪ USIS Taiwan Annual Assessment Report: 1961, February 2, 1962, NACP.

三、"书籍项目"

香港美新处的"书籍翻译项目"（Book Translation Program）在 1951 年正式开始运作，与《今日世界》面向全体大陆以外华人不同，这个项目主要是针对东南亚华侨华人的。① 在这个项目之下共有三部分活动：第一部分是书籍翻译，即把在美国出版的英文书籍翻译成中文出版发行，题材主要是"扬美"，极小一部分涉及"反苏反共"的内容；第二部分则是联系香港本地作家按照美新处宣传意图进行创作，之后出版原创的中文书籍（local-written books），题材主要是关于中国大陆和"反中共"的话题；第三部分活动是在香港购买一些非美新处授意或组织出版、符合美国宣传需要的"独立出版的"（independently-published）中文书籍。② 得到以上三部分书籍之后，香港方面会把其通过各种渠道散发到东南亚华人当中去。由于这个项目涉及的工作不仅是"书籍翻译"，所以称为"书籍项目"可能更合理。截至 1962 年，香港美新处一共策划出版中长篇作品 373 种（尚不算"独立出版书籍"），③ 发行数量也比较多，1955 年之前的最高纪录是年发行翻译书籍和原创书籍 30 万册。④

这三类活动中，第三类运作最为简单，仅涉及发行领域，根据不同情况或免费发放或售卖即可。第一类和第二类活动则复杂得多，还涉及文本生产过程，这两类活动也是整个项目的重点。第一类"书籍翻译"的工作原则和流程大概是如下情况：首先由香港美新处得到想要翻译的美国书籍的版权；然后美新处再找人把其翻译成中文版本，并参照东南亚宣传站点的需求确定印刷数量；之后美新处找到香港的某商业出版社签订协议出版这本书籍，并按规定的数量印刷，然后这些书籍全部由美新处以成本价买走，或售卖或免费发放；最后美新处会鼓励出版社继续印刷和发行该书籍、售卖以获利，即使之真正成为商业行为。⑤ 这个书籍的翻译和面世的过程等于是完全由美新处来操作，出版

---

① USIS Hong Kong Semi-Annual Report, October 9, 1952, RG 59, NACP.

② Inspection Report: USIS Hong Kong, November 3, 1959, NACP.

③ Inspection Report: USIS Hong Kong, April 10, 1962, NACP.

④ USIS Hong Kong Semi-Annual Report, March 26, 1953, RG 59, Central Decimal Files 1950–1954, 511.46g, Box 2575, 511.46g/3-2653, NACP.

⑤ USIS Hong Kong Semi-Annual Report, October 9, 1952, RG 59, NACP.

社只是提供一个商业上的"出版许可"并且负责印刷，书籍的选题、策划、翻译、发行全都不用参与；而且结果几乎是只赚不赔，因为出版社实际上是免费获得了一本美国书籍的中文版权，而且还有利润空间，就是额外数量销售所得的收益全部归出版社所有，如果卖得不好，顶多也就是损失印刷成本。

但无论是购买现成书籍（第三类）还是翻译书籍（第一类），都是从已经创作好的作品中取材，无论如何也不会找到百分之百适合美新处宣传目标的作品。这就使得美新处花大力气来开发第二种书籍——根据美新处的要求量身定做的原创中文书籍。

第二类的本地原创中文书籍的运作过程要比翻译书籍还复杂一些，主要的工作要用在前期联系香港本地作家按照美新处宣传目标和意图专门创作方面，而这个过程恰恰最典型地体现了美国宣传从政策到文本的核心生产过程，而且也便于新闻处对出版全程进行"编辑控制"（full editorial control over the process）；一旦文本写好，后面的联系出版、销售的发行工作就和翻译书籍工作流程基本一样。与翻译的书籍工作主要涉及"扬美"话题非常不同的是，当地原创书籍主要是涉及中国大陆的话题，多以"反中共"为主要题材。

1951 年书籍项目开始运作的时候，美新处就估计翻译工作的开展明显会比较好，但缺乏原创书籍的写作和出版，美新处还是应该制作更多贴近本地形势的书籍，应该鼓励香港当地作家按照美方的宣传目标和设计来创作。[1] 根据这种评估意见，1953 年香港美新处确定了原创书籍工作的重点——"反共小说"。考虑到香港本地作家群体大多是大陆赴港"流亡者"，美方觉得促进流亡者把其在大陆看到的"黑暗现实"和流亡经历创作成小说，既能起到反共的作用，同时又可以增加可读性。美新处之所以费尽心思想出用文学形式来反共，和宣传对象密切相关，因为当时显示东南亚华人青年学生普遍对中共抱有好感，而且比较反感"简单粗暴"的反共宣传，对于从学理上批驳中共意识形态的作品也没多大兴趣，所以美新处才琢磨出这样一种既轻松又隐蔽的宣传方式。但是美新处当时也认识到，虽然向美新处投来稿件很多，但是水平高又符合美方目标的稿源却又极少，他们认为当时中文小说界充斥着"垃圾"，所以美新处还要主动去寻找和鼓励高水平作品的创作。[2]

蜚声海内外的作家张爱玲的两部小说《秧歌》和《赤地之恋》就是在上

---

[1] USIS Hong Kong Semi-Annual Report, October 9, 1952, RG 59, NACP.

[2] USIS Hong Kong Semi-Annual Report, August 19, 1953, NACP.

述背景下，在香港美新处直接运作之下被"创作"出来的。张爱玲在 20 世纪 50 年代初正好由大陆来港，生活拮据，为美新处翻译和创作以度时艰。以《赤地之恋》为例，据当事人回忆，这本书由美新处直接拟好故事大纲：一个革命青年参加土改、三反运动和朝鲜战争的"三段式"，再由张爱玲操刀创作。张爱玲写完之后交稿，美新处又让其他作者补充了两章，也未经张爱玲同意便出版了。时任香港美新处主任理查德·麦卡锡（Richard M. McCarthy）称《秧歌》为"美新处的产儿"（USIS Baby），① 而《赤地之恋》一书甚至直接担负起了美国宣传机构恐吓华侨学生赴大陆求学的"政治任务"。② 除张爱玲外，在美新处周围聚集了一大批流亡反共作家，美新处和他们各取所需，创作出蔚为壮观的一批反共小说文本。

这种反共小说渐渐成为美新处极为倚重的一种宣传媒介，不仅成为了原创类书籍的主要形式，而且发行数量也超过翻译书籍的部分，成为整个"书籍项目"的"主力"。张爱玲的两部反共小说在 1953 年酝酿、1954 年出版和连载，③ 极大地促进了原创中文书籍的运作。在 1953 年年中之前，原创书籍只出版了区区 3 种，到 1955 年已经出版了 49 种。④ 1955 年之后，美方的原创书籍策划出版工作重心转到中短篇小说（即《故事画报》，详见下文）上，长篇原创书籍虽然没有 1953—1955 年这段时间出版得多，但也有一些作品问世。一般都是每年有十几本备选，最后出版 4—5 种。其中比较畅销的是《半年东方，半年西方》，还出到了第二版。⑤ 大致算下来，十年间原创中文中长篇书籍大致有七八十种之多。在 1960 年之后，这种形式就很少再出版了。

---

① Letter Richard M. McCarthy to B. Frank Steiner, July 12, 1954, Folder: Book Translation Project, Box 1, USIS HK 1951-1955, RG 84, NACP. 转引自 Meredith Leigh Oyen, *Allies, Enemies and Aliens: Migration and U. S. -Chinese Relations, 1940-1965*, Ph. D. Dissertation, Georgetown University, 2007, p. 318. 相关当事人的回忆见《张爱玲与美新处——访问麦卡锡先生》，载高全之：《张爱玲学：批评、考证、勾陈》，香港：麦田出版社，2008 年；宋以朗编，张爱玲、宋淇、邝宋文美著：《张爱玲私语录》，北京：十月文艺出版社，2011 年，第 17、44—45 页。

② Foreign Service Despatches 33 Hong Kong to USIA. USIA Materials for Overseas Chinese Students, 16 June, 1954, Folder Overseas Chinese Education, Box 6, USIS HK 1951-1955, RG 84, NACP. 转引自 Meredith Leigh Oyen, "Allies, Enemies and Aliens: Migration and U. S. -Chinese Relations, 1940-1965", pp. 334-335.

③ 《秧歌》在《今日世界》杂志上连载的时间是 1954 年 3 月 1 日至 7 月 1 日，从第 48 期到第 56 期。同年由香港美新处下辖的今日世界出版社发行单行本。50 年代《赤地之恋》主要有如下两个版本，一是香港天风出版社 1954 年中文版；二是 1956 年香港友联出版社出版的英文版，名为 *Naked Earth*.

④ Inspection Report of USIS Hong Kong, September 23, 1955, NACP.

⑤ Assessment Report-USIS Hong Kong-Objectives Ⅰ & Ⅱ, February 10, 1960, NACP.

反共小说创作出版的"最高潮"是香港美新处在 1955 年推出的一个新的宣传形式——《故事画报》(*Story Papers*),这种刊物从外表看是配彩色插图的通俗小报,内容主要是香港作家原创的中、短篇反共小说,还有一小部分内容是和宣传没有直接关系的文学作品。① 这种小报和原创书籍、翻译书籍一样,也是通过和香港本地出版社签订合约的形式出版。② 第一批 5 期的《故事画报》在 1955 年出版并散发到东南亚,由于要增加可信度和吸引读者,所以美新处在组稿的时候故意没有安排任何涉及政治性话题的作品。③ 结果《故事画报》一面世就异常的"火爆",此后每年都能出版 24—26 期(以半月刊形式出版),最高纪录一期能卖到 10 万份以上,④ 而且 40% 都是经商业渠道销售。1960 年,《故事画报》改为月刊,每年 12 期。⑤ 到 1961 年 10 月,香港美新处觉得这种形式已经过了"全盛期",于是停止了与商业出版社合作出版和销售《故事画报》的活动,果然除了马尼拉美新处之外其他站点没有过多异议。⑥ 从 1955 年开始到 1961 年结束,《故事画报》一共发行了近 100 种,总发行量达 700 万册以上。

香港美新处本来认为,自己停止以成本价购买一定数量的《故事画报》之后,出版社就不会再继续出版了,但过了一段时间却惊喜地发现《故事画报》并没有消失,仍以较小的版面在香港和台湾市面上继续出版、销售和流通。⑦ 这是美新处有意培养的宣传书籍商业运作模式的结果。《故事画报》的出版方式就是上述介绍过的出版社合约制,香港美新处给出版社提供反共小说稿源、签约使之出版并以成本价收购一定数量之后,商业出版社会继续印刷销售,赚的钱完全归出版社所有。因而虽然《故事画报》停止运作,但只要有利可图,出版社还会想尽办法自己继续出版发行。可以想见,出版社本身也能够掌握一部分作者稿源,有可能在原先和美新处合作的时候,出版社就帮助美新处寻找和策划了一部分《故事画报》稿件,因而小报得以继续出版发行。通过这个小事例,可见美方书籍项目高超的隐蔽宣传技巧,通过鼓励商业发行的办法把宣

---

① Assessment Report-USIS Hong Kong-Objectives Ⅰ & Ⅱ, February 10, 1960, NACP.
② Inspection Report: USIS Hong Kong, November 3, 1959, NACP.
③ Inspection Report of USIS Hong Kong, September 23, 1955, NACP.
④ Assessment of USIS-Hong Kong Operations Since November 20, 1956, February 20, 1958, NACP.
⑤ Assessment Report-USIS Hong Kong-Objectives Ⅰ & Ⅱ, January 24, 1961, NACP.
⑥ USIS Hong Kong Assessment for 1961, January 15, 1962, NACP.
⑦ USIS Hong Kong Assessment for 1961, January 15, 1962, NACP.

传品包装、"洗白"成文学商品。

　　"书籍项目"有着超越美方具体宣传目标额外的效果，就是促进了香港"反共传媒业"的发展。在"书籍项目"开始一年多之后，美新处评估到，一年半以前在香港出版业中的"亲共力量"还没有对手，而正是靠着美方一批翻译书籍的合同扶植起了一批反共出版社，得以抗衡亲共势力。① 美方还判断，香港能够比较有效地运作起来的反共出版社都是由美国资助的，比如友联出版社、自由阵线出版社、亚洲出版社等，相反，与美国不相干又持有反共立场的出版机构也就是勉强维持。比如 1959 年香港美新处做预算，其中专门有 19 万美元（包括非政府组织资助的费用在内）作为出版资金投入到香港传媒业中去。② 当然美新处投的这些钱都只限于"启动资金"部分，如果算上各个出版社额外商业销售美新处书籍的利润，那么这种"资助额度"还是相当可观的。

　　书籍项目还直接促进了反共作家和传媒人群体的壮大。对东南亚华人拥有巨大影响力的香港本地媒体人群体本身便是香港美新处的宣传对象，③ 而且美方也明确表示要"通过商业合同支持香港作家、编辑和出版商。要给这些非共媒体人提供援助和支持，来抵抗中共影响"。比如 1959 年的预算当中，美新处准备了 2 万美元来付给反共作家稿费，另外还有 2.8 万美元专门资助给反共媒体人维持生计，以防其"倒向"共产党。④ 张爱玲等"流亡知识分子"也正是依靠美国政府的资助才能生存。

　　对香港传媒业和传媒人给予的巨大经济资助，也使得美国宣传机构获得了相应的政治影响力。美新处认为香港和台湾的"反共传媒业"在 20 世纪 50 年代初渐渐发展了起来，对于报道中国大陆的情况和研究反驳共产主义理论方面给予了特别的关注，美国宣传机构正是这个趋势和潮流背后最重要的启动力量和推动力（impetus）之一。而美新处"导向性作用"也提高了香港出版业的出版水平和选书眼光。1953 年美国新闻处开始策划酝酿"反共小说"的时候，各种稿件如雪片飞来，宣传官员们认为香港美新处已经成为香港作家从事反共

　　① USIS Hong Kong Semi-Annual Report, March 26, 1953, NACP.

　　② USIS-Hong Kong Country Plan, August 27, 1959, RG 306, Country Plans FY 1960-1963, Box 117, NACP.

　　③ Draft Plan for USIS Hong Kong, June 9, 1953, RG 59, Central Decimal Files 1950-1954, 511.46g, Box 2575, 511.46g/6-953, NACP.

　　④ USIS-Hong Kong Country Plan, August 27, 1959, RG 306, Country Plans FY 1960-1963, Box 117, NACP.

斗争的力量源泉（a source of encouragement）和中心（center）。① 还有证据显示，香港美新处也会对出版社的这部分收益做出一定的干预，美新处曾经和一些关系密切的出版社达成协议，促使其把 25% 的利润作为出版资金，来出版其圈定的书籍。②

如果香港美新处一家单干，则其机构力量和资金有限，为此它还动员了各种"社会"力量来合作推进书籍项目、促进反共传媒业的发展，其中亚洲基金会 [Asia Foundation，更名之前为"自由亚洲委员会"（Committee on Free Asia）]、"援助中国流亡知识分子组织"（Aid Refugee Chinese Intellectuals Inc.）等在港美国准政府组织最为活跃。这两个组织和美国政府以及美新处关系极为密切，一开始都想利用自身的资金和资源在港出版"反共"和"扬美"方面的书籍，实现美国在香港以及东南亚华侨的宣传目标。后来由于种种原因它们转向发行行业（开办书店等）来促进相关书籍的销售，也给香港美新处提供直接的资金支持，美新处资助反共作家和传媒人的很多费用就来自这些组织，而它们和美国政府的关系则严格保密。③

结　语

虽然书籍和杂志刊物都属于文字出版物，均属于美国针对东南亚华人的重点媒介，但是两者之间还是有区别的。根据传媒学和美国宣传部门的区分，媒介一般分为"快媒介"和"慢媒介"两种。④ 一般而言，快媒介针对大众，形式主要是广播、电影、新闻时政类的报刊等。"快"一方面指时效性，媒介产品生产速度快，另一方面也指受众接受速度快、宣传结果见效快。慢媒介则针对精英，形式主要是图书（馆）和文化教育交流。"慢"指的是传媒产品生产

① USIS Hong Kong Semi-Annual Report, August 19, 1953, NACP.

② Inspection Report: USIS Hong Kong, April 10, 1962, NACP.

③ USIS Hong Kong Semi-Annual Report, October 9, 1952, RG 59, NACP; USIS Hong Kong Semi-Annual Report, March 26, 1953, NACP; USIS Hong Kong Semi-Annual Report, August 19, 1953, NACP; USIS-Hong Kong Country Plan, August 27, 1959, NACP; NSC 5717, July 17, 1957, National Security Council, CK3100245914, *Declassified Documents Reference System (DDRS)*.

④ 传媒界对于快慢媒介的区分早已有之；美国主管宣传事务的高层官员威廉·贝通（William Benton，时任国务院主管公共事务的助理国务卿）在 1945 年也明确区分过快慢媒介，参见刘永涛：《文化与外交：战后美国文化战略透视》，《复旦学报》（社会科学版）2001 年第 3 期，第 64 页。

速度慢，如书籍一般篇幅较长而更新周期也长，这样受众接受速度就慢，宣传和传播效果就慢（教育交流更是如此）。美国对华宣传中，"书籍项目"主要针对东南亚华人中"最高层次"（top layer）的人群——知识分子和教育工作者，① 是一种需要长时间（long-moving）的阅读才能见效果的宣传手段，② 属于慢媒介无疑；而《今日世界》等杂志针对的主要是青年学生，③ 尽管学生和"大众"并不完全是一回事，但相对于知识分子和教育工作者来说，学生显然人数更众、文化水平更低，而且正是由于面向"小众"书籍的流通数量也远逊于杂志销量。④ 加之新闻时政类杂志的"文化快餐"性质，追求时效性，因而从书和刊两种媒介比较的意义上而言，可以姑且认为本文涉及的书籍是慢媒介，而刊物属于快媒介。

在20世纪50年代美国对华宣传中，这一书一刊、一慢一快两种媒介呈现某种"合流"的趋势。一方面，慢媒介书籍"放下身段"，向快媒介靠拢。我们看到书籍项目中出现了反共小说，甚至《故事画报》出现了新形式和新趋向。这种设计意图就是把书籍这种慢媒介"快餐化"处理，通过轻松吸引人的方式来讲道理、改变观念。而在另一方面，刊物也在竭力提高档次，向慢媒介借鉴其长处。如《今日世界》上登载了大量有学理性的、关乎价值观念的长篇文章，像是从哲学上论证美国自由主义价值观的优越性，从政治学的角度说明美国政治制度的优势，从逻辑上反驳共产主义意识形态，用伪文化民族主义（"中华正统和外来政权"）话题来引导华侨对国共两党性质做"理性思考"、煽动华侨的好恶情感等，都是一种为快媒介增加内涵深度，把"快餐"做成"慢（正）餐"的思路。⑤ 因而我们就看到了书刊这两种快、慢媒介合流的趋势——一份有内涵有深度的杂志《今日世界》和一批阅读起来轻松愉快、故事性强的书籍。⑥

这种合流趋势自有其原因。一方面是由于宣传工作的性质，美国对外宣传的媒介当中生产速度快、读者阅读快、见效快的报刊、广播等"快媒体"属于

① USIS Hong Kong Semi-Annual Report, March 26, 1953, RG 59, NACP.
② USIS/Hong Kong Country Plan, February 6, 1964, RG 306, (Africa/Europe) Country Plans, Box 2, NACP.
③ USIS Hong Kong Semi-Annual Report, October 9, 1952, RG 59, NACP.
④ USIS Hong Kong Semi-Annual Report, October 9, 1952, RG 59, NACP.
⑤ 《今日世界》文字量（5万字每期）远高于美新处其他刊物也从侧面说明了这一问题。
⑥ 属于"书籍项目"的张爱玲的《秧歌》也曾经在刊物《今日世界》上连载。这些也能够说明快慢这两个快慢媒介"合流"的趋势。

主流媒介，这是由宣传工作要求要短时间吸引眼球、改变人的看法这一性质决定的。另一方面，美国对东南亚华人宣传中的主要对象是受过教育的精英，相比起大众来，显然书籍这一典型的"慢媒介"发挥空间的作用更大，因为花费更长时间创作的书籍讲道理更透彻，读者也是经过静心沉思这个相对长时间的阅读过程才能最大限度地形成或改变观念。正是要兼顾这两种目标，因而有了这种合流趋势。另外，合流趋势也是由美国宣传最重要的对象——青年学生——的认知特点决定的。美方评估，青年学生比较容易受共产主义影响，美国宣传部门必须依靠与共产主义针锋相对的价值观念和意识形态来"消除影响"。[①] 他们文化程度高低适中，不太能接受枯燥理论，但又有一定文化和知识，宣传材料程度太肤浅了也行不通。所以快慢媒介结合的时政杂志与反共小说正适合他们的认知特点。

除了书和刊这两种媒介合流的趋势之外，如果我们用比较的视野观察美国对各个地区宣传的不同特点，会有更大的发现。美国对东南亚华人的宣传，主要是针对受过教育的精英人群，着眼于长时段塑造观念，重点采取文字出版物的形式。这与美国针对西欧盟友国家的宣传特点大为不同，美方对西欧国家的宣传主要针对大众阶层，以广播、电影、展览等视听快媒介为主。[②] 这是由于西欧国家多采取选举制度，通过宣传影响民意会对这些国家政治精英决策产生相应影响。另外，美国对华侨的宣传与针对社会主义国家的宣传手段也非常不同，美国针对苏联和东欧的心理宣传战主要也针对大众，重点采取广播的形式。[③] 这是因为在冷战初期其他媒介根本无法渗透进欧洲社会主义阵营，所以美方只能重点采取广播的形式。而且美国决策者也是寄希望于以影响民众来影响高层——大众"起义"颠覆共产党政权。[④] 这在本质上和对西欧"从下到上"的宣传思路一致。从这个意义上讲，这是真正的"公众外交"（public diplomacy）。[⑤]

① USIS Hong Kong Semi-Annual Report, August 19, 1953, NACP.
② 诸如美国针对意大利民众的广播宣传，见 Simona Tobia, "Advertising American: VOA and Italy," *Cold War History*, Vol. 11, No. 2, 2011。
③ 研究美国对苏联东欧心理战广播媒介的著作很多，近年来的集大成之作为 A. Ross Johnson and R. Eugene Parta, eds., *Cold War Broadcasting: Impact on the Soviet Union and Eastern Europe*, Budapest and New York: Central European University Press, 2010。
④ 即所谓"解放战略"，见 Walter L. Hixson, *Parting the Curtain: Propaganda, Culture, and the Cold War, 1945-1961*, pp. 13-16。
⑤ 美国政府"宣传"（propaganda）的委婉语即是"公共外交"，但也有把 public diplomacy 译成"公众外交"的，取意是宣传是一种影响普通大众、改变和塑造广泛民意的手段。因而美国针对西欧和苏联东欧的宣传可称得上真正针对"公众"的外交。

　　而美国对华侨的宣传相反，是采取影响精英来改变和塑造大众民意的路线，是一种"从上到下"的宣传思路。① 推而广之，美国对第三世界国家宣传的策略和针对对象也正是这个特点（华侨群体居住的东南亚新成立国家在更大意义上当然属于"第三世界"）。有学者就曾论述过，由于精英在"非民主"的第三世界国家中影响更大，所以美国对第三世界国家宣传的时候更重视精英而非大众。而根据对精英的认知特点，美方宣传则着眼于塑造观念（ideational integration）、培养长期的知识倾向（long-term intellectual and attitudinal developments）、建立当地与西方的知识与文化的纽带，② 即不能光"摆事实"，更应重视"讲道理"，要聚焦意识形态和价值观、理想信念的话题，注重学理性。这样的话，显然文字出版物在对第三世界宣传中更为重要、应该占有突出位置。由此可以看出美国对第三世界国家宣传饶有意味的独特性，也能够加深我们对美国对外宣传的策略和手段的认识。

（原载《史学集刊》2016 年第 1 期）

---

① 香港美新处最明确的表述莫过于上文提到过的把精英定位为大众舆论塑造者（opinion molder）这个提法。

② Kenneth Osgood, *Total Cold War*: *Eisenhower's Secret Propaganda Battle at Home and Abroad*, Lawrence, Kansas: University Press of Kansas, 2006, pp. 113-115.